자본주의에 불만있는 이들을 위한 경제사 강의

자본주의에 불만있는 이들을 위한 경제사강의

E. K. 헌트 지음 | 유강은 옮김

이매진

E. K. Hunt, Property and Prophets: The Evolution of Economic Institution and Ideologise, updated seventh ed.(Armonk, NY: M. E. Sharpe, 2003). Copyright ⓒ 2003 by M. E. Sharpe, Inc.

이매진 컨텍스트 38

자본주의에 불만있는 이들을 위한 경제사강의

지은이 E. K. 헌트 **옮긴이** 유강은 **펴낸곳** 이매진 **펴낸이** 정철수
편집 기인선 김성현 최예원 **디자인** 오혜진 **마케팅** 김둘미
처음 찍은 날 2012년 9월 21일
등록 2003년 5월 14일 제313-2003-0183호
주소 서울시 마포구 성지5길 17, 301호(합정동) **전화** 02-3141-1917 **팩스** 02-3141-0917
이메일 imaginepub@naver.com **블로그** blog.naver.com/imaginepub
ISBN 978-89-93985-85-6 (03900)

- 이매진이 저작권자와 독점 계약을 맺어 출간한 책입니다. 무단 전재와 복제를 할 수 없습니다.
- 환경을 생각하는 재생 종이로 만들고 콩기름 잉크로 찍은 책입니다. 표지는 앙코르 190그램, 본문은 그린라이트 70그램입니다.
- 값은 뒤표지에 있습니다.

일러두기

- 한글 전용을 원칙으로 했고, 독자의 이해를 도우려고 인명, 지명, 단체명, 정기 간행물 등 익숙하지 않은 이름은 처음 나올 때 원어를 함께 썼다. 주요 개념이나 한글만으로는 뜻을 짐작하기 힘든 용어도 한자나 원어를 함께 썼다.
- 단행본, 정기간행물, 신문에는 겹꺾쇠(《 》)를, 논문, 영화, 방송 프로그램, 연극, 노래, 그림, 오페라에는 홑꺾쇠(〈 〉)를 썼다.
- 인명의 경우 관례로 굳어진 것을 빼면 대체로 외래어표기법 표기일람표와 용례를 따랐다. 장 바티스트 세이(원래 발음은 '세'), 레옹 발라(흔히 '레옹 왈라스'로 알려져 있음) 등.
- 원문의 도량형(마일, 인치, 파운드 등등)은 모두 바꾸었다. 다만 하나의 기준 단위로 쓸 때는 그냥 놔두고 달러 환산치를 괄호 속에 넣었다. 다만 화폐 단위는 달러로 통일했다.
- 옮긴이 삽입은 본문 중에 대괄호([ ]) 속에 달고 마지막에 ' — 옮긴이'라고 밝혔다.
- 인용한 책 중 한국어 번역본이 있는 경우는 처음 나올 때 서지사항을 밝혔고, 어조나 표현상의 통일성을 고려해 약간 고치기도 했다.
- 성경은 대한성서공회 표준새번역 개정판 《성경전서》(2001)를 따랐다.

서문

내가 E. K. 헌트의 《자본주의에 불만 있는 이들을 위한 경제사 강의Property and Prophets》에 관해 처음 알 게 된 때는 1975년인데, 미국의 위대한 마르크스주의 경제학자이자 잡지 《먼슬리 리뷰Monthly Review》의 공동편집인인 폴 스위지Paul Sweezy 덕분이었다. 뉴욕 시에 자리한 뉴스쿨 대학교의 풋내기 대학원생이던 나는 스위지가 개설한 '《자본》을 읽고 활용하기'라는 강의를 듣고 있었다. 우리 학생들은 확실히 스위지에게서 마르크스의 《자본》을 읽는 법을 배우고 있었다. 그런데 《자본》을 **활용하는** 법은 어땠을까?

　우리는 많은 문제에 관심을 기울였지만 그중에는 현실적인 문제도 있었다. 우리는 스위지에게 물었다. 우리가 실제로 가르치는 사람이 되면, 어떻게 마르크스의 경제 사상을 학생들에게 쉬우면서도 정확하게 설명하고 또 오늘날의 시대적 의미까지 전달할 수 있을까요? 신고전파 경제학을 해설한 교재는 산더미처럼 쌓여 있었다. 그러나 마르크스 경제학을 설명하면서 신고전파가 내놓은 대안도 공정하게 다루는 교과서는 한 권도 찾아보기 힘들었다.

　스위지는 곧바로 답을 내놓았다. "헌트와 셔먼의 책을 찾아서 읽어볼 필요가 있겠군요." E. K. 헌트와 하워드 셔먼Howard Sherman이 함께 쓴 대안 경제학

입문 교과서를 말하는 것이었다. 헌트는 셔먼과 함께 책을 쓰기 전에 혼자서 《자본주의에 불만 있는 이들을 위한 경제사 강의》을 쓴 적이 있는데, 종합적인 교과서 기획의 독립된 한 부분으로 이 책을 포함하는 제안에 동의했다. 우리는 풋내기 대학원생에 지나지 않았지만 폴 스위지의 조언을 충실히 따라야 한다는 정도는 알고 있었다. 그래서 그 길로 18번가와 5번로에 있는 반스앤노블 서점으로 가서 헌트와 셔먼의 책을 샀다. 그러고는 나머지 학기 동안 《자본》과 나란히 그 책을 열심히 읽었다. 당연한 일이지만, 얼마 지나지 않아 스위지의 말이 옳았다는 것을 분명히 알게 됐다. 헌트와 셔먼의 책은 《자본》에서 제기된 주요 쟁점의 윤곽을 파악하고, 특히 시간의 흐름 속에서 경제학이라는 학문과 현실 경제의 발전 과정에 관련된 쟁점들을 폭넓은 시야 속에서 바라볼 수 있게 해주는 훌륭한 길잡이였다. 더군다나 이 책은 초보자 수준에서 이해하기 쉽고 매력적인 책이었다. 결코 평범한 교과서가 아니었다. 이 책의 장점 중 하나는 E. K. 헌트가 공동으로 교과서를 쓰기에 앞서 《자본주의에 불만 있는 이들을 위한 경제사 강의》을 집필했다는 사실이다. 그 덕분에 다른 어떤 입문서보다도 경제사와 경제 사상사에 관련된 내용이 탁월하다.

이 책은 대단히 독창적인 방식으로 논제를 제시하고 있다. 다양한 방식으로 세계를 해석하는 동시에 역시 다양한 방식으로 세계를 바꾸려 한 사상가들의 사상이 경쟁을 벌이는 것이다. 세계 해석과 변혁 사이의 이런 싸움이야말로 "경제 제도와 이데올로기의 발전"을 낳는다. 따라서 이것을 책의 원래 부제이자 중요한 주제로 삼은 E. K. 헌트의 선택은 탁월했다.

1975년에 《자본주의에 불만 있는 이들을 위한 경제사 강의》를 처음 읽을 때만 해도 나는 다음 사반세기 동안에 경제 제도와 이데올로기의 역사에서 가장 결정적인 발전이 펼쳐지리라는 사실을 알지 못했다. 세계 인구의 3분의 1을 지배하는 교의이던 소련식 사회주의가 무너지고, 세계의 나머지 지역에서도 다양한 형태의 케인스식 사회민주주의가 우세한 경제 철학의 지위에서 밀려났다. 20세기 말에 이르러 새로운 지배 이데올로기로 떠오른 고전적 자유주의의 최신판, 이른바 '신자유주의'를 이해하려면 이 책 4강을 보면 된다. E. K. 헌트가 말하는 것처럼, 신자유주의는 여전히 "개인을 자기중심적이고 냉정하며, 계산적이고 게으르며, 자신이 속한 사회에서 독립적인 존재"로 묘사하는 철학이다.

그러나 《자본주의에 불만 있는 이들을 위한 경제사 강의》는 또한 다른 이야기도 들려준다. 정의롭지 못한 사회 질서에 맞선 싸움이 어떻게 등장했고, 시간이 흐르면서 이런 투쟁의 핵심 사상이 어떻게 경제학자들의 저술에 스며들게 됐는지 알려주는 이야기를. 그러므로 이 책은 세계를 해석하고 바꾸는 데 관심이 있는 새로운 세대의 학생들에게 계속해서 횃불 구실을 할 것이다. 뛰어난 고전이면서도 우리 시대에도 여전히 중요한 이 책의 개정판을 출간하는 것은 M. E. 샤프 출판사에게도 분명히 기쁜 일이다.

로버트 폴린Robert Pollin

머리말

이 책은 자본주의의 가장 중요한 몇몇 제도의 발전을 간략히 검토하고, 거듭 되풀이되는 자본주의에 관한 이데올로기적 옹호와 급진적인 자본주의 비판에 관한 분석을 한데 묶어 살펴보는 시도라고 할 수 있다. 이 책의 독특한 특징은 경제사와 지식 또는 이데올로기의 역사를 하나로 짜 넣은 방법이다. 보수적인 자본주의 옹호론이든 급진적인 자본주의 반대론이든 그런 논리가 생겨난 존재론적 맥락을 알지 못하면 제대로 이해하기 힘들다는 게 내 지론이다. 이 책을 통해 나는 경제사와 지성사의 관계에 관한 연구의 개론을 제시하려고 한다.

이 책에서 나는 경제사와 지성사 사이의 직접적인 인과 관계의 성격과 범위에 관한 방법론적 주장을 제시하려고 하지는 않았다. 다만 여러 사건과 사상을 나란히 배치했을 뿐이다. 이런 방식을 통해 독자들이 지적 자극을 받아 관련된 쟁점들을 고찰하고 자기 나름의 결론을 정식화하기를 바란다.

내게 가르침을 준 모든 사람들, 특히 시드니 쿤츠 교수, 키요토시 이와모토 교수, 로런스 네이버스 교수에게 깊은 감사를 드려야 마땅하다. 하워드 J. 셔먼 교수는 폭넓은 조언과 비평으로 책의 수준을 한껏 높여줬다. 또한 초고를 전부 읽고 소중한 조언과 비평을 해준 윌리엄 데이비슨 교수, 더글러스 F. 다우드 교수, 로라 라인바거 교수, 린 터전 교수, 토머스 와이스코프 교수, 스티븐 T. 워랜드 교수 등에게도 감사한다. 또 이 책의 개정판을 내는 과정에서 귀중한 조언을 해준 피크릿 세이훈, 노리스 클레멘트, 제임스 사이퍼, 리처드 에드워즈, 레자 고라시, 케네스 해리슨, 클린트 젱크스, 로스 라 로, 빅터 리피트, 존 풀, 래리 소여스, 에릭 슈츠, 딕 샤이리, 제임스 스타키, 하워드 왁텔, 릭 울프, 마이클 예이츠, 스티브 슈클리언, 진저 키퍼, 데보라 래설 등에게도 감사한다.

E. K. 헌트

차 례

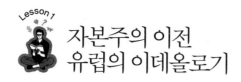

자본주의 이전
유럽의 이데올로기

인간은 생존을 위해 사회를 형성해 살아가야 한다. 비교적 고립된 상태에서도 그런대로 살아갈 수 있는 동물들이 있기는 하지만, 인간은 생활에 필요한 물질적인 조건을 스스로 마련하는 육체적인 힘을 부여받지 못했다. 인간이 생존하고 더 나아가 번영할 수 있는 까닭은 집단생활을 하면서 일을 분담하고 도구를 사용하는 법을 배웠기 때문이다. 이렇게 분업을 하고 더 좋은 도구 (또는 자본)를 더 많이 축적함으로써 인류의 자연 지배는 인상적으로 진전하게 됐고, 결과적으로 생활필수품을 생산하는 잠재력을 증가시킬 수 있었다.

　이런 분업은 또한 필연적으로 사회 구성원들의 분화로 이어졌다. 초기에는 이런 분화가 순전히 기능에 따른 것이었을 가능성이 크다. 생산성이 낮을 때는 모든 사회 구성원이 생존 수준의 생활을 하고 사회 계급이나 계층에 따른 분화가 없었다. 그러나 점차 분업이 세분화되고 복잡한 도구가 나타나면서 생산성이 높아졌고, 적어도 사회의 일부는 일상적인 노동의 쳇바퀴에서 벗어날 수 있었다.

　일인당 생산성이 높아지면서 전보다 적은 수의 사람들이 하는 노동만으로도 사회 전체가 전통적인 생활 수준, 아니 더 높은 생활 수준을 유지할 수 있게 되자 소수의 유한계급이 생겨났다. 이렇게 되자 사회 계급에 따라 구성원이 분화하기 시작했다. 이런 위계적 계급 분화는 대체로 경제적인 성격을 띠었다. 보통 노동하는 사람들이 가장 낮은 계급에 속한 반면, 일상적인 노동의 부담에서 벗어난 이들은 높은 계급 지위를 차지했다. 이런 상층 계급 사람들은 이제 생활필수품의 생산에 직접 참여하지 않고 그 대신 종교 의식이나 제의, 그밖의 폭넓은 직무를 수행했다. 물론 이런 것 중 일부는 분명히 사회에 도움이 됐다.

만약 대부분의 구성원이 경제적 또는 사회직 업무를 수행하는 적절한 방식에 관한 공통된 정서를 공유하지 않는다면, 이런 체제는 오래 지속될 수 없다. 보통 공통된 세계관이나 형이상학 체계에서 생겨나는 이런 공통된 정서와 가치는 기존의 생산 업무 분담과 계급 분화를 정당화하는 구실을 했다. 이 공통된 정서와 가치는 이데올로기를 통해 표현됐다.

이 책에서 말하는 **이데올로기**란 한 사회의 사회 관계와 경제 관계를 도덕적으로 정당화하는 경향을 띠는 관념과 신념을 가리킨다. 한 사회의 구성원은 대개 이런 이데올로기를 내면화하며, 결국 다른 사람뿐만 아니라 자신의 기능적 구실도 도덕적으로 옳고 사회가 생산물을 분배하는 방식도 공정하다고 믿게 된다. 이런 공통된 신념이 사회에 응집력과 생명력을 부여한다. 이런 신념이 없을 때는 혼란과 투쟁이 생겨나고, 견해 차이가 심해지면 결국 혁명이 일어난다.

우리는 주로 현재의 경제 체제인 자본주의를 살펴보려고 한다. 따라서 이 체제가 진화해온 개요를 폭넓게 묘사할 것이다. 이 과정에서 우리는 갈등과 사회적 적대에 초점을 맞추고, 또한 이런 갈등을 완화하고 사회의 응집력을 높이기 위해 자본주의 체제가 동원하는 갖가지 이데올로기를 검토할 생각이다. 이야기의 배경으로 먼저 자본주의 이전 시대 유럽의 경제 체제와 이데올로기에서 출발하자.

고대 그리스와 로마의 노예제

고대 그리스와 로마에서는 인구의 80퍼센트가 노예였다. 노예들은 이 사회의 모든 육체노동을 도맡았을 뿐만 아니라 성직, 관료, 예술과 관련된 노동도 많이 담당했다. 노예들은 그 대가로 그저 겨우 먹고살 만한 수준의 음식과 의복을 받았다. 노예들이 생산한 것 중에 생존하는 데 필요한 수준을 넘는 잉여는 모두 노예 소유주가 차지하고 이용했다. 중앙 정부가 자리한 몇몇 도시를 제외하면 경제의 대부분은 농업이 차지했다. 각 농장마다 노예 주인이 왕 노릇을 하면서 사치를 누리며 살았다. 물론 대개 노예 주인은 아테네나 로마에도 대저택이 따로 있었다. 노예 주인은 귀한 소유물로 여겨지는 부인 말고도 노예 여성을 성적으로 착취했다.

그럼 이 시대에는 어떤 종류의 경제 이데올로기가 존재했을까? 특히 로마시대에는 작물을 재배하는 법, 사용하기 좋은 농기구, 노예를 감독하고 통제하고 벌주는 법 등에 관한 책자가 몇 권 있었다. 게다가 노예 제도를 정당화하는 논리도 여럿 있었다. 플라톤이나 아리스토텔레스 같은 명석한 철학자도 노예 제도는 '자연스러운' 것이며 유일하게 가능한 체제로서 영원히 존재할 것이라고 주장했다. 철학자들은 어떤 사람들은 노예로 태어나고 원래 열등한 반면 다른 이들은 우월하게 태어난 만큼 노예 주인이 되어 마땅하다고 주장했다. 플라톤과 아리스토텔레스는 변호론자가 아니었다. 이런 생각은 그 시대의 지배 이데올로기였고, 두 철학자는 이것을 그저 당연하게 받아들였을 뿐이다.

노예 제도는 여러 위대한 토목 공사와 과학과 문화의 발달에 이바지하기는 했지만 한계도 많았다. 그중 하나는 노예들에게 복잡하거나 정교한 기계를 줄 수 없다는 사실이었다. 노예들은 기계를 망가뜨리거나 무기 대신 들고서 반란을 일으키기 십상이었다. 게다가 농사 조직은 무척 단순해야 했다. 대개 조잡한 농기구로 하나의 작물을 경작하는 데 그친 결과 많은 땅이 완전히 못쓰게 되고 농업 생산이 제한됐다.

노예 제도가 낳은 또 다른 결과는 모든 노동이 천하다는 통념이다. 이런 태도가 발명에도 영향을 미쳐서 로마 시대에는 기술이 거의 발달하지 못한 채 경제가 정체됐다. 허약한 경제와 그 결과인 정치와 사회의 취약성 때문에 로마 제국은 게르만과 슬라브 원시 부족의 공격에 취약할 수밖에 없었다. 서부의 제국은 무너졌고, 혼돈 속에서 결국 봉건제가 등장했다. 봉건 국가의 국왕들은 대개 그 지역을 침략한 원시 부족의 우두머리였다.

봉건주의

옛 로마 제국의 서부가 쇠퇴하면서 지난날 유럽이 제국의 우산 아래에서 누리던 법률과 보호가 사라져버렸다. 이 공백을 메운 것은 새롭게 형성된 봉건적 위계였다. 이 위계질서에서 농노는 장원 영주의 보호를 받았으며, 영주는 대영주에게 충성을 맹세하고 보호를 받았다. 이런 체제의 정점에는 국왕이 있었다. 강자는 약자를 보호하는 대신 큰 대가를 거둬들였다. 대영주는 돈, 식량, 노동, 군사적 충성 의무를 받는 대가로 봉신에게 봉토를 나눠줬다. 봉토, 곧 토지를 사용할 권리는 세습됐다. 위계질서의 맨 밑에 있는 농노는 땅을 경작했다. 인구의 절대 다수가 식량이나 의복을 얻으려고 작물을 키웠고, 양털과 의복을 얻으려고 양을 길렀다.

중세 사회를 이해하는 열쇠는 관습과 전통이다. 오늘날 우리가 아는 법률 대신 장원의 관습이 지배했기 때문이다. 중세 시대에는 법률 체계를 강제할 수 있는 강력한 중앙 권력이 전혀 없었다. 중세의 전체적인 조직은 위계질서를 떠받치는 상호 의무와 봉사의 체계를 토대로 세워졌다. 토지를 소유하거나 사용하려면 보호의 대가로 관습에 따라 일정한 봉사를 하거나 비용을 지불해야 했다. 영주는 농노를 보호할 의무가 있었고, 농노는 영주를 위해 수

확물의 일정한 양을 바치거나 여러 가지 노역을 해야 했다.

물론 이런 관습은 제대로 지켜지지 않았다. 어떤 제도도 언제나 이론에서 구상하는 것처럼 현실에서 작동하지는 않는다. 그러나 그렇다고 해서 중세 사람들의 생활과 사고를 결정한 관습과 전통의 힘을 과소평가해서는 안 된다. 농노들 사이의 분쟁은 영주의 법정에서 각 사건의 특별한 정황과 이런 사건들에 관련된 장원의 일반적인 관습에 따라 해결됐다. 물론 농노와 영주 사이의 분쟁은 영주에 유리한 쪽으로 일방적으로 결정됐다. 그러나 특히 영국에서는 이런 상황에서도 대영주가 농노를 다루는 과정에서 관습을 위반한 영주(대영주의 봉신)를 제재하거나 처벌했다. 장원의 관습에 따른 이런 결정은 자본주의의 입법 제도나 사법 제도와 뚜렷이 대조된다. 자본주의 체제는 계약의 이행과 보편적인 구속력을 지닌 법률의 집행에 근거하며, 이런 계약과 법률은 정황상의 특별한 요인을 충족하거나 관습이 충분히 뒷받침되는 경우에만 드물게 완화됐다. 중세 시대에 영주의 판결이 흔히 관습에 좌우된 것하고는 크게 다르다.

영주가 자신의 '권리'를 강제할 수 있는 정도는 시대와 장소에 따라 크게 달랐다. 넓은 지역과 길게 이어진 봉신들의 위계에 걸쳐 이런 의무와 함께 이 의무를 강제할 수 있는 귀족의 능력이 강화되면서 결국 근대 민족국가가 등장하게 됐다. 이 과정은 봉건주의에서 자본주의로 이행하는 시기에 진행됐다. 그러나 중세 시대가 이어지는 동안 이런 봉건적 권리 주장은 매우 허약했다. 정치적 통제권이 파편화돼 있었기 때문이다.

중세 농촌 생활의 기본을 형성한 경제 제도인 장원에는 서로 분리되고 구별되는 두 계급이 있었다. 귀족, 또는 장원의 영주와 농노(영어에서 농노를 뜻하는 'serf'는 노예를 뜻하는 라틴어 'servus'에서 유래한 말이다) 말이다. 그러나 농노는 진짜 노예가 아니었다. 마음대로 사고팔 수 있는 재산에 불과한 노예와 달리 농노는 가족이나 땅에서 갈라놓을 수 없었다. 영주가 장원의 소유권을 다른 귀족에게 넘기면, 농노들 처지에서는 영주가 바뀌는 것에 불과했다. 그러나 농노에게는 각자 정도는 다르지만 갖가지 의무가 지워졌다. 때로는 무척 성가신 이런 의무를 피할 도리는 없었다. 대개 농노들은 '자유로운' 것과는 거리가 멀었다.

영주는 농노들의 노동에 의지해 살았다. 농노들은 장원의 관습에 따라 영주의 밭을 경작하고 현물세나 금납세를 냈다. 마찬가지로 영주는 장원의 관습에 따라 보호와 감독, 사법 행정을 제공했다. 이 체제가 상호 의무에 의존하기는 했지만, 경제 권력이나 정치권력이 영주의 수중에 집중된 결과 농노는 어느 기준에서 보나 극단적인 착취에 시달렸다는 점을 덧붙여야겠다.

가톨릭교회는 중세 시대 최대의 토지 소유주였다. 주교와 수도원장은 봉건 위계질서에서 백작이나 공작과 거의 똑같은 지위를 차지했지만, 종교 영주와 세속 영주 사이에는 한 가지 중요한 차이가 있었다. 백작과 공작은 여러 상황과 힘의 균형에 따라 충성을 바치는 대영주를 바꿀 수 있었지만, 주교와 수도원장은 항상 (적어도 원칙적으로는) 로마 교회에 충성을 다해야 했다. 또한 중세는 서유럽 전역에서 교회의 종교적 가르침이 무척 강력한 영향을 미치는 시대였다. 이런 여러 요인이 결합한 결과 중세 내내 교회는 강력한 중앙 정부에 가장 가까운 존재였다.

따라서 장원은 세속적일 수도 있고 종교적일 수도 있지만(세속 영주가 교권 대영주를 섬긴 경우가 많았고, 반대의 경우도 마찬가지였다), 영주와 농노 사이의 본질적인 관계는 이런 구분에 큰 영향을 받지 않았다. 교권 영주가 세속 영주보다 농노들을 덜 험하게 다룬 증거는 거의 없다. 교권 영주와 세속 귀족들은 손을 맞잡은 지배 계급이었다. 땅과 그 땅에 뒤따르는 권력을 통제한 것이다. 농노들의 노동, 생산물, 돈을 전유하는 번거로운 일을 하는 대가로, 귀족들은 군사적 보호를 제공하고 교회는 정신적 원조를 제공했다.

장원이 농촌 생활을 지배한 반면, 중세 후기 유럽에는 도시가 많았다. 도시는 제조업의 중요한 중심지였다. 제조된 물건은 장원에 팔렸고, 때로는 원거리 상업으로 거래됐다. 도시를 지배하는 경제 기관은 로마 제국 시절부터 이어져 온 길드와 전문 직업인, 직종 등의 동업조합이었다. 어떤 제품이나 용역을 만들거나 팔려면 누구든 길드에 가입해야 했다.

길드는 경제 문제만큼이나 사회 문제나 종교 문제에도 관여했다. 개인적, 사회적, 종교적, 경제적 활동 등 모든 활동에서 조합원들의 행실을 단속했다. 상품의 생산과 판매를 무척 주의 깊게 규제하기는 했지만, 길드는 수익을 올리는 것보다는 조합원들의 영혼을 구제하는 데 더 관심을 기울였다. 구원을 받으려면 누구나 교회의 가르침과 관습에 바탕을 둔 규율 있는 생활을 해야 했다. 따라서 길드는 중세 도시에서 기존 질서의 관리자로서 커다란 영향력을 발휘했다.

기독교 가부장 윤리

교권 영주든 세속 영주든 봉건 영주에게는 봉건적인 기존 질서를 반영하고 정당화하는 이데올로기가 필요했다. 봉건 유럽을 하나로 결합하고 지배자들을 보호하는 도덕의 시멘트를 제공한 이 이데올로기는 중세판 유대교-기독교 전통이다. 이 전통은 때로 기독교 집단 윤리라고 불린 도덕규범을 발전시켰다. 사회 전체가 하나의 단일한 존재나 단체로 여겨지는 현실의 반영이었다. 중세에 해석된 대로 유대교-기독교 도덕규범의 또 다른 특징을 강조하기 위해 여기서는 이것을 **기독교 가부장 윤리**라고 부르기로 하자. 이 윤리는 사회를 가족에 비교하면 쉽게 이해할 수 있다. 권력과 부를 누리는 지위를 차지한 사람들은 아버지나 가족의 보호자에 비유할 수 있다. 그런 사람들은 평민, 곧 여기서는 자식들로 비유할 수 있는 가난한 사람들을 가장으로서 지켜줄 의무가 있다. 그러나 평민은 사회에서 주어지는 각자의 위치를 받아들이고 부유하고 권력 있는 자들에게 기꺼이 복종해야 한다. 아이가 아버지의 권위를 받아들이는 것처럼 말이다.

구약 성경에서 유대인들은 말 그대로 자신을 하느님의 자식으로 생각했다(Gray 1963, 2장을 보라). 이런 관계는 유대인은 모두 형제라는 것을 의미한다. 실제로 모세의 계율은 하나의 커다란 가족에 속한다는 정서를 유지하기 위해 만들어졌다. 이런 형제애는 장성한 자녀들이 이제는 재산을 공유하지 않는데도 상호 의무를 인정하는 것과 같은 의미였다.

초기 유대인들을 지배하던 온갖 복잡한 의무와 법규에서 가장 두드러진 특징은 빈곤 예방과 구제를 목적으로 만들어진 여러 규정이다. 채무자에 관한 인도적인 대우 역시 주목할 만하다. 모든 유대인은 동포의 보호자가 돼야 했다. 실제로 유대인의 의무는 이웃이 기르는 짐승이 길을 잃으면 돌봐주는 데까지 확대됐다(신명기 22장 1~4절). 그러나 특히 부자들에게 무엇보다도 으뜸가는 의무는 가난한 이들을 보살피는 것이었다. "당신들은 반드시 손을 뻗어, 당신들의 땅에서 사는 가난하고 궁핍한 동족을 도와주십시오"(신명기 15장 7~11절). 이런 온정주의적인 규범에서 중요한 요소는 빚을 변제하는 수단으로 노동자의 공구를 가져가지 못하게 한 규정이다. "맷돌은, 전부나 그 위짝 하나라도, 저당을 잡을 수 없습니다. 이것은 사람의 생명을 저당잡는 것과 마찬가지이기 때문입니다"(신명기 24장 6절). 구약 성경 곳곳에서 비슷한 구절을 찾을 수 있다. "이웃의 생계수단을 빼앗는 자는 이웃을 살해하는 자입니다"(집회서 34장 26절[원문에는 'Eccles. 34:22', 곧 전도서 34장 22절이라고 되어 있는데, 전도서는 12장까지밖에 없다. 이 구절은 외전인 집회서 34장 26절이다 — 옮긴이]).

물론 모든 유대인이 이런 고귀한 약속을 지키며 살지는 않았다. 모세의 계율을 엄격히 따랐다면 도저히 생겨날 수 없는 극단적인 부와 빈곤이 곳곳에 존재했다. 많은 선지자들이 가난한 자들의 급진적 대변자가 돼 부자들의 재산 남용과 사악함, 나태한 사치와 사회 전반의 불의를 소리 높여 꾸짖었다. 그런데 여기서 중요한 점은 유대인들이 규범에 따라 살지 못한 사실이 아니라 이 작은 종족의 도덕규범이 후세 역사에 대단히 중요한 자취를 남겼다는 사실이다.

신약 성경에 담긴 예수의 가르침에는 경제 이데올로기에 관한 모세의 전통이 조금 남아 있다. 예수는 동포의 복지에 관심을 기울여야 하고, 자비와 자선이 중요하며, 이기적인 욕심과 탐욕은 나쁜 것이라고 가르쳤다. 부자의 특별한 책임과 의무를 강조하는 예수의 목소리는 앞선 유대 선지자들보다 더욱 선명하다. 사실 누가복음을 읽으면 예수가 그저 부자라는 이유로 부자를 꾸짖고 그저 가난하다는 이유로 빈자를 칭찬한다는 결론에 다다를지도 모른다. "너희, 부요한 사람들은 화가 있다. …… 너희 지금 배부른 사람들은 화가 있다. 너희가 굶주리게 될 것이기 때문이다. 너희 지금 웃는 사람들은 화가 있다. 너희가 슬퍼하며 울 것이기 때문이다"(Gray 1963, 41에서 재인용). 그러나 다른 복음서를 살펴보면 이 말은 예수가 아니라 누가 자신의 말일 가능성이 크다는 결론에 이를 게 분명하다. 누가는 "사도들 중에서도 급진적인 평등론자"로 봐야 마땅하다(Gray 1963, 42).

　　다른 복음서에서도 재산이 많으면 천국으로 가는 데 오히려 장애물이 될 수 있다는 경고가 눈에 띄지만, 누가복음의 경우처럼 부 자체를 꾸짖는 경우는 전혀 없다. 이런 점에서 영생을 얻으려면 어떻게 해야 할지 묻는 부유한 젊은이에 관한 구절이 가장 중요하다(마태복음 19장 16~26절 외). 예수가 처음 한 대답은 십계명을 간략하게 언급한 정도에 지나지 않았다. 더 자세한 답변을 간청하자 그제야 예수는 의무를 지우는 보편적인 도덕률을 넘어서 완전한 인간이 되라고 조언한다. "네가 완전한 사람이 되려고 하면"(마태복음 19장)으로 시작되는 구절에서 예수는 젊은이에게 가진 것을 모두 팔아서 가난한 사람에게 주라고 말한다.

　　부자에게 어버이처럼 빈자를 돌볼 의무를 지우는 기독교 가부장 윤리는 많은 기독교 교부들이 자세하고 정교하게 발전시켰다. 초기 교부 중 한 명인 알렉산드리아의 클레멘스가 남긴 저술에는 초기 교회의 전통적인 태도가 꽤 잘 반영돼 있다. 클레멘스는 탐욕과 물질을 향한 애착, 부의 획득에 따르는 위험을 강조했다. 재산이 많은 사람에게는 자기 재산을 하느님의 선물로 생각하고 사회 전체의 복지를 증진하기 위해 현명하게 사용할 특별한 의무가 있었다.

클레멘스는 부자들이 누가복음 같은 복음서의 구절들을 읽으면서 갖게 되는 "근거 없는 절망감"에서 벗어날 수 있도록 하기 위해《부자의 구원The Rich Man's Salvation》을 썼다. 이 책은 누가복음의 가르침과 정반대되는 주장으로 시작한다. "단순히 재산이 없다는 사실은 위대한 것도 아니며 부러운 일도 아니다." 가난한 사람들은 가난하다는 이유만으로 하느님의 축복을 받을 수는 없었다. 부자들 역시 구원을 찾기 위해 재산을 포기할 필요는 없다. 단지 "부에 대한 소신과 집착, 지나친 욕망과 병적인 흥분, 쓸데없는 걱정, 그리고 참된 삶의 씨앗을 질식시키는 세속적인 존재의 고통의 근원으로부터 영혼을 해방"시키면 된다(Gray 1963, 48에서 재인용).

클레멘스가 보기에 중요한 것은 부의 소유 자체가 아니라 부를 사용하는 방법이었다. 부자들에게는 재산을 현명하게 관리해서 하느님을 대신해 동포들의 고통을 덜어주고 사회 전체의 복지를 증진할 책임이 있었다. 하느님이 굶주린 자를 먹이고 헐벗은 자에게 옷을 주라고 명령할 때는, 물질적인 조건이 충분하지 못해서 이 명령을 따르지 못하는 상황을 염두에 두지는 않았을 것이다. 따라서 하느님은 어떤 사람들에게 부를 줬고, 다만 사회 전체의 복지를 온정적으로 돌보는 중요한 기능도 함께 줬다고 보는 게 맞다.

같은 맥락에서 암브로시우스는 정당하게 사용되는 한, "부 자체를 탓해서는 안 된다"고 썼다. 재산을 올바르게 사용하려면 "우리는 서로 돕고, 서로 경쟁하듯이 의무를 수행하며, 만인의 이익을 …… 가장 우선시하고, …… 서로를 지원해야 한다."(Gray 1963, 49에서 재인용).

비슷한 취지로 장황하게 글을 쓴 기독교 교부들의 명단을 일일이 나열할 필요는 없을 것이다. 여기서는 다만 중세 초기에 기독교 가부장 윤리가 서유럽 문화의 구석구석에 파고든 사실을 지적해야겠다. 욕심, 탐욕, 물질적 이기주의, 재산 축적 욕망 등 모든 개인주의적이고 물질적인 동기는 신랄하게 비난받았다. 탐욕스럽고 개인주의적인 사람은 동포 전체의 복지를 걱정하는 선한 인간과 뚜렷이 대조되는 존재로 여겨졌다. 부유한 사람은 부와 권력으로 위대한 선을 행하거나 커다란 악을 저지를 수 있었고, 오로지 자기만족이나 계속 더 많은 부와 권력을 얻을 수단으로 부를 사용할 때 가장 큰 악이 생겨난다고 봤다. 의로운 부자란 부와 권력은 하느님의 선물이며, 자신은 가부장적 청지기 노릇을 할 도덕적 의무가 있고 만인의 복지를 증진하기 위해 세속적인 업무를 관장해야 한다는 사실을 깨달은 이들이었다.

봉건 이데올로기의 반자본주의적 성격

중세 사람들의 행동의 토대가 된 철학적 또는 종교적 가정은 기독교 가부장 윤리의 연장선 위에 있었다. 의도와 내용에서 대단히 보수적인 여러 상세한 조항들이 이 윤리에 덧붙여졌다. 중세 시대의 탁월한 대변자인 토마스 아퀴나스의 책을 읽으면 이 윤리가 계승된 동시에 보수적으로 수정된 사실을 확인할 수 있다.

아퀴나스는 개인 재산은 자선에 필요하다는 이유일 때만 도덕적으로 정당화될 수 있다고 주장하면서 전통을 확인했다. 부자들은 항상 "기꺼이 나눠주고 …… 성체를 줄" 수 있어야 한다고 아퀴나스는 주장했다(Gray 1963, 57에서 재인용). 다른 초기 교부들처럼 아퀴나스도 "자선을 베풀지 않는 부자는 도둑"이라고 믿었다(Gray 1963, 58에서 재인용). 부자가 가진 부와 권력은 하느님과 사회 전체를 위한 것이다. 하느님과 인류의 공동선을 위해 쓰려고 부를 관리할 뿐이었다. 올바르게 사용되고 관리되지 않는다면 부는 종교나 도덕의 측면에서 정당화될 수 없었고, 이런 경우 부자는 주변에 흔히 보이는 도둑에 지나지 않았다. 그런데 아퀴나스를 비롯한 중세 교부들은 대개 중세 장원 제도의 경제 관계와 사회 관계가 자연의 영원한 질서를 반영하고 있다고 주장함으로써 기독교 가부장 윤리에 아주 보수적인 내용을 덧붙였다. 이런 관계는 하느님이 정해준 것이라는 말이었다. 교부들은 각 계급마다 서로 다른 일이 부여되는 분업의 중요성을 강조했으며, 이런 전문화를 조정하려면 계급들 사이의 사회적 또는 경제적 구분이 필요하다고 주장했다.

　세속 영주든 교권 영주든 영주의 지위를 차지한 사람은 누구나 하느님의 섭리에 따라 부과된 임무를 충실히 수행하기 위해 풍부한 물질적 부를 가지고 있어야 했다. 물론 농노의 임무를 수행하는 데는 부가 거의 필요하지 않았다. 하느님의 섭리에 따라 부여된 임무를 아무 의심 없이 부지런히 행하고, 타고난 지위를 받아들이며, 다른 사람들도 주어진 지위에 적합한 일이 있고 그 일을 할 권리가 있다는 믿음을 받아들이는 것이 만인의 의무였다. 따라서 기독교 가부장 윤리는 교회와 귀족이 부와 권력을 자기 수중에 집중한 결과 초래되는 커다란 불평등과 극심한 착취를 자연스럽고 정당한 것으로 옹호하는 데 이용될 수 있었고, 실제로 그렇게 이용됐다.

　중세의 사회사상이나 경제사상을 설명하려면 또한 사람들이 무역과 상업 또는 상업 정신을 몹시 경멸한 사실을 강조해야 한다. 중세의 생활 방식은 관습과 전통에 바탕을 뒀다. 이런 생활 방식의 생명력은 사회 구성원들이 기존의 전통과 거기에 따른 자신의 지위를 받아들이느냐 그렇지 못하느냐에 좌우됐다. 자본주의 상업 윤리가 지배하는 곳에서는 대부분 탐욕, 이기심, 시기, 사회적 또는 물질적 상승 욕망을 타고난 속성으로 받아들인다. 그러나 중세 시대에는 이런 속성을 하나같이 꾸짖고 욕했다. 농노(와 때로 하층 귀족)는 중세 사회의 전통과 관습에 불만을 품기 쉬웠고, 따라서 봉건제의 안정에 위협이 됐다. 그러므로 이런 동기가 영향을 미치는 사태를 억누르거나 누그러뜨리려고 폭넓은 도덕적 제재를 만들어낸 게 그리 놀랄 일은 아니다.

　이런 제재 중에서 가장 중요하고 중세 내내 되풀이된 것은 상인과 무역업자가 무역이나 거래를 할 때 항상 '공정 가격'으로 해야 한다는 도덕적 의무였다. 이런 관념은 봉건 시대에 가부장적인 사회 통제가 어떤 구실을 했는지 잘 보여준다. **공정 가격**이란 판매자가 **관습적이고 전통적인** 지위를 유지하는 데 충분한 가격으로, 상품을 운반하고 구매자를 찾는 데 들인 노력에 주는 보상이었다. 물론 가격이 공정 가격을 상회하면 이윤이 생기고 물질적 부로 축적된다.

기독교 가부장 윤리에서 끊임없이 비난한 것은 부를 향한 욕심이었다. 공정 가격이라는 교의에는 사회를 분열시키는 이런 탐욕스런 행동에 재갈을 물리려는 의도가 담겨 있었다. 지금처럼 그때도 물질적 부의 축적은 권력 확대와 사회적 상향 이동을 보장하는 수단이었다. 이런 사회적 상향 이동은 결국 중세 사회 체제를 완전히 무너뜨리는 결과로 이어졌다. 중세 사회의 중추가 되던 신분 관계에 종지부를 찍었기 때문이다.

탐욕스러운 행동을 비난한 또 다른 예는 고리대금업을 금지한 것이다. 영국에서 통과된 '고리대금 금지법'은 이 시대 사람들 대부분의 태도를 잘 보여준다. 이 법의 내용은 다음과 같다.

> 경건한 가르침과 신앙을 외면하기 때문에 이 왕국의 욕심 많고 무자비하고 탐욕스러운 여러 사람들의 마음속에 스며들 수 있는 …… 가장 불쾌하고 혐오스러운 악덕인 고리대금은, 하느님이 말씀으로 완전히 금지한 것이므로 …… 다음과 같이 법으로 정한다. …… 어떤 계급, 계층, 신분, 지위에 속하는 사람이라도, 부도덕하거나 눈속임이거나 부정직한 어떤 양도, 술책, 수단을 통해서든 …… 원금 이상의 이득, 이익, 이자를 가지거나 받거나 바라는 어떤 종류의 고리대금을 위해서도 돈을 빌려주거나 내주거나 양도하거나 선대해서는 안 된다. …… 이런 고리대금의 경우는 …… 징역형에 처한다(Huberman 1961, 39에서 재인용).

교회는 고리대금업이 탐욕스런 행동 중에서도 가장 나쁜 것이라고 봤다. 이자를 붙여 돈을 빌려주는 짓은 대부분 흉작이 들거나 비극적인 사태가 닥칠 때 가난한 농민들을 상대로 했기 때문이다. 따라서 이자는 어떤 동포에게 도움과 자선이 절실히 필요할 때에 그 사람을 희생시키면서 얻은 소득이었

다. 물론 기독교 윤리에서는 궁핍한 동포를 그렇게 사납게 착취하는 행동을
을 강력히 비난했다.

　많은 역사가들이 공작과 백작, 왕뿐 아니라 주교와 수도원장도 이런 제재
를 뻔뻔하게 어기는 일이 다반사였다고 지적하고 있다. 심지어 고리대금업을
한 사람들을 처벌하면서 다른 한편으로 자기가 돈을 빌려주고 이자를 받는
일도 있었다. 그러나 우리가 더 관심이 있는 부분은 규정을 악용하거나 위반
한 사실보다는 당시 사람들을 지배하던 가치와 동기다. 봉건 체제의 가치는
곧이어 자본주의 체제를 지배하는 가치와 뚜렷이 대조되기 때문이다. 얼마
지나지 않아 자본주의 체제에서는 금전 소득을 극대화하고, 물질적 부를 축
적하며, 탐욕스런 행동을 통해 사회적 또는 경제적 지위를 향상하려고 하는
욕망이 지배적인 동인으로 부상한다.

　기독교 가부장 윤리의 맥락에서 가장 강하게 비판받은 죄악은 이제 자본
주의 시장 경제의 기초를 형성하는 인간 행동의 가정이 된다. 이런 급진적인
변화가 일어나면서 적어도 중세식 의미의 기독교 윤리는 새로운 자본주의 체
제를 도덕적으로 정당화하는 근거로 적절하지 못하게 됐다. 새로운 체제를
옹호하는 논리를 만들려면 이 윤리를 철저하게 수정하거나 완전히 거부할 수
밖에 없었다. 이런 시도에 관해서는 이어지는 여러 강의에서 살펴보기로 하자.

요약

경제 체제는 자연에서 주어진 자원을 유용한 물건이나 상품으로 바꾸려는
인간의 노력을 조직화한 결과물이다. 이데올로기는 한 경제 체제 내부의 경
제 관계나 사회 관계를 도덕적으로 정당화하는 관념과 신념의 체계다.

　기독교 가부장 윤리는 봉건 경제 체제, 그것에 따르는 사회 관계와 경제
관계를 정당화하는 데 이용됐다. 이 이데올로기에는 자본주의 시장 체제의

기능과 대립하는 요소들이 들어 있었다. 그럼 이제 어떻게 해서 새로운 이데올로기가 낡은 기독교 가부장 윤리를 대체하게 되는지, 또는 이 윤리가 어떻게 변형돼 자본주의 시장 경제 체제를 도덕적으로 정당화하는 데 이용됐는지 살펴보자.

더 읽어볼 책

Clapham, J. H., and Eileen E. Powers, eds. 1966. *The Agrarian Life of the Middle Ages*. 2d ed. London: Cambridge University Press.

Gray, Alexander. 1963. *The Socialist Tradition*. London: Longmans.

Holy Bible. (King James verson). n.d. Cleveland, OH: World Publishing(인용은 신명기, 전도서, 누가복음, 마가복음, 마태복음에서 한 것이다).

Huberman, Leo. 1961. *Man's Worldly Goods*. New York: Monthly Review Press(리오 휴버먼 지음, 장상환 옮김, 《자본주의 역사 바로 알기》, 책벌레, 2000).

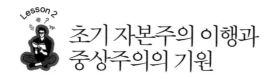

초기 자본주의 이행과 중상주의의 기원

중세는 농업 사회였다. 사회의 위계질서는 토지에 대한 개인의 결합에 바탕을 두고 있었고, 사회 체제 전체가 농업의 기반 위에 서 있었다. 그런데 역설적이게도 농업 생산성의 증대는 이어지는 심대한 변화를 일으키는 원초적인 동력이 됐다. 여러 세기에 걸쳐 진행된 이런 변화는 중세 봉건주의가 해체되고 자본주의가 출발하는 결과로 이어졌다. 그러나 자본주의 이행을 살펴보기에 앞서 먼저 자본주의 경제의 본질적인 특징을 정의해야 할 것이다.

자본주의의 정의

만약 어떤 사람이 시간과 공간을 관통해서 18세기 말의 영국이나 20세기 초의 일본, 현대 미국으로 가서 세계를 관찰하고 비교할 수 있다면, 아마 이 세 사회에 존재하는 많은 두드러진 차이점이 그 어떤 유사성보다도 훨씬 더 중요해 보일 것이다. 그러나 여러 커다란 차이점이 있지만 세 사회의 토대를 형성하는 경제 체제의 본질은 동일하다. 세 사회 모두 자본주의 경제 체제다.

다양한 문화를 지닌 이 사회 체제들의 경제적 유사성을 파악하고 자본주의 경제 체제의 발전을 이해하려면 무엇보다도 자본주의 경제의 본질적인 특징을 확인할 수 있어야 한다.

자본주의는 자본주의 경제에 항상 존재하는 세 가지 본질적인 특징으로 정의된다. 첫째는 어디에서나 금전적 거래가 일어난다는 점이다. 자본주의 아래에서 살아가는 절대 다수의 사람들은 누구나 돈만 있으면 자신이 원하고 필요한 물건을 얻을 수 있다. 그저 시장에서 돈을 주고 사면 된다. 둘째, 자본주의에는 언제나 적어도 네 가지 사회경제 계급이 뚜렷하게 존재한다. 부유한 자본가 계급, 소규모 자영업자와 독립 전문직 계급, 노동 계급, 다양한 복지 프로그램에 의존해 살아가거나 절도와 성매매 등 닥치는 대로 벌어먹고 사는 빈곤 계급. 그리고 셋째, 자본주의 경제에서는 무엇을, 어떻게, 어디서, 누가, 누구를 위해 생산할 것이냐 하는 문제가 모두 이윤 추구에 따라 결정된다.

자본주의의 첫 번째 특징, 곧 시장 교환의 보편성은 인간들의 경제적 상호 의존성을 냉정하고 비인격적으로 변화시킨다. 각 개인은 많은 사람의 생산적 노력에 의존해야 하며, 거꾸로 많은 사람은 한 개인이 자기가 맡은 생산 기능을 수행하는 데 의존한다. 그러나 이런 상호 의존은 사람들 사이의 진정한 인간적 연결이 아니라, 단지 시장에서 상품을 사는 돈에 각 개인이 의존하는 것으로 경험될 뿐이다.

두 번째 특징인 자본주의의 계급 구조에 따르면, 생산 자원(천연자원, 도구, 기계, 공장 등)의 소유와 통제권을 노동자와 분리해야 한다. 생산 자원을 이용해서 사회의 요구와 필요를 충족시키는 상품을 만들어내는 노동자들이 이 자원의 소유와 통제에서 분리되는 것이다. 자본가 계급은 생산 자원을 충분히 소유한 개인들로 구성된다. 이런 소유에서 얻는 소득(이자, 주식 배당금, 지대, 이윤 같은 형태를 띤다) 덕분에 개인적으로 얼마나 생산적으로 삶을 보내느냐 하는 것과 상관없이 일정한 생활 수준을 유지할 수 있다. 반면 노동 계급은 생산 자원을 손에 넣거나 소유할 방법이 전혀 없다. 이 계급의 사람들이 빈곤 계급으로 추락하지 않으려면 자신의 노동력에 관한 통제권을 파는(곧 일자리를 구하는) 수밖에 없다. 자본가 계급과 노동 계급 사이에는 소규모 자영업자와 독립 전문직으로 구성된 중간 계급이 있다. 이 계급의 사람들은 일정한 생산 자원을 소유하고 통제하며 이런 소유권을 통해 금전적 수입을 얻는다. 그러나 중간 계급의 소유권은 자본가들처럼 노동의 의무를 면제받을 정도로 충분하지는 않다. 소규모 자영업자와 독립 전문직은 생활을 꾸려가려고 일을 해야 한다. 마지막으로 어느 자본주의 사회든 최하층 계급은 변변한 재산이 전혀 없고 여러 이유에서 노동력을 팔 수도 없는 빈곤 계급이다. 자본주의 사회에서는 소유에서 나오는 소득과 노동자가 받는 임금만이 사회적으로 인정할 만한 유일한 소득원으로 여겨진다. 생활을 꾸려가려는 빈곤 계급은 복지나 자선, 또는 반합법적이거나 불법적인 활동의 결과물처럼 '인정받기 힘든' 소득원에 의존해야 한다. 이 계급의 구성원들은 사회적 낙인이 찍히기 때문에 재산이 없는 사람은 누구나 노동 조건과 임금이 아무리 열악하더라도 일자리를 지키려고 갖은 노력을 다한다.

세 번째 특징, 곧 이윤 추구를 통한 자원의 배분은 자본주의에 존재하는 사회경제 계급들의 성격에서 나온다. 모든 생산 자원은 자본가 계급과 중간 계급이 소유하고 통제하며, 자본가 계급은 대기업을 지배하고 중간 계급은 소규모 기업을 지배한다. 자본주의 사회에서 창의적이고 생산적인 노력은 거의 모두 이런 사업체에 고용된 임금 소득자를 통해 진행된다. 노동자를 고용하는 동기는 단순하다. 노동자가 임금이라는 형태로 기업에 안기는 비용보다 기업을 위해 만들어주는 가치가 더 크면 이 노동자는 고용될 것이다. 자본가의 이윤에 이바지하기 때문이다. 일반적으로 이것이야말로 자본주의 사회에서 생산 활동에 종사하는 노동자를 고용하는 유일한 이유다. 그러므로 어떤 노동자가 어떤 상품을 만들 것인가 하는 문제는 인간적, 사회적, 개인적 요구에 관한 평가가 아니라 오로지 자본가의 수익성 기준에 따라 결정된다. 사회적 요구와 수익성이 언제나 상충한다고 가정할 이유는 없으며, 또한 두 기준이 항상 조화할 것이라고 가정할 까닭도 없다. 그러나 자본주의에서는 이 둘이 상충할 때 인간적 요구가 아니라 이윤이 생산을 결정한다.

자본주의 체제는 중세 유럽의 봉건 체제와 완전히 다르다. 이 장에서는 봉건주의가 해체되고 자본주의의 본질적인 제도들이 서서히 점진적으로 발전한 시기에 일어난 가장 중요한 변화들 몇 가지를 검토해보자.

기술 변화

중세의 가장 중요한 기술 발전은 이포제 대신 삼포제가 자리 잡은 것이다. 삼포제가 이미 8세기에 유럽에 도입됐다는 증거가 있기는 하지만, 실제로 널리 활용된 것은 11세기 무렵의 일이다. 같은 땅에 매년 씨를 뿌리면 지력이 고갈돼 결국 농사를 짓지 못하게 된다. 따라서 이포제에서는 전해 농사로 고갈된 지력을 되살리려고 땅의 절반을 항상 묵혀둔다. 삼포제에서는 경작용 땅을 삼등분한다. 가을에는 첫 번째 땅에 호밀이나 가을밀을 심고, 봄에는 두 번째 땅에 귀리나 콩, 완두콩 등을 심는다. 세 번째 땅은 그냥 묵혀둔다. 해마다 이런 방식으로 돌아가면서 농사를 짓는다. 모든 땅마다 봄에 농사를 지으면 이듬해에는 가을에 농사를 짓고, 그 다음 해에는 묵혀둔다. 겉으로 보기에는 농업 기술에서 단순한 변화가 일어난 것 같지만, 농업 생산량은 크게 증가했다. 삼포제를 이용하면 같은 규모의 경작지를 가지고도 어떤 때는 수확량을 50퍼센트까지 늘릴 수 있었다(White 1962, 71~72).

삼포제는 다른 중요한 변화로 이어지기도 했다. 귀리를 비롯한 사료 작물을 봄에 파종한 덕분에 더 많은 말을 키울 수 있었고, 말이 소 대신 농업의 주된 동력원으로 부상하기 시작했다. 말은 소보다 훨씬 빨랐고, 따라서 경작 지역을 넓힐 수 있었다. 경작 지역이 넓어지면서 농촌이 더 많은 인구가 집중된 도시를 먹여 살릴 수 있었다. 또 말을 사용해 사람과 상품과 장비의 운송

이 한층 쉬워졌다. 밭갈이의 능률도 한층 높아졌다. 소 두 마리로 쟁기질을 하는 데 세 사람이 필요했지만, 말로 쟁기를 끌면 한 사람으로 충분했다. 13세기에 앞바퀴에 추축을 붙인 사륜마차가 등장해서 이륜마차를 대신하게 되자 농산물 운송비가 크게 줄었다.

농업과 운송 분야의 이런 발달은 사회 전반에 폭넓은 영향을 미친 중요한 두 가지 변화를 이끌었다. 첫째, 인구가 빠르게 증가할 수 있었다. 역사 자료를 토대로 추정하면, 유럽 인구는 1000년에서 1300년 사이에 두 배로 늘어났다(Miskimin 1969, 20). 1000년 전만 해도 몇몇 지중해 무역 중심지를 제외하면 유럽 대부분 지역이 장원과 마을, 소수의 작은 소읍으로 구성돼 있었다. 그런데 1300년에 이르면 번창하는 도시와 규모가 커진 소읍들이 여럿 나타났다.

소읍과 도시의 성장은 농촌과 도시의 전문화의 확대로 이어졌다. 도시 노동자가 땅에서 완전히 분리되면서 전문화는 더욱 증대됐고, 그 결과 제조업 상품의 생산이 늘어났다. 지역간 원거리 무역과 상업도 이런 전문화 증대가 낳은 매우 중요한 결과다.

원거리 무역의 증대

많은 역사가들이 무역과 상업의 확산이 중세 사회의 해체로 이어진 가장 중요한 요인이라고 주장했다. 무역의 중요성은 의심할 여지가 없지만, 이 무역이 우연하게, 또는 아랍인을 접촉하는 사례가 증가하는 등 유럽 경제와 전혀 무관한 요인들 때문에 생겨난 것은 아니라는 점을 강조하고 넘어가야겠다. 앞서 살펴본 대로 이렇게 무역이 급증할 수 있는 바탕은 오히려 유럽 내부의 경제 발전을 통해 마련됐다. 농업 생산성이 증대하면서 식량과 수공품이 남아돌아 지역 시장과 국제 시장에 남는 물건을 내다 팔 수 있었다. 또 동력과 운송이 향상돼 도시에 산업을 집중시키고, 대규모로 생산하고, 널리 퍼진 원거리 시장에 상품을 팔 수 있게 되고 수익성도 좋아졌다. 따라서 기본적인 농업과 산업의 발달은 무역과 상업이 확산하는 데 필요한 조건이었고, 무역과 산업의 발달은 산업과 도시의 팽창을 한층 더 부추겼다. 무역, 특히 초기 원거리 무역이 팽창하면서 무역 증대에 이바지하는 상업 도시와 공업 도시들이 세워졌다. 그리고 이런 도시와 소도시가 발달하고 상인 자본가의 지배력이 커지면서 산업과 농업에서 모두 중요한 변화가 나타났다. 이 두 영역의 변화, 특히 농업의 변화는 봉건적인 경제 구조와 사회 구조를 떠받치던 전통적인 유대를 약화하고 결국 완전히 해체하는 결과로 이어졌다.

이미 중세 초기부터 유럽의 많은 지역에서는 원거리 무역이 어느 정도 일어나고 있었다. 지중해와 아드리아 해 연안의 남부 유럽과 북해와 발트 해 연안의 북부 유럽에서는 이런 무역이 매우 중요한 경제 활동이었다. 그러나이 두 상업 중심지 사이에 위치한 나머지 유럽 지역에서는 대부분 중세 후반까지 상업과 무역에 거의 영향을 받지 않고 봉건 장원 체제가 이어졌다.

11세기 무렵부터 기독교 십자군에 자극받아 상업이 뚜렷하게 팽창하기 시작했다. 그러나 십자군 자체를 유럽의 발전에 우연적이거나 외부적인 요소로 볼 수는 없다. 십자군은 오로지 종교적 이유에서 수행된 게 아니었고, 투르크가 기독교 순례자를 박해한 결과도 아니었다. 투르크는 이슬람의 관용 정책을 계속 추구했기 때문이다. 이슬람 세력이 발전하면서 비잔티움을 향한 공격이 늘어난 게 사실이지만, 보통이라면 서방은 상징적인 지원만 했을 것이다. 비잔티움을 특별히 아끼지 않았기 때문이다. 십자군이 시작된 기본적인 이유 중 하나는 십자군을 가장 강력하게 지원한 프랑스 내부의 발전에서 찾을 수 있다. 프랑스는 그 전부터 점점 강해지고 있었고, 동방을 상대로 한 무역 관계와 이해관계가 점점 커졌으며, 국내에서 일어나는 사회적 소요를 배출할 출구가 필요했다. 십자군을 부추긴 또 다른 선전은 동방 무역과 영향력을 확대하고 싶어한 베네치아의 과두정에서 나왔다.

아랍이나 북유럽의 바이킹을 상대로 하는 무역이 발달하면서 수출용 생산이 늘어나고 대규모 무역 박람회가 생겨나 12세기부터 14세기 말까지 번창했다. 유럽 주요 무역 도시에서 매년 열린 무역 박람회는 보통 일주일에서 몇 주까지 계속됐다. 북유럽 상인들은 곡물, 생선, 직물, 목재, 역청(천연수지의 일종), 타르, 소금, 철 등을 가져와 남부 유럽 상업의 주요 품목인 향신료, 비단, 무늬 직물, 포도주, 과일, 금은 등과 교환했다(무역과 상업의 부상에 관한 더 자세한 논의는 Dillard 1967, 3~178을 보라). 15세기에 이르면 연중 시장이 번성하는 상업 도시들이 무역 박람회의 구실을 대신하게 된다. 이 도시들의 무역과 상업은 봉건적 관습이나 전통의 속박과 양립할 수 없었다. 많은 도시들이 교회와 봉건 영주들을 벗어나 독립을 얻어냈다.

이런 상업 중심지에서 통화 교환, 채무 변제, 신용 편의 등의 복잡한 체계가 생겨났고, 환어음 같은 근대 사업 수단이 널리 활용됐다. 새로운 상법 체계도 발달했다. 장원에서 흔히 쓰이던 관습과 전통에 바탕을 둔 가부장적 판결 체계와 달리, 상법은 엄밀한 법전에 따라 정해졌다. 따라서 상법은 계약, 유통 증권(어음, 수표 등), 대리 판매, 경매 등에 관한 근대 자본주의적 법률의 토대가 됐다.

장원의 수공업에서는 생산자(장인)가 판매자이기도 했다. 그러나 새로운 도시에서 빠르게 성장한 산업은 주로 수출 산업이었다. 생산자는 최종 구매자와 멀리 떨어져 있었다. 장인이 상인에게 제품을 도매로 팔면 상인이 제품을 운송해서 다시 판매했다. 장원의 장인이 대부분 농민이기도 했다는 점은 또 다른 중요한 차이점이었다. 반면 새로운 도시의 장인은 농사를 포기하고 수공업에만 전념했다. 이렇게 번 돈으로 다른 욕구를 충족시킬 수 있었다.

노동 계급과 자본주의 산업의 탄생

무역과 상업이 번성하고 팽창하면서 공업 제품을 찾는 수요가 늘어나고 공급이 안정될 필요가 커졌으며, 그 결과 상인-자본가가 점차 생산 과정을 통제하게 됐다. 16세기에 이르면 장인이 작업장과 도구, 원료를 소유하고 독립적인 소규모 사업가 노릇을 하는 수공업이 대부분 쇠퇴하고 **선대제**를 활용하는 수출 산업이 그 자리를 차지하게 됐다. 초기 선대제putting-out system에서는 상인-자본가가 독립 장인들에게 원료를 제공하고 그 재료를 사용해 완제품을 만들면 대금을 지불하는 식이었다. 비록 독립된 작업장에서 작업했지만, 이런 식으로 자본가는 생산의 모든 단계에서 제품을 소유했다. 선대제가 후기로 접어들면서 상인-자본가가 도구와 기계를 소유하는가 하면 종종 생산이 진행되는 건물을 소유하기도 했다. 상인-자본가는 도구를 사용할 노동자를 고용하고, 원료를 제공했으며, 완제품을 차지했다.

노동자는 이제 완제품을 상인에게 파는 존재가 아니었다. 그 대신 노동자 자신의 노동력만을 팔았다. 선대제가 처음 발달한 분야는 방직 산업이었다. 방직공(천 짜는 노동자), 방적공(실 잣는 노동자), 축융공(옷을 세탁하고 다듬는 노동자), 염색공 등은 이제 자신과 가족이 먹고살기 위해 상인-자본가에게 일자리를 의존해야 하는 처지에 놓이게 됐다. 한편 상인-자본가는 임금과 기타 비용을 지불하고도 이윤이 남는 가격에 노동자가 생산한 물건을 팔아야 했다. 결국 자본가가 생산 과정까지 통제하게 됐다. 이런 변화와 함께 자본을 전혀 또는 거의 갖지 못한 채 자신의 노동력을 팔 수밖에 없는 노동자 집단이 생겨났다. 이 두 특징은 자본주의 경제 체제의 모습을 뚜렷이 보여준다. 몇몇 연구자나 역사가들은 유럽에서 무역과 상업, 상업 정신이 확대되고 비중이 커지면서 자본주의가 존재하게 됐다고 규정한다. 그러나 무역과 상업은 봉건 시대 전체에 걸쳐 존재했다. 봉건 전통이 여전히 생산의 조직 원리로 건재하는 한 무역과 상업은 사회와 경제 체제의 외부에 밀려나 있었다. 시장과 금전적 이익의 추구가 관습과 전통을 밀어냈으며, 누가 어떤 일을 수행하고 그 일을 어떻게 수행하는지, 그리고 노동자가 생계를 유지하기 위해 일자리를 찾을 수 있는지가 시장을 통해 결정됐다. 이렇게 되자 비로소 자본주의 체제가 형성됐다(Dobb 1946, 4장).

16세기 수출 산업에서 자본가와 노동자 사이의 관계가 대다수 생산 과정에 확대되면서 자본주의가 지배적 체제로 올라서게 됐다. 이런 체제가 발전하려면, 봉건적 장원의 자급자족 경제가 붕괴하고 장원의 관습과 전통이 잠식되거나 파괴돼야 했다. 농업은 자본주의적 투기가 돼야 했다. 이 투기 사업에서 노동자들은 자본가에게 노동력을 팔았고, 자본가는 이 과정에서 이윤을 벌 수 있을 때에만 노동력을 구매했다.

자본주의적 방직 산업은 13세기 플랑드르에 이미 존재했다. 그런데 여러 이유로 산업이 쇠퇴하기 시작하자 산업 발달의 결과 형성된 부유층과 빈곤층은 기나긴 일련의 폭력적 계급 전쟁으로 치달았다. 1280년 무렵에 시작된 계급 전쟁으로 플랑드르의 방직 산업은 거의 철저하게 파괴됐다. 14세기에는 피렌체에서 자본주의적 산업이 번창했다. 플랑드르의 경우처럼 이곳에서도 사업이 불황에 빠지면서 가난에 시달리는 노동 계급과 부유한 자본가 사이에 긴장이 고조됐다. 과거 플랑드르에서 그런 것처럼 계급간 적대가 커지자 피렌체 방직 산업은 한층 더 가파른 쇠퇴의 길로 빠져들었다.

15세기에는 영국이 세계 방직 시장을 지배했다. 영국의 자본주의적 방직 산업은 산업 기반을 농촌으로 이전함으로써 계급 갈등 문제를 해결했다. 플랑드르와 피렌체의 초기 자본주의 방직 산업이 인구가 밀집한 도시에 집중돼 노동자들이 한데 뭉쳐 손쉽게 조직적인 저항에 나설 수 있던 반면, 영국의 축융 공장은 농촌 곳곳에 흩어져 있었다. 따라서 노동자들은 한 줌에 지나지 않는 소수의 동료 노동자들과 함께 있을 뿐 완전히 고립됐고, 조직적인 저항을 효과적으로 벌이기가 어려웠다.

그러나 부유한 자본 소유자가 재산 없는 장인을 고용하는, 나중에 등장한 체제는 보통 농촌보다는 도시에서 볼 수 있는 현상이었다. 이런 자본주의 기업들은 처음부터 제품에 관련된 수요를 한껏 이용할 수 있는 독점적 지위를 추구했다. 동업조합 길드, 곧 상인-자본가 고용주 협회가 부상하면서 자신들의 지위를 보호하기 위한 갖가지 장벽이 생겨났다. 부유층 자제들에게 온 갖 특권과 면제를 주는 각각 다른 유형의 수습 제도와 지나치게 비싼 가입비를 비롯한 온갖 장벽 때문에, 야심은 있지만 가난한 장인들은 새로운 자본가 계급과 경쟁하거나 그 계급에 진입하지 못했다. 실제로 이런 장벽 때문에 가난한 장인과 그 아들들은 대개 새로운 도시 노동 계급으로 변신해서 오로지 자신의 노동력을 팔아 생계를 유지했야 했다.

장원 체제의 쇠퇴

그러나 완전한 자본주의 체제가 등장하기에 앞서 자본주의적 시장 관계의 힘이 봉건주의의 보루인 농촌의 장원에 밀어닥쳐야 했다. 이 과정은 새로운 무역 도시의 인구가 급증한 결과로 일어났다. 대규모 도시 인구는 식량과 수출 산업을 위한 원료를 대부분 농촌에 의존했다. 이런 필요성 때문에 농촌과 도시의 기능 분화가 촉진됐고 농촌의 장원과 도시 사이의 무역 흐름이 확대됐다. 장원의 영주들은 공산품을 얻으려고 도시에 의존하기 시작했고, 점차 상인들이 판매하는 사치품에 현혹되기에 이르렀다.

　장원의 농민들 또한 이제 지방의 곡물 시장에서 잉여 농산물을 화폐와 교환할 수 있었다. 게다가 이 돈으로 부역 면제권을 살 수도 있었다. 이런 금납화에는 농노가 감당해야 하는 부역을 현금 소작료로 대신 내는 것도 포함됐다. 금납화는 보통 농민이 소규모 독립 자영업자에 가까운 지위로 변신하는 결과로 이어졌다. 농민은 영주의 토지를 임대해 거기서 나온 생산물을 팔아 지대를 내고 나머지를 자기 소득으로 챙길 수 있었다. 이런 제도 덕분에 농민들은 더 많이 생산해서 잉여 농산물을 판매하려는 의욕이 높아졌다. 결국 금납화가 확대되고, 뒤이어 시장 판매가 늘어나는 과정이 되풀이됐다. 이런 과정이 누적된 결과, 장원의 전통적인 유대가 점점 더 무너지고, 그 대신 시장과 이윤 추구가 생산을 조직하는 주된 원리로 부상했다. 14세기 중반 무렵에 이르면 유럽의 많은 지역에서 화폐 지대가 부역의 가치를 앞지르게 됐다.

시장이 농촌에도 확산된 또 다른 요인은 금납화와 밀접한 관계가 있는데, 바로 영주와 직영지 사이에 거리가 생겼다는 사실이다. 공산품과 사치품을 살 현금이 필요한 영주들은 부역 의무를 이용해서 직접 농민들에게 농사를 짓게 하는 대신 직영지를 임대하기 시작했다. 이 과정은 점차 장원의 영주가 현대적 의미의 지주로 변모하는 상황으로 이어졌다. 사실 많은 영주가 도시로 이주하는 쪽을 선택하거나 전장에 나가 싸우고 있었기 때문에 이미 부재지주로 변신한 상태였다.

그러나 장원 체제가 붕괴한 직접적 원인은 14세기 후반부터 15세기 사이에 벌어진 일련의 파국적인 사태였다. 프랑스와 영국은 백년전쟁(1337~1453) 때문에 전반적인 무질서와 소요에 시달렸다. 흑사병은 훨씬 더 참혹한 결과를 낳았다. 1348~1349년에 흑사병이 창궐하기 직전의 영국 인구는 400만 명이었다. 그러나 15세기 초에 이르면 전쟁과 흑사병 때문에 인구가 250만 명이 채 되지 않았다. 사정은 다른 유럽 나라들도 크게 다르지 않았다. 인구 감소는 극심한 노동력 부족으로 이어졌고, 온갖 노동 임금이 갑자기 크게 올랐다. 상대적으로 남아돌게 된 토지의 지대가 떨어지기 시작했다.

이런 여러 상황 때문에 봉건 귀족들은 그동안 용인하던 금납화를 그만두고 농노와 농민의 부역 의무를 부활하려 했다(여기서 말하는 농민이란 농노 출신으로서 봉건적 제약에서 어느 정도 독립성과 자유를 획득한 상태였다). 그렇지만 시계를 거꾸로 돌릴 수는 없는 노릇이었다. 이미 시장의 촉수가 농촌까지 뻗어간 상태였고, 더불어 농민들은 더욱 늘어난 자유와 독립과 번영을 누리고 있었다. 이제 농민들은 예전의 의무를 다시 도입하려는 시도에 격렬하게 저항했고, 저항은 거기에 맞선 대응을 불러일으켰다. 그 결과 14세기 말부터 16세기 초까지 유럽 전역에서 유명한 농민 반란이 잇따라 일어났다. 이 반란들은 몹시 잔인하고 사나웠다. 당대의 어느 프랑스 저자는 기사를 죽여서 "기사의 부인과 아이들이 보는 앞에서 꼬챙이에 매달아 불에 태운" 농민 무리에 관한 글을 남겼다. "열두어 명의 농부는 기사 부인을 강간하고는 남편의 살을 강제로 먹였다. 그러고는 부인과 아이들을 살해했다. 이 버릇없는 인간들은 가는 곳마다 좋은 집과 튼튼한 성을 파괴했다"(Gras 1940, 108). 농민 반란자들은 결국 똑같이, 아니 때로는 더 잔인하고 악랄하게 귀족들의 손에 도살됐다.

영국은 14세기 말과 15세기 초에 잇따라 이런 반란을 겪었다. 그러나 16세기 초에 독일에서 일어난 반란이 아마 가장 많은 피를 뿌렸을 것이다. 1524~1525년에 일어난 농민 반란은 신성로마제국 황제의 제국 군대에 진압됐다. 제국의 군대는 농민 수만 명을 도살했다. 독일에서만 10만 명이 넘게 살해됐다. 여기서 이런 반란을 언급하는 이유는, 한 사회 체제의 경제 구조나 정치 구조가 근본적으로 변화하려면 종종 커다란 상처를 남기는 폭력적인 사회 갈등이 일어날 수밖에 없다는 사실을 말하려는 것이다. 어떤 경제 체제든 그 체제를 유지해야만 자신들의 특권을 지킬 수 있는 계급이 있다. 당연히 이 계급은 변화에 저항하고 자신의 지위를 지키려고 어떤 짓이든 하기 마련이다. 봉건 귀족은 새롭게 등장하는 자본주의 시장 체제에 맞서 거센 지연작전을 벌였지만, 결국 변화의 힘에 휩쓸리고 말았다. 중대한 변화를 가져온 주인공은 야심 찬 상인들과 소귀족들이었지만, 그 결과 생겨난 사회적 격변의 희생양이 된 것은 가련한 농민들이었다. 얄궂게도 농민들은 대개 기존 질서를 지키려고 애쓰고 있었다.

노동 계급의 형성

16세기 초는 유럽 역사에서 하나의 분수령이다. 이 시기는 쇠퇴하는 낡은 봉건 질서와 상승하는 자본주의 체제 사이에 흐릿한 경계선을 형성한다. 1500

년 이후 사회와 경제의 중요한 변화가 점점 빈번하게 일어나기 시작했고, 각각의 변화는 상승 작용을 하면서 하나로 결합해 자본주의 체제를 선도했다. 이런 변화 중에서 으뜸가는 것은 생산 과정에 관한 통제권을 모조리 빼앗기고 노동력을 팔아서 생계를 이어갈 수밖에 없는 상황에 내몰린 노동 계급을 형성한 변화였다. 150년 동안 상대적으로 정체 상태에 있던 서유럽 인구는 16세기에 거의 3분의 1 정도 증가해서 1600년에는 7000만 명에 근접했다.

인구가 증가하는 것과 나란히 영국에서 이미 13세기에 시작된 인클로저 운동enclosure movement이 진행됐다. 점점 현금이 필요하게 된 봉건 귀족은 그전까지 공동 방목용으로 사용되던 땅에 울타리를 쳤다. 호황을 구가하는 영국 모직 산업과 방직 산업의 양모 수요를 충족하기 위해 양을 방목하는 용도로 쓰려는 생각이었다. 양은 값이 좋을 뿐만 아니라 최소한의 노동력만으로 기를 수 있었다.

인클로저 운동은 15세기와 16세기에 정점에 이르러 몇몇 지역에서는 소작인의 4분의 3이나 10분의 9가 농촌에서 쫓겨나 먹고살려고 도시로 몰려들었다. 그 뒤로도 19세기까지 인클로저의 물결이 계속됐다. 인클로저가 확산되고 인구가 늘어나면서 남아 있던 봉건적 유대는 한층 더 파괴됐고, 결국 새로운 노동자 집단이 대거 생겨났다. 토지도 없고, 생산 도구나 기구도 없고, 오로지 자기 노동력만 팔 수 있는 노동자들이었다. 인구가 도시를 향해 이동하면서 자본주의 산업과 육군과 해군에는 노동자가 더 많아졌고, 새로운 식민지를 개척할 사람도 늘어났으며, 잠재적인 제품 소비자나 구매자도 증가했다. 그러나 인클로저와 인구 증가만이 새로운 노동 계급을 낳은 유일한 원천은 아니었다. 화폐 지대가 터무니없이 오르면서 많은 농민, 자작농, 소귀족이 파산했다. 갚을 길이 없는 빚이 늘어나면서 몰락한 사람들은 그밖에도 많았다. 도시와 소읍의 길드들은 점점 더 회원들의 소득 수준을 걱정하는 지경에 이르렀다. 길드에 속한 장인과 상인들이 보기에 회원 수를 줄이는 조치를 취하면 기술을 독점하고 소득을 늘릴 수 있을 게 분명했다. 길드가 점점 배타적으로 변하자 도시 생산자 수가 아무리 늘어나도 독립 생산의 수단이 될 수 없었다. 따라서 새로운 노동 계급의 상당수가 도시와 소읍 안에서 생겨났다.

이런 식으로 땅에서 밀려나고 예전의 생산수단을 이용할 수 없게 된 많은 농민과 장인이 부랑자와 거지로 전락했다. 훨씬 더 많은 이들은 변두리의 버려진 땅을 무단으로 차지해서 스스로 농사를 지어 생계를 이으려고 애를 썼다. 이런 도둑 농사와 일자리 없는 부랑자를 단속하는 가혹한 법률이 잇따라 통과됐다(Dobb 1946, 6장). 그리하여 강제와 사기와 굶주림만으로는 새로운 노동 계급을 창출하는 데 충분하지 못하자 형법과 정부의 억압이 동원됐다.

자본주의 이행의 다른 요인들

변화를 낳은 또 다른 원천들도 자본주의로 이행하는 데 이바지했다. 그중 하나가 16세기에 나타난 지적 각성으로, 그 결과 발달하게 된 과학은 곧바로 항해에 실제로 활용됐다. 망원경과 나침반 덕분에 훨씬 더 먼 거리를 한층 더 정확하게 항해할 수 있게 되자 '탐험 시대'의 막이 올랐다. 짧은 기간 동안에 유럽인들은 인도와 아프리카, 남북 아메리카로 가는 항로를 개척했다. 이런 발견은 이중적인 중요성이 있었다. 먼저 많은 양의 귀금속이 급속하게 유럽으로 들어오는 결과로 이어졌으며, 다음으로 식민주의 시대를 열어젖혔다.

1300년에서 1500년 사이에 유럽의 금은 생산은 정체된 상태였다. 그런데 자본주의 무역이 빠르게 팽창하고 시장 체제가 도시와 농촌으로 확대되면서 화폐가 크게 부족해졌다. 화폐는 대부분 금화와 은화였기 때문에 금과 은이 반드시 필요했다. 1450년 무렵부터 포르투갈이 아프리카 황금 해안에서 귀금속을 추출하기 시작하면서 이런 상황은 조금 완화되지만, 16세기 중반까지 전반적인 금은 부족 사태가 이어졌다. 그런데 이때부터 남북 아메리카 대륙에서 금과 은이 대규모로 유입되면서 유럽은 역사상 가장 급속하고 장기적인 인플레이션을 경험하게 된다.

16세기 동안 유럽의 물가는 나라나 지역에 따라 150퍼센트에서 400퍼센트까지 상승했다. 공산품 가격은 지대나 임금보다 훨씬 빠르게 올랐다. 사실 이런 물가와 임금의 격차는 17세기 말까지 계속 이어졌다. 결국 지주 계급(또는 봉건 귀족)과 노동 계급 모두 고통을 받았다. 소득보다 비용이 빠르게 늘어났기 때문이다. 가격혁명의 최대 수혜자는 자본가 계급이었다. 자본가 계급은 실질 임금이 점점 낮아진데다 원료를 사서 재고로 보관하기만 하면 가치가 높아진 덕분에 갈수록 많은 이윤을 벌어들였다.

이렇게 증대된 이윤은 자본으로 축적됐다. 자본은 생산, 무역, 상업에 필요한 요소를 가리키며, 도구, 설비, 공장, 원료, 가공 중인 제품, 운송 수단, 현금 등으로 구성된다. 모든 경제 체제에는 나름의 물리적인 생산수단이 있지만, 상품 생산과 사적 소유에 필요한 사회적 관계가 존재한다는 사회적 맥락이 있어야만 이런 생산수단이 자본으로 변모할 수 있다. 따라서 자본은 단순히 물리적인 대상을 의미하는 게 아니다. 자본은 복잡한 일련의 사회관계를 의미하기도 한다. 앞에서 우리는 자본주의 체제를 규정하는 특징 중 하나가 자본금을 소유한 자본가 계급의 존재라는 점을 살펴봤다. 자본가 계급은 이런 자본을 소유한 덕분에 이윤을 손에 넣는다. 이 이윤은 다시 재투자되거나 자본금을 늘리는 데 사용된다. 계속된 자본의 축적은 더 많은 자본으로 이어지고, 체제는 나선형을 그리며 계속 상승한다.

자본주의라는 용어는 이런 이윤 추구와 축적 체제를 아주 정확하게 포착한다. 자본 소유가 이윤의 원천이고 따라서 추가적인 자본 축적의 원천이기 때문이다. 그러나 닭과 달걀의 관계 같은 이런 과정에도 시작이 있어야 한다. 상당한 자본의 초기 축적, 또는 원시 축적은 지금 고찰하는 시기에 진행됐다. 네 가지 중요한 자본의 초기 축적 원천은 다음과 같다. 무역과 상업 규모의 급속한 증대, 선대제 산업, 인클로저 운동, 거대한 물가 상승. 초기 축적의 원천이 된 다른 사례도 몇 가지 있지만 사실 그대로 내세울 만한 게 못 돼 종종 기억에서 지워졌다. 식민지 약탈, 해적질, 노예무역 등이 대표적이다.

16세기와 17세기에 확대된 선대제는 결국 대다수 산업에서 흔한 방식이 됐다. 선대제는 비록 현대적인 공장 생산 방식은 아니었지만, 전문화가 점차 진행되면서 생산성이 크게 높아지는 결과로 이어졌다. 또한 조선과 항해 기술이 발달하면서 운송비가 줄어들었다. 그 결과 이 시기에 자본주의 생산과 무역, 상업이 급속하게 성장할 수 있었다. 새로운 자본가 계급(또는 중간 계급이나 부르주아)은 서서히, 그러나 가차 없이 귀족을 밀어내고 경제 체제와 사회 체제를 지배하는 계급으로 부상했다.

민족국가의 등장은 새로운 지배 계급으로 이행하는 시작을 알리는 신호였다. 새로운 군주들은 대부분 부르주아 자본가 계급의 지원을 등에 업고서 봉건 세력을 물리치고 단일한 중앙 권력으로 국가를 통일하기 위해 노력했다. 이런 통일 덕분에 상인들은 제각각의 규칙, 규정, 법률, 도량형, 화폐가 난무하는 봉건 시대의 혼란에서 벗어나는 한편, 많은 시장을 통합하고 군대를 동원해 모험적 상업 활동을 보호할 수 있었다. 그 대가로 군주는 절실하게 필요한 재정을 자본가들에게 의존했다.

영국은 명목상으로는 훨씬 전에 통일이 됐지만, 헨리 7세(1485~1509)가 튜더 왕조를 세우고 나서야 실질적인 통일을 달성했다. 헨리 8세(1509~1547)와 엘리자베스 1세(1558~1603)는 여러 주와 자치 도시의 중간 계급을 대표하는 의회의 지지를 받아 국가 건설 작업을 완수할 수 있었다. 1648년과 1688년의 혁명(청교도 혁명과 명예혁명)을 거치면서 마침내 의회, 곧 부르주아 중간 계급의 우위가 확립됐다.

이 시기 동안 또 다른 중요한 초기 자본주의 민족국가들이 탄생했다. 프랑스의 루이 11세(1461~1483)는 샤를마뉴 시대 이래 프랑스를 실질적으로 통일한 첫 번째 왕이었다. 1469년에 아라곤의 페르디난드와 카스티야의 이사벨라가 결혼하고 그 뒤 에스파냐를 지배하고 있던 아랍 무어인을 물리치면서 에스파냐가 통일됐다. 중요한 초기 민족국가 중 네 번째인 네덜란드 공화국은 독립하지 못하다가 1690년에 마침내 에스파냐 압제자들을 몰아냈다. 16세기 말과 17세기 초에 이르면 영국, 프랑스, 에스파냐, 저지국Low Countries(벨기에와 네덜란드)의 대도시들은 대부분 자본주의 경제 체제로 변신해서 번영을 누렸다. 이 체제를 지배하는 상인-자본가들은 상업뿐만 아니라 제조업도 대부분 좌지우지했다. 근대 민족국가를 지배한 군주와 자본가 연합은 많은 중요한 분야, 특히 생산과 상업에 관련된 분야에서 봉건 귀족들의 실질적인 권력을 빼앗았다. 이런 초기 자본주의 시기는 보통 중상주의라고 불린다.

중상주의 ─ 초기 자본주의의 봉건적 가부장주의

흔히 **중금주의**重金主義, bullionism라고 불린 중상주의의 초기 단계는 유럽이 심각한 금화와 은화 부족 사태에 시달리는 시기(앞에서 살펴본 시기)에 시작됐고, 따라서 이 단계에서는 급속하게 팽창하는 무역량을 감당할 만한 화폐가 충분하지 않았다. 중금 정책은 금과 은을 자국으로 끌어들이고 반출을 금지함으로써 보유량을 늘리려고 구상된 것이었다. 이런 반출 금지 조치는 중세 말부터 16세기와 17세기까지 계속됐다.

남북 아메리카에서 나오는 대부분의 금이 흘러들던 나라인 에스파냐는 중금주의적인 반출 금지 정책을 가장 오랫동안 실시했고, 금과 은을 수출하는 행위에 사형이라는 가장 가혹한 징벌을 내렸다. 그렇지만 무역의 필요성이 워낙 시급하고 또 외국 상품을 수입해서 막대한 이윤을 벌어들일 수 있었기 때문에 에스파냐에서도 상인-자본가들은 부패한 관리들을 매수하거나 다량의 금과 은을 국외로 밀반출하는 데 성공했다. 에스파냐에서 나온 금과 은은 순식간에 유럽 전역에 퍼져나갔고, 결국 앞에서 설명한 장기간의 인플레이션에 톡톡히 기여했다. 에스파냐가 금과 은의 수출을 합법화한 것은 16세기 중반에 영국과 네덜란드에서 중금주의적 반출 금지 조치를 철폐하고 나서도 한참 뒤의 일이다.

　중금주의 시기가 지난 뒤에는 금과 은의 국가 보유량을 극대화하려는 중상주의자들의 욕망이 무역 수지를 흑자로 만들려는 정부의 시도라는 형태로 나타났다. 중상주의자들에게 **무역 수지 흑자**란 국내로 유입되는 화폐 지불액이 국외로 유출되는 화폐보다 많다는 것을 의미했다. 따라서 상품 수출뿐만 아니라 해상 운송과 보험의 경우에도 자국인이 일을 도맡고 외국인이 비용을 지불하는 경우에는 장려한 반면, 외국인에게 비용을 지불하는 상품 수입이나 해상 운송과 보험은 억제했다. 무역 수지가 흑자면 당연히 나라의 국고가 늘어난다고 생각했다. 이 과정에서 금과 은이 일부 지출되더라도 나가는 것보다 더 많은 양이 들어오기 때문이었다.

　수출 가치를 증대하고 수입 가치를 축소하려고 고안된 으뜸가는 정책 중 하나는 무역 독점을 창출하는 것이었다. 영국 같은 나라는 이를테면 여러 영국 상인들이 어떤 거래를 손에 넣으려고 경쟁하면서 가격을 올려주는 것보다 한 명의 상인이 관련된 여러 외국인과 교섭을 하면 (가령 후진국에서) 가장 싼 값에 물건을 살 수 있었다. 마찬가지로 영국 상인들 여럿이서 서로 고객을 끌어오려고 앞다퉈 싼 값을 부르는 것보다는 판매자가 한 명만 있을 경우에 외국인들에게 훨씬 비싼 가격에 물건을 팔 수 있었다.

　영국 정부는 이렇게 독점이 확립된 분야에서는 영국 상인들끼리 경쟁하지 못하게 했다. 그러나 프랑스나 네덜란드, 에스파냐 상인들을 배제하기란 결코 쉬운 일이 아니었다. 각국 정부는 무역 독점을 확보하려고 손쉽게 통제할 수 있는 식민 제국을 세웠고, 이곳을 통해 외국의 경쟁 상인들을 배제하려고 노력했다. 식민지를 소유하면 값싼 원료를 모국으로 가져오고 그 대신 비싼 공산품을 판매할 수 있었다.

　네덜란드를 제외한 모든 서유럽 국가는 수출입 업무에 관해 폭넓은 규정을 적용했다. 영국이 가장 포괄적인 규정을 갖고 있었는데, 외국인들과 경쟁하는 데 어려움을 겪던 영국 수출업자들은 세금을 돌려받거나 그것으로 충분하지 않으면 보조금까지 받았다. 영국 밖으로 유출되지 못하게 하려고 많은 원료에 수출 관세가 붙었다. 따라서 영국의 상인-제조업자들은 이런 원료에 최소한의 가격만을 지불할 수 있었다. 이따금 영국 제조업자들에게 이런 품목의 공급이 부족할 때면 국가가 수출을 완전히 금지하기도 했다. 영국은 방직 산업에서 사용하는 양, 양모, 실, 소모사 직물 같은 원료 대부분과 반제품의 수출을 금지했다.

수입을 억제하려는 조치도 널리 확산했다. 어떤 상품은 수입이 금지됐고, 어떤 상품은 관세가 워낙 높게 매겨져서 교역 대상에서 아예 제외됐다. 영국의 주요 수출 산업의 경우 국내 시장에 침투해 들어오려는 외국 경쟁자들을 막는 문제가 특히 중요했다. 물론 이런 제한 조치는 몇몇 자본가에게는 이익이 된 반면 다른 자본가들은 피해를 봤다. 누구나 예상할 수 있듯이 특수이익 집단은 언제나 연합을 만들어 여러 가지 방식으로 제한 조치를 유지하거나 다른 분야에 확대하려고 노력했다. 1651년과 1660년에 영국에서 제정한 항해조례Navigation Acts 같은 사례는 수출과 수입에서 모두 영국에서 제조하고 영국인이 운행하는 선박의 사용을 장려하려는 시도였다. 해외 무역과 해상 운송에 관련된 이 모든 규정은 화폐 유입을 증대하는 동시에 유출을 줄이려고 고안된 것이었다. 물론 이 조치들 중 대다수가 특수 이익 집단의 청원과 압력에서 기인한 사실은 두말할 나위가 없다.

해외 무역에 관한 이런 제한 조치 말고도 국내 생산을 통제하려는 규제와 규정도 복잡하게 많았다. 중요한 수출업자들인 여러 산업의 생산을 장려하려고 세금을 감면하고 보조금을 비롯한 각종 특혜를 준 것은 물론, 국가는 생산 방식과 제조품의 질에 관해 폭넓은 규제에 나섰다. 프랑스의 루이 14세 정부는 과거 길드에 관한 분산된 통제를 성문화하고 집대성해서 폭넓게 적용했다. 특정한 생산 기법을 의무화하고 전반적인 품질 관리 조치를 시행했으며, 파리에서 조사관을 임명해 이런 법률을 지방 차원에서 시행하는 책임을 부여했다. 루이 14세의 유명한 대신이자 경제 고문인 장 바티스트 콜베르

Jean Baptiste Colbert는 폭넓고 세밀한 규정을 제정하는 일을 맡았다. 예를 들어 방직 산업에서는 옷감 한 필의 폭과 그 안에 들어간 실의 개수까지 정부가 엄격하게 규정했다.

영국에서는 1563년 장인법Statute of Artificers이 제정되면서 과거에 수공업 길드가 맡던 기능이 고스란히 국가로 넘어갔다. 이제 산업 노동자의 훈련과 고용 조건, 다양한 직종 사이의 노동력 배분 등에 관한 통제가 모두 중앙 정부의 몫이 됐다. 이 시기에 영국에서는 임금과 각종 제품의 질, 국내 생산의 세부 사항 등에 관해서도 규제가 시도됐다.

무역, 상업, 국내 생산에 관해 이렇듯 폭넓은 통제가 진행된 근본 원인은 무엇일까? 언뜻 보면 국가가 단순히 자본가들의 특별한 이익을 장려하려고 권력을 행사한 것 같다. 이 시기에 경제 문제를 다룬 주요 저자들이 대부분 상인이나 상인에게 고용된 이들이라는 사실은 이런 견해를 뒷받침한다. 물론 특정한 법령과 규제 조치는 대개 그것을 통해 커다란 이익을 누리는 특수 이익 집단의 지원을 받은 게 분명하다. 그렇지만 상인과 산업 자본가들로 구성된 상승하는 새로운 중간 계급은 혼란스럽게 뒤얽힌 국가 규제 때문에 이윤 추구에 제약을 겪는 일도 많았다. 따라서 이 시기 내내 이 자본가들과 대변인들은 국가 통제에서 벗어나 더 많은 자유를 요구하는 주장을 폭넓게 내놓았다. 경제 규제는 점차 자본가들과 그 대변인들의 저주의 대상이 됐다. 사실 중상주의 시대는 낡은 경제 이데올로기와 중세식 기독교 가부장 윤리가 점차 새로운 사회 질서나 경제 질서와 충돌하면서 이 둘이 양립할 수 없다는 사실이 분명해지는 시기였다. 3강에서는 이런 충돌에 관해 살펴보기로 하자.

요약

잇따라 벌어진 커다란 변화는 봉건주의가 쇠퇴하고 시장을 지향하는 새로운 경제가 부상하는 결과로 이어졌다. 이런 변화들 중 아마 11세기부터 13세기 말에 걸쳐 일어난 농업 기술의 발달이 가장 중요할 것이다. 경작 기법의 발달 이야말로 여러 세기에 걸쳐 진행되면서 자본주의를 예고한 여러 사건들을 낳은 원동력이었다.

인구가 빠르게 증가하고 도시 집중 현상이 증대되면서 원거리 무역이 부활했다. 도시에서는 원거리 무역에서 판매할 품목을 생산하려고 선대제가 생겨났다. 이런 관행은 다시 도시와 농촌의 기능 분화로 이어졌고, 이런 기능 분화는 경제 업무와 생산 활동이 오로지 화폐를 매개로 해야만 가능했다. 봉건적 사회관계가 시장의 현금 관계로 변모하면서 봉건주의의 사회적 토대가 무너졌다. 봉건제를 보존하려는 노력은 농민 반란과 무자비한 탄압으로 귀결됐다. 인클로저 운동, 지적 각성, 세계 탐험, 많은 귀금속의 발견, 16세기와 17세기의 가격혁명, 새로운 민족국가의 형성 등을 거치면서 새로운 자본주의 시장 체제가 등장했다. 자본주의의 초기 단계에서 중상주의 정책은 시장 활동, 특히 국제 무역과 관련된 분야에 정부가 폭넓게 개입하는 상황으로 이어졌다. 중상주의 정책은 대체로 대규모 무역 회사에게 높은 이윤을 보장하고, 정부의 세입을 늘리며, 좀더 일반적으로는 자국으로 귀금속을 최대한 끌어들이는 것을 목표로 삼았다.

더 읽어볼 책

Dillard, Dudley. 1967. *Economic Development of the North Atlantic Community*. Englewood Cliffs, NJ: Prentice-Hall.

Dobb, Maurice H. 1946. *Studies in the Development of Capitalism*. London: Routledge and Kegan Paul(모리스 H. 돕 지음, 이선근 옮김, 《자본주의 발전연구》, 동녘, 1986).

Gras, N.S.B. 1940. *A History of Agriculture in Europe and America*. New York: Appleton.

Miskimin, Harty A. 1969. *The Economy of Early Renaissance Europe, 1300~1460*. Englewood Cliffs, NJ: Prentice-Hall.

White, Lynn, Jr. 1962. *Medieval Technology and Social Change*. Oxford: Clarendon(린 화이트 주니어 지음, 강일휴 옮김, 《중세의 기술과 사회변화》, 지식의풍경, 2005).

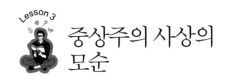

중상주의 사상의 모순

탐욕적인 행동을 비난하는 기독교 가부장 윤리는 중세 내내 상인들의 이해와 충돌했다. 무역과 상업의 중요성이 커지면서 충돌의 강도도 더욱 거세졌다. 영국에서 중상주의가 발달한 밑바탕에는 두 가지 주요한 테마가 있었다.●

   "첫째는 하느님이 창조한 세계와 그 피조물 전체의 복지와 공동선을 장려하라는 성경의 명령이었다. 두 번째는 하느님의 나라를 기독교도가 거주하는 시민사회로 정의하려는 경향이 커졌다는 사실이다."(Williams 1966, 33). 이 시기 동안 국가는 기독교 가부장 윤리를 해석하고 실행하는 교회의 구실을 떠맡기 시작했다. 초기 중상주의 정책을 공식화한 이들이 맞닥뜨린 기본적인 문제는 성장하는 상인 계급이 사회적 또는 경제적 결과에 아랑곳하지 않고 무자비하게 이윤을 추구하도록 허용해야 하는가 하는 것이었다. 기독교 윤리에서는 공동체의 이해를 위해 상인들의 활동을 견제하고 통제하자고 요구했다.

● 이 장에서는 주로 영국 중상주의를 다룰 생각이다. 산업자본주의가 처음 발달한 것도 영국이고 또 4장에서 논의하는 자본주의 이데올로기의 사상이 대부분 영국에서 발달했기 때문이다.

중상주의 정책의 중세적 기원

중상주의 경제 정책의 첫 번째 징후를 추적해 보면 에드워드 1세(1272~1307)와 맞닥뜨린다. 에드워드 1세는 몇몇 외국 사업체를 영국에서 내쫓고, 안트베르펜에 영국 양모 산업을 세웠으며, 영국 국내의 상업을 통제하려는 다양한 시도를 했다. 얼마 뒤 에드워드 3세는 이런 경제 통제 정책을 대대적으로 확장했다.

1333년부터 1360년까지 이어진 프랑스를 상대로 한 장기전을 계기로 에드워드 3세는 전시 물가 상승이 노동자에게 미치는 가혹한 효과를 완화하려고 노력했다. 노동자에게 좀더 유리한 비율로 임금과 물가를 고정한 것이었다. 이런 지원의 대가로 에드워드 3세는 모든 남성에게 어떤 일자리든 구해서 일하라고 요구했다. "이런 주고받기 관계에서 볼 수 있듯이, 중상주의는 집단적인 상호 책임의 이념에 토대를 두고 있었다. 하느님의 가르침은 이런 호혜적 존중과 의무에 바탕을 뒀고, 예루살렘은 모두 따라야 할 본보기를 제공했다."(Williams 1966, 34).

리처드 2세(1377~1399)는 선대 국왕들의 정책을 확대하고 체계화했다. 리처드 2세 치세에 영국이 직면한 주된 문제는 1381년의 농민 반란으로 이어진 사회적이고 경제적인 갈등(2장을 볼 것)과 외국을 상대로 한 경쟁에 좀더 효과적으로 대처할 필요성이었다. 이 경쟁은 1381년의 항해조례로 이어졌다. 영국 선박업자와 무역업자들에게 특혜를 주고 금과 은을 영국으로 끌어들이려고 만든 조례였다. 영국을 "순조롭고 올바르게 통치되는 왕국"으로 건설해 모든 국민에게 경제적 안정을 확대하고 사회적 긴장을 완화한다는 계획을 실행하려면 화폐가 필요했다.

헨리 7세(1485~1509)는 이런 정책을 혁신했다. 탐험가와 모험가들에게 많은 항해를 의뢰하는 한편, 영국 상인들에게 유리한 입법을 마련하고 조약을 교섭하려는 노력을 다양하게 펼쳤다. 동시에 상인들에게 많은 통제와 규제를 부과했다. 이윤을 추구하면서 자기 이익만 무한정 좇으면 사회 전체의 이익과 조화를 해치기 마련이라고 믿었기 때문이다.

헨리 7세는 여전히 봉건적 이해관계와 자본주의적 이해관계 사이에서 균형을 맞추고 있었다. 어느 쪽도 자기편에 유리하게 국왕을 설득할 만큼 힘이 없었다. 헨리 7세 치세에 광업과 양모 생산이 빠르게 성장하면서 식량 생산은 등한시하는 불행한 결과로 이어졌다. 게다가 상인들의 전반적인 탐욕과 무절제 때문에 농민과 농촌 귀족 모두 소외됐다. 상인들은 이런 문제를 간파한 것처럼 보이는데, 결국 국왕이 대외 교역에서 자신들에게 유리한 정책을 채택한 대가로 제조업과 상업에 관련된 국내 규제를 받아들였다.

교회 기능의 세속화

헨리 8세 치세 중에 영국은 로마 가톨릭과 결별했다. 이 사건이 중요한 의미를 갖는 이유는 (적어도 영국에서는) 중세 교회의 기능이 최종적으로 세속화되는 계기였기 때문이다. 헨리 8세 때 "하느님의 왕국을 본뜬 국가가 과거에는 세계 교회의 몫이던 구실과 기능을 떠맡았다. 헨리 8세가 나름의 투박한 방식으로 한 일은 이 세계가 돌아가는 과정을 신성하게 만드는 것이었다" (Williams 1966, 36). 헨리 8세의 치세에도 엘리자베스 1세나 제임스 1세, 찰스 1세 (1558~1649) 때처럼 사회적 소요가 만연했다. 소요의 원인은 빈곤이었고, 빈곤의 원인은 대개 실업이었다.

2장에서 논의한 인클로저 운동이 이런 실업 사태를 낳은 주범이었다. 그러나 또 다른 요인은 16세기 전반기에 모직물 수출이 감소해 영국에서 가장 중요한 제조업에서 대량 실업이 생겨난 사실이었다. 상업 위기도 자주 일어났다. 훗날의 경기 순환에서 나타나는 불황과 양상은 비슷했지만 그만큼 규칙적이지는 않았다.

이런 요인들 말고도 계절적 실업 때문에 많은 노동자가 1년에 네 달 가까이 일자리를 잃었다. 이제 사람들은 가톨릭교회가 만연한 실업과 빈곤에서 자신들을 구제해주리라고 기대할 수 없었다. 이미 교회 권력이 무너진 상황에서 체계적인 자선 사업은 사라지고 없었다. 국가는 사회의 전반적인 복지에 관련된 책임을 떠맡으려고 했다.

그러기 위해 "영국의 지도자들은 생산과 판매의 상세한 기준을 확립해서 산업을 …… 재편하고 합리화하기 위한 전반적인 조정 계획을 실행했다" (Williams 1966, 40). 이 모든 조치는 영국의 무역을 자극해 실업 문제를 완화하려고 고안된 것이었다.

사실 중상주의 이론가들이 옹호한 정책 조치는 대부분 하나같이 완전 고용을 달성하려는 바람이 바탕에 깔려 있던 것으로 보인다. 중상주의자들은 국내 교역보다는 해외 무역을 자극하기 위한 조치를 선호했다. "그런 조치가 고용, 국가의 부, 국력에 더 많이 기여한다고 믿었기 때문이다. 1600년 이후의 이론가들은 수입보다 수출이 많으면 물가가 올라가고 그 결과로 고용이 증가하는 효과가 있다는 점을 강조했다"(Grampp 1965, 59).

이 시기에 산업을 장려하려고 한 다른 조치로는 전매 특허권의 발행을 꼽을 수 있다. 최초의 중요한 특허는 엘리자베스 1세 치하인 1561년에 부여됐다. 독점권을 준 이유는 발명을 장려하고 새로운 산업을 튼튼히 세우는 데 있었다. 그러나 충분히 예상할 수 있는 것처럼, 독점권은 심각하게 남용됐다. 게다가 갖가지 특권과 비호 관계가 복잡하게 뒤얽힌 구조와 여러 가지 다른 폐단을 낳았다. 대다수 중상주의 이론가를 격분시킨 이런 폐단은 어느 모로 보나 19세기 말 미국의 개혁론자들이 분노한 것과 크게 다르지 않았다.

독점의 여러 폐단 때문에 결국 1624년의 독점법Statute of Monopolies이 제정됐다. 이렇게 해서 진정한 발명과 관련된 경우나 국제수지 흑자를 증진시키는 데 기여하는 경우를 제외하고는 모든 독점이 금지됐다. 물론 이 법에는 빠져나갈 구멍이 많았고, 권력 남용은 여전히 계속됐다.

장인법(1563)은 고용 조건과 수습 기간을 세세히 규정했으며, 주기적인 임금 평가를 실시하고 노동자에게 지급할 수 있는 최대 임금을 정해놓았다. 이 법이 중요한 까닭은 국왕이 아무리 가부장적 윤리를 추구했다 할지라도 근로 계급들laboring classes●의 지위를 높이려는 시도는 전혀 하지 않았다는 사실을 보여주기 때문이다.

이 시기의 군주들은 근로 계급들을 보호할 의무가 있다고 생각하면서도 중세의 왕들처럼 근로 계급들은 자기 분수를 지켜야 마땅하다고 여전히 믿었다. 임금 상한선은 자본가들을 보호하려고 고안된 것이었는데, 더욱이 상한선을 정하고 법을 집행하는 재판관들은 보통 고용주 계급의 일원이었다. 이 상한선 때문에 노동자의 실질 임금이 떨어졌으리라는 사실은 충분히 예상할 수 있다. 그 뒤 대개 물가가 임금보다 빠르게 올랐기 때문이다.

1531년과 1536년에 통과된 구빈법은 영국에 널리 퍼져 있던 실업, 빈곤, 궁핍 문제를 다루려는 시도였다. 첫 번째 구빈법은 구제받을 '자격이 있는' 빈민과 '자격이 없는' 빈민을 구별하려 했다. 자격이 있는 빈민만 구걸을 할 수 있었다. 두 번째 구빈법은 영국 전역에 있는 교구가 각자 빈민을 책임져야 하며 교구는 자발적인 기부를 통해 빈민 구제 기금을 유지해야 한다고 결정했다. 그러나 이런 해결책은 전혀 효과가 없었고, '극빈자 문제'는 점점 악화했다.

마침내 1572년에 국가가 조세 기금으로 빈민을 지원해야 한다는 원칙을 받아들이고 의무적인 '구빈세'를 법제화했다. 그리고 1576년에는 '갱생이 힘든 부랑자'를 수용할 '교정원'이 인가됐고, 교구별로 원료를 구입해서 말 잘 듣는 극빈자와 부랑자들에게 노동을 시키게 하는 규정이 마련됐다. 이때부터

● 원래 중세 봉건 시대에 광의의 '근로 계급들'이란 귀족과 성직자를 뺀, 다양한 직종과 직업에 종사하는 대다수 사람들, 곧 '제3신분'을 뭉뚱그려 일컫는 말이다. 시간이 흐르면서 전문직 종사자와 농민을 뺀 여러 직종의 장인과 노동자를 통틀어 가리키는 말로 의미가 좁아졌는데, 하나의 단일한 계급이 아니라 E. P. 톰슨의 표현처럼 "이곳에 있는 양복제조공들과 저곳에 있는 직조공들"을 가리키는 "기술(記述)적 용어"였다(E. P. 톰슨 지음, 나종일 외 옮김, 《영국 노동계급의 형성》 상, 창작과비평사, 2000, 6쪽). 전근대의 '근로 계급들'은 19세기를 거치면서 서서히 근대적이고 정치적 자의식을 갖춘 하나의 '노동 계급(working class)'으로 변모한다 — 옮긴이.

16세기가 막을 내릴 때까지 다른 구빈법이 몇 차례 더 통과됐다.

1601년의 구빈법은 이 법률들을 하나의 일관된 체계로 통합하려는 튜더 왕조의 시도였다. 주요 조항을 살펴보면, 빈민이 구제받을 수 있는 권리가 공식으로 인정됐고, 교구 차원에서 의무적인 구빈세를 부과했으며, 다양한 부류의 빈민들에게 각기 다른 대우를 규정했다. 노인과 병자들은 자기 집에서 도움을 받았고, 너무 어려서 직업 훈련을 받을 수 없는 극빈자 자녀들은 집단 숙소에 맡겨졌으며, 구제받을 자격이 있는 빈민과 실업자들은 1576년의 구빈법에 규정된 대로 일자리를 주고 갱생이 힘든 부랑자들은 교정원과 감옥에 보내기로 했다.(구빈법에 관한 더 자세한 논의는 Birnie 1936, 12장과 18장을 보라)

이제 우리는 다음과 같은 결론을 내릴 수 있을 것이다. 영국의 중상주의 시대는 기독교 가부장 윤리의 정신에 입각해 "국가는 사회 전체의 복지에 관한 책임을 받아들이고 이 책임을 다함으로써 사회에 이바지할 의무가 있다"는 관념을 수용한 것으로 규정된다.(Williams 1966, 41) 이 때 통과된 각종 법령은 "가난은 개인의 죄가 아니라 경제 체제의 기능에 따른 결과라는 관념에 바탕을 뒀다"(Williams 1966, 44). 이 법령들은 경제 체제의 결함에 희생된 사람들은 그 체제가 주는 혜택을 누리는 자들이 마땅히 보살펴야 한다는 점을 인정한 결과였다.

개인주의의 대두

1648~1660년의 내전과 1688년의 명예혁명이 끝난 뒤, 영국 정부를 지배한 것은 젠트리[gentry. 영국에서 중세 후기에 형성된 중산 토지 소유자 계층. 신분으로 보면 귀족보다는 아래고 자작농인 요먼yeoman보다는 위에 있어서 가문의 문장(紋章)을 사용할 수 있었다 — 옮긴이]와 중간 계급 자본가들이었다. 기독교 가부장 윤리의 바탕이 되던 중세의 세계관은 빛을 잃었다. 그 뒤 100년에 걸쳐 사회에서 국가가 어떤 구실을 맡는가에 관한 철학에서 근본적인 변화가 일어났다. 1776년에 애덤 스미스의 《국부론》이 출간되면서 영국에

서 새로운 개인주의 철학인 **고전적 자유주의**•가 결정적인 지배권을 얻었다. 이 개인주의 철학은 일찍이 중상주의 시대부터 존재하면서 낡은 가부장적 세계관의 속박을 깨뜨리려 분투하고 있었다. 결국 새로운 고전적 자유주의가 널리 퍼지게 된 것은 과거의 중세적 세계관과 달리 새로운 자본주의 질서의 요구를 반영했기 때문이다.

중세의 기독교 가부장 윤리는 탐욕과 물질만을 추구하는 행동, 부를 축적하려는 욕망을 비난함으로써 자본주의 질서의 지배적 동인을 비난하는 셈이었다. 18세기 말에 이르러 이미 생산의 거의 모든 단계에 확대된 자본주의 시장 경제가 성공적으로 작동하려면 이기적이고 탐욕적인 행동이 필요했다. 이런 맥락에서 인간 행동에 관한 새로운 이론이 등장하기 시작했다. 이론가들은 이기적이고 자기중심적인 동기야말로 인간을 행동하게 만드는 유일한 동기는 아닐지라도 주된 동기라고 주장하기 시작했다.

이 시기의 많은 중요한 사상가들의 저술에 인간 행동에 관한 이런 해석이 나타난다. 많은 철학자와 사회이론가들은 모든 인간 행동은 자기 보존과 관련되며 따라서 가장 근본적인 의미에서 자기중심적이라고 주장하기 시작했다. 영국의 귀족인 로버트 필머 경Sir Robert Filmer은 많은 사람들이 "인간의 타고난 자유라는 새롭고 그럴 듯하지만" 아나키즘적인 인상을 풍기는 "위험한 견해"를 말하는 것을 보고 크게 놀랐다(McDonald 1962, 29). 토머스 홉스는 1651년에 발표한 《리바이어던Leviathan》에서 널리 지지받던 견해, 곧 인간의 모든 동기는 인간 유기체의 '생명 운동vital motion'을 촉진시키는 모든 것에 관련된 욕망에서 나온다는 견해를 명쾌하게 표현했다. 홉스는 모든 사람의 동기는 심지어 동정심조차 이기심이 위장된 수많은 변종에 지나지 않는다고 믿었다. "타인의 재난에 관해 느끼는 슬픔은 연민이며, 이런 감정은 비슷한 재난이 자신에게

• '고전적'이라는 형용사를 붙인 까닭은 전통적인 자유주의 세계관을 20세기의 '자유주의'와 구분하고 싶기 때문이다. 이 구분에 관해서는 4장과 8장에서 더 자세히 설명하겠다.

도 닥칠 수 있다는 상상에서 생겨난다. 따라서 **동정** 또는 …… 동료 의식이라고 불린다"(Girvetz 1963, 28~29에서 재인용).

이 시기에 상업과 제조업에 관한 폭넓은 제약과 규제에서 이익을 보는 소수 특수 이익 집단을 제외하면, 대다수 자본가들은 국가 규제 때문에 이윤 추구가 제약되고 구속받는다고 생각했다. 개인주의적이고 자기중심적인 교의는 이런 사람들에게 대대적인 환영을 받았다. 심지어 중상주의자들 사이에서도 이런 견해가 경제 사상을 지배하기 시작했다. 어느 신중한 역사가는 이렇게 단언한다. "중상주의 …… 정책의 대다수는 이기심이 개인의 행동을 지배한다는 가정에 입각해 있었다"(Grampp 1965, 69).

중상주의 사상가들의 대다수는 자본가이거나 거대한 자본주의적 무역 회사에 고용된 직원이었다. 자본가의 동기를 보편적인 것으로 생각한 게 당연한 일이었다. 인간 본성에 관한 자본가들의 관점, 그리고 일상적인 사업 활동에서 자신들을 방해하는 폭넓은 경제적 제약에서 벗어나려는 요구를 바탕으로 '개인주의'의 철학이 성장해 고전적 자유주의의 토대를 제공했다. 자본가들은 유럽이 봉건 사회에서 물려받은 질서정연한 가부장적 견해에 맞서 "인간은 독립적이고 자기 주도적이며 자율적이고 자유로워야 한다는 견해를 주장했다. 사회 집단에 매몰되기보다는 그것과 구별되는 한 사람, 한 개인이 돼야 한다는 것이었다"(McDonald 1962, 16).

프로테스탄티즘과 개인주의 윤리

중간 계급의 개인주의 철학을 보여주는 으뜸가는 사례 중 하나는 종교개혁을 통해 등장한 프로테스탄트 신학이다. 새로운 중간 계급 자본가들은 제조업과 상업을 가로막는 경제적 제약뿐만 아니라 로마 가톨릭교회에서 자신들의 동기와 활동에 붙여놓은 도덕적 오명도 벗어던지고 싶어했다. 프로테스탄티즘은 그들을 종교적 비난으로부터 해방시켜 주었을 뿐만 아니라 중세 교회에서 경멸해마지 않던 이기적이고 자기중심적인 탐욕 동기를 미덕으로 변신시켜 주었다(프로테스탄티즘과 자본주의의 관계에 관한 고전적인 연구는 Weber 1958과 Tawney 1954 참조).

프로테스탄트 운동의 주요 창시자들은 고리대금업이나 공정 가격 같은 문제에서 가톨릭과 거의 다름없는 견해에 섰다. 사회 문제에 관해서도 대개 무척 보수적이었다. 1524년 독일 농민 반란 중에 마르틴 루터는《살인자 농민 무리에 반대한다Against the Murdering Hordes of Peasants》라는 적의로 가득한 소책자를 써서 군주들이 "반란자들을 때려 부수고 목 조르고 찔러 죽여야" 한다고 말했다. "지금이야말로 군주가 그 어떤 기도보다 피로써 천국의 공덕을 쌓을 수 있는 절호의 기회다." 루터의 조언 덕분에 전반적인 분위기가 고무돼 종교적 정의의 이름 아래 10만 명이 넘는 농민이 도살됐다.

그렇지만 프로테스탄티즘 창시자들이 이렇게 보수적이기는 했어도 이 종교관 자체는 새로운 개인주의 철학의 영향력이 확대되는 데 이바지했다. 프로테스탄티즘의 기본적인 교의는 중간 계급의 사업 활동을 승인하는 종교적 태도의 기틀을 마련했으며, 이 교의에서는 인간의 죄가 종교적 또는 도덕적 행위가 아니라 신앙에 따라 용서됐다. 과거에 로마 가톨릭교회는 인간의 죄가 종교적 또는 도덕적 행위에 따라 용서된다고 가르쳤고, 따라서 각종 의식儀式과 의례가 성행했다. 로마 가톨릭의 관점에서 보자면, 어느 누구도 자기 공덕만으로 죄를 용서받을 수 없었다. "종교적 또는 도덕적 행위에 따른 면죄는 …… 개인이 스스로 구제할 수 있는 게 아니라 교회를 통해서 구원될 수 있다는 것을 의미했다. 따라서 성직자들이 커다란 힘을 갖게 됐다. 고해가 의무화되고 모든 사람이 참회를 해야 했으며 …… 또한 언제라도 면죄가 보류될 수 있기 때문에 사제들은 대단한 권력을 갖게 됐다"(Hill 1966, 43). 이런 권력 때문에 중세 로마 가톨릭교회의 교의를 쉽게 포기할 수 없고 개인이 여전히 (교회를 통해 대표되는) 사회에 종속되는 상황이 만들어졌다.

믿음을 통해 죄를 용서받는다는 프로테스탄티즘의 교의에서는 특정한 행위나 의례보다 동기가 더 중요했다. 신앙은 (교회를 통해 대표되는) "마음의 진실에 지나지 않았다." 모든 사람은 어떤 행동이 순수한 마음과 하느님을 향한 믿음에서 나온 것인지 알려면 자기 마음을 살펴봐야 했다. 각자가 자기 자신을 판단해야 했다. 이렇게 각자의 개인적인 양심에 의존하게 된 변화는 새로운 중간 계급 장인과 소상인들에게 커다란 호소력을 발휘했다. "16세기 와 17세기 제네바나 암스테르담, 런던의 사업가들은 자기 마음속을 깊이 들여다보면서 하느님이 개인 재산의 원리에 관한 깊은 존경심을 심어 놓았다는 것을 깨달았다. …… 이런 사람들은 자신들의 경제 활동이 옛 교회의 전통적인 법에는 충돌할지 몰라도 하느님의 눈에 거슬리는 것은 아니라고 진심으로 굳게 믿었다. 오히려 자신들의 경제 활동은 하느님의 영광을 기리는 것이었다"(Hill 1966, 46~47).

하느님의 뜻을 각자가 해석할 수 있다는 이런 주장을 통해서 "청교도들은 [새로운] 경제 과정을 영적으로 승화하려고 노력했고" 결국 "하느님이 시장과 교환 제도를 마련했다"고 믿기에 이르렀다(Hill 1966, 49). 프로테스탄트들이 누구나 받아들일 수 있도록 이 교의를 자세히 설명하는 일은 이제 시간문제일 뿐이었다. 그러나 새로운 교의는 중세의 교의와 근본적으로 달랐다. 새로운 교의는 지상에서 맡은 직업에 성실히 임하는 것이야말로 하느님을 기쁘게 하는 최선의 방법이라고 역설했으며, 근면과 고된 노동을 강조했다.

부자들을 불신하던 과거 기독교의 태도는 사치와 불필요한 낭비를 향한 비난으로 '바뀌었다.' 따라서 프로테스탄트 윤리에서는 금욕과 절약의 중요성을 강조했다. 종교와 자본주의의 연관성을 연구한 어느 신학자는 이 관계를 이런 식으로 요약한다. "자기 직업에서 꾸준히 체계적이고 효율적으로 일하는 것이야말로 확실히 구원을 받고 하느님의 영광을 기리는 길이라고 보는 종교적 가치가 경제를 팽창시키는 가장 강력한 동인으로 부상했다. 한편으로는 소비를 엄격하게 제한하고 다른 한편으로는 생산을 조직적으로 강화하려는 노력은 자본 축적이라는 하나의 결과로 이어질 수밖에 없었다"

(Fullerton 1959, 19). 장 칼뱅이나 루터나 새로운 중간 계급 자본가들의 대변인은 아니었지만, 새로운 종교적 개인주의가 부상하는 상황에서 자본가들은 시간이 흐르면서 "이윤을 하느님의 뜻이자 은혜의 징표이며 직업에서 성공을 거둔 증거로 여기게 된" 종교를 발견했다(Fullerton 1959, 18).

개인주의의 경제 정책

중상주의 시대 내내 이 새로운 개인주의 덕분에 경제 문제를 국가의 의지에 종속시키는 데 반대하는 항의가 곳곳에서 이어졌다. 17세기 중엽부터 거의 모든 중상주의 저술가들은 국가가 부여한 독점권을 비롯해 (국제 통상과 반대되는 의미의) 국내 경제에서 나타나는 온갖 형태의 보호와 특혜를 비판했다. 많은 이들은 구매자와 구매자, 판매자와 판매자, 구매자와 판매자가 경쟁하는 경쟁 시장이 사회에 가장 큰 이익이 된다고 믿었다. 가격이 자유롭게 변동하면서 시장의 균형을 맞추는 적절한 수준을 찾는다고 생각했기 때문이었다. 초창기의 중요한 중상주의 저술가 중 한 명인 존 헤일스John Hales는 이렇게 주장했다.

사람들이 다른 일을 하는 것처럼 농부가 자유롭게 지금보다 더 큰 이윤을 올리고, 언제 어디서든 마음대로 판매를 할 수 있다면, [농업 생산성을 최대로 높일 수 있다.] 물론 그렇게 되면 특히 초기에는 곡물 가격이 올라갈 것이다. 그러나 가격이 오르면 다른 사람들도 땅을 개간하고 버려진 토지를 경작할 것이며, 방목용으로 울타리를 친 땅을 경작용으로 전환할 것이다. 누구나 더 많은 이윤과 소득을 올릴 수 있는 길을 기꺼이 따를 것이므로, 곡물이 풍족해질 뿐만 아니라 그 결과로 많은 양의 금과 은이 이 나라로 쏟아져 들어올 게 분명하다. 게다가 다른 식량도 더욱 풍부해질 것이다.(Grampp 1965, 78에서 재인용)

생산과 교역을 나라 안으로 제한하면 관련된 모든 사람의 이익에 해롭다는 이런 믿음은 17세기 말과 18세기 초에 점차 널리 퍼지게 됐다. 제라드 드 말린스Gerard de Malynes, 윌리엄 페티William Petty, 더들리 노스Dudley North, 존 로John Law, 조사이아 차일드Josiah Child 같은 저자들이 쓴 책에서는 이런 견해를 드러내는 언급을 많이 찾을 수 있다. 그중에서도 아마 더들리 노스 경(1641~1691)이 훗날 고전적 자유주의의 토대를 형성한 개인주의 윤리를 처음으로 분명하게 선언한 대변자일 것이다. 노스는 모든 사람은 무엇보다도 사리사욕을 좇아 움직이며 따라서 공공의 복지를 최대화하려면 자유 시장에서 자유롭게 경쟁할 수 있어야 한다고 믿었다. 상인이나 자본가가 생산이나 상업을 규제하는 특별한 법을 주장하는 경우에 "그 사람들은 언제나 자신들의 직접적인 이익이 선악의 공통된 척도라고 생각한다. 그리고 자기 업종에서 조금의 이익을 얻기 위해 다른 사람이 얼마나 고통을 받는지는 신경 쓰지 않는 사람이 많다. 사람들은 누구나 거래를 하면서 자기 이익에 도움이 되도록 남들에게 강요하려고 애를 쓰면서도 공공의 이익이라는 가면을 내세운다"(Lekachman 1962, 185에서 재인용). 노스는 특권을 부여하는 각종 규제 법률을 완전히 폐지하면 공공의 복지가 제대로 실현된다고 믿었다.

1714년에 출간한 《꿀벌의 우화 — 개인의 악덕, 사회의 이익The Fable of the Bees: or Private Vices, Publick Benefits》●에서 버나드 맨더빌Bernard Mandeville은 언뜻 보기에 이상한 역설을 제시했다. 과거의 도덕규범에서 가장 경멸하는 악덕도 모든 사람이 실천하면 최대의 공공선으로 귀결된다는 것이었다. 물론 이 역설의 답은 중세 도덕론자들의 눈에는 악덕으로 보인 것이 새로운 자본주의 체제를 이끄는 주된 동인이라는 점이었다. 그리고 자본주의 시대의 새로운 종교, 도덕, 경제 철학의 관점에서 보자면, 이런 동기는 이제 악덕이 아니었다.

자본가들은 중상주의 시대 내내 모든 제약에서 벗어나 자유롭게 이윤을

● 버나드 맨더빌 지음, 최윤재 옮김, 《꿀벌의 우화》, 문예출판사, 2010 — 옮긴이.

추구하려고 갖은 노력을 다했다. 이런 각종 제약은 봉건적인 기독교 가부장 윤리가 남긴 찌꺼기인 가부장적 법률의 소산이었다. 이런 윤리는 전통적인 인간적 유대가 아니라 엄격한 계약의 의무를 바탕으로 작동하는 새로운 경제 체제와 양립할 수 없었다. 시장의 모험적 사업에 막대한 자금을 투자한 상인과 자본가들은 이제 자신들의 투자를 보호하기 위해 관습의 힘에 매달릴 수 없었다.

사회가 재산권을 보호하고 개인들 사이의 몰인격적인 계약 이행을 강제하는 데 바탕을 두어야만 이윤 추구가 효과적으로 작동될 수 있었다. 17세기 말과 18세기에 굳건히 뿌리를 둔 새로운 이데올로기는 이런 동기와 개인들 사이의 관계를 정당화했다.

이어지는 4강에서는 고전적 자유주의가 낳은 이런 새로운 개인주의 철학을 다시 검토해보자.

요약

중세와 중상주의 시대의 사회사상 사이에는 기본적인 연속성이 존재한다. 경제 과정에 관한 국가 개입은 원래 중세 기독교의 관념에 따라 정당화됐다. 이 관념에 따르면 하느님이 부여한 권력을 가진 이들은 사회 전체의 복지와 공동선을 장려하기 위해 이 권력을 행사할 의무가 있었다. 초기 자본주의에서 국가는 이전에 교회가 맡던 많은 구실을 떠맡기 시작했다.

그러나 기독교 가부장 윤리는 새로운 자본주의 체제의 지배적인 동력으로 부상하게 되는 탐욕적 행동을 철저히 비난했다. 따라서 개인화와 탐욕, 이윤 추구를 도덕적으로 정당화하는 새로운 철학적 또는 이데올로기적 관점을 창조할 필요가 있었다.

프로테스탄티즘과 새로운 각종 개인주의 철학은 이 새로운 이데올로기를 위한 토대를 제공했다. 후기 중상주의자들의 경제학 저술은 새로운 개인주의를 반영했다. 이 새로운 관점은 자본가들이 이윤을 추구하기 위한 자유를 확대할 필요성과 그 연장선에서 정부의 시장 개입을 축소할 필요성을 강조했다. 따라서 중상주의 저술에서는 근본적으로 상이한 전반적인 관점이 공존하면서 지적 충돌이 일어날 수밖에 없었고, 고전 경제학을 비롯한 고전적 자유주의 철학이 등장해서 중세 기독교 가부장 윤리가 남긴 찌꺼기를 샅샅이 찾아내고 나서야 이 갈등은 해결될 수 있었다.

더 읽어볼 책

Birnie, Arthur. 1936. *An Economic History of the British Isles*. London: Methuen.

Fullerton, Kemper. 1959. "Calvinism and Capitalism: an Explanation of the Weber Thesis." In *Protestantism and Capitalism: The Weber Thesis and Its Critics*, ed. Robert W. Green. Lexington, MA: Heath(로버트 그린 엮음, 이동하 옮김, 《프로테스탄티즘과 자본주의》, 종로서적, 1986).

Girvetz, Harry K. 1963. *The Evolution of Liberalism*. New York: Colliers.

Grampp, William D. 1965. *Economic Liberalism*, Vol. 1. New York: Random House.

Hill, Christopher. 1966. "Protestantism and the Rise of Capitalism." In *The Rise of Capitalism*, ed. D.S. Landes. New York: Macmillan.

Lekachman, Robert, ed. 1962. *The Varieties of Economics*. Vol. 1. New York: Meridian.

McDonald, Lee Cameron. 1962. *Western Political Theory: The Modern Age*. New York: Harcourt Brace Jovanovich.

Tawney, Richard H. 1954. *Religion and the Rise of Capitalism*. New York: Mentor Books(R. H. 토니 지음, 김종철 옮김, 《종교와 자본주의의 발흥》, 한길사, 1983).

Weber, Max. 1958. *The Protestant Ethic and the Spirit of Capitalism*. New York: Scribner's(막스 베버 지음, 김덕영 옮김, 《프로테스탄티즘의 윤리와 자본주의 정신》, 길, 2010).

Williams, William Appleman. 1966. *The Contours of American History*. New York: Quad-rangle.

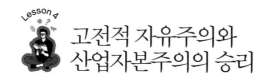

고전적 자유주의와
산업자본주의의 승리

3강 뒷부분에서 살펴본 후기 중상주의 저술가들의 저서에는 후기 고전적 자유주의 저자들과 구별되는 하나의 주제가 면면히 흐른다. 중상주의 저술가들은 국내에서는 규제와 제한을 최소화하자고 주장했지만, 국제 교역 시장에서 영국의 상업을 장려하려는 정부의 적극적인 정책에는 찬성했다. 그러나 고전적 자유주의자들은 국내뿐만 아니라 국제적으로도 자유 무역을 지지했다. 여기에서는 영국의 상업적 지위에서 어떤 변화가 일어나면서 경제학자들이 자유 무역을 옹호하게 됐는지 살펴보기로 하자.

산업혁명

1700년에서 1770년 사이에 영국 상품의 해외 시장은 영국 국내 시장보다 훨씬 빠른 속도로 확대됐다. 1700~1750년 동안 국내 산업 생산량은 7퍼센트 증가한 반면, 수출 산업 생산량은 76퍼센트 증가했다. 1750~1770년 동안에는 그 수치가 각각 7퍼센트와 80퍼센트다. 영국 제품을 찾는 해외 수요가 이렇게 빠르게 높아진 점이야말로 역사상 가장 근본적인 인간 생활의 변혁인 산업혁명을 가져온 가장 중요한 원인이다.

18세기 영국에는 잘 발달된 시장을 갖춘 경제가 존재했고, 따라서 자본주의와 시장에 반대하는 전통적인 태도와 이데올로기가 크게 약화될 수밖에 없었다. 이 시기 영국에서는 저렴한 가격으로 더 많은 공산품을 만들어내면서 이윤이 끊임없이 확대됐다. 따라서 점점 늘어나는 해외 수요에 자극받은 이윤 추구라는 동기는 18세기 말과 19세기 초에 기술 혁신의 폭발로 이어졌고, 영국 전역과 세계 대부분 지역에 근본적인 변화를 가져왔다.

방직 산업은 초기 산업혁명에서 가장 중요했다. 1700년에 모직 산업계는 정부를 설득해 인도산 '캘리코calico'(면)의 수입을 금지하게 함으로써 국내 제조업자들을 위해 국내 시장을 보호해주었다. 그런데 앞에서 설명한 것처럼 해외 수요가 증가하면서 방직 산업이 기계화에 박차를 가하게 됐다.

좀더 구체적으로 보면, 실을 잣는 과정(방적 과정)과 직물을 짜는 과정(방직 과정) 사이에 균형이 맞지 않아 많은 혁신이 생겨났다. 특히 자동북flying shuttle이라는 방직기가 발명돼 방직 과정의 속도가 상당히 빨라진 1730년대 이후에는 물레가 베틀의 생산성을 따라가지 못했다. 이런 불균형은 결국 세 가지 혁신으로 이어졌다. 1760년대에 개발된 제니 방적기를 이용하면 한 사람이 동시에 여러 가닥의 실을 뽑아낼 수 있었다. 1768년에 발명된 수력 방적기는 이 과정에서 롤러와 축을 모두 활용함으로써 방적 효율을 향상시켰다. 1780년대에 개발된 뮬 방적기는 이 두 방적기의 특징을 결합한 것으로, 증기력을 활용할 수 있었다. 이런 새로운 발명품은 수력(나중에는 증기력) 자원 근처에 있는 공장에서 가장 경제적으로 활용할 수 있었다. 수력 방적기를 발명했다고 주장한 리처드 아크라이트Richard Arkwright는 많은 자본을 모아 공장을 여러 곳 가동했는데, 공장마다 150명에서 600명을 고용했다. 다른 이들도 아크라이트의 선례를 따라 속속 공장을 세웠고, 영국의 섬유 제조업은 오두막의 가내 공업에서 공장 산업으로 빠르게 바뀌었다.

제철 산업도 초기의 기계화된 공장 생산 추세에서 무척 중요한 구실을 했다. 18세기 초만 해도 영국 제철 산업은 미미한 상태였다. 선사 시대 이래로 늘 그래 왔듯이, 제련 과정에서 여전히 목탄을 사용하고 있었다. 그렇지만 이 무렵이면 철광 주변의 숲이 거의 완전히 황폐해진 상태였다. 영국은 여러 식민지뿐만 아니라 스웨덴, 독일, 에스파냐 등에서 선철을 수입할 수밖에 없었다. 그런데 1709년에 에이브러햄 다비Abraham Darby가 석탄에서 제련 과정에 사용되는 코크스를 만들어내는 공법을 개발했다.

철광 근처에 비교적 풍부한 석탄이 있었는데도 제철 산업에서 코크스를 널리 사용하기 시작한 것은 18세기 후반의 일이다. 무기와 탄약 산업에 관한 군사적 수요가 무척 커졌기 때문이다. 이렇게 수요가 커지자 코크스에서 남는 탄소를 제거하는 정련 공법이 발달하게 됐다. 압연기, 고온 용광로, 증기 해머, 금속 선반 등 온갖 혁신이 잇따라 진행됐다. 이 모든 발명은 철광 산업과 탄광 산업의 급속한 팽창으로 이어졌고, 그 덕분에 다양한 산업에서 점차 철로 만든 기계가 널리 사용될 수 있었다.

다른 많은 산업의 기업가들은 생산량을 늘리고 가격을 낮추기만 하면 이윤을 증대할 수 있었다. "그야말로 창조적인 활동이 폭발"한 시대였다.

18세기 후반에는 기술 혁신에 관한 관심이 이례적으로 폭발했다. 1760년 이전 100년 동안에는 10년마다 발급된 특허권의 수가 딱 한 번 102건에 이르렀고, 보통은 22건(1700~1709년)에서 92건(1750~1759년) 사이였다. 그런데 다음 30년 동안 (1760~1789년)에는 평균 특허권 발급 건수가 1760년대 205건에서 1770년대 294건, 1780년대 477건으로 늘어났다.(Bendix 1963, 27)

물론 이런 혁신 중에서 가장 중요한 것은 증기기관의 발달이었다. 산업용 증기기관은 1700년대 초에 이미 도입됐지만, 기계적 난관 때문에 광산에서 물을 끌어올리는 데에만 쓰이고 있었다. 그런데 1769년에 제임스 와트James

Watt가 피스톤의 왕복 운동을 회전 운동으로 전환할 수 있게 정확하게 설계된 기관을 고안했다. 버밍엄의 볼턴이라는 제조업자가 와트와 동업 관계를 맺었고, 볼턴의 자금을 가지고 두 사람은 증기기관을 대량 생산하기 시작했다. 세기 전환기에 이르면 증기가 수력을 밀어내고 제조업의 주요 동력원으로 빠르게 부상했다. 증기기관의 발달은 경제와 사회의 거대한 변화로 이어졌다.

이 새로운 대사건, 곧 증기기관의 발명과 더불어 산업혁명의 최종적이고 가장 결정적인 단계가 열렸다. 증기를 통해 산업혁명이 마지막 족쇄에서 해방되면서 대규모 산업이 거대하고 급속하게 발달할 수 있었다. 증기의 사용은 물의 사용처럼 지리적 위치나 지방의 자원에 의존하지 않았기 때문이다. 석탄을 합리적인 가격으로 살 수 있는 곳이면 어디에나 증기기관을 세울 수 있었다. 영국에는 석탄이 풍부했고, 18세기 말에 이르면 석탄이 이미 여러 다양한 용도에 사용되고 있었다. 일부러 만든 운하망 덕분에 아주 싸게 어느 곳으로든 석탄을 운송할 수 있었다. 나라 전체가 그 어느 국가보다 산업의 발달에 적합한, 특혜를 받은 땅이 됐다. 이제 공장은 계곡의 급류 주변에서 고립적으로 성장하지 않아도 됐다. 원료를 구입하고 완제품을 판매하는 시장에, 그리고 노동자를 충원하는 인구 중심지에 공장을 더욱 접근시키는 일이 가능해졌다. 공장들이 하나둘씩 인접해서 솟아올라 한데 모이면서 시커멓고 거대한 산업 도시들이 생겼고, 증기기관은 이 도시들을 늘 검은 매연으로 에워쌌다.(Mantoux 1927, 344~345)

주요 제조업 도시의 성장은 참으로 경이로웠다. 맨체스터의 인구는 1760년에 1만 7000명에서 1831년에 23만 7000명, 1851년에 40만 명으로 늘어났다. 제조업 제품의 생산량은 18세기 전반기에 약 두 배로 늘었고, 19세기 초에는 훨씬 더 빠르게 증가했다. 1801년 무렵에는 영국 노동력의 30퍼센트 정도가 제조업과 광업에 고용돼 있었는데, 1831년에 이르면 이 수치가 40퍼센트 이상으로 늘어났다. 그리하여 산업혁명을 통해 영국은 공장 체제가 지배하는 대규모 도시 제조업 중심지들로 구성된 나라로 변모했다. 그 결과 생산성이 빠르게 증대돼 영국은 19세기 최대의 경제 선진국이자 정치 강대국으로 올라서게 됐다(산업혁명이 영국인의 생활에 미친 영향에 관해서는 5강에서 살펴보기로 하자).

고전적 자유주의의 대두

바로 이런 산업화 시기에 고전적 자유주의의 개인주의적 세계관이 자본주의의 지배 이데올로기로 부상했다. 고전적 자유주의의 많은 관념이 중상주의 시대에 뿌리를 두고 또 널리 받아들여졌지만, 고전적 자유주의가 영국의 사회, 정치, 경제 사상을 완전히 지배하게 된 것은 18세기 말과 19세기의 일이다. 대다수 귀족과 그 협력자들, 그리고 많은 사회주의자들의 저술에서는 여전히 기독교 가부장 윤리가 제시됐지만, 이 시대에 이르면 이제 이런 견해는 대체로 소수의 이견이 됐다.

심리적 신조

고전적 자유주의의 심리적 신조는 인간 본성에 관한 네 가지 가정에 토대를 두었다. 인간은 자기중심적이고 냉정하게 계산하며, 본질적으로 활성이 없고 원자적이라고 여겨졌다(이기적인 인간 본성론에 관한 논의는 3강을 보라). 홉스가 주장한 이기주의 이론이 이런 견해의 토대를 제공했고, 후대의 자유주의자들, 특히 제러미 벤담의 저술에서는 이기주의가 '심리적인 쾌락주의'와 결합됐다. 심리적 쾌락주의란 인간의 모든 행동은 쾌락을 달성하고 고통을 피하려는 욕망에 따라 유발된다는 견해다.

벤담의 말을 들어보자. "자연은 인류를 **고통과 쾌락**이라는 두 주인에게 지배받게 만들었다. …… 고통과 쾌락은 우리가 하는 모든 일, 모든 말, 모든 생각을 지배한다"(Bentham 1955, 341). 벤담은 쾌락의 강도는 차이가 있어도 질적인 차이는 전혀 없다고 믿었다. 따라서 "쾌락의 양이 같기만 하면 압정도 시詩만큼이나 좋은 것"이라고 주장했다. 인간의 동기가 순전히 이기적이라는 이 이론은 존 로크, 버나드 맨더빌, 데이비드 하틀리David Hartley, 에이브러햄 터커Abraham Tucker, 애덤 스미스 등 이 시기의 많은 저명한 사상가들의 저서에서 발견된다. 여기에서는 스미스의 사상에 관해 좀더 자세히 살펴보자.

이성적인 지성은 고전적 자유주의자의 기획에서 중요한 구실을 했다. 모든 동기가 쾌락의 추구와 고통의 회피에서 나오는 것이기는 하지만, 어떤 쾌락을 추구하고 어떤 고통을 회피할지에 관한 인간의 결정은 상황을 냉정하고 침착하게 합리적으로 평가하는 데 바탕을 둔다. 이성은 쾌락을 극대화하고 고통을 최소화하는 선택을 하기 위해 주어진 상황의 여러 대안을 검토할 것을 지시한다. 쾌락과 고통에 관한 합리적인 계산의 중요성을 이렇게 강조하는 것(따라서 변덕과 본능, 습관, 관습, 전통을 중요시하지 않는 것)이야말로 고전적 자유주의가 제시하는 심리학 이론의 계산적이고 지적인 측면을 형성한다.

인간 개개인이 본질적으로 활성이 없다는 견해는 쾌락 추구나 고통 회피가 인간의 유일한 동기라는 관념에서 나온다. 쾌락이라는 결과를 안겨주는 행동을 찾지 못하거나 고통을 두려워하지 않을 때, 사람들은 활성을 잃거나 부동 상태가 된다. 쉬운 말로 하면 단순히 게을러진다. 어떤 노력이나 노동도 고통스러운 것으로 여겨지며, 따라서 사람은 더 큰 쾌락을 얻거나 더 큰 고통을 피할 수 있다고 예상되지 않으면 아무 행동도 하지 않는다. 벤담은 이렇게 말했다. "노동이 그 자체로 만들어낼 수 있는 감정, 유일한 감정은 혐오다. 인간이 추구하는 목표인 **사랑, 욕망, 평안** 같은 감정은 **노동의 부정**이나 **부재**(노동이 아닌 평안)다."(Girvetz 1963, 38에서 재인용).

이런 교의가 현실적으로 낳은 결과(또는 이런 교의가 만들어진 이유)는 노동자들은 구제가 불가능할 정도로 게으르다는 그 시기에 널리 퍼진 믿음이다. 따라서 커다란 보상이나 굶주림이나 궁핍에 관련된 공포를 통해서만 노동자에게 일을 강제할 수 있었다. 조셉 타운센드 신부Reverend Joseph Townsend는 이런 견해를 압축적으로 표현한 바 있다. "굶주림은 평화롭고 조용하며 꾸준한 압력일 뿐만 아니라 가장 자연스러운 근면과 노동의 동기로서 더 없이 강한 분발을 불러일으킨다." 타운센드는 "노동자들은 배를 곯아 봐야만 일을 한다"고 믿었다(Bendix 1963, 74).

이런 견해는 엘리자베스 1세 시대인 1601년에 빈민구제법을 통과하게 만든 예전의 가부장적 윤리하고는 근본적으로 다르다. 빈민들을 향한 가부장적 관심은 200년 동안 지속되다가 1795년의 스피넘랜드 제도에서 정점에 다다랐다. 구빈법의 이름을 딴 이 제도는 건강 상태나 노동 여부에 상관없이 모든 사람에게 국가 세금으로 최저 생계비를 보장했다. 고전적 자유주의자들이 반기를 든 게 바로 이 제도였다. 그리고 결국 1834년의 구빈법을 통과시키는 데 성공했다. 앨버트 V. 다이시Albert V. Dicey에 따르면, 이 법의 취지는 "먹고살려고 땀 흘려 일하지 않는 낙오자들까지 근면한 이웃에게 비용을 부담시켜 살게 해주는 극악한 제도에 종지부를 찍음으로써 열심히 일하는 사람들이 재산을 탕진하는 일이 없게 한다는 것이었다"(Dicey 1926, 203).

그렇지만 고전적 자유주의자들은 '상층' 사람들은 야심이라는 동기에 따라 행동한다고 믿었다. 이렇게 인간을 서로 다른 계층으로 나눈 것을 보면 이 시기의 개인주의 교의에 엘리트주의가 내포돼 있었다는 사실을 알 수 있다. 고전적 자유주의자들은 '엘리트 집단'이 충분한 노력을 기울이게 하려면 국가가 개인 재산의 보호를 최우선 과제로 삼아야 한다고 믿었다. 이 논의는 "노동자에게 노동의 결실을 보장해야 한다는 주장으로 시작했지만 이내 개인 재산 제도 전반에 관한 으뜸가는 옹호론으로 변모했다"(Girvetz 1963, 50).

네 가지 명제 중 마지막인 원자론은 집단이나 사회보다 개인이 더 근본적인 실재라는 주장이다. "집단이나 전체를 구성하는 …… 본원적인 구성 요소들에 …… 우선성이 주어졌다. 이런 구성 요소들이 근본적인 실재를 형성했다."(Girvetz 1963, 41). 이런 생각으로 무장한 고전적 자유주의자들은 사회란 가족과 비슷하며 전체와 전체를 구성하는 관계가 어떤 개인보다도 중요하다는, 기독교 가부장 윤리에 내재한 관념을 거부했다. 자유주의자들의 개인주의적 신념은 기독교 가부장 윤리에서 생각한 인격적 또는 인간적 유대와 일치할 수 없었다. 집단은 그 집단을 구성하는 개인들의 단순한 총합에 지나지 않았다. 따라서 자유주의자들은 사회가 개인에게 부과하는 제약은 대부분 나쁜 것이며, 그런 제약이 없으면 더 나쁜 결과가 생길 때만 용인할 수 있다고 생각했다.

이런 원자론적 심리학은 좀더 사회 지향적인 심리학과 대조해서 살펴볼 수 있다. 사회 지향적 심리학은 인간 개인의 성격과 습관, 생활 과정에 관한 지각 방식과 사고방식, 전반적인 인성 양상이 대부분 그 개인이 속한 사회 제도와 관계에 따라 결정되지는 않더라도 상당히 영향을 받는다는 결론으로 이어진다. 그렇지만 원자론적 심리학에서는 개인의 성질이 어쨌든 독립적으로 주어진 것으로 본다. 따라서 이 심리학에서는 사회 제도가 이 개인들을 위한 수단이자 개인들이 만든 작품으로 여겨진다. 이런 관점에서 보자면, 사회는 유용하기 때문에 존재할 뿐이며, 이런 유용성이 없다면 개인은 사회를 버리고 자기 갈 길을 가버리면 그만이다. 마치 어떤 도구가 소용이 없어지면 내버리는 것처럼 말이다.

경제적 신조

고전적 자유주의자들이 사회를 왜 그렇게 유용한 것으로 생각했는지 이해하려면 몇 가지 설명이 필요하다. 예를 들어, 고전적 자유주의자들은 '인간의 군집 본능', 집단 안보의 필요성, 사회를 통해서만 가능한 분업의 경제적 혜택 등에 관해 이야기한다. 마지막 문제는 고전적 자유주의의 경제 신조에서 토대를 형성하며, 이 신조는 고전적 자유주의에서 결정적으로 중요하다. 이 철학에는 서로 모순되거나 상충하는 것처럼 보이는 두 가지 가정이 포함되기 때문이다.

한편 인간 개인이 선천적으로 자기중심적이라는 가정 때문에 홉스는 아무 제약이 없으면 인간의 자기중심적 동기는 만인이 만인과 싸우는 전쟁이라는 '자연 상태'로 이어진다고 주장했다. 홉스는 이런 자연 상태에서 인간의 삶은 "고독하고 가난하고, 불쾌하고 야만적이며, 단명할 것"이라고 믿었다. 야만적 싸움에서 벗어나는 유일한 길은 절대 권력의 원천인 중앙 정부를 세우고 각 개인이 다른 모든 개인의 위협에서 보호받는 대가로 정부에 복종하는 것이었다(Hobbes, 192~205).

다른 한편 고전적 자유주의의 핵심 명제 중 하나는 사회의 통제와 제약을 최소화하는 상태에서 개인(특히 사업가)이 자유롭게 자기중심적인 충동을 발산해야 한다는 것이었다. 이렇게 명백한 모순은 자유주의의 경제적 신조를 통해 연결된다. 이 신조에 담긴 주장에 따르면 제약 없는 이기주의의 경쟁과 대항이 자본주의 시장을 배경으로 존재하는 경우에 이런 경쟁은 관련된 개인들뿐만 아니라 사회 전체에도 유익하다. 이런 견해는 고전적 자유주의에서 가장 중요한 지적 업적인 애덤 스미스의《국부론》에서 제시됐다. 스미스는 "모든 개인은 …… 자기가 지휘할 수 있는 자본을 가장 유리하게 이용할 수 있는 방법을 찾으려 끊임없이 노력한다"고 믿었다(Smith[1776] 1937, 421).

자본이 없는 사람들은 노동에 관한 금전적 대가를 가장 많이 받을 수 있는 일자리를 항상 찾아다닌다. 자본가와 노동자를 둘 다 그냥 내버려두면, 자기 이익이 이끄는 방향에 따라 가장 생산적인 곳에 자본과 노동을 사용한다. 이윤을 추구하다 보면 자연스럽게 사람들이 가장 필요로 하고 기꺼이 값을 치르려는 물건이 생산된다. 따라서 스미스를 비롯한 고전적 자유주의자들은 대부분 무엇을 생산할지에 관한 결정을 정부 당국이나 법률에 맡기는 데 반대했다. "우리가 저녁을 먹을 수 있는 것은 정육점 주인이나 양조장 주인, 빵집 주인이 자비롭기 때문이 아니라 그 사람들이 자신의 이익에 관심을 기울이기 때문이다"(Smith 1937, 14). 다양한 상품을 생산하는 제조업자들은 소비자의 돈을 놓고서 시장에서 경쟁해야 한다. 양질의 제품을 내놓는 생산자가 더 많은 소비자를 끌어들이기 마련이다. 따라서 자기 이익 때문에 제품의 질이 계속 향상되는 결과가 나타난다. 생산자는 또한 생산 비용을 최소한으로 줄여서 이윤을 늘릴 수도 있다.

그러므로 생산자들이 이기적으로 더 많은 이윤을 추구하면서 소비자의 돈을 놓고 경쟁하는 자유 시장은 자본과 노동이 가장 생산적으로 사용되도록 보장하며, 또한 소비자들이 (지불 능력과 의사에 따라) 가장 원하고 필요로 하는 제품이 생산되도록 약속한다. 게다가 자유 시장은 제품의 질을 개선하고 또 가장 효율적이고 비용을 절감하는 방식으로 생산을 조직하기 위한 끊임없는 노력으로 이어진다. 이 모든 유익한 행동은 각자가 자신의 이익을 추구하는 자기중심적인 개인들의 경쟁에서 직접 나오는 것이다.

홉스가 인간들 사이의 경쟁에서 생겨날 것이라고 예상한 "고독하고 가난하고, 불쾌하고 야만적인" 세상과 얼마나 동떨어진 세계인가. 이 모든 것을 가능하게 할 수 있는 놀라운 사회 제도는 자유롭고 제약 없는 시장, 공급과 수요의 힘이다. 스미스는 이 시장이 '보이지 않는 손'으로 작용하면서 이기적이고 자기중심적인 동기를 서로 일치하고 보완하는 활동으로 전환해 사회 전체의 복지가 최대로 증진될 것이라고 믿었다. 그리고 자유 시장의 가장 뛰어난 미덕은 가부장적인 지도나 지휘, 제약의 필요성이 완전히 사라진다는 점이었다. 자본주의 시장 경제에서, 강제에서 벗어날 자유는 개인의 복지뿐 아니라 사회 전체(어쨌든 사회는 그것을 구성하는 개인들의 총합에 지나지 않았다)의 복지까지 극대화하는 자연적인 질서와 양립할 수 있었다. 스미스의 말을 빌리자면 각 생산자의 상황은 다음과 같다.

오로지 자신의 안전을 의도하며, 노동 생산물이 최대의 가치를 갖도록 산업을 지도함으로써 오직 자신의 이득을 의도할 뿐이다. 생산자는 이렇게 함으로써 다른 많은 경우와 똑같이 보이지 않는 손에 이끌려 전혀 의도하지 않은 목적을 증진시키게 된다. 의도하지 않았다고 해서 반드시 사회에 나쁜 것은 아니다. 생산자는 자기 자신의 이익을 추구함으로써 종종 진짜로 사회의 이익을 증진시키려고 의도하는 경우보다 더욱 효과적으로 사회 이익에 기여한다. 나는 공공복지를 위해 사업한다고 떠드는 사람들이 좋은 일을 많이 하는 것을 본 적이 없다. 사실 상인들 사이에 이런 허풍은 흔한 일도 아니며, 그런 허풍을 단념시키는 데는 많은 말이 필요하지 않다.(Smith 1937, 423)

이런 발언을 보면 스미스는 기독교 가부장 윤리의 가부장주의와 완전히 반대되는 철학을 추구한 게 분명하다. 부자들이 가부장적인 통제와 자선을 통해 가난한 사람들의 안정과 복지를 증진한다는 기독교의 통념은 "사회의 이익이 아니라 자기 자신의 이익에만" 관심이 있는 자본가에 관한 스미스의 묘사와 뚜렷하게 대조된다. "그러나 자기 자신의 이익을 추구하다 보면 자본가는 자연스럽게 또는 오히려 필연적으로 사회에 가장 유익한 투자를 선호하게 된다."(Smith 1937, 421).

구속받지 않는 자유로운 시장은 생산적 에너지와 자원을 가장 가치 있는 용도로 전환할 뿐 아니라 지속적인 경제 발전으로 이어진다. 경제의 안녕은 해당 경제의 생산 능력에 좌우된다. 그리고 생산 능력은 자본 축적과 분업에 좌우된다. 한 사람이 자신과 가족에게 필요한 모든 물건을 생산하는 경우에 생산은 무척 비효율적이다. 그러나 사람들이 작업을 분할해서 각자가 자기 능력에 가장 적합한 상품만을 생산하면 생산성은 증대된다. 이렇게 작업을 분할하려면 상품을 교환할 시장이 필요하다. 이 시장에서 사람들은 자기에게 필요하지만 직접 생산하지는 않는 모든 물품을 구할 수 있다.

각 상품의 생산 과정을 여러 단계로 나누면 이런 생산성 증가를 더욱 확대할 수 있다. 이 경우에 각 개인은 한 상품의 생산 단계에서 한 단계만을 맡아일한다. 이런 정도의 분업을 달성하려면 많은 전문화된 도구와 다양한 장비가 필요하다. 또한 공장에서 그렇듯이 특정 상품을 생산하는 모든 단계를 한

곳에 모으고 조정해야 한다. 따라서 점차 세분화된 분업을 하려면 도구, 장비, 공장, 자금 등의 형태로 자본을 축적할 필요가 있다. 또한 이 자본으로 노동자들의 결합된 노력이 결실을 맺어 시장에 판매되기 전까지 생산 기간 동안 노동자를 유지하기 위해 임금을 지급해야 한다.

이런 자본 축적의 원천은 물론 생산 이윤이다. 수요가 활발하고 생산하는 것보다 많은 양을 판매할 수 있는 한 자본가들은 자본을 확대하기 위해 이윤을 투자하며, 그 결과는 더욱 복잡한 분업으로 이어진다. 분업이 증대되면 생산성과 임금, 이윤과 자본 축적이 더욱 증대되며, 이 끝없는 과정은 사회 진보라는 상향 운동을 계속한다. 이 과정은 계속적인 축적과 분업 확대를 보장하는 제품에 관한 충분한 수요가 사라질 때만 중단된다. 정부가 경제 문제를 규제하거나 시장의 자유로운 행위가 제한되면, 수요의 폭이 줄어들고 자본 축적의 유익한 과정이 중단될 뿐이다. 따라서 여기에도 역시 경제 문제에 간섭하는 가부장적인 정부가 들어설 여지는 전혀 없다.

인구론

토머스 로버트 맬서스의 인구론은 고전 자유주의의 경제적, 사회적 교의를 구성하는 중요하면서도 필수적인 부분이다. 맬서스는 대다수 인간이 성적 쾌락을 추구하는 만족을 모르는 욕망에 따라 움직이며, 그 결과 인간의 자연 증가율을 **억제하지 않으면** 인구가 기하급수로 증가할 것이라고 믿었다. 그러니까 인구가 각 세대마다 '1, 2, 4, 8, 16……'의 비율로 늘어난다는 것이다. 그러나 식량 생산은 기껏해야 산술급수로 증가한다. 각 세대마다 '1, 2, 3, 4, 5……'의 비율로 늘어날 수 있을 뿐이라는 말이다.

어떤 식으로든 인구 증가를 억제해야 한다는 게 분명해졌다. 산술급수로 생산량이 증가하는 식량으로는 기하급수로 증가하는 인구를 먹여 살릴 수 없기 때문이다. 맬서스는 인구 증가를 제한하는 두 가지 일반적인 억제책이 있다고 믿었다. 예방 억제책과 적극 억제책이 그것이다. 예방 억제책이 출산

율을 줄이는 것이라면 적극 억제책은 사망률을 높이는 것이었다.

주요한 예방 억제책으로는 도덕적 자제, 육체적 결함, 산아 제한 등이 있다. 도덕적 자제는 상층 계급 사람들이 상속자가 점점 늘어나서 재산이 분산되지 않도록 가족 규모를 제한하는 방법이다. 하층 계급 사람들에게는 육체적 결함과 산아 제한이 예방 억제책이지만, 그것만으로는 엄청난 빈민의 수를 억제하는 데 터무니없이 부족하다.

기근, 궁핍, 전염병, 전쟁 등은 적극 억제책이다. 예방 억제책으로 하층 계급 사람들의 수를 제한하는 데 성공하지 못했기 때문에 이런 적극 억제책이 불가피하다. 마지막으로 적극 억제책이 실패로 돌아가면 인구가 늘어나 식량 공급이 압박을 받고, 결국 최후의 불가피한 억제책인 기아를 통해 인구가 낮은 수준으로 유지된다.

맬서스는 기아 상태에 들어서기 전에 적극 억제책이 제 기능을 발휘할 수 있도록 조치를 취하라고 권고했다.

생계 수단이 어느 정도 속도로 증가하든 간에 인구의 증가가 생계 수단의 제한을 받는다는 것은 자명한 진리이며, 특히 생명을 유지할 수 있는 최소한의 수준으로 식량을 분배하고 난 뒤에는 더욱 그러하다. 인구를 이 수준에서 유지하는 데 필요한 정도를 넘어서 태어난 아이들은, 성인이 사망해서 여유분이 생기지 않는 한, 반드시 죽을 수밖에 없다. 따라서 일관된 행동을 하려면, 이런 사망률을 야기하는 자연의 작용에 간섭하려고 어리석고도 헛되게 애쓰기보다는 오히려 그 작용을 촉진해야 한다. 그리고 끔찍한 기근이 빈번하게 닥치는 사태를 두려워한다면, 자연이 활용할 수밖에 없는 다른 형태의 파괴를 의도적으로 부추겨야 한다. 빈민들에게 청결을 권고하기보다는 정반대의 습관을 장려해야 한다. 도시에서는 도로를 협소하게 만들고, 비좁은 집에 많은 사람이 살게 하고, 전염병을 다시 불러들여야 한다. 시골에서는 물웅덩이 근처에 마을을 세우고, 특히 습지와 건강에 해로운 곳에 주거를 장려해야 한다. 그러나 무엇보다도 참혹한 질병을 물리치는 특수한 치료법을 배척해야 하며, 특정 질환을 근절하는 계획을 세움으로써 인류에 기여한다고 생각한, 자비롭기는 하지만 대단한 착각을 한 이들을 꾸짖어야 한다. 이런 방법으로 연간 사망률이 높아지면, …… 모든 사람이 적령기에 결혼을 하면서도 굶어 죽는 이가 거의 사라지게 될 것이다.(Malthus 1961, 179~180)

맬서스가 보기에 일반 대중은 인구 문제를 극복할 유일한 현실적 해결책인 도덕적 자제를 감당할 능력이 없었다. 따라서 대중은 영원히 겨우 먹고사는 수준에 머무를 수밖에 없었다. 모든 소득과 부를 대중에게 분배하면 방탕한 행동과 인구 증가 때문에 한 세대 안에 완전히 소진될 것이고, 그 전과 마찬가지로 가난하고 궁핍하게 될 것이다.

따라서 가난한 사람들을 도우려는 가부장적 시도는 실패할 수밖에 없다. 게다가 이런 시도는 (상대적으로 도덕적인) 상층 계급의 부와 소득을 소진시키기 때문에 적극적인 죄악이다. 이 상층 계급 사람들은 자기 자신이나 다른 사람들을 도와 사회에서 온갖 위대한 업적을 달성한 이들이다. 서구 문명이 미술, 음악, 철학, 문학을 비롯한 온갖 찬란한 성취를 거둘 수 있었던 것은 상층 계급 사람들의 고상한 취향과 아량 덕분이다. 그런 사람들의 돈을 빼앗으면 이런 업적의 원천이 메말라버릴 것이다. 빈민들의 처지를 완화하기 위해 돈을 쓰는 행동은 처음부터 실패할 게 뻔한 쓸데없는 짓이다. 맬서스의 인구론과 고전 경제학 이론이 동일한 결론, 곧 가부장적인 정부가 빈민들을 위해 경제에 개입하는 일을 피해야 한다는 결론에 다다른 것은 당연한 결과다. 오늘날에도 여전히 많은 사람들이 가난은 지나치게 많은 아이를 낳은 빈민들의 책임이고 빈곤을 끝내기 위해 할 수 있는 일은 아무것도 없다는 맬서스의 견해를 지지한다.

정치적 신조

경제와 인구에 관한 고전적 자유주의의 교의는 자연스럽게 국가나 정부를 악으로 규정하고 거부하는 정치적 신조를 낳았다. 정부란 더 나쁜 악을 피하는 수단으로만 용인될 수 있는 악이었다. 이런 반감은 유럽의 여러 왕들이 대부분 저지른 부패하고 전제적이며 변덕스럽고 폭군 같은 행동뿐만 아니라 국민을 대표하지 않고 전제를 일삼는 영국 의회의 악명 높은 행동에서 직접 연유하는 것이었다. 그러나 자유주의의 신조는 특정한 정부에 관한 반대가 아니라 정부 일반을 향한 반대로 제시됐다. 토머스 페인^{Thomas Paine}이 한 말은 고전적 자유주의자들의 정서를 대변한다. "사회는 어떤 상태이든 간에 축복이지만, 정부는 최선의 상태로도 필요악이며 최악의 상태일 때는 참을 수 없는 것이다."^(Girvetz 1963, 66에서 재인용).

　고전적 자유주의자들은 정부에 어떤 구실을 부여해야 한다고 생각했을까?《국부론》에서 애덤 스미스는 세 가지를 열거했다. 외국 침략자들에 맞서 나라를 보호하는 일, 다른 시민들이 저지르는 '불의'에서 시민을 보호하는 일, "전체 사회에 가장 큰 이익을 주기는 하지만 그 이윤으로 어떤 개인 또는 소수의 개인들에게 비용을 보상할 수 없으며, 따라서 어떤 개인이나 소수의 개인들이 건설하고 유지하리라고 기대할 수 없는 공공시설과 공공사업을 건설하고 유지하는 …… 의무"^(Smith 1937, 681)가 그것이다.

　이런 일은 매우 일반적이며, 정부가 하는 거의 모든 활동은 이 세 가지 중 하나로 정당화될 수 있다. 자유주의자들이 정부의 특수한 구실이라고 생각한 내용을 이해하려면, 애덤 스미스의 저작이 자본주의를 정당화하는 이데올로기의 일부라고 말할 때 흔히 제기되는 반론을 먼저 다룰 필요가 있다. 흔히 사람들은 스미스가 당대 자본가들의 대변인이 아니었을 뿐만 아니라 오히려 책 속의 많은 구절에서 대체로 자본가들을 의심하고 불신하는 모습을 볼 수 있다고 지적한다. 이런 주장은 분명히 사실이다. 그렇지만 자본가들은 스미스가 내놓은 주장을 활용해서 이윤을 추구하는 데 방해가 되는 가부장적 정부의 마지막 흔적을 제거하려는 시도를 정당화했다. 자본가들이 자신의 행동 때문에 궁핍과 고통이 폭넓게 확산하는데도 양심의 가책을 느끼지 않을 수 있던 것은 바로 스미스의 이론 덕분이었다. 어쨌든 자본가들은 스미스의 조언을 따라 이윤을 추구했을 따름이다. 사회에 가장 큰 기여를 하려고 하면 마땅히 이런 식으로 행동해야 했으니 말이다.

마지막으로 고전적 자유주의자들은 대개 정부의 세 가지 일반적인 구실에 관한 스미스의 이론을 나름대로 해석해서 자본가들이 가부장주의의 수혜자일 경우에는 가부장적 정부를 거리낌 없이 지지했다. 따라서 "자유방임이라는 원래의 교의가 …… 애덤 스미스 같은 지식인들의 관심사에서 …… 사업가와 생산업자, 그리고 그런 사람이 고용한 대변인들의 관할로 대부분 넘어갔다."(Girvetz 1963, 81).

첫째, 외부의 위협에 맞서 정부가 나라를 보호해야 한다는 요구는 19세기 말에 무력과 강압을 통해 해외 시장을 보호하고 심지어 확대하는 데까지 적용됐다. 둘째, 다른 시민들이 저지르는 '불의'에서 시민을 보호하는 구실의 내용은 보통 개인 재산의 보호와 계약의 이행, 국내 질서 유지 등으로 정의됐다. 개인 재산, 특히 공장과 자본 설비 소유권의 보호는 물론 자본주의의 필수 조건을 보호한다는 것과 같은 말이다. 자본가들이 경제 권력과 정치권력을 갖게 된 것은 이렇듯 생산수단을 소유하기 때문이다. 소유 관계를 보호하는 구실을 정부에 부여한다는 것은 경제적이고 정치적인 지배 계급인 자본가들의 권력의 원천을 보호하는 일을 정부에 맡긴다는 뜻이다.

계약 이행 또한 자본주의가 성공적으로 작동하는 데 필수적이다. 복잡한 분업, 생산 분야의 복잡한 조직과 조정의 필요성, 많은 모험적 상업에 필요한 막대한 자본 투자 때문에 자본가들은 계약 의무를 지키는 사람들에게 의존할 수 있어야 했다. 관습과 특수한 상황에 따라 개인의 의무가 정해진다는 중세의 통념은 이제 자본주의와 양립할 수 없었다. 따라서 계약을 이행할 의무는 자본주의가 작동하는 데 필요한 수준을 정부가 강제하는 데까지 이르렀다.

국내 질서의 유지는 지금도 그렇지만 과거에도 언제나 필요했다. 그러나

18세기 말과 19세기 초에 국내 질서 유지란 자본가들이 이윤을 획득하는 활동에 위협이 된다고 간주한 노동조합 운동이나 영국 차티스트 운동을 잔인하게 짓밟는 것을 의미했다.

마지막으로 공공의 이익에 도움이 되는 "공공시설과 공공사업을 건설하고 유지하는" 정부의 구실은 대체로 수익성 좋은 생산과 교환을 촉진하는 제도를 창출하고 유지한다는 의미로 해석됐다. 이런 구실에는 단일하고 안정된 통화, 표준 도량형, 사업 수행에 필요한 물리적 수단 등을 제공하는 것 등이 포함됐다. 도로, 운하, 항구, 철도, 우편 서비스를 비롯한 통신 수단은 기업 활동을 위한 필수 조건이었다. 이런 수단은 보통 개인 소유였지만, 자본주의 국가의 정부는 대개 사기업에 재정을 보조하거나 정부가 직접 이런 프로젝트를 떠맡는 방식을 통해 각종 통신 수단의 설치와 유지에 폭넓게 관여했다.

따라서 고전적 자유주의자들의 자유방임 철학에서 정부의 경제 간섭에 반대하는 경우는 이런 간섭이 자본가들의 이익에 해로울 때뿐이었다. 자본가들은 사업을 안정시켜주거나 이윤을 늘려주는 경우에는 경제 문제에 관한 가부장적 간섭을 환영하고 심지어 그런 간섭을 얻어내려고 싸우기까지 했다.

고전적 자유주의와 산업화

산업혁명이 일어나고 고전 자유주의적 자본주의 이데올로기가 승리를 거둔 것은 모두 18세기 말과 19세기 초의 일이다. 자유주의는 새로운 산업자본주의의 철학이었고, 새로운 자유주의 사상 덕분에 18세기 영국에서는 공장 체제의 성장을 촉진하는 정치적 흐름과 지적 분위기가 생겨났다. 중세의 기독교 가부장 윤리는 중상주의 시기에 자본가들의 행동을 폭넓게 제약하는 체제를 낳았다. 자본가 집단과 그 대변인들은 아무런 속박과 제약이 없는 시장에서 자본가가 이윤을 추구할 수 있는 자유를 확대하는 것을 옹호하는 새로운 개인주의 철학을 내세우면서 이런 갖가지 제약에 반대했다. 이 철학이 자본가 계급의 가장 커다란 업적인 산업혁명과 동시에 승리를 거둔 것도 놀랄 일은 아니다. 산업혁명을 계기로 자본가 계급은 경제와 정치를 지배하는 위치로 올라섰으며, 이런 사실은 고전적 자유주의가 산업자본주의라는 새로운 시대의 이데올로기로서 승리를 거둔 이유를 잘 설명해준다.

요약

18세기 말과 19세기 초에는 빠르게 늘어나는 수요의 압박과 더 큰 이윤에 대한 기대 때문에 "창의적 활동이 말 그대로 폭발적으로 분출했다." 혁신으로 뒤덮인 산업혁명 시기를 거치면서 영국(과 나중에는 서유럽과 북아메리카)은 거대한 제조업 도시들이 지배하는 도시 사회로 변모했다. 이 도시들에서는 많은 노동자들이 공장 생산의 비인간적인 규율에 종속됐다.

이 시기에 고전 자유주의의 자본주의 이데올로기가 사회적 사고와 경제적 사고를 지배하기에 이르렀다. 새로운 이데올로기에서는 개인이 자기중심적이고 냉정히 계산하며, 게으르고, 대체로 자신이 속한 사회에서 독립된 존재로 그려졌다. '보이지 않는 손'으로 시장을 분석한 애덤 스미스는 이기적 충동을 사회적으로 가장 유용한 활동으로 전환해서 자유방임의 교의를 뒷받침했다. 이 철학이 정부에 부여한 유일한 기능은 이윤을 추구하는 활동을 지원하고 장려하는 것이었다.

마지막으로 맬서스의 인구론은 가난한 사람들의 고통을 덜어주려는 사회적 행동은 아무 소용이 없을 뿐 아니라 심지어 사회에 해로운 결과를 가져온다고 가르쳤다. 이런 견해를 받아들이면 기독교 가부장 윤리를 완전히 포기할 수밖에 없었다.

고전 경제학

고전적 자유주의의 지적 전통 안에서 고전 경제학이라고 알려진, 영향력이 상당한 경제 이론 학파가 발전했다. 고전 경제학은 자본주의의 본성을 설명하고 자본주의가 어떻게, 왜 그렇게 작동하는지를 보여주기 위한 최초의 폭넓고 체계적인 이론을 대표했다. 1750년에서 1850년 사이에 토머스 로버트 맬서스, 존 스튜어트 밀, 데이비드 리카도, J. B. 세이, 나소 시니어, 애덤 스미스 등 여러 중요한 경제 이론가들이 고전파를 형성했다. 이 부록에서는 이 이론가들 중 가장 중요한 두 명인 애덤 스미스와 데이비드 리카도의 사상을 간략히 살펴보자.

애덤 스미스

애덤 스미스(1723~1790)는 스코틀랜드에서 태어나 거의 평생을 그곳에서 살았다. 1776년에 스미스는 가장 중요한 저서인 《국가의 부의 성격과 원인에 관한 고찰An Inquiry into the Nature and Causes of the Wealth of Nations》(《국부론》)을 발표했다. 이 책에서 스미스는 특정한 생산 방식과 사회관계로 구성된 서로 구별되는 경제 체제가 존재한다는 사상을 전개했다. 이런 생산 방식과 사회관계의 본성 때문에 많은 예측 가능한 결과가 나온다. 일반적으로 스미스는 사회가 네 가지 구별되는 단계를 거쳐 진보한다고 믿었다. 독특한 경제 체제를 특징으로 하는 각 단계는 수렵, 목축, 농경, 상업 등이다. 수렵 단계는 "북아메리카 원주민들 사이에서 볼 수 있는 것처럼, 가장 낮고 가장 미개한 사회 상태"다(Smith 1937, 653). 빈곤과 존재의 불확실성은 사회적 평등을 수반하며, 특권과 권력의 제도화된 형태는 전혀 존재하지 않는다. 이런 특권과 권력을 낳을 수 있는 경제적 토대가 없기 때문이다. 따라서 "이런 상태의 사회에서는 진정한 의미의 왕이나 국가가 존재하지 않는다"(Smith 1937, 653).

나머지 세 단계의 사회에서는 정부와 법률이 존재해서 강력한 특권 계급과 가난한 생산자 계급의 존재를 뒷받침한다. 이 세 단계 중 가장 높은 것은 상업 단계다(상업 단계란 스미스가 자본주의 체제를 가리킬 때 쓰는 말이다). 상업 단계에서는 판매와 구매, 곧 시장 체제를 통해 무엇을, 누가, 누구를 위해 생산할 것인지가 결정된다. 앞서 고전적 자유주의에 관한 절에서 우리는 이미 스미스가 이런 체제에서는 시장(또는 '보이지 않는 손')이 모든 사람의 모든 이해관계를 조화시킨다고 믿은 사실을 살펴봤다. 우리는 또한 스미스의 이런 주장이 자본주의 체제를 도덕적으로 정당화하는 고전 자유주의 이데올로기의 으뜸가는 토대가 됐다는 것도 봤다.

그렇지만 스미스 자신은 '보이지 않는 손'에 관한 주장을 《국부론》의 지적 맥락에서 떼어내 자본주의가 자체적인 심각한 사회 갈등이 전혀 없는 조화로운 체제라는 통념을 뒷받침하는 데 활용한 대다수 고전적 자유주의자들만큼 보수적인 인물은 아니었다. 스미스는 원시 수렵 단계를 넘어선 모든 경제 체제는 강력한 특권 엘리트 집단을 뒷받침하는 정부가 필요하다는 사실을 알았다. 목축 체제나 농경 체제뿐만 아니라 자본주의 역시 마찬가지였다. 이 각 체제는 개인 재산에 토대를 뒀고, 개인 재산 때문에 특권과 권력을 보호하는 제도를 수립할 필요가 생겨났다.

> 따라서 귀중하고 방대한 재산을 획득하게 되면 필연적으로 정부의 수립을 요구하게 된다. 재산이 없으면 …… 정부가 그다지 필요하지 않다.
>
> 정부는 어느 정도의 복종을 전제로 한다. 그런데 정부의 필요성은 값비싼 재산을 획득하면서 점차 증대되므로, 복종을 자연스럽게 야기하는 주요한 원인들도 재산의 성장과 함께 점차 증대한다.(Smith 1937, 670)

스미스는 계속해서 "일부 사람들이 …… 나머지 대부분 사람들보다 더 우월하게 되는" 사정이나 원인을 탐구한다(Smith 1937). 스미스는 여러 사회적 배경에서 일부 사람들이 다른 사람들에게 제도적 또는 강제적으로 복종하게 되는 몇 가지 특수한 사정을 분석했는데, 모든 사례에서 공통되는 중요한 점을 하나 발견했다. "정부가 재산의 안전을 위해 형성되는 한, 실제로는 가난한 사람에 맞서 부자를 지키기 위한, 또는 재산을 전혀 갖지 못한 사람에 맞서 어느 정도의 재산을 가진 사람을 지키기 위한 것에 다름 아니다"(Smith 1937, 674).

스미스는 노동이 가치나 부의 유일한 창조자라고 믿었다. "한 나라의 토지와 노동에서 나오는 연간 생산물의 가치는 오직 생산적 노동자의 수를 늘리거나 이전에 고용된 노동자들의 생산력을 증가시켜야만 증대될 수 있다"(Smith 1937, 326). "세계의 모든 부가 최초로 구매된 것은 금이나 은이 아니라 노동을 통해 가능했다"(Smith 1937, 30). 그런데 한 작은 계급이 생산수단을 소유하게 되자 그 계급은 소유권을 통해 노동자가 생산한 물품에서 일정한 몫을 자기가 받지 못하면 노동자가 생산을 하지 못하게 하는 권력을 얻기에 이르렀다.

> 자본이 특정한 사람들의 손에 축적되자마자 그중 몇몇은 근면한 사람들에게 일을 시켜 …… 그 사람들이 만든 것을 팔거나 그 사람들이 노동을 통해 원료의 가치에 추가하는 것을 통해 이익을 보려고 하는 것은 당연하다. …… 그러므로 노동자가 원료에 추가하는 가치는 두 부분으로 나뉘는데, 한 부분은 자기의 임금을 지불하고 다른 부분은 고용주의 이윤을 지불한다.(Smith 1937, 48)

스미스는 비록 일관된 노동가치론을 제시한 적이 없지만, 나중에 데이비드 리카도와 칼 마르크스가 제시하는 정교한 노동가치론의 토대가 되는 사고를 많이 보여줬다. 스미스는 어떤 상품이든 가치를 가지려면 인간 노동의 산물이라는 사실이 필수 조건이라고 단언했다. 그렇지만 노동가치론은 여기서 더 나아간다. 노동가치론에서는 한 상품의 모든 교환가치는 그 상품에 체화된 노동량에 따라 **결정**된다고 주장한다. 각기 다른 시점에서 간접 노동(해당 상품을 생산하는 데 사용된 생산수단을 생산한 노동)과 생산에서 사용된 직접 노동(해당 상품을 생산하기 위해 생산수단을 사용한 노동) 시간의 상대적인 할당을 더한 값이다. 스미스는 오직 자본가도 지주도 없던 초기 전前자본주의 경제에서만 노동이 교환가치의 결정 요인이라는 것을 볼 수 있었다.

자본의 축적과 토지의 사적 점유가 없던 초기의 원시 사회에서는 각종 물품을 획득하는 데 필요한 노동량의 비율이 물품들 간의 교환에 어떤 법칙을 제공할 수 있는 유일한 요인인 것 같다. 예컨대 수렵 민족 사이에서 비버를 죽이는 데 사슴을 죽이는 것보다 일반적으로 두 배의 노동이 든다면, 비버 한 마리는 낭연히 사슴 두 마리와 교환되거나 사슴 두 마리와 같은 가치가 있어야 할 것이다. 일반적으로 이틀 또는 두 시간의 노동 생산물은 하루 또는 한 시간의 노동 생산물의 가치보다 두 배가 돼야 하는 것은 당연하다. …… 이 초기의 원시 사회에서는 노동 생산물 전체가 노동자의 것이며, 어느 상품을 획득하거나 생산하는 데 일반적으로 지출되는 노동량이 그 상품으로 일반적으로 구매, 지배, 교환하는 노동량을 규정할 수 있는 유일한 요인이다.(Smith 1937, 47~48)

그런데 자본가들이 생산수단을 통제하고 지주들이 토지와 천연자원을 독점하자, 교환가치나 가격이 임금, 이윤, 지대라는 세 구성 요소의 총합이 되기에 이르렀다고 스미스는 생각한다. 스미스는 다음과 같이 지적한다.

자본이 특정한 사람들의 수중에 축적되자마자 노동자는 대부분의 경우에 자기를 고용하는 자본 소유자와 노동 생산물을 나눠야 한다. 또한 어느 상품을 획득하거나 생산하는 데 일반적으로 지출하는 노동량은 그 상품이 일반적으로 구매, 지배, 교환할 노동량을 규정할 수 있는 유일한 요인도 아니다. 추가적인 양이 자본의 이윤을 위해 존재해야 한다는 것은 명백하다. …… 한 나라의 토지가 모두 사적 소유로 되자마자 토지 소유자는 다른 모든 사람과 마찬가지로 씨를 뿌리지 않고 거두기를 원하며, …… 지대를 요구한다. …… 노동자는 자기 노동으로 수집하거나 생산하는 것의 일부를 토지 소유자에게 바쳐야만 한다. 이 부분, 또는 똑같은 이야기지만 이 부분의 가격이 토지 지대를 구성하며, 대다수 상품의 가격에서 제3의 구성 부분을 형성한다.(Smith 1937, 48~49)

가격을 결정하려면 이윤과 지대가 임금에 더해져야 하기 때문에 어느 저명한 역사가는 스미스의 가격 이론을 "'합산 이론Adding-up Theory', 곧 가격의 주요한 구성 요소 세 가지를 단순히 총합한 이론"이라고 지칭했다(Dobb 1973, 46). 이 이론은 스미스가 "초기의 원시 사회"에 적용할 수 있다고 본 노동 이론과 다르다. 가격을 구성하는 이윤 요소가 해당 상품에 체화된 노동과 아무런 필연적인 관계가 없기 때문이다. 스미스는 경쟁 때문에 자본으로 벌어들이는 이윤이 같은 가치로 균일화되는 경향이 있다는 사실을 간파했다. 어떤 자본가가 100달러 상당의 방직기를 가지고 연간 40달러의 이윤을 얻는다면, 경쟁과 최대 이윤 추구 때문에 100달러에 상당하는 다른 종류의 자본 또한 연간 40달러의 이윤을 올리는 상황이 초래되는 경향이 있다는 것이다.

> 자본의 이윤은 특수한 종류의 노동, 곧 지휘 또는 감독하는 노동에 관한 임금에 불과하다고 생각할지도 모른다. 그러나 이윤은 임금과 전혀 다르고 완전히 상이한 원리에 따라 규제되며, 이 지휘 또는 감독하는 노동의 양, 고통, 창의성과 아무 비례 관계도 없다. 이윤은 전적으로 투하 자본의 가치에 따라 규제되며, 이 자본의 크기에 비례해 크거나 작다.(Smith 1937, 48)

이 원리에서 도출되는 결론에 따르면, 가격이 상품에 체화된 노동량과 비례하는 경우는 각기 다른 생산 라인에서 노동자당 자본의 가치가 동일할 때뿐이다. 이런 조건이 지켜지면, 자본 가치에 근거한 이윤이 각 생산 라인의 임금과 같은 비율을 유지하며, 이윤과 임금의 합계가 해당 상품의 생산에 체화된 노동에 비례하는 총합(또는 지대를 무시하면 가격)이 될 것이다. 그러나 노동자당 자본의 가치가 각각의 경제 부문에서 서로 다르면, 임금에 이윤을 더하더라도 해당 상품의 생산에 체화된 노동과 비례하는 합계가 나오지 않는다. 스미스는 노동자당 자본의 가치가 산업마다 다르다는 주장을 명백한 경험적 사실로 받아들였다. 따라서 이런 조건에서 어떻게 생산에 체화된 노동이 교환가치를 결정하는지를 보여주는 방법을 찾을 수 없었다. 이런 조건에서 상품에 체화된 노동과 교환가치 사이의 관계에서 드러나는 일반적인 성격을 보여주는 일은 데이비드 리카도의 몫이었고, 완전하면서도 논리적으로 일관된 노동가치론을 만들어내는 일은 칼 마르크스를 비롯한 후대 이론가들의 몫이었다.

데이비드 리카도

데이비드 리카도(1772~1823)는 자본주의 역사상 경제 이론의 발전에 항구적이면서도 심대한 영향을 미친 유일한 자본가이자 사업가다. 경제 이론에 관한 리카도의 관심은 현실적인 사업적 관심사에서 생겨났다. 18세기 후반과 19세기 초 (이른바 '곡물법'이라는 이름으로) 영국으로 들어오는 농업 생산물에 잇따라 관세가 붙으면서 영국 농민들은 외국과 맞선 경쟁에서 보호받았고, 농산물 가격도 높게 유지됐다.

1815년에 이르면, 나폴레옹 전쟁의 폐허를 딛고 유럽 대륙의 농업 생산이 회복해서 영국 농업보다 더 효율적이고 생산물의 가격도 저렴했다. 그러나 영국은 곡물법을 통해 외국과 맞선 경쟁에서 자국 농업을 보호하고 농산물 가격을 높게 유지했다. 리카도를 비롯한 영국의 기업가들은 두 가지 이유에서 곡물법을 폐지하고 싶어했다. 첫째, 유럽 대륙보다 훨씬 효율적이고 비용이 저렴한 영국의 산업 생산이다. 영국 자본가들은 유럽 자본가들보다 쉽게 싼값에 팔 수 있었다. 그런데 유럽인들이 영국 제품을 사려면 영국에 물건을 팔아서 영국 통화를 손에 넣어야 했다. 농업 생산물을 파는 것은 당연한 선택이었다. 대륙의 농산물이 더 쌌기 때문이다. 그런데 유럽인들이 영국에 농산물을 팔고 이 판매 수익으로 영국 공산품을 사려면 영국의 곡물법을 폐지해야 했다.

둘째, 곡물법 때문에 임금이 올라서 이윤이 크게 줄어들었다. 이때 영국 노동 계급은 겨우 빈곤선 수준의 생활을 하고 있었다. 그런데 노동자들의 지출에서 가장 큰 비중을 차지하는 것은 농산물이나 농업 가공품이었다. 따라서 농산품 가격이 비싸면 생계를 유지하는 데 필요한 물품을 살 수 있을 만큼 임금이 올라야 했다. 농산품 가격을 낮출 수 있다면 자본가들은 노동자의 생계를 유지하기 위해 지불해야 하는 임금을 낮출 수 있었고, 임금이 낮아지면 자본가들에게 더 많은 이윤이 돌아갈 것이었다.

리카도는 거의 평생 동안 노동가치론에 전혀 이론적 관심을 기울이지 않은 것 같지만, 곡물법이 이윤을 압박한다는 견해는 토머스 로버트 맬서스의 도전을 받았다. 이런 도전에 대응하는 과정에서 리카도는 노동가치론을 상당히 발전시키게 된다.

맬서스는 높은 농산물 가격 때문에 더 많은 임금을 지불해야 하더라도 자본가들은 상품 가격을 올리는 식으로 소비자에게 증가한 임금 비용을 전가한다고 주장했다. 그 결과는 전반적인 인플레이션으로 이어지는데, 이때 화폐의 구매력은 줄어들지만 이윤율은 그대로 유지되는 반면 화폐 이윤의 절대량은 전반적인 가격 수준이 오르는 것과 동일한 비율로 증가한다.

이런 상황에서 모든 가격과 임금이 동일한 비율로 증가하면 화폐의 가치를 제외하고 아무것도 변하지 않은 셈이다. 리카도는 노동자의 필수 소비품인 농산물이 덜 효율적으로 생산되기 때문에(농업 생산이 확대돼 덜 비옥한 땅에도 농사를 지어야 하기 때문에), 임금이 올라가면 개인당 생산성이 감소하고 화폐 가치를 제외한 다른 것이 변화해야 한다고 주장했다. 한 사람당 생산하는 양이 줄어들면, 일부 개인이나 계급이 차지하는 몫이 줄어들어야 한다. 리카도는 이렇게 되면 사회의 생산물이 자본가 계급에서 지주 계급으로 재분배되는 상황이 생겨날 것이라고 생각했다. 리카도는 이 점을 증명하려면 노동가치론이 필수적이라는 사실을 깨달았다.

리카도의 이론에서 보자면, 주요한 세 사회 계급(지주, 노동자, 자본가) 사이의 계급 간 소득 분배가 가격 형성을 이해하는 데 대단히 중요하다. 지대는 토지의 비옥도 차이에 따라 결정되며 가격을 결정하는 데 전혀 영향을 미치지 않는다. 맬서스와 마찬가지로 리카도 역시 임금은 노동자와 그 가족의 최저 생존 수단을 제공하는 데 충분한 만큼의 수준으로 유지된다고 믿었다. 이윤 또는 자본가의 소득은 지주와 노동자가 지대와 임금을 가져간 뒤 생산에서 남는 부분이다.

리카도의 지대 이론을 설명하기 위해 A, B, C 세 등급의 토지가 있다고 가정하자. A등급 토지 1에이커에서 현재의 기술을 반영하는 도구와 설비를 가지고 밀 100부셸을 생산하려면 두 사람이 필요하다. B등급 토지 1에이커에서는 같은 양의 밀을 생산하는 데 세 사람이 필요하며 역시 적절한 도구가 있어야 한다. C등급 토지 1에이커에서는 네 사람이 필요하다. 이제 각 노동자가 1년에 밀 20부셸을 살 수 있는 정도가 최저 생존 임금이라고 가정하자. A등급의 토지만 사용한다면, 각 노동자는 임금으로 사용되는 밀 40부셸 중에서 20부셸에 해당하는 임금을 받는다. 이 경우에 자본가의 이윤으로 60부셸이 남는다. 이 시점에서 지대는 전혀 없다(이 이론에 관한 좀더 자세한 설명은 Hunt 2002, 92~125를 보라).

인구가 늘어나서 A등급 토지에서 재배하는 것만으로 농산물 수요를 충족시키지 못하면, B등급 토지에서도 경작을 해야 한다. 이 토지에서는 노동자 세 명의 임금으로 밀 60부셸이 사용되고, 40부셸만이 이윤으로 남는다. 분명 자본가들은 이윤이 40부셸뿐인 B등급 토지보다는 60부셸이 생기는 A등급 토지를 선호할 것이다. 자본가들은 A등급 토지를 소유한 지주에게 B등급이 아니라 A등급에서 농사를 짓게 해달라고 서로 높은 금액을 부르면서 입찰 전쟁을 벌인다. A등급 토지를 경작하는 게 B등급에 견줘 조금이라도 유리할 때까지 이 입찰 전쟁은 계속된다. 다시 말해 A등급 토지를 경작하는 자본가가 지주에게 에이커당 20부셸을 지대로 지불할 때까지 입찰 전쟁이 계속된다. 이 경우에 자본가는 에이커당 40부셸의 이윤이 남는데, 이것은 B등급 토지와 똑같다.

이 과정이 계속돼 C등급 토지까지 경작에 사용되면, 이 토지의 에이커당 임금은 80부셸이므로 이윤은 20부셸만 남는다. 이제 A등급이 가장 선호되고, 그 다음이 B등급이며, C등급은 마지막 순위다. 다시 입찰 전쟁이 벌어져 A등급과 B등급의 이점이 소진될 때까지 계속된다. 이 새로운 상황에서 A등급과 B등급 토지의 소유주는 에이커당 각각 40부셸과 20부셸의 지대를 받고, C등급의 소유주는 한 푼도 받지 못한다. 노동자는 계속해서 연간 1인당 20부셸을 임금으로 받는다. 자본가는 A등급 토지만을 경작할 때 에이커당 60부셸의 이윤을 얻다가 C등급을 경작할 때는 20부셸을 얻는다.

이것이 리카도 지대 이론의 내용인데, 여기서 보여주는 핵심은 열등한 토지가 경작되면서 지대가 이윤을 압박한다는 것이다.

모든 가격이 오른다는 맬서스의 주장을 반박하려고 리카도는 노동가치론을 채택했다. 리카도는 토지(천연자원)나 자본은 가치를 창출하지 못한다고 주장했다. 오직 노동만이 가치를 창출한다. 따라서 토지 사용이 확대되면서 밀 100부셸을 생산하는 데 더 많은 노동이 필요해지지만, 공산품을 생산하는 데는 더 많은 노동이 필요하지 않다. 그러므로 농산품의 가치는 오르는 반면 공산품의 가치는 오르지 않는다. 농업 생산에서는 오르는 임금(노동자가 연간 20부셸이라는 더 비싼 생존 필수품을 구입하는 데 필요하다)과 지대 때문에 이윤이 압박을 받는 한편, 제조업에서는 변하지 않는 가격과 오르는 임금 때문에 마찬가지로 이윤이 압박을 받는다.

리카도는 이윤의 원천은 자본의 생산성이고 지대의 원천은 토지의 생산성이라는, 노동가치론에 쏟아진 반론(이런 반론은 오늘날에도 여전하다)에 대처해야 했다. 물론 리카도는 지대가 천연자원의 소유자에게 지불된다는 사실을 알고 있었다. 앞서 살펴본 것처럼 실제로 리카도는 저술의 많은 부분을 지대를 분석하는 데 할애했다. 그러나 지대는 엄밀히 말해서 노동 생산물을 분배하는 사회적인 방식의 하나다. 생산은 오로지 인간의 활동이다. 인적 비용이라는 측면에서 볼 때, 천연자원이 "자신의 노동을 무상으로" 수행한다는 리카도의 언급은 확실히 옳다. 리카도는 애덤 스미스의 다음과 같은 문장을 완전히 동의하고 찬성하면서 인용한다. "모든 물품의 진정한 가격은 …… 그 것을 얻기 위한 노동과 수고다. …… 노동은 최초의 가격, 곧 모든 사물의 대가로 지불되는 최초의 구매 대금이다"(Ricardo 1962, 6).

그렇다면 천연자원은 생산에서 노동을 통해 변형되는 대상이다. 그러나 천연자원은 무상이며 사회적 생산 비용이 아니다. 자본은 단지 인간 노동이 만들어낸 수많은 산물로서, 최종적으로 사용 가능한 형태로 부분적으로 변형된 자원을 나타낸다. 예를 들어 방직기는 더 많은 옷감을 생산하는 데 도움을 받으려고 노동을 통해 만들어졌다. 따라서 방직기는 최종적으로 옷감에 체화되는 노동의 일부를 체화한다. 이런 점에서 방직기는 그만큼 부분적으로 생산된 옷감으로 볼 수 있다. 생산하는 것은 인간의 활동이다. 훗날 신고전파 경제학자들이 이야기하는 것처럼 방직공과 방직기가 각각 옷감 생산에 이바지한다고 말하는 대신, 리카도는 방직공과 방직기를 만든 노동자가 각각 옷감 생산에 이바지한다고 말했다. 이 문제에 관해서는 리카도 스스로 자신을 대변하게 하자.

예를 들어 양말의 교환가치를 측정할 때, 우리는 다른 물품과 비교한 양말의 가치가 그것을 제조해 시장에 가져가는 데 필요한 총 노동량에 의존한다는 점을 알게 될 것이다. 첫째, 원면이 자라는 땅을 고르는 데 필요한 노동이 있다. 둘째, 양말을 제조하는 나라로 면화를 운반하는 노동이 있다. 여기에는 그것을 운반하는 배를 건조하는 데 투하되는 노동의 일부가 포함되는데, 이것은 상품의 운임 속에 부과돼 있다. 셋째, 방적공과 방직공의 노동이 있다. 넷째, 양말을 만드는 데 사용되는 건물과 기계를 건조한 기계공, 대장장이, 목수의 노동 부분도 있다. 다섯째, 소매상의 노동과, 더 일일이 열거할 필요가 없는 많은 다른 사람들의 노동이 있다. 이런 다양한 종류의 노동의 총계가 이 양말과 교환될 다른 물품의 양을 결정하며, 한편 이 다른 물품들에 투하된 여러 가지 노동량에 관한 똑같은 사정이 양말과 교환될 이 물품들의 양을 역시 지배할 것이다.(Ricardo 1962, 14~15)

생산에 관한 기계의 기여는 사실 과거 노동의 기여일 뿐이라는 사실을 인정하면서 리카도는 스미스의 통찰, 곧 줄곧 노동가치론의 출발점 구실을 하는 통찰을 되풀이하고 있다. 그러나 리카도는 비역사적인 자본주의관을 갖고 있었고, 이런 관점에 따라 자본주의의 사회적 관계를 자연적이거나 영원한 것으로 봤다. 따라서 이전의 모든 역사를 자본주의 제도의 발전에 불과한 것으로 봤다. 그 결과 리카도는 자본이 언제 어디서나 도구나 기계를 비롯한 제조된 생산수단과 동일하다고 주장하는 근본적인 오류를 저질렀다. "자본은 한 나라의 부 중에서 생산에 사용되는 부분이며, 노동을 가동시키는 데 필요한 양식, 의복, 도구, 원료, 기계 등으로 구성된다"(Ricardo 1962, 537). 따라서 리카도는 "애덤 스미스가 언급한 그 초기 사회에서도 사냥감을 잡으려면, 비록 사냥꾼 자신이 만들어서 축적해놓은 것이겠지만, 자본이 좀 필요할 것"이라고 주장했다(Ricardo 1962, 13). 또한 설사 노동자들이 자기 자신의 자본을 만들고 소유한다 하더라도 "[생산에] 필요한 모든 도구가 한 계급의 사람들에 속하고, 사용되는 노동은 …… 또 다른 계급을 통해 제공되는" 경우에 지배하는 가격 체계와 다른 결과로 이어지지는 않을 것이라고 믿었다(Ricardo 1962, 13~14).

이런 결론에 다다르면서 리카도는 노동자들이 자기 자신의 자본을 소유하게 되면 노동자의 소득이 이윤과 임금으로 구성될 것이라고 추론했다. 가격 결정 체계는 정확히 똑같은 방식으로 작동할 것이며, 다만 각 개인이 노동자인 동시에 자본가가 될 것이다. 리카도의 오류는 도구가 항상 생산에서 사용되기는 하지만 단순히 도구를 소유한다고 해서 어떤 이에게 이윤이 생기는 게 아니라는 점을 깨닫지 못한 데 있다. 또한 한 계급이 생산수단의 소유를 독점하고 다른 계급은 시장에서 노동력이라는 상품을 파는 것 말고는 다른 생존 수단이 전혀 없는 시대가 돼서야 사람들은 자본을 소유한 사실만으로 이윤을 손에 넣는 상황을 상상하거나 지적으로 이해할 수 있게 됐다. 자본은 이런 계급 관계가 발달해야만 존재할 수 있지만, 도구는 인간이 생산을 하는 한 언제나 존재했다. 자본의 진정한 본성은 특정한 사회관계를 반영한다는 점이라는 것을 인식하는 과제는 5강에서 논의할 토머스 호지스킨[Thomas Hodgskin]의 몫으로 남았다. 리카도는 여전히 스미스가 노동가치론을 거부하게 만든 문제에 직면했다. 모든 산업의 이윤율이 동일하고 산업들 사이의 자본 비율이 다른 상황에서도 가격이 여러 상품에 체화된 노동량에 비례하지 않는다는 문제가 그것이다. 리카도의 해결책은 독창적이지만 복잡하다[Hunt 2002, 99~116, 224~233, 418~504 등을 보라]. 여기서 리카도의 주장이나 분석을 자세히 설명할 수는 없고, 결론만 요약해보자.

리카도는 노동가치론이 물리학의 중력의 법칙과 유사하다는 견해를 옹호했다. 물리학에는 만약 물체가 완전한 진공 상태에서 떨어지면 일정한 시간 안에 지면에 떨어지는 속도를 계산하는 수학 공식이 있다. 그러나 실제로는 물체마다 다른 속도로 떨어진다. 물체마다 서로 다른 양의 공기를 밀어내는 탓에 공기 저항이 각기 다르기 때문이다. 이런 사정 때문에 공식에서 예측되는 속도와 실제 속도가 달라진다. 그러나 공기 저항의 효과는 중력의 법칙이라는 으뜸 공식을 **수정하는** 부차적이고 보조적인 공식으로 설명할 수 있다. 실제 낙하하는 물체가 으뜸 공식에서 예측되는 것과 다른 속도로 떨어지는 이유는 이렇게 설명된다.

경제학적으로 볼 때 리카도는 경쟁 시장, 곧 자본주의 경제에서는 두 상품의 가격 비율이 해당 상품을 생산하는 데 체화된 노동의 양의 비율과 일치한다는 주장을 믿었다. 그러나 현실에서는 자본과 노동의 비율이 산업마다 다르기 때문에 가격 비율은 이런 예상 가치와 달랐다. 리카도는 이런 차이가 상대적으로 작고 중요하지 않으며, 보조적인 두 번째 원리를 정식화함으로써 차이의 규모를 예측할 수 있다고 믿었다. 이 두 번째 원리는 수학적인 형태로 제시될 수 있었고, 가격 비율과 노동 비율의 편차의 크기가 두 가지 조건, 곧 자본과 노동 비율의 차이의 크기와 일반적인 평균 이윤율의 크기에 따라 달라진다는 것을 보여줬다.

리카도는 보수적인 자본주의 옹호론자이자 자본주의 시장 체제의 '보이지 않는 손'에 관한 애덤 스미스의 이론을 지지하는 열렬한 옹호자였다. 고전 경제학의 이런 보수적인 측면은 1870년부터 오늘날에 이르기까지 신고전파 경제학에서 나타나고 있다(이 점은 8강에서 논의할 것이다). 그렇지만 리카도는 일관된 형태의 노동가치론을 만들어낸 덕분에 칼 마르크스의 사상에 중요한 영향력을 미치기도 했다(6강과 7강을 보라).

더 읽어볼 책

Bendix, Reinhard. 1963. *Work and Authority in Industry*. New York: Harper and Row, Torchbooks.

Bentham, Jeremy. 1955. "An Introduction to the Principles of Morals and Legislation." In *Ethical Theories*, ed. A.I. Meiden. Engelwood Cliffs, NJ: Prentice-Hall(제레미 벤담 지음, 이성근 옮김, 〈도덕 및 입법의 제원리 서설〉, 《세계의 대사상 9》, 휘문출판사, 1971).

Dicey, Albert V. 1926. *Law and Public Opinion in England*. 2d ed. London: Macmillan.

Dobb, Maurice. 1973. *Theories of Value and Distribution Since Adam Smith*. Cambridge: Cambridge University Press.

Girvetz, Harry K. 1963. *The Evolution of Liberalism*. New York: Colliers.

Hobbes, Thomas. 1955. *Leviathan*. Reprinted in Ethical Theories, ed. A.I. Meiden. Engelwood Cliffs, NJ: Prentice-Hall(토마스 홉스 지음, 진석용 옮김, 《리바이어던》, 1·2, 나남출판, 2008).

Hunt, E. K. 2002. *History of Economic Thought: A Critical Perspective*. Armonk, NY: M.E. Sharpe(E. K. 헌트 지음, 김성구·김양화 옮김, 《경제사상사》 1·2, 풀빛, 1993).

Malthus, Thomas Robert. 1961. *Essay on the Principle of Population*. Vol. 2. New York: Dutton(말사스 지음, 이극찬 옮김, 《인구론》, 을유문화사, 1983).

Mantoux, Paul. 1927. *The Industrial Revolution in the Eighteenth Century*. New York: Harcourt Brace(뽈 망뚜 지음, 정윤형·김종철 옮김, 《산업혁명사》 상·하, 창비사, 1987).

Ricardo, David. 1962. *Principles of Political Economy and Taxation*. London: Dent(D. 리카도 지음, 정윤형 옮김, 《정치경제학 및 과세의 원리》, 비봉, 1991).

Robbins, Lionel. 1953. *The Theory of Economic Policy in English Classical Political Economy*. London: Macmillan.

Samuels, Warren J. 1966. *The Classical Theory of Economic Policy*. New York: World Publishing.

Smith, Adam. [1776] 1937. *An Inquiry into the Nature and Causes of the Wealth of Nations*. New York: Modern Library(애덤 스미스 지음, 김수행 옮김, 《국부론》 상·하, 비봉출판사, 2007).

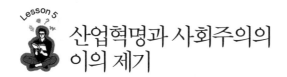

산업혁명과 사회주의의 이의 제기

산업혁명은 역사상 유례가 없는 인간 생산력의 증가를 가져왔다. 여기저기 공장이 건설되고 기계가 널리 사용되면서 생산력 증가의 역학적인 토대가 마련됐다. 그렇지만 경제의 생산 능력을 자본재의 형성으로 전환하려면 소비재 생산에 투입되는 부분은 상대적으로 작아져야 했다. 자본재를 구입하기 위해 대중의 궁핍이라는 사회적 대가를 치러야 했다.

산업혁명의 사회적 대가

역사적으로 보면, 사회가 일부 구성원들에게 최저 수준의 생존을 강요할 수밖에 없는 경우에 희생을 당하는 쪽은 언제나 경제 권력과 정치권력이 없는 이들이었다. 영국의 산업혁명에서도 사정은 마찬가지였다. 1750년에 노동 계급은 겨우 먹고사는 수준의 삶을 살았고, 임금 구매력으로 측정한 노동 계급의 생활수준은 18세기 후반기 동안 악화했다. 19세기 처음 몇 십 년 동안 노동 계급의 생활수준이 나타낸 추세는 역사가들 사이에서 논쟁의 대상이다.

많은 저명한 학자들이 생활수준이 높아지지 않았거나 심지어 떨어졌다고 주장하고 있기 때문에, 이 시기에 생활수준이 올랐다 하더라도 기껏해야 미미한 정도일 것이라고 결론을 내려도 괜찮을 수 있다.

산업혁명기 내내 빈민들의 생활수준이 상대적인 면에서 빠르게 하락한 사실은 의심의 여지가 없다. 자세한 분석을 살펴보면 이런 사실이 드러난다. "가난한 사람들은 상대적으로 더욱 가난해졌다. 나라 전체와 부자와 중간 계급이 뚜렷하게 부유해진 때문이다. 빈민들이 궁지에 몰려 있던 바로 그 순간에 …… 중간 계급은 잉여 자본을 주체하지 못해 철도에 미친 듯이 투자를 했으며, 1851년 대박람회에 진열된 눈이 휘둥그레질 정도로 호화로운 가구를 사들이고 …… 매연이 자욱한 북부의 도시들에서 궁전처럼 으리으리한 건물을 지어댔다."(Hobsbawm 1968, 72). 소비의 희생이라는 면에서 산업화에 필요한 사회적 대가를 어느 계급이 치렀는지는 의심의 여지가 없다.

그러나 소비 위축은 산업혁명이 노동 계급에게 강요한 유일한 곤경도, 최악의 곤경도 아니었다. 새로운 공장 체제는 전통적 생활 방식을 철저하게 무너뜨리면서 아무런 준비가 돼 있지 않은 악몽 같은 세계로 노동자들을 밀어넣었다. 노동자들은 수공업 체제에서 기술자로서 누리던 자부심과 친밀한 인간관계를 잃어버렸다. 새로운 체제에서 고용주들과 맺는 관계는 비인격적인 시장이나 금전적 관계를 통할 수밖에 없었다. 노동자들은 생산수단에 직접 접근할 통로가 막혔고 시장의 조건에 생계를 전적으로 의존하는 단순한 노동력 판매자로 전락했다.

설상가상으로 공장 체제는 노동자에게 단조롭고 기계적인 규칙성을 강요했다. 산업화 이전의 유럽에서는 노동자의 작업이 그렇게 전문화되지 않았다. 노동자는 그때그때 여러 작업을 했고, 계절이나 날씨 같은 변화에 따라 노동이 중단되기도 했다. 노동자가 쉬거나 놀고 싶거나 판에 박힌 노동 속도에 변화를 주고 싶을 때는 어느 정도 그렇게 할 자유가 있었다. 그런데 공장 고용은 시계라는 폭군의 등장을 낳았다. 생산은 기계화됐다. 생산 과정의 복잡한 상호 작용을 조정하고 새로운 값비싼 기계의 활용을 극대화하려면 절대적인 규칙성이 필요했다. 이제 노동자가 아니라 기계가 노동의 속도를 결정했다.

전에는 노동자의 부속물이던 기계가 이제 생산 과정의 중심을 차지하게 됐다. 노동자는 냉정하고 무자비하게 작업 속도를 결정하는 기계의 단순한 부속물에 지나지 않았다. 18세기 말과 19세기 초에 새로운 공장 체제에 맞서 자생적인 반란을 벌인 노동자 무리는 기계와 공장을 박살내고 파괴했다. 자신들의 곤경을 기계와 공장 탓으로 돌린 것이다. 러다이트Luddite 반란이라고 불린 이 사태는 1813년에 많은 노동자가 교수형에 처해지거나 국외로 추방되고 나서야 마무리됐다.

공장 작업이 폭넓게 분업화된 덕분에 대부분의 노동이 기계적이고 단순해져서 훈련받지 않은 여성이나 어린이도 남성처럼 일할 수 있었고, 많은 경우에 먹고살려면 가족 전체가 일해야 했기 때문에 여성과 어린이도 널리 고용됐다. 많은 공장주가 여성과 아동을 선호했다. 남성보다 훨씬 쉽게 수동적으로 복종하게 만들 수 있었기 때문이다. 순종하는 여성만이 훌륭한 여성이라는, 이 시기에 널리 퍼진 이데올로기는 고용주에게 큰 도움이 됐다.

어린이들은 수습 제도 계약서에 묶여서 7년 동안, 또는 21세가 될 때까지 공장을 떠날 수 없었다. 이런 경우 살인적인 환경에서 장시간 노동을 하는 대가로 거의 한 푼도 받지 못했다. 구빈법을 집행하는 당국은 극빈자의 자녀를 수습공으로 보내버릴 수 있었다. 그 결과 "방직업자들과 구빈법을 집행하는 당국 사이에 …… 어린이들을 …… 단순한 상품으로 다루는 흥정이 정기적으로 벌어졌다. 어린이들은 50명이나 80명, 100명 단위로 공장에 소떼처럼 공급돼 그곳에서 여러 해 동안 감옥살이를 했다"(Mantoux 1927, 410~411).

이 어린이들은 잔인하기 짝이 없는 노예 생활을 겪었다. 어린이들은 자신을 동정할 사람이 아무도 없는 상태에서 자본가나 공장 관리자의 처분에 맡겨졌다. 자본가의 주된 관심사는 경쟁하는 공장의 도전뿐이었다. 어린이들의

1일 노동 시간은 14시간에서 18시간이거나, 또는 완전히 지쳐 나가떨어질 때까지 계속됐다. 공장의 감독은 생산량에 따라 급여를 받았기 때문에 아이들을 무자비하게 몰아세웠다. 대다수 공장에서 어린이들이 제대로 밥을 먹을 수 있는 시간은 기껏해야 20분이었다(이것도 하루에 한 번뿐인 경우가 많았다). "특히 지나치게 긴 노동 시간이 끝날 무렵에는 사고가 자주 일어났다. 그때쯤이면 녹초가 된 어린이들이 작업대에서 잠에 빠지다시피 한 것이다. 기계 바퀴에 끼여 손가락이 잘리거나 팔다리가 으깨진 사건에 관한 이야기는 끝이 없었다."(Mantoux 1927, 413) 어린이들을 길들이려고 얼마나 야만석이고 잔인한 방법이 사용됐는지를 자세히 설명해도 20세기의 독자들은 도무지 믿을 수 없을 것이다.

여성들 역시 비슷하게 학대를 당했다. 공장 노동은 길고 지루하고 단조로웠다. 규율은 엄격했다. 공장에서 일하는 대가로 고용주나 감독의 성적 유혹에 굴복하는 일도 많았다(Mantoux 1927, 416). 광산에 고용된 여성은 웃통을 벗은 채 남성과 나란히 똑같은 작업을 하면서 하루에 14시간에서 18시간을 일했다. 광산에서 나와 아이를 낳은 뒤 며칠 만에 몸을 추스르고 다시 광산으로 들어간 여성들에 관한 보고도 있다. 이 시기에 여성들의 노동 조건이 얼마나 잔인하고 비인간적인지 보여주는 기록이 많이 작성됐다. 물론 남성 노동자들의 처지도 여성이나 어린이보다 크게 낫지는 않았다. 산업화는 어느 누구에게나 가차 없이 가혹하고 잔인했다.

자본주의 산업화 시기 노동 계급의 생활수준을 평가할 때 고려해야 할 또 다른 중요한 사항은 급속한 도시화다. 1750년에 영국에서 인구가 5만 명이 넘는 도시는 2곳이었다. 그런데 1850년에는 29곳이 됐다. 1850년에 이르면 거의 세 명 중 한 명꼴로 인구 5만 명 이상의 도시에 살았다.

도시의 상태는 소름이 끼칠 정도였다.

어떤 도시였던가! 연기로 뒤덮이고 오물이 가득한 도시였을 뿐만 아니라 식수 공급, 위생 시설, 도로 청소, 도시 공간 등 기본적인 공공 서비스 시설이 도시에 몰려 드는 인구만큼 빨리 확대될 수 없었기 때문에, 특히 1830년 이후 콜레라와 장티푸스가 창궐했고, 대기 오염과 수질 오염에 따른 호흡기 질환과 장 질환이라는 19세기 도시 살인마가 소름끼치도록 계속 출몰하는 그런 도시였다. …… 새로운 도시민들은 혼잡스럽고 썰렁한 판자촌으로 몰릴 수밖에 없었는데, 그 판자촌의 광경은 보는 사람들의 마음을 얼어붙게 만들었다. 프랑스의 위대한 자유주의자 토크빌은 맨체스터에 관해 이렇게 썼다. "문명이 기적을 일으킨다. 그리고 문명인은 다시 거의 야만인으로 돌아간다."(Hobsbawm 1968, 67~68)

글래스고의 한 구역도 이런 빈민가 중 하나였다. 정부 감독관의 보고서를 보자.

이곳에는 많을 때 3만 명, 적을 때 1만 5000명이 살고 있다. 이 구역은 좁은 골목과 정사각형의 공터들로 구성돼 있는데, 공터마다 한가운데에는 똥오줌이 산더미처럼 쌓여 있다. 이곳의 겉모습이 혐오스럽기도 했지만, 나는 아직 더럽고 비참한 광경에 미처 대비하지 못한 상태였다. 밤중에 침실을 몇 군데 방문했는데, 마룻바닥에 사람들이 한 덩어리가 돼 누워 있었다. 열다섯 명에서 스무 명 정도가 남녀 구별 없이 뒤죽박죽으로 엉켜 있었는데, 옷을 입은 사람도 있지만 벌거벗은 이들도 있었다. 가재도구라고는 찾아볼 수 없었고, 이런 동굴 같은 집에 사람이 산다는 것을 보여주는 유일한 흔적은 난롯불뿐이었다. 이 사람들의 주 수입원은 절도와 성매매다.(Engels 1958, 46)

노동자들의 전통적인 생활양식이 철저하게 파괴되고 새로운 공장 체제의 가혹한 규율이 강제되는 동시에 도시에서 비참한 생활 상태가 이어지면서 사회, 경제, 정치적인 소요가 발생했다. 1811~12년, 1815~17년, 1819년, 1826년, 1829 ~35년, 1838~42년, 1843~44년, 1846~48년에 사회적 소요, 폭동, 반란이 잇따라 연쇄 반응을 일으켰다. 대다수 지역에서 이런 움직임은 순전히 자생적인 것이었고, 주로 경제적인 성격을 띠었다. 1816년에 잉글랜드 동부 소택지 출신의 한 폭도는 이렇게 외쳤다. "여기 내가 하늘과 땅 사이에 서 있다. 신이여 나를 도우소서. 이대로 집으로 돌아가느니 차라리 죽고 말겠다. 빵! 나는 빵을 원하며 빵을 가질 것이다."(Hobsbawm 1968, 74). 1845년에 콜맨Coleman이라는 이름의 미국인은 맨체스터의 노동자들이야말로 "사회 전체에 피투성이 조각으로 널려 있는 비참하고 착취당하고 억압받고 짓밟힌 인간성 자체"라고 썼다(Hobsbawm 1968, 75).

산업자본주의가 노동 계급의 비참한 고통이라는 토대 위에 세워진 것은 의심의 여지가 없다. 노동자들은 빠르게 팽창하는 경제의 결실을 나눠 받지 못한 채 자본가들의 이윤을 늘리기 위해 잔인무도하게 나락으로 떨어졌다. 이 때 나타난 거대한 악폐의 기본 원인은 "자본가의 절대적이고 통제받지 않는 권력"이었다. "이런 대기업의 영웅시대에 그 권력은 승인을 받았고, 잔인할 정도로 노골적으로 확인되고 공표됐다. 고용주 자신의 사업이므로 마음 내키는 대로 행동했으며, 자기의 행위를 정당화할 어떤 이유도 필요하지 않다고 생각했다. 고용주는 피고용자들에게 임금을 지불할 의무가 있었지만, 일단 임금을 지불하면 노동자들은 또 다른 요구를 할 수 없었다"(Mantoux 1927, 417).

자유주의 사회 입법

방직 산업에 공장 생산이 처음 도입된 때부터 노동자들은 자신의 이익을 집단적으로 지키기 위해 한데 뭉치려고 노력했다. 실업률이 높던 1787년에 글래스고의 모슬린 제조업자들이 노동자들에게 지급하는 단가를 낮추려고 했다. 그러자 노동자들은 힘과 단결력을 보여줬고 강력한 노동조합을 건설했다. 1792년에 방직공 노동조합은 볼턴Bolton과 베리Bury의 제조업자들에게 단체

협약을 강제했다.

노동자 조직은 1790년대에 빠르게 퍼져 나갔다. 노동자 조직이 확산하는 동시에 사회적이고 경제적인 불만이 고조되면서 상층 계급은 불안감에 사로잡혔다. 프랑스 혁명은 여전히 생생한 기억으로 남아 있었고, 단결한 노동자들의 힘은 공포의 대상이었다. 그 결과로 생겨난 1799년의 단결금지법Combination Act은 임금 인상과 노동 시간 단축이나 고용주의 자유로운 행동을 가로막는 규제를 도입하려는 목적을 가진 노동자들의 결사를 금지하는 법이었다. 이 법을 제안한 이들은 고전적 자유주의의 핵심 명제인 자유 경쟁의 필요성과 독점의 폐해를 거론하면서 자신의 주장을 정당화했지만, 고용주들의 결사나 자본가들의 독점적 행위에 관해서는 일언반구도 하지 않았다. 이 법의 효과는 다음과 같이 요약할 수 있다.

단결금지법은 노동자들의 강요가 가져올지도 모를 파멸적 경향을 막기 위해 절대로 필요하다고 생각됐다. 이렇게 제약을 가하지 않는다면 노동자들이 이 나라의 교역, 제조업, 상업, 농업 전체를 파괴하리라는 것이었다. …… 이런 그릇된 생각을 너무나 철저하게 품고 있었기 때문에, 임금이나 노동 시간을 조정하기 위해 단결했다는 이유로 노동자들이 유죄 판결을 받을 때마다, 그 선고가 아무리 무겁고 그것이 아무리 엄격하게 집행돼도 그 어떤 사람도 그 불운한 피해자들에게 일말의 동정을 보이지 않았다. 정의는 전혀 문제가 되지 않았다. 치안판사 앞에서 심리를 받을 때마다 노동자들은 늘 초조감과 모욕감에 빠져야 했다. …… 변론, 치안판사들의 심리, 일반 재판소와 왕립 재판소의 재판에 관해 …… 정확한 기록이 제시된다 할지라도, 터무니없는 불공정과 험한 욕설, 끔찍한 처벌은 명백한 증거에 바탕을 두지 않는 한, 몇 년이 지난 뒤에는 믿는 사람이 없을 것이다.(Mantoux 1927, 449)

고전적 자유주의자들이 열렬하게 추구한 또 다른 대의는 1795년에 처음 생겨난 스피넘랜드 빈민 구호 체제의 폐지였다. 이 체제는 (엘리자베스 시대의 장인법의 전통을 잇는 동시에) 기독교 가부장 윤리가 낳은 소산이었다. 스피넘랜드 체제의 밑바탕에는 사회의 낙오자들도 일자리가 있든 없든 간에 최소한의 생활수준을 누릴 자격이 있다는 주장이 깔려 있었다. 확실히 이 체제에는 심각한 결함이 있었다. 이 체제는 많은 경우에 임금을 구호 수준 이하로 억제했으며(교구세로 그 차이를 메웠다), 더 많은 노동자가 이동할 필요가 있을 때 이동을 엄격히 제한했다.

그렇지만 중요한 문제는 스피넘랜드 체제의 결함이 아니라 1834년에 스피넘랜드 법을 폐지하는 데 성공하고 나서 자유주의자들이 그 대신 제정한 입법이었다. 고전적 자유주의자들의 견해에 따르면, 노동자들은 노동 조건이나 급여와 관계없이 시장에서 제공하는 어떤 일자리라도 받아들여야 한다. 그렇게 하지 않거나 할 수 없는 사람은 말 그대로 굶어죽지 않을 정도만 구호를 제공해야 한다. 실업 수당은 시장에서 제공되는 최저 임금보다 훨씬 더 적어야 하고, 실업자의 전반적인 상황은 돈벌이를 위해 일자리를 찾아 나서게 자극할 만큼 충분히 괴로워야 한다. 따라서 새로운 법의 실상은 이랬다.

> 물질적 구제 수단이라기보다는 모욕과 압박의 수단이었다. 1834년의 구빈법보다 더 비인간적인 법규는 찾아보기 힘들다. 구빈법은 가장 낮은 임금보다 '더 형편없는' 구제금만을 주도록 규정했고, 감옥 같은 구빈원에 사는 사람만 구제 대상으로 삼았으며, 구빈원에서는 가난을 이유로 가난한 사람들을 처벌하고 앞으로 가난뱅이가 될 자식들을 낳을 위험한 유혹에 빠지는 것을 막는다는 구실을 내세워 남편과 아내와 자녀들을 강제로 격리했다.(Hobsbawm 1968, 69~70)

고전적 자유주의 전통 안의 사회주의

사회주의는 18세기 말과 19세기 초의 영국에서 처음 생겨났다. 그것은 자본주의의 불평등과 이런 불평등에서 생겨난 사회적 악폐에 맞선 항의였다. 초창기부터 오늘날에 이르기까지 모든 사회주의자들이 보기에 이 불평등은 생산수단의 사적 소유라는 제도에서 불가피하게 생겨난 결과였다. 따라서 사회주의에서 가장 핵심적인 명제는 사회 정의를 위해서는 자본의 사적 소유를 폐지해야 한다는 것이다. 사회주의자들은 특정한 사회철학이나 교의 체계를 만장일치로 받아들인 적이 없으며, 거의 모든 문제에 관해 견해의 차이를 발견할 수 있다. 사회주의를 규정하는 본질적인 특징이자 모든 사회주의자가 받아들이는 하나의 사고는 자본의 사적 소유는 필연적으로 불평등을 비롯한 수많은 악폐를 수반하며, 따라서 정의로운 사회를 이룩하려면 이 사적 소유를 폐지해야 한다는 것이다.

오늘날에는 많은 사회주의 학파가 존재하지만, 1800년대 초로 거슬러 올라가면 두 집단으로 나뉜 사회주의자들을 볼 수 있다. 각각은 뚜렷하게 다른 일반적인 사회철학을 갖고 있다. **이 두 전통은 고전적 자유주의의 개인주의적 사회주의와 협동적 사회주의라고** 이름 붙일 수 있다. 4강과 이번 강의의 앞부분에서 살펴본 것처럼, 고전적 자유주의는 대체로 새로운 자본주의 질서와 경제적으로 억압적인 이 질서의 많은 법률을 정당화하는 이데올로기 노릇을 했다. 그렇지만 고전적 자유주의가 이런 식으로 기능하려면 사람들이 자본의 사적 소유라는 제도를 의문 없이 받아들여야 했다.

이 제도를 받아들이지 않은 고전적 자유주의자는 여럿 있다. 그중에서 특히 큰 영향력을 발휘한 이는 토머스 호지스킨(1787~1869)으로, 생애의 대부분 기간 동안 해군이 주는 장애 연금을 받은 덕분에 거의 모든 시간을 저술에 쏟아부을 수 있었다. 1825년에 호지스킨은 《자본의 권리 주장에 맞서 노동을 옹호한다Labour Defended Against the Claims of Capital》라는 제목의 책을 썼다. 이 책에서 호지스킨은 자본의 사적 소유를 정당화하는 주된 지적 근거인 자본이 생산적이라는 주장을 반박하려고 했다.

자본이 생산적이라는 통념을 반박하면서 호지스킨은 흔히 자본의 행위로 돌려지는 생산은 실제로는 상호 의존하는 노동자들의 행위라는 점을 보여줬다. 예를 들어 어부가 그물의 도움을 빌려 물고기를 잡는 모습을 볼 때, 자본주의를 옹호하는 보수주의자는 물고기 중 일부는 어부의 노동으로, 나머지 일부는 그물의 도움으로 잡았다고 본다. 그러므로 그물이 생산적이고, 그물을 소유한 자본가가 그물의 생산성에 기인하는 이윤을 받을 **자격이 있는** 것처럼 보인다. 그러나 호지스킨은 실제 생산성은 상호 의존하는 노동자들의 몫이라고 말한다. 어부가 그렇게 많은 물고기를 잡을 수 있는 것은 다른 **노동자들이** 그물을 만들기 때문이다. 물고기는 어부와 그물 제조공 **두 사람**의 공동 노동을 통해 잡는 것이다. 그러나 물고기를 잡는 곳에 그물 제조 노동자가 없기 때문에, 고기잡이라는 생산적 노력에서 그 노동자가 수행하는 몫은 실제로는 노동자가 만든 제품, 곧 그물을 통해 수행된다. 그러므로 자본주의에서 한 노동자(예를 들어 어부)가 자본(예를 들어 그물)의 생산성에 의존하고 따라서 자본가들(예를 들어 그물을 소유한 자본가)에게 의존하는 것처럼 보일 수도 있지만, 이런 겉모습은 사실이 아니다. 노동자는 오로지 다른 노동자들이 수행하는 공존하는 노동에 의존할 뿐이다. 호지스킨은 이렇게 결론짓는다.

> 흔히 상품 자본에 기인하는 것으로 여겨지는 생산적 효과는 공존하는 노동 때문에 생겨나는 것이며, 자본가가 다른 노동자들을 **먹여 살리고** 고용할 수 있는 이유는 상품 자본을 소유한 덕분이 아니라 **어떤 사람들의 노동**에 관한 통제권을 소유했기 때문이다.(Hodgskin 1922, 51~52)

호지스킨은 어느 사회에서나 노동이 상호 의존한다고 주장했다. 그러나 오직 자본주의 경제에서만 생산수단의 사적 소유 때문에 이런 보편적인 상호 의존이 '자본'으로 변형된다. 그리하여 물건이 '생산한다'는 이상한 이론이 자본의 진정한 본질을 감춘다. "자본은 교회나 국가 같은 신비로운 단어다.

다른 사람들의 물건을 강탈하는 손을 감추기 위해 사람들을 덮어 가리는 이들이 만들어낸 일반적인 용어와 마찬가지로 말이다"(Hodgskin 1922, 60).

　아무것도 생산하지 않는 자본가들이 자본을 사적으로 소유하는 것을 거부하는 점을 예외로 하면, 호지스킨은 고전적 자유주의의 기본 명제를 모두 받아들였다. 따라서 호지스킨이 경제적 탐욕과 자유 시장의 제한 없는 작동을 지적으로 옹호한 사실은 고전적 자유주의자들과 별반 다를 바가 없다. 호지스킨은 오늘날 우리가 '자유 시장 사회주의'라고 부르는 이념을 처음으로 주창한 인물이다. 그리고 애덤 스미스의 보이지 않는 손이라는 관념을 보수적인 고전적 자유주의자들을 훌쩍 뛰어넘어 밀어붙였다.

　자본은 생산적이지 않으며 자본의 사적 소유가 자본주의의 최악의 불평등을 낳은 원천이라는 호지스킨의 주장은 오늘날에도 여전히 시장 사회주의를 옹호하는 주된 근거다. 대다수 시장 사회주의자들은 호지스킨처럼 고전적 자유주의의 기본 명제를 받아들였으며, 생산수단의 사적 소유를 사회적 소유로 대체할 **때만** 경쟁 시장이 자애로운 보이지 않는 손의 구실을 할 것이라고 믿었다.

윌리엄 톰프슨과 고전적 자유주의의 거부

그렇지만 대다수 사회주의자들은 고전적 자유주의의 여러 개인주의적인 명제뿐만 아니라 사회주의 사회에서 시장을 통해 자원을 배분해야 한다는 관념도 거부했다. 이런 점에서 초기 사회주의자 중에서 가장 영향력이 큰 인물은 아마 윌리엄 톰프슨William Thompson일 것이다. 1820년대에 쓴 글에서 톰프슨은 만약 경쟁적인 시장 사회에서 살아야 한다면, 시장 사회주의가 자본주의보다 확실히 더 낫다는 호지스킨의 말에 동의했다. 그렇지만 자본주의의 시장이든 사회주의 사회의 시장이든 간에 경쟁적인 시장 안에서 개인주의적으로 부를 추구하다 보면 불가피하게 다섯 가지 악폐가 생긴다고 주장했다. 이런 악폐는 "경쟁의 **원리 자체**에 고유한" 것이다(Thompson[1824] 1850, 258).

경쟁적인 시장 사회주의의 첫 번째 악폐는 모든 "노동자, 장인, 상인이 서로 경쟁자이자 적수로 본다"는 점이다. 게다가 모든 사람이 "[자기 동업자들과] 사회 전체 …… 사이에서 두 번째 경쟁 관계, 적대 관계"를 본다(Thompson 1850, 259). 따라서 "필연적으로 이기심의 원리가 …… 일상적인 생활의 모든 문제를 [지배한다]"(Thompson 1850, 257). 예를 들어 경쟁적인 시장 사회주의에서는 "병이 생기고 퍼지는 게 모든 의사에게 이익이 되며, 병이 사라지면 의사 수가 10분의 1이나 100분의 1로 줄어들 것이다"(Thompson 1850, 259).

시장 사회주의 경제에서도 개인주의적인 부의 추구에 고유한 두 번째 악폐는 체계적인 여성 억압이다. 이 억압은 그 자체로 악폐이며, 또한 막대한 경제적 낭비로 이어진다. 톰프슨은 개인주의적인 부의 추구는 개인적인 핵가족하고만 양립할 수 있다고 믿었다. 개인적인 가족 안에서는 "온갖 세세한 집안일을 정해진 시간에 해야만 한다." "이웃한 여러 가족이 …… 음식을 만들고 아이들을 교육시키기 위해 공동 기금을 [형성하면]" 여성들이 이런 집안일에서 해방될 수 있다(Thompson 1850, 260).

자본주의와 사회주의를 막론하고 시장 경쟁이 야기하는 세 번째 악폐는 시장의 무정부성 때문에 생겨나는 경제적 불안정이다. 설령 사회주의를 통해 공황과 불황의 원천인 자본가들의 사치 취향이 지닌 변덕스러운 성질이 제거된다 하더라도, 경쟁적 시장을 통해 자원이 배분되는 한 경제 불안정과 실업, 낭비와 사회적 고통이 생겨나게 마련이다(Thompson 1850, 261~263).

경쟁적인 시장 사회주의의 네 번째 악폐는 자본주의의 수많은 불안정, 곧 시장에 의존하기 때문에 생겨나는 불안정이 제거되지 않는다는 점이다. 경쟁적인 시장 사회에서 자라나는 이기심과 자기중심주의 때문에 "기형이나 질병, 노령, 그밖에 인간이 살면서 일어날 수 있는 수많은 사고에 적절하게 대비하기 위한 자원"이 전무한 상황이 초래된다(Thompson 1850, 263).

시장 경쟁의 다섯 번째 악폐는 지식의 획득이 탐욕과 개인적 이익의 보조물로 전락하면서 지식의 향상과 확산이 지체된다는 점이다. "따라서 새롭거나 훌륭한 것을 경쟁자들에게서 감추려면 개인적 경쟁이 수반될 수밖에 없다. …… 가장 강력한 개인적 이익은 자비의 원리에 대립하기 때문이다"(Thompson 1850, 267).

그리하여 톰프슨은 경쟁적인 시장 사회주의가 자본주의를 능가하는 눈부신 진보이기는 하지만, 시장에 의존하면 여전히 수많은 사회악이 생긴다고 결론짓는다. 톰프슨의 주장에 따르면 최선의 사회 형태는 계획된 협동적 사회주의 사회일 것이다. 이런 사회는 상호 조정되는 자치와 협동의 공동체로 구성되며, 각 공동체는 500명에서 2000명으로 구성된다.

이런 공동체에서는 사람들이 공동 상점을 통해 생필품을 무상으로 얻을 수 있다. 어린이들은 공동으로 보살핌을 받고 공동 침실에서 잠을 자며, 성인들은 작은 아파트에서 산다. 공동 부엌은 모두 함께 사용한다. 성에 따른 분업은 전혀 없으며, 요리, 육아 등 여성의 집안일은 남녀 모두 교대제로 분담한다. 노동의 단조로운 성격을 없애기 위해 모든 사람이 다양한 직종의 기술을 배우며 정기적으로 직업을 바꾼다. 각 공동체에 속한 성인은 누구나 조정이나 관리에 필요한 기구에 정기적으로 참석한다. 누구나 무상으로 최상의 교육을 받을 수 있다. 정치적, 지적, 종교적 자유가 절대적으로 보장된다. 마지막으로 물질적 부의 분배에서 불공평한 차별이 생겨나지 않게 모든 재산은 공동으로 관리하고 공유한다(Thompson 1850, 269~367). 협동적인 사회주의 공동체에 관한 톰프슨의 견해는 대체로 오언주의 운동에 참여한 대다수 사람들의 견해를 반영한다. 이 운동의 처음부터 끝까지 톰프슨은 로버트 오언Robert Owen 다음으로 가장 영향력 있는 대변인이었다. 계획된 협동적 사회주의 사회에 관한 톰프슨의 설명은 사회주의 사상의 역사에서 가장 선구적이면서도 정교한 축에 속한다.

로버트 오언의 가부장적 사회주의

자본주의를 변혁하기 위한 사회주의 운동의 초기 조직가 중에서 가장 중요한 인물은 로버트 오언이다. 1771년에 태어난 오언은 열 살 때부터 포목상의 수습 점원으로 일했다. 그리고 스무 살에 커다란 공장의 경영자가 됐다. 사업상의 결정을 현명하게 처리한데다가 운도 좋은 덕분에 얼마 지나지 않아 상당한 재산을 손에 넣었다. 오언은 인자한 독재자의 완벽한 본보기다. 뉴라나크New Lanark에 있는 오언의 공장은 영국 전역에 널리 알려졌다. 훌륭한 노동 조건과 넉넉한 임금, 노동 계급 자녀들의 교육 등을 고집했기 때문이다. 오언의 노동자들은 '애정 어린 보호 감독'을 받았고, 오언은 스스로 노동자의 보호자이자 관리 책임자라고 생각했다. 이런 가부장적 태도는 매우 엄격하게 적용한 공장의 조직 규율과 충돌하지 않았다. 오언은 규율을 유지하는 방법 중 하나를 이렇게 설명한다.

작업 수행 불량을 방지하는 가장 효과적인 대책은 모든 공장 직원을 대상으로 조용한 감시 장치를 고안해낸 것이다. 길이 5센티미터, 너비 2.5센티미터 정도 되는 나무 조각의 네 면에 각각 검은색, 파란색, 노란색, 흰색을 칠하고 뾰족한 위쪽에 철사 구멍을 만들어 어느 면이든 전면이 보이게 고리에 걸어둔다. 직원마다 근처 눈에 띄는 곳에 나무 조각을 걸어 두는데, 전면의 색깔로 전날 작업을 수행한 상황을 네 등급으로 표시하는 것이다. 검은색은 4번 불량, 파란색은 3번 보통, 노란색은 2번 양호, 흰색은 1번 우수다. 그리고 부서마다 직원들의 이름이 순서대로 적힌 장부가 있어서 2개월 단위로 매일의 작업 성과를 숫자로 기록했다. 1년에 여섯 번 바뀌는 장부는 계속 보관됐다. 이런 방법을 통해 나는 일요일을 제외한 6일 동안 모든 직원의 작업 성과를 4등급으로 분류해 기록했다. 내 공장에서 일을 하는 한 직원들은 해마다 이런 평가를 받았다.(Beer 1920, 111에서 재인용)

이렇게 오언 역시 당대의 여느 자본가들과 마찬가지로 이윤을 극대화하려고 노력했다. 오언은 노동자를 가혹하게 다루는 경쟁자들의 방식이 어리석고 근시안적이라고 믿었으며, 적어도 공장 차원에서는 기독교 가부장 윤리와 자본주의 체제가 양립할 수 있다는 가정에 입각해서 평생을 살았다. 오언 자신의 말을 들어보자. "나는 생의 처음부터 마지막까지 사람들의 생활 조건을 향상시키는 동시에 생산 시설로서 공장과 기계를 발달시키기 위해 여러 수단을 고안하고 그 실행을 지휘하는 데 시간과 정신을 계속 쏟아부었다"(Beer 1920, 112에서 재인용).

오언의 삶과 행동은 당대의 여러 보수적인 토리당 급진주의자들(귀족적인 자본주의 비판자라고 불렸다)과 별로 다르지 않았지만, 사상 중에서 일부는 차이가 있었다. 오언은 한 계급이 권력의 지위에 오르고 이 권력을 행사해서 하층 계급을 착취하는 사회는 절대로 좋은 사회가 될 수 없다고 생각했다. 생산수단(공장, 기계, 도구)의 사적 소유는 기존 경제 체제의 한 소수 계급이 대다수 농민과 노동자를 상대로 막대한 권력을 장악하게 하는 사회 제도다. 이윤 동기는 이윤을 얻기 위해 권력을 행사해서 노동자와 농민을 착취하도록 이 소수 계급을 몰아세우는 힘이다. 오언은 이상적인 사회에서는 사람들이 자연을 가장 효율적으로 통제할 수 있다고 생각했다. 사람들이 서로 협력하면 최대의 집단 이익을 거둘 수 있기 때문이다. 이런 협동은 자치적인 산업 공동체와 농업 공동체의 형태를 띠어야 한다. 이런 공동체에서는 생산수단의 사적 소유가 폐지되고 이기적인 이윤 추구가 근절될 것이다. 오언은 이런 사회가 세워져야만 다음과 같이 될 것이라고 주장했다.

지금처럼 인류의 일부가 강제나 사기의 방법으로 다른 일부를 억압하도록 훈련받고 그런 자리에 올라 양쪽에게 모두 불리한 결과를 야기하지 않을 것이다. 또한 한쪽은 자신들이 억압하는 이들의 근면에 기대어 호화로운 생활을 하도록 게으르게 훈련받고, 다른 한쪽은 매일 노동을 하면서 가난 속에 사는 일도 없을 것이다. 또 어떤 이들은 인간의 마음속에 거짓을 주입하도록 훈련받고 그 대가로 엄청난 돈을 받는 반면, 다른 이들은 진실을 가르치지 못하고 만약 그런 시도라도 했다가는 가혹한 처벌을 받는 일도 없을 것이다.(Owen 1962, 47~48)

이런 글 속에는 뉴라나크에서 공장을 운영하는 방법을 설명한 글과 근본적으로 다른 점이 있다. 오언이 보기에 이상적인 사회에서는 전통적인 기독교 윤리의 가부장주의가 평등한 사람들 사이의 형제애로 나타날 것이다. 중세식이나 토리당 급진주의식의 기독교 가부장 윤리에서 나타나는 부모-자식 사이의 종속 관계와 상당한 차이가 있다.

봉건적인 기독교 가부장 윤리는 위계 사회를 받아들였다. 이 사회에서는 위계질서의 상층에 있는 사람들이 사치스럽게(적어도 그때의 기준으로는) 살았다. 하층에 자리한 사람들을 착취한 덕분에 가능한 일이었다. 초서의 〈목사 이야기〉에 등장하는 중세 세계관에 관한 설명이 좋은 예다. "하느님께서 정하신 바에 따라, 어떤 사람들은 높은 지위와 신분을 차지하고 다른 사람들은 낮은 자리를 차지하며, 모든 이가 자기 지위와 신분에 맞는 대접을 받는다"(Hammond and Hammond 1969, 215). 대부분의 자본가들이 보기에 이런 전통적인 봉건 윤리는 자본주의 질서와 양립할 수 없었고, 점차 고전적 자유주의의 새로운 개인주의 철학에 자리를 양보하게 됐다.

그렇지만 고전적 자유주의는 양날의 칼이었다. 이 이데올로기가 새로운 자본주의 질서를 정당화하는 데 활용되기는 했지만(4강을 보라), 여기에 담긴 개인주의적인 가정들은 대단히 급진적이었다. 만약 옛 봉건 귀족이 중간 계급에 견줘 천성이 우월하지 않다면, 그리고 중간 계급의 성원들이 낡은 제약에서 해방돼야 한다면, 또 개인이 자신의 문제를 결정하는 최선의 심판자가 돼야 한다면, 당연히 하층 계급에게도 똑같은 권리와 편의를 줘야 한다고 주장할 수밖에 없지 않겠는가? 모든 개인을 똑같이 중요하게 생각해야 한다는 이상은 조금 추상적이기는 하지만 실로 급진적인 생각이었다.

그러나 개인주의는 이론적으로는 평등을 함축하는 듯 보였지만, 실제로는 평등으로 이어지지 않았다. 더 많은 이윤을 차지하려는 맹렬한 싸움은 앞에서 설명한 사회적 참상을 낳았을 뿐만 아니라 그 본성상 중세의 계급 구조만큼이나 착취적이고 뚜렷한 새로운 계급 분할로 이어졌다. 새로운 체제에서 상층 계급이 되려면 혈통이 아니라 소유가 중요했다. 자본가들은 생산수단을 소유함으로써 소득과 권력을 얻을 수 있었다.

따라서 사회주의는 자본주의의 불평등과 그 소산인 사회악에 맞선 항의였다. 초창기부터 현재까지 사회주의자들이 보기에 불평등 자체는 생산수단을 사적으로 소유하는 제도에서 불가피하게 나오는 결과였다. 그러므로 사회주의는 사회 정의에 따라 자본의 사적 소유를 폐지할 것을 요구해야 한다는 사고를 핵심 명제로 주장했다.

지적인 면에서 볼 때 사회주의는 모든 인간이 평등하다는 자유주의의 관념과, 모든 사람은 동포의 파수꾼이어야 한다는 전통적 기독교 가부장 윤리에 고유한 관념이 결합한 결과물이다. 고전적 자유주의에 담긴 평등주의의 요소들이 전통적인 기독교 윤리로 통합되면서 사회주의는 유토피아 윤리가 됐고, 이 윤리를 기준으로 삼아 기존의 사회를 비판했다. 이런 평등주의의 요소가 없는 경우에 기독교 윤리는 중세 시대의 위계적 계급 체제를 이데올로기적으로 정당화했으며, 특히 19세기 말과 20세기에 그런 것처럼 자본주의 체제를 옹호하는 데 활용됐다.

그밖에 중요한 마르크스 이전 사회주의자들

이상적인 사회에서는 사적 소유와 탐욕적인 이윤 추구가 종식될 것이라고 주장하면서 오언은 이미 굳건하게 세워진 사회주의 전통의 일원이 됐다. 자본주의적 소유 관계에 맞서 처음으로 사회주의의 항의의 목소리를 낸 이는

1643년 공황 때 파산한 직물상인 제라드 윈스턴리Gerrard Winstanley(1609~1652)
다. 윈스턴리는 자신뿐만 아니라 타인들의 불행까지 "구매와 판매라는 사기
술" 탓으로 돌렸다(McDonald 1962, 63). 1649년에 윈스턴리는 런던에서 서리Surrey 주
의 세인트조지스 힐Saint George's Hill까지 기묘한 추종자 무리를 이끌고 갔다. 그
곳에서 버려진 왕실 소유지를 점거하고는 공동으로 경작하면서 공동 생활을
했다.

같은 해에 윈스턴리는 《진정한 수평파의 기준을 제시함The True Levellers Standard
Advanced》이라는 책자를 내서 "위대한 조물주께서 …… 지구를 동물과 인간의
공동 재산으로 만들어주신" 사실을 깨닫지 못하는 "영국의 권력자들"과 "세
계의 권력자들"을 비난했다. 소유 재산을 통해 수입의 일부 또는 전부를 얻
는 사람들은 모두 "도적질하지 말지니라"라는 하느님의 명령을 어기고 있다
는 것이었다. "너희 파라오 같은 폭군들아, 너희가 지금 호사스런 옷을 입고
배불리 먹으면서 명예와 안락을 누리고 있지만, 심판의 날이 이미 시작됐으
며 머지않아 너희도 심판을 받게 되리라는 것을 알라. 너희가 억압하는 가난
한 이들이 이 나라의 구원자가 되리라"(McDonald 1962, 63).

바뵈프

18세기와 19세기 내내 많은 사상가들이 사적 소유가 자본주의 경제에 존
재하는 불평등과 착취의 원천이라고 주장했다. 그렇지만 여기에서 우리는 그
중 잘 알려진 몇 사람만을 언급할 수 있을 뿐이다. 가장 흥미로운 인물은 프
랑스 사람인 그라쿠스 바뵈프Gracchus Babeuf(1760~1797)다. 바뵈프는 모든 인
간은 자연적으로 권리와 요구에서 평등하게 만들어졌다고 주장한다. 따라
서 사회는 이제까지 확대된 부와 권력의 불평등을 시정해야 한다. 하지만 유
감스럽게도 대부분의 사회는 정반대로 행동한다. 재산 소유자들과 부자들
의 이익을 보호하기 위해 강압적인 장치를 만드는 것이다. 바뵈프의 말에 따
르면, 자본주의 상업이 존재하는 이유는 "절대 다수의 피와 땀을 짜내서 소

수의 이익에 봉사하는 황금의 호수를 채우기 위한 것이다"(Gray 1963, 105). 사회의 부를 창조한 노동자들은 그 대가로 최소한의 몫만 받는다. 사적 소유를 뿌리 뽑지 않는 한 사회의 불평등은 절대 바로잡을 수 없다.

바뵈프는 프랑스 혁명 운동에서 극좌파를 이끌었다. 1794년에 막시밀리앙 로베스피에르Maximilien Robespierre가 몰락한 뒤, 바뵈프는 프랑스 정부를 타도하고 평등과 형제애에 헌신하는 정부를 세우려는 음모를 지휘했다. 그러나 음모가 발각되고 지도자들은 체포됐다. 바뵈프와 부관인 오귀스탱 다르테 Augustin Alexandre Darthé는 1797년 2월 24일에 처형됐다.

바뵈프가 사회주의 전통에서 중요한 위치를 차지하는 것은 평등한 사회주의 국가를 건설하려면 기존 정부를 무력으로 무너뜨려야 한다는 관념을 처음으로 제시했기 때문이다. 바뵈프의 시대 이후 평화로운 수단으로 사회주의를 달성할 수 있느냐 하는 문제를 둘러싸고 사회주의자들이 두 진영으로 갈라졌다. 바뵈프는 또한 반란이 성공을 거두면 자본주의에서 공산주의적 민주주의로 이행하는 동안 자본주의 체제의 잔재를 일소하기 위해 일정한 독재 기간이 필요하다고 생각했다. 따라서 몇 가지 중요한 점에서 바뵈프는 20세기 러시아 볼셰비키의 선구자였다.

고드윈

사회주의의 자본주의 비판에서 중요한 다른 사상은 영국인인 윌리엄 고드윈William Godwin(1756~1836)의 저술에서 찾아볼 수 있다. 고전적 자유주의자들이 하층 계급은 천성이 게으르고 타락했다고 개탄한 반면, 고드윈은 노동계급이 보이는 결함은 부패하고 불공정한 사회 제도의 탓이라고 주장했다. 고드윈이 보기에, 자본주의 사회에서는 사기와 강도질이 불가피하다. "모든 사람이 손쉽게 생활필수품을 얻을 수 있다면 …… 유혹이 힘을 잃을 것이다" (Gray 1963, 119에서 재인용). 사람들이 항상 이런 생필품을 얻지 못하는 것은 사적 소유를 규정한 법률 때문에 사회에 커다란 불평등이 생겼기 때문이다. 정의를 실현하려면 자본주의의 소유 관계를 폐지하고 모든 재산을 그것을 가장 필요로 하는 사람의 소유로 돌려야 한다.

어떤 종류의 재산, 예를 들어 빵 한 덩어리를 누가 가지는 게 가장 정의로운 일일까? 그 빵을 가장 필요로 하는 사람이나 그것을 가졌을 때 가장 큰 혜택을 얻을 수 있는 사람이 가져야 한다. 여기 굶어 죽을 지경인 여섯 사람이 있고, 절대적으로 따져볼 때 모든 사람의 굶주림을 채울 만큼 빵이 있다고 하자. 빵의 고유한 성질을 내세워 자기가 그 혜택을 누려야 한다고 정당하게 주장할 수 있는 이가 누구인가? 여섯 사람이 모두 형제이고, 장자상속법에 따라 큰형이 모두 차지할 수도 있다. 그러나 이런 결정을 정의롭다고 말할 수 있을까? 나라마다 법률이 달라서 수천 가지 다른 방법으로 재산 문제를 처리한다. 그러나 이성에 가장 합당한 방법은 단 하나일 뿐이다.(Gray 1963, 131에서 재인용)

물론 이 유일한 방법은 모든 인류의 평등에 바탕을 두어야 한다. 가난한 사람들은 이 체제의 불공평을 시정해달라고 누구에게 호소할 수 있는가? 고드윈의 견해로는 정부가 해답일 수는 없다. 경제 권력과 정치권력은 동반자 관계이기 때문이다. 부자들은 "직간접적으로 국가의 입법자이며, 따라서 끊임없이 억압을 체제 내부로 전환한다." 그러므로 법률은 부자들이 가난한 사람들을 억압하는 수단이다. "거의 모든 나라에서 입법부는 가난한 사람들에 맞서 부자들의 편을 들기" 때문이다.

19세기 사회주의자들은 고드윈의 이런 두 가지 사상을 거듭해서 소리 높여 외치게 된다. 첫째, 자본주의의 사회 제도와 경제 제도, 특히 사적 소유 관계가 이 체제에 존재하는 악폐와 고통의 원인이며, 둘째, 자본주의 체제의 정부는 자본가 계급이 장악하고 있기 때문에 이런 악폐를 절대로 바로잡지 못한다는 것이다. 그렇지만 고드윈은 언뜻 해결책이 없어 보이는 이런 상황에 내놓을 해답을 갖고 있었다. 인간 이성이 사회를 구원하리라고 믿은 것이다.

현재 상황의 악폐에 관해 사람들에게 알려주면 함께 이성적으로 논의해서 유일하게 합리적인 해결책에 도달할 것이다. 고드윈이 본 바로는, 이 해결책은 정부와 법률과 사적 소유를 폐지하는 결과를 가져온다. 이런 급진적 사회 변혁을 위해서 사회주의자들은 주로 교육과 이성에 의존할 수 있다고 고드윈은 믿었다. 그러나 그 뒤의 사회주의자들은 대부분 교육과 이성만으로는 충분하지 않다고 주장했다. 교육은 대중적인 사회주의 운동을 만들어내는 더 원대한 목표의 일부일 뿐이라고 생각했다. 사회주의라는 목적을 달성하는 데서 교육과 지적 설득이 얼마나 중요한지에 관해서는 오늘날에도 열띤 논쟁이 벌어지고 있다.

생시몽

또 다른 중요한 사회주의 사상을 제시한 사람은 여러 면에서 사회주의자들보다는 토리당 급진파와 실제로 더 가까운 앙리 드 생시몽$^{Henri\ de\ Saint-Simon}$(1760~1825)이다. 몰락한 귀족 가문 출신인 생시몽이 쓴 글에는 부유한 자본가들의 반사회적 자기중심주의를 향한 귀족의 경멸감이 담겨 있다. 또한 가난한 사람들의 노동으로 먹고 살면서도 사회의 복지에는 아무런 기여도 하지 않는 게으른 부자들도 경멸했다.

어느 날 프랑스에서 과학, 예술, 그밖의 전문직에 종사하는 모든 천재들은 그대로 남은 채 국왕의 형제[를 비롯한 왕가의 모든 성원들]를 잃는 불행한 일이 생긴다고 상상해보라. …… 또한 왕가의 모든 고관대작들과 대신들 …… 국가 고문, 원수, 장군, 추기경, 대주교, 주교, 주교 대리 수사 신부, 지사와 군수, 공무원, 판사, 그리고 귀족 같은 생활을 하는 부유한 자산가 1만 명을 동시에 잃는다고 상상해보라. 분명 프랑스 사람들은 이런 불행에 비통해 할 것이다. 워낙에 인정이 많은데다가 갑자기 그렇게 많은 동포가 사라지는 것을 무관심하게 볼 수는 없기 때문이다. 그러나 이렇게 3만 명의 사람이 사라진다 해도 …… 국가가 정치적으로 손해

를 보는 일은 없을 것이다.(Markham 1952, 72~73에서 재인용)

생시몽은 거대 기업의 효율성을 처음으로 강조했으며, 정부가 대중의 복지를 증진하기 위해 생산과 분배, 상업에 적극 개입해야 한다고 주장했다. 또한 전체 대중의 복지를 증진하는 데 이용되는 한 사적 소유와 그 특권까지 인정했다.

생시몽 추종자들은 대개 스승보다 더 급진적이었다. 많은 소책자와 서적을 발행해 자본주의의 폐해를 폭로하고 사적 소유와 상속을 비판했으며, 착취를 비난하고 국민 전체의 복지를 위해 정부 소유 제한과 경제 부문의 생산 통제를 주창했다. 사회주의 경제에서 생산과 분배를 정부가 관장해야 한다는 사상을 사회주의에 물려준 것은 다름아닌 생시몽과 그 추종자들이다.

푸리에

19세기 전반기에는 그밖에도 중요한 사회주의자가 여럿 있었다. 프랑스의 샤를 푸리에Charles Fouriers는 협동조합(푸리에의 표현으로 하자면 **팔랑스테르** Phalanstère) 사상을 대중화했다. 푸리에는 팔랑스테르를 만들도록 장려해 사회를 바꾸려고 했다. 푸리에가 실패하는 모습을 지켜본 많은 사회주의자들은 단순히 본보기를 만든다고 해서 자본주의를 개혁할 수는 없다는 점을 깨달았다. 또한 푸리에는 자본가들 사이의 경쟁은 불가피하게 독점으로 이어진다고 처음으로 예견한 사회주의자 중 하나였다.

산업에 관한 인간의 권리를 제한하는 영향력 중에서 나는 특권적 회사의 형성에 관해 언급하고자 한다. 특권적 회사는 산업의 특정 부문을 독점하며 자기들 마음대로 아무에게나 노동의 문을 걸어 잠근다. …… 극과 극은 상통하듯이, 무정부적인 경쟁이 극단으로 치달을수록 정반대의 극단인 **보편적 독점**에 더욱 가까워진다. …… 독점 기업들은 …… 대지주 집단과 결합해 중간 계급과 노동 계급을 상업적 종속의 상태로 몰아넣을 것이다. …… 소규모 경영자들은 단순한 대리인의 지위로 추락해 상업 연합에 봉사하게 된다.(Coontz 1966, 54에서 재인용)

푸리에는 자본주의 경제에서는 전체 인구 중 3분의 1만이 사회적으로 유용한 노동을 한다고 생각했다. 나머지 3분의 2는 시장 체제의 결과 생겨난 부패와 왜곡에 조종당해 쓸모없는 직업에 종사하거나 아무짝에도 쓸데없는 부유한 기생충이 된다. 푸리에는 이런 낭비를 네 가지 범주로 나누었다.

첫 번째 낭비 쓸모없거나 파괴적인 노동. (1) 군대 (2) 게으른 부유층 (3) 무용지물 인간 (4) 사기꾼 (5) 매춘부 (6) 치안판사 (7) 경찰 (8) 변호사 (9) 괴짜 철학자 (10) 관리 (11) 밀정 (12) 사제와 성직자.

두 번째 낭비 사회가 노동을 사람의 인격을 나타내는 매력적인 매개물이 아니라 혐오스럽게 만든 탓에 방향이 잘못된 노동. (1) 사회의 동력으로 활용되는 대신 탐욕과 불건전한 생각으로 빗나간 열정 (2) 노동을 적절히 활용하기에는 규모가 너무 작은 생산 (3) 협력의 부재 (4) 생산 통제의 부재 (5) '눈 먼' 시장의 작동 방식을 제외한, 수요와 공급의 조정 부재 (6) 가족: 이 경제와 교육 단위는 어처구니없이 작다.

세 번째 낭비 중간 상인들이 지배하는 상업. 필요에 따라 배치된 도매상점이 있으면 한 사람이 할 수 있는 일을 하는 데 100명이 필요하다. 100명이 카운터에 앉아서 누군가 들어오기를 기다리면서 시간을 허비하고, 100명이 경쟁적으로 재고 목록을 작성한다. 이 100명의 쓸모없는 상인은 생산하지 않고 먹는다.

네 번째 낭비 간접적인 노예 상태의 임금 노동(계급 적대의 대가). 계급의 이해관계는 대립되기 때문에 사람들을 갈라놓는 비용이 협력하게 만드는 이득보다 더 크다.(Coontz 1966, 55에서 재인용)

대다수 사회주의자들은 자본주의가 비합리적이고 낭비가 심하며 극단적인 불평등을 낳기 때문에 불공정하고 부도덕하다는 데 뜻을 모았다. 그렇지만 어떤 전술을 활용해서 사회주의를 달성해야 하는지에 관해서는 의견이 달랐다. 루이 블랑Louis Blanc(1811~1882) 같은 여러 유명한 사회주의자들은 정부를 개혁의 도구로 활용할 수 있으며, 점진적이고 평화로우며 단계적인 개혁을 통해 사회주의를 달성할 수 있다고 믿었다. 반면 바뵈프의 제자인 오귀스트 블랑키Auguste Blanchqui(1805~1881)는 자본주의는 자본가와 노동자 사이에 끊임없는 계급 전쟁을 수반한다는 가정을 토대로 사상을 세웠다. 블랑키는 자본가들이 자본의 소유를 통해 얻은 권력의 지위를 차지하고 있는 한 노동자들을 착취할 것이며, 정부와 법률은 이런 착취를 위한 무기로 활용될 것이라고 믿었다. 따라서 점진적인 정치 개혁을 통해 사회주의를 달성할 가능성은 전혀 없었다. 혁명만이 유일한 해결책이었다.

프루동

피에르 조제프 프루동Pierre Joseph Proudhon(1809~1865)은 유명한 저서인 《소유란 무엇인가? What Is Property?》에서 제목에 관한 답을 한마디 구호로 정리해 유명세를 떨쳤다. "소유란 도둑질이다." 프루동은 소유는 "폭정의 어머니"라고 생각했다. 국가가 존재하는 주된 목적은 소유권을 집행하는 것이다. 소유권은 소수에게는 특권의 집합체인 반면 다수 대중에게는 전반적인 제약과 금지이기 때문에, 소유권을 확립하고 계속 집행하려면 부득이하게 강제가 수반된다. 따라서 국가의 주된 기능은 강제하는 것이다.

"모든 국가는 폭정"이라고 프루동은 선언했다. 국가는 지배 계급의 강압 수단이며, 프루동은 복종보다는 저항을 주장했다. "나를 지배하기 위해 내게 손을 대는 이는 누구든 강탈자이자 폭군이다. 나는 그자를 내 적이라고 선언한다." 소유 관계가 폐지되고 국가의 필요성이 사라지기 전까지는 정의란 있을 수 없다.

통치된다는 것은 권리도 없고 지성도 없고 미덕도 없는 것들에게 감시당하고, 조사찰하고, 정탐당하고, 지시받고, 법률로 금지당하고, 통제되고, 갇히고, 사상을 주입당하고, 설교 받고, 관리되고, 평가받고, 값이 매겨지고, 검열 당하고, 명령받는 것이다. …… 통치된다는 것은 모든 움직임, 작업, 거래에서 주목받고, 등록되고, 통계 조사에 기입되고, 세금을 부과 받고, 도장이 찍히고, 가격이 매겨지고, 평가받고, 특허권을 받고, 인가를 받고, 승인되고, 추천되고, 훈계 받고, 금지당하고, 개혁되고, 시정되고, 교정되는 것이다. 통치란 공물을 바치고, 훈련받고, 인질로 잡히고, 착취당하고, 독점당하고, 강탈당하고, 압박당하고, 속아 넘어가고, 빼앗기는 것이다. 이 모든 일이 공공의 유용성과 공공선이라는 미명 아래 벌어진다. 그러다가 조금이라도 저항하는 기미를 보이거나 불평 한마디라도 할라치면, 진압당하고, 벌금 물고, 멸시받고, 괴롭힘 당하고, 추격당하고, 떠밀리고, 두드려 맞고, 교수형에 처해지고, 투옥되고, 총살당하고, 기관총에 맞고, 재판받고, 선고받고, 추방되고, 희생되고, 팔리고, 배신당하고, 결국에는 조롱당하고, 놀림 받고, 모욕당하고, 명예를 잃게 된다. 정부란 이런 것이고, 바로 이게 정부의 정의요, 정부의 도덕이다! …… 아아 인간이여! 어떻게 사람들은 6000년 동안 이런 굴종 속에서 움츠리고 살아왔는가?"

(Guerin 1970, 15~16에서 재인용)

소유권은 폭정과 강압의 원천일 뿐만 아니라 경제적 불평등의 근원이기도 했다. 자본주의 사회에서 얼마나 생산되는지는 노동의 소비량에 따라 결정되는 반면, 그 생산물을 어떻게 나눌지는 재산 소유에 따라 결정된다. 그 분배 방식이란 이런 식이다. 직접 생산하는 사람들은 거의 아무것도 받지 못하는 반면 재산을 소유한 이들은 사적 소유의 법률을 활용해서 노동자들에게서 "합법적으로 훔친다." 프루동의 이상적인 국가에서는 자본주의적 소유 관계뿐만 아니라 산업화도 배척된다. 토머스 제퍼슨과 마찬가지로, 프루동 역시 농민과 노동자가 각자 자기 자본을 가지고 누구도 재산 소유만으로 살 수 없는, 소규모 농업과 수공업 생산으로 구성된 황금시대를 상상했다.

초기 사회주의자의 목록은 계속 이어질 수 있지만, 마르크스 이전의 중요한 사회주의 사상은 대부분 다뤘고, 가장 유명한 사회주의 사상가들도 일부 소개했다. 물론 가장 영향력 있는 사회주의 사상가는 칼 마르크스다. 6장에 서는 마르크스의 사상을 주로 살펴보기로 하자.

요약

산업화의 대가를 치른 것은 노동자들이었다. 새로운 공장 체제는 대다수 노동자를 가난하고 병들고 인간성을 빼앗긴 비참한 신세로 전락시켰다. 고전적 자유주의는 대체로 노동자들의 곤경에 둔감할 뿐만 아니라 가난한 사람들의 생활 조건을 향상시키려는 바람은 공상적이고 실패할 게 빤하다고 가르치기까지 했다.

그렇지만 고전적 자유주의자들 중에는 토머스 호지스킨으로 대표되는 예외적인 인물도 몇 명 있었다. 호지스킨은 자본은 생산적이지 않으며, 이윤은 기생적인 엘리트 집단이 생산자인 노동 대중의 생산물을 부당하게 강제로 빼앗은 것이라고 주장했다. 따라서 호지스킨은 경쟁적 시장 체제라는 보이지 않는 손은 시장사회주의 경제에서만 효과적으로 작동할 수 있다고 믿었다.

윌리엄 톰프슨은 시장 경쟁은 설사 최선의 형태인 시장 사회주의를 통해 진행되더라도 몇 가지 고유한 악폐가 있을 수밖에 없으며, 이런 악폐는 오로지 계획된 협동적 사회주의 경제에서만 근절될 수 있다고 주장했다. 로버트 오언은 협동적 사회주의를 신봉하고 그런 사회를 향한 운동을 건설하는 데 힘을 보탠 부유한 자본가였다. 몇몇 다른 사회주의자들의 사상은 이 강의에서 간략하게만 다뤘다. 이 모든 사회주의자들은 자본주의의 불평등에 항의했다. 또한 노동자를 수탈하는 자본가들의 방식, 곧 자본의 사적 소유를 근절함으로써 모든 남녀가 존중받고 생산의 결실이 합리적이고 공정하게 분배되는 산업 사회를 창조할 수 있다고 믿었다.

더 읽어볼 책

Beer, M., ed. 1920. *Life of Robert Owen*. New York: Knopf.

Coontz, Sydney H. 1966. *Productive Labor and Effective Demand*. New York: Augustus M. Kelley.

Engels, Friedrich. 1958. *The Condition of the Working Class in England in 1844*. New York: Macmillan(F. 엥겔스 지음, 박준식·전병유·조효래 옮김, 《영국 노동자 계급의 상태》, 두리, 1988).

Gray, Alexander. 1963. *The Socialist Tradition*. London: Longmans.

Guerin, Daniel. 1970. *Anarchism*. New York: Monthly Review Press(다니엘 게렝 지음, 하기락 옮김, 《현대 아나키즘》, 신명, 1993).

Hammond, J. L. and Barbara Hammond. 1969. *The Rise of Modern Industry*. New York: Harper and Row, Torchbooks.

Hobsbawm, E. J. 1968. *Industry and Empire: An Economic History of Britain Since 1750*. London: Weindenfeld and Nicolson(에릭 홉스봄 지음, 전철환·장수한 옮김, 《산업과 제국》, 한벗, 1984).

Hodgskin, Thomas. 1922. *Labour Defended Against the Claims of Capital*. London: Labour Publishing.

Mantoux, Paul. 1927. *The Industrial Revolution in the Eighteenth Century*. New York: Harcourt Brace.

Markham, F. M. H., ed. 1952. *Henri Comte de Saint-Simon, Selected Writings*. Oxford: Blackwell.

McDonald, Lee Cameron. 1962. *Western Political Theory: The Modern Age*. New York: Harcourt Brace Jovanovich.

Owen, Robert. 1962. "The Book of the New Moral World." Reprinted in part in *Communism, Fascism, and Democracy*, ed. Carl Cohen, pp. 41~53. New York: Random House.

Thompson, William. [1824] 1850. *An Inquiry into the Principles of the Distribution of Wealth Most Conducive to Human Happiness*. London: William S. Orr.

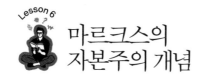

마르크스의 자본주의 개념

칼 마르크스(1818~1883)는 가장 큰 영향을 미친 사회주의자다. 마르크스의 저작은 예나 지금이나 사회주의 사상뿐 아니라 세계 인구의 많은 부분에 영향을 미치는 정책 결정에도 커다란 영향력을 발휘하고 있다. 프리드리히 엥겔스(1820~1895)와 긴밀하게 협력하고 의심의 여지없이 깊은 영향을 받기는 했지만 마르크스는 정치경제학의 많은 문제에서 지적 지도자였으며, 따라서 엥겔스의 독자적인 공헌을 따로 구별하려 하지 않았다.

역사유물론

마르크스는 18세기 말과 19세기 초의 대다수 사회주의자가 초기 자본주의에 동반된 가혹한 착취에 정당하게 분노한 인도주의자였다고 믿었다. 그중 많은 이들을 존경하기는 했지만 '유토피아 사회주의자'라는 비웃음 섞인 명칭을 붙이기도 했다. 마르크스는 그 사람들이 대부분 식자층의 합리성과 도덕적 감수성에 호소함으로써 사회를 바꾸려고 한 공상적인 유토피아주의자라고 생각했다. 그러나 마르크스가 보기에 식자층은 대개 상층 세급의 구성원이었고, 따라서 그 사람들의 지위와 번영, 우월한 지식과 교육은 모두 자본주의 체제에 고유한 특권 덕분에 가능한 것이었다. 그러므로 식자층은 이 체제를 보존하려고 힘이 닿는 한 무엇이든 하게 돼 있다. 극소수의 이단자와 인도주의자들은 절대로 자본주의에서 사회주의로 향하는 이행을 성취할 수 있는 권력 기반을 형성하지는 못한다. 그렇지만 마르크스는 이런 사회적이고 경제적인 이행이 일어날 것이라는 신념을 영원히 견지했다. 이런 신념은 인간의 합리성과 인류애를 향한 믿음이 아니라 자본주의 자체에 관한 분석에 입각한 것이었다. 마르크스는 자본주의 체제의 내적 모순과 적대 때문에 결국 자본주의가 파괴될 것이라고 결론지었다.

마르크스는 **역사유물론**이라고 불리는 역사적 접근법에 입각해서 자본주의 사회에 관한 연구를 확립했다. 모든 사회 체제에 존재하는 사상, 법률, 종교적 믿음, 관습, 도덕규범, 경제 제도와 사회 제도를 보면서 마르크스는 이런 체제의 여러 겉모습 사이의 복잡한 인과관계를 단순화하려고 했다. 이런 단순화를 통해 한 사회 체제의 전체적인 운동과 변화 방향을 결정하는 가장 근본적인 관계에 관심을 집중할 수 있다고 믿었기 때문이다.

마르크스는 모든 사회 제도와 지적 전통이 인과관계의 복잡한 망 속에서 상호 연결되지만(서로 영향을 주고받는다), 한 사회의 경제적 기반, 곧 **생산양식**이 다른 사회 제도뿐만 아니라 사회 사상과 종교 사상을 결정하는 데 가장 강력한 영향력을 발휘한다고 믿었다. 생산양식은 두 요소로 구성된다. 바로 **생산력**과 **생산관계**다. 생산력에는 도구, 공장, 설비, 생산 기술, 노동자의 지식 수준, 천연자원, 전반적인 기술 수준 등이 포함된다. 생산관계는 사람들 사이의 사회적 관계, 특히 각 계급의 사람들과 생산수단 사이의 관계를 말한다. 이 관계에는 생산 시설의 소유권과 생산 활동 결과물의 분배가 포함된다. 마르크스는 전체 경제 체제, 곧 생산양식을 **토대** 또는 사회의 하부구조라고 부른다. 종교, 윤리, 법률, 관습, 사회의 정치 제도 등은 **상부구조**라고 부른다.

생산양식과 상부구조가 둘 다 원인과 결과로서 상호 작용하기는 하지만, 생산양식이 토대이며 상부구조가 그 위에 세워진다. 따라서 이런 경제적 토대에서 상부구조까지 이어지는 인과관계의 선이 역관계의 선에 견줘 훨씬 더 강력하고 중요하다. 마르크스가 경제적 토대가 상부구조의 모든 측면을 완전하면서도 확고하게 결정한다고 믿었다는 주장은 대단히 잘못된 것이다(그렇지만 흔히 이런 주장이 제기된다). 그러나 생산양식이 현재 사회의 상부구조뿐 아니라 사회 변화의 방향을 결정하는 데에서도 가장 중요한 단일한 요인이라고 마르크스가 주장한 것은 맞다.

마르크스가 말하는 생산관계는 생산양식에서 가장 중요한 단일한 측면인 사회의 계급 구조를 의미한다. 마르크스가 보기에 사회 계급들 사이의 적대가 역사를 움직이는 원동력이다. "지금까지 사회의 모든 역사는 계급 투쟁의 역사"라고 마르크스는 선언했다(Marx and Engels 1965, 13). 마르크스는 유명한 구절에서 생산양식과 그 결과로 생겨나는 계급 적대의 중요성을 요약한 바 있다.

인간은 자신들이 수행하는 사회적 생산을 통해 그들의 의지와는 독립된 일정한 필연적 관계로 들어선다. 이런 생산관계는 물질적 생산력의 일정한 발전 단계와 대응한다. 이런 생산관계의 총체가 사회의 경제적 구조, 즉 그 위에 법률·정치의 상부구조가 서며 일정한 사회적 의식 형태들이 그에 조응하는 그러한 실재적 토대를 이룬다. 물질적 생활의 생산 방식이 사회·정치·정신적 생활 과정의 일반적 특징을 규정한다. 인간의 의식이 그들의 존재를 규정하는 게 아니라 거꾸로 인간의 사회적 존재가 의식을 규정한다.

발전의 특정 단계에서 사회의 물질적 생산력은 그것이 작동하는 바탕을 이루었던 기존의 생산관계, 또는 이 생산관계의 법률적 표현일 뿐인 소유관계와 모순에 빠진다. 이런 관계는 생산력의 발전 형태에서 이제 족쇄로 바뀐다. 이때부터 사회 혁명의 시기가 도래한다. 경제적 토대가 변화함에 따라 거대한 상부구조 전체가 서서히 또는 빠르게 변혁된다. 이런 변혁을 고찰할 때에는 사연과학처럼 정화하게 확인될 수 있는 생산의 경제적 조건의 물질적 변혁과, 법·정치·종교·미학·철학적 형태, 즉 인간이 이러한 충돌을 의식하고 싸워서 해결하는 이데올로기적 형태를 항상 구별해야 한다(Marx 1970, 20~21).

마르크스는 유럽 문명이 네 가지 구별되는 경제 체제, 곧 생산양식을 거쳐 발전한 것을 확인했다. 원시 공동체, 노예제, 봉건제, 자본주의 등이 그것이다. 각 경제 체제마다 독특한 생산양식이 존재하며, 이 생산양식에는 생산력뿐 아니라 독특한 계급 구조, 곧 생산관계가 포함된다. 생산을 증대하라는 점증하는 요구는 불가피하게 생산력의 변화로 이어진다. 그러나 생산관계, 곧 계급 위치는 여전히 고정되며 격렬하게 옹호된다. 따라서 변화하는 생산력과 고정된 사회적 생산관계(와 기득권) 사이에 충돌과 긴장, 모순이 존재한다. 이런 충돌과 모순의 강도와 중요성이 커지고 결국은 일련의 폭력적인 사회적 분출이 일어나 옛 체제가 파괴되고 새로운 체제가 형성된다. 새로운 체제에서는 (적어도 당분간은) 변화된 생산력과 양립 가능한 새로운 계급 관계가 성립된다.

각 생산양식에서 생산력과 생산관계 사이에 생겨난 모순은 계급 투쟁의 형태로 나타난다. 생산수단을 장악하고 체제의 혜택과 특권을 대부분 차지하는 계급(예를 들어 로마의 노예주)과 그 계급이 통제하고 착취하는 훨씬 더 큰 계급(예를 들어 로마의 노예) 사이에 투쟁이 격렬하게 몰아친다. 자본주의 이전의 모든 경제 체제에서는 이런 계급 투쟁으로 한 체제가 무너지고 새로운 지배 계급의 대중 착취에 근거한 새로운 체제가 생겨났을 뿐이다. 곧 새로운 계급 투쟁이 시작됐을 뿐이다. 그렇지만 마르크스의 견해에 따르면, 자본주의는 계급 적대의 존재에 근거하는 최후의 생산양식이다. 생산수단을 소유한 덕분에 지배하는 자본가 계급은 **프롤레타리아트**, 곧 노동 계급의 손으로 전복된다. 프롤레타리아트는 생산수단을 만인이 공동으로 소유하는 계급 없는 사회를 수립한다.

그렇지만 자본주의가 어떤 식으로 사회주의의 씨앗을 만들어내는지에 관한 마르크스의 견해를 이해하기 전에 우리는 먼저 마르크스의 자본주의 개념 자체를 파악해야 한다. 자본주의는 시장을 통해 자원이 배분되고 시장 안에서 소득 분배가 결정되는 경제 체제다. 마르크스는 이것을 '상품 생산 사회'라고 불렀다. 또한 자본주의는 특수한 계급 구조를 특징으로 한다. 그럼 먼저 시장에 관해 살펴보고, 이어서 자본주의의 계급 구조에 관해 이야기해보자.

시장

자본주의에서 가장 두드러지는 면은 시장의 기능이 곳곳에 퍼져 있다는 점이다. 어떤 사회에서든 인간은 상호 의존하며 다른 사람들에게 많은 물건과 용역, 활동을 의존하고 요구한다. 그런데 자본주의에서는 인간의 거의 모든 사회적 또는 경제적 상호 의존이 시장을 통해 중재된다. 자본주의에서 나는 내게 필요한 모든 물건, 용역, 활동을 시장에서 다른 사람을 통해 사야 한다는 말이다. 마찬가지로 내가 다른 사람을 위해 어떤 작업이나 행동을 하는 경우에 그것은 오로지 시장에서 다른 사람이 내게서 물건이나 용역, 활동을 사는 행동에 대응하는 일일 뿐이다.

일상생활을 유지하는 데 필요한 수천 가지 물건 중 하나를 잠시 생각해보면, 인간의 사회적 상호 의존이 얼마나 폭넓고 복잡한지를 알게 된다. 이를테면 우리는 시리얼 한 그릇을 먹으면서 하루를 시작한다. 이 시리얼을 먹으려면, 곡식을 심고 거두는 농업 노동자와 곡식을 공장으로 가져가는 운송 노동자, 곡식을 가지고 우리가 먹을 시리얼을 만드는 공장의 생산 노동자, 시리얼을 식품점으로 운반하는 운송 노동자, 우리에게 시리얼을 판매하는 상점 점원 등에게 의존해야 한다. 그렇지만 이것은 시작일 뿐이다. 농업 노동자(뿐만 아니라 이 과정의 다른 모든 노동자)가 사용하는 기계와 도구는 다른 많은 노동자가 계속 생산해야 한다. 이 많은 노동자는 또한 재료와 다른 노동자들이 만든 반완성품과 도구, 기계 등을 필요로 한다.

이런 예를 통해 우리는 가장 단순한 소비나 생산 행위에도 수십 명, 아니 심지어 수십 만 명에 이르는 생산자들의 상호 의존이 필요하다는 것을 알 수 있다. 따라서 소비 행위나 생산 행위는 무엇보다도 하나의 **사회적** 행위다. 이것이 사회적인 이유는 다른 사람들의 무수히 많은 생산 활동을 대상으로 하는 사회적 조정과 협력이 필요하기 때문이다.

이런 점은 모든 사회에서 사람들이 살기 적합하게 만들기 위해서 자연 환경을 사회적으로 변형해야 하며, 그러려면 힘을 모아야 한다는 사실을 반영하는 것일 뿐이다. 이렇게 환경을 사회적으로 변형하는 게 생산이다. 마르크스가 보기에 모든 사회에서는 생산에 관한 세 가지 사실이 존재한다. 첫째, 생산을 하려면 물론 자연 환경을 변형할 필요가 있다. 인간은 진공 상태에서 살지 못한다.

둘째, 자신을 변형시키는 데 아무런 기여를 하지 못하는 자연 자체는 생산에서 변형되는 '재료'다. 오직 인간의 노동만이 자연을 변형한다. 마르크스의 견해는 자본주의의 보수적인 이데올로기, 곧 자연과 도구 모두 생산에 기여하며 지주와 자본가는 자연과 도구의 공헌에 상응하는 보상을 받을 자격이 있다는 이데올로기와 뚜렷하게 대조된다. 마르크스의 관점에서 보자면, 우리가 우리의 요구를 충족하기 위해 변형할 수 있는 자연 환경 속에 존재한다는 사실은 지주가 자연 환경을 소유한다는 사실과 아무런 관계가 없다. 마찬가지로, 생산에서 분명히 사용되는 도구 역시 노동자들이 그것을 생산했기 때문에 존재하는 것이지 소유의 특성 때문에 존재하는 게 아니라고 마르크스는 주장한다. 따라서 노동은 생산에서 **유일한** 인간적 원인 또는 원천이다.

셋째, 개별 노동자나 생산자는 거의 철저하게 무기력한 존재라고 마르크스는 주장한다. 생산은 사회적 활동이며, 한 노동자의 생산은 다른 많은 노동자가 동시에, 또는 이전에 한 생산에 의존한다. 이 세 가지 사실은 자본주의를 비롯한 모든 사회경제 체제에 적용된다.

자본주의가 구별되는 점은 생산 활동이 직접적이거나 즉각적으로 사회적이지 않다는 사실이다. 개별 생산자는 생산을 위해 자신이 의존하는 노동자나 자신의 생산에 의존하는 노동자와 아무런 직접적인 사회적 관계를 맺지 않는다(그리고 대체로 서로 알지도 못한다). 노동자는 시장에서 자신이 필요한 물건을 사오고 시장에서 팔기 위해 물건을 생산한다. 따라서 한 노동자가 의존하는 다른 노동자들의 노동은 특정한 사람의 활동이 **아니라** 그 사람들이 생산한 상품의 시장 가격으로 다가온다. 마찬가지로 그 사람의 노동에 의존하는 다른 사람들 역시 그 사람을 한 개인으로 알지 못한다. 노동자들은 한 개인으로서 그 사람이나 그 사람의 노동이 지니는 독특한 성격에 관해 전혀 알지 못한다. 다른 사람들에게 그 사람의 노동은 오로지 그 사람이 생산한 상품의 판매 가격으로 존재할 뿐이다.

그러므로 자본주의에서 노동은 직접적으로 사회적이지 않다. 노동이 사회성을 갖게 되는 것은 교환되는 상품의 가격으로 나타날 때다. 상품의 가격과 이 가격에서 일어나는 상품의 구매와 판매가 상호 의존하는 노동자들의 **간접적인** 사회적 관계를 구성한다. 따라서 자본주의에서 노동자들의 사회적 상호 의존은 상품 가격의 형태를 띠며, 노동자들 사이의 관계가 아니라 사물(상품)들 사이의 관계로 나타난다. 마르크스는 이렇게 말한다.

[자본주의에서] 유용한 물건이 상품으로 되는 것은 그것이 서로 독립적으로 작업하는 사적 개인의 노동 생산물이기 때문이다. 이런 사적 개인들의 노동 총계가 사회의 총노동을 형성한다. 생산자들은 자기의 노동 생산물의 교환을 통해 비로소 사회적으로 접촉하기 때문에, 각 생산물의 노동에 담긴 독특한 사회적 성격도 오직 이 교환 행위 안에서 모습을 드러낸다. 다시 말해 교환 행위의 결과 노동 생산물 사이에 직접적으로 수립되는 관계와, 노동 생산물을 매개로 생산자들 사이에

간접적으로 수립되는 관계를 통해서만 비로소 사적 개인의 노동은 사회의 총노동의 한 요소로 나타난다. 그러므로 생산자들이 보기에, 한 개인의 노동과 다른 사람들의 노동을 연결시키는 관계는 노동하는 개인들 사이의 직접적인 사회적 관계가 아니라 …… 물건들 사이의 사회적 관계로 나타난다(Marx 1961, vol. 1, 72~73).

상품 교환이 **인간 개인들** 사이의 사회적 관계가 아니라 **사물들** 사이의 관계에 불과하다는 공통된 믿음이 사물을 향한 물신 숭배를 낳는다. 마르크스는 이런 믿음을 '상품의 물신 숭배'라고 부른다. 마르크스 경제학은 시장 교환에 직접 관여하는 인적 관계뿐만 아니라 자본주의를 특징짓는 유형의 교환에 필요한 경제적 토대를 형성하는 사회적 관계와 생산적 관계에도 초점을 맞춘다.

마르크스가 보기에 상품의 가격은 그 상품의 물리적 특징과 아무런 고유한 관계가 없다. 밀을 예로 들어보자. 시장과 가격이라는 게 아예 없는 자본주의 이전 사회에서 생산자 자신이나 그 생산자와 직접 관련된 사람들이 사용하기 위해 생산한 경우에 밀은 일정한 물리적 특징이 있다. 그런데 자본주의에서 생산된 밀은 물리적 특징은 똑같지만, 시장에서 일정한 가격에 판매하려고 생산된 경우에 이 밀을 사용하는 사람은 생산자와 아무런 직접적인 사회적 관계가 없다. 가격이 물건의 물리적 특징이나 유용성과 아무런 고유한 관계가 없기 때문에, 이것은 생산자들의 상호 의존을 조정하기 위해 사물에 사회적으로 붙여진 정신적 추상물일 뿐이다. 자본주의에서 생산 노동의 사회적 조정이나 배분은 전적으로 가격, 구매, 판매에 좌우된다. 그러므로 가격은 자본주의가 시장 교환을 통해 사적 노동을 사회적 노동으로 만드는 데 활용하는 추상물이다. 이렇게 해서 가격은 이런 사회적 노동을 나타낸다. 그러나 가격은 사람들의 속성이 아니라 상품의 속성으로 나타난다. 이런 견해가 다음 강의에서 설명할 마르크스의 노동가치론의 토대가 된다.

사회적 노동이 식품, 주거, 의복 등의 생필품 생산에 배분되느냐 아니면 요트, 대저택, 포르노그래피, 수소 폭탄, 신경가스 등에 배분되느냐는 상품 판매자가 이런 다양한 상품 생산의 수익성을 보장하는 가격을 치를 능력과 의지가 있는 구매자를 찾을 수 있는지에 달려 있다. 마르크스와 마르크스의 제자들은 자본주의에서 노동을 배분하고 지휘하는 것은 인간이나 사회의 고유한 욕구가 아니라 이윤 추구라는 사실을 상당히 강조한 바 있다. 어떤 특정한 생산 활동이 아무리 유용하거나 유익하더라도, 자본가에게 이윤이 생기지 않는다면 이런 활동은 수행되지 않는다. 마찬가지로 아무리 쓸모없고 심지어 사회에 해를 끼치는 활동이라도 자본가에게 이윤이 생긴다면 아무 문제없이 수행된다.

시장에 관한 논의에서 우리는 이미 마르크스의 자본주의 개념을 규정하는 다른 특징을 소개할 필요가 있다는 점을 발견했다. 물건을 생산하는 노동자와 이윤을 추구하는 과정에서 생산 노동자들을 지휘하고 통제하는(따라서 사회적으로 배분하는) 자본가 사이의 구별이 그것이다.

마르크스가 자본주의를 규정하는 첫 번째 특징은 시장이 노동자들 사이의 모든 생산관계를 중재함으로써 사회적 노동을 조정하고 배분한다는 점이다(이 과정은 **노동의 사회적 성격이 상품 가격으로 나타나게 하는** 방식으로 진행된다). 이런 배분은 이윤 추구를 통해 실행된다. 한편 이윤의 본성과 기능에 관한 마르크스의 견해를 이해하려면, 마르크스가 보기에 자본주의를 규정하는 두 번째 특징, 곧 독특한 **계급 구조**를 파악해야 한다.

자본주의의 계급 구조

마르크스는 자본주의가 존재한 모든 역사적 배경과 문화적이고 민족적인 경계 안에서 자본주의는 네 가지 계급의 존재를 특징으로 한다고 생각했다. 자본가 계급, 소상인 계급과 독립 기술자나 전문직 계급, 노동자 계급, 재산이 거의 또는 전혀 없고 여러 가지 이유에서 노동할 수 없는 극빈 계급 등이 그 것이다. 어떤 경우에는 자본주의에 다른 계급도 존재했다. 예를 들어 초기 자본주의 시기에는 이 네 계급과 나란히 농민과 귀족이 있었다. 봉건주의에 독특한 두 주요 계급의 잔존하는 흔적이었다. 그러나 앞서 언급한 네 계급이 언제나 자본주의의 특징이었고, 이 계급들이 합쳐져서 자본주의를 규정하는 두 번째 특징을 형성했다. 따라서 이 네 계급 각각에 관한 마르크스의 견해를 간략하게 살펴보자.

네 계급 중 노동 계급과 자본가 계급이 가장 중요하다. 대부분의 자본주의 사회에서, 그리고 선진 자본주의 경제에서는 언제나 노동 계급이 인구의 절대 다수를 차지하며 거의 모든 상품을 생산한다. 한편 자본가 계급은 자본주의 사회에서 경제 권력과 정치권력의 대부분을 차지한다. 따라서 이 두 계급에 관해 먼저 논의해보자.

자본가 계급은 임금 노동자 계급 없이는 존재할 수 없다. 임금을 위한 노동, 곧 임금 노동은 자본주의에서 노동 계급을 특징짓는다. 임금 노동은 16세기에서 18세기 사이에 지주들이 농민의 토지와 공유지를 차지한 뒤 많은 농민을 땅에서 몰아내면서 생겨났다. 그리하여 농민들은 도시로 이주할 수밖에 없었고, 도시에서 상업적인 시장 지향 경제와 맞닥뜨렸다. 농민들은 이제 생계를 유지하는 데 필요한 상품을 얻으려고 자신들이 생산한 상품을 팔 수 없었다. 토지나 생산수단에 접근하는 통로가 막혔기 때문이다.

그렇지만 도시의 노동자들은 살기 위해 상품을 구입해야 했으며, 구입에 필요한 돈을 얻기 위해 먼저 무언가를 팔지 않고는 상품을 살 수 없었다. 이런 노동자들에게는 팔 만한 게 딱 하나 있었다. 자기 몸, 또는 생산 능력이다. 노동자는 한 번에 자기 몸을 팔아버릴 수는 없다. 그렇게 되면 노예 경제이지 자본주의 경제가 아니다. 자본주의에서 노동자들은 자신의 생산 능력, 곧 노동력에 관한 통제권을 일정한 시기 동안 계속해서 판매한다. 예를 들어 노동자는 시간이나 하루, 1주 단위로 '고용된다.' 임금은 노동자가 이 시간 동안 자신에 관한 통제권을 파는 대가로 받는 가격이다. 그러므로 자본주의에서 노동 계급을 정의하는 특징은 생존하기 위해 자기 노동력을 하나의 상품으로 팔아야 하는 임금 노동자로 구성된다는 점이다.

물론 생산수단을 소유한 계급은 자본가 계급이다. 임금 노동자를 만들어낸 바로 그 역사적 요인이 자본가를 만들어냈다. 인클로저 운동을 비롯한 자본의 시초 축적이 지닌 형태 때문에 노동 계급이 생산수단에 접근하는 통로가 막힌 반면 동시에 생산수단은 자본가 계급의 수중에 들어갔다. 따라서 임금 노동자 계급의 형성은 또한 필연적으로 자본가 계급의 형성이기도 하다.

자본가들은 생산 자원을 소유한 덕분에 생산적인 일을 전혀 할 필요가 없다. 자본가들은 원하는 대로 아무 일이나 해도 된다. 소수 자본가는 생산적인 노력에 관여하는 쪽을 택할 수도 있다. 그렇지만 이런 노력은 자본가라는 자신의 지위하고는 아무런 상관이 없다. 언제든지 그만두고도 여전히 자본가일 수가 있기 때문이다. 따라서 예를 들어 록펠러 가문은 주지사와 은행장, 부통령 등을 배출한 바 있다. 록펠러 가문의 사람은 누구든지 아무 때나 자유롭게 아무 일도 하지 않는 비생산적인 소비자가 될 수 있었고, 그러면서도 자본가라는 가문의 지위가 위협받는 일은 없었다.

자본가 계급은 생산에 필요한 재료를 소유한다. 그러고는 시장에서 노동력을 상품으로 구입한다. 자본가는 자신이 사들인 노동력을 가진 노동자를 지휘해 생산을 한다. 노동자들은 일정한 크기의 가치를 지닌 상품을 생산한다. 이 상품은 물론 자본가의 소유이며, 자본가는 상품을 판매한다. 노동자들이 생산한 가치는 일반적으로 자본가가 노동자들에게 임금을 지불하고, 사용한 원료의 값을 치르고, 사용한 기계와 도구의 소모 비용을 지불하거나 새로운 기계와 도구를 구입하고, 자본가 자신을 위한 잉여를 남길 만큼 충분하다. 자본가는 순전히 재산을 소유한 결과로 이 잉여를 받는다.

그렇지만 이 잉여가 전부 이윤은 아니다. 자본가가 자본을 늘리려고 자금을 차용했을 수 있고, 공장을 세울 땅을 빌렸을 수도 있다. 자본가가 보기에,

부채에 지불하는 이자와 토지에 지불하는 지대는 모두 비용이며, 이윤을 얻으려고 노동자들이 만들어낸 가치에서 다른 비용과 마찬가지로 공제해야 한다. 마르크스의 견해로는 이 이자와 지대를 받는 사람들도 순전히 소유를 통해 소득을 얻는다. 따라서 노동자들이 만들어낸 **잉여가치**, 곧 노동자들이 받는 임금과 생산에서 사용된 재료와 도구의 가치를 제외하고 남는 부분이 이윤, 이자, 지대로 돌아간다. 이 세 가지 소득 형태는 모두 소유에서 나온다. 그러므로 이것은 모두 자본주의적 소득이다. 화폐, 토지, 도구와 기계의 소유는 모두 이렇게 적절한 상황에서만 자본이 되며, 자본 소유에 따른 수익은 이자, 지대, 이윤의 형태를 띨 수 있다.

자본가 계급은 소유한 재산이 충분히 많아서 사회적으로 유용한 노동에 참여하지 않아도 호화롭게 살고 커다란 경제 권력과 정치권력을 가질 수 있는 사람들로 구성된다.

모든 자본주의 경제에는 자본가와 임금 노동자 사이에 또 다른 사회 계급이 존재한다. 소상인, 독립적 기술자, 전문직이나 독립적 소유자 등이 이 계급에 해당한다. 이 계급의 특징은 자본가와 노동자 둘 다와 비슷하다. 이 계급은 자신만의 생산수단을 소유하며, 자기 상품을 만들거나 팔려고 많은 노동(때로는 모든 노동)을 한다. 많은 경우 임금 노동자처럼 직접 일을 해야 하지만, 또한 자본가처럼 자기를 도울 임금 노동자를 고용한다. 대다수의 의사, 변호사, 독립적 회계사, 이발사, 그밖에 햄버거 노점, 세탁소, 자동차 정비소, 소매상점 등의 소규모 사업체를 소유한 많은 사람들이 이 계급에 속한다. 이 계급은 언제나 노동 계급보다는 훨씬 적고 자본가 계급보다는 훨씬 많다. 어떤 상황에서는 이 계급의 이해가 자본가 계급의 이해에 가까운 반면, 다른 상황에서는 노동 계급의 이해와 가까울 수도 있다.

마지막으로 자본주의에서 가장 밑바닥에 있는 극빈 계급이 있다. 소유나 노동 어느 쪽을 통해서도 소득을 거의 또는 전혀 얻지 못하는 사람들이 이 계급에 속한다. 이 계급에는 뚜렷하게 다른 두 집단이 포함된다. 첫째, 정신,

신체, 정서의 장애나 문제 등 여러 이유로 일하지 못하는 이들, 일하기에는 너무 나이가 적거나 많지만 부양할 사람이 없는 사람들, 어린 아이가 있는 한부모처럼 다른 활동에 전념하느라 임금 노동을 할 만한 시간을 내지 못하는 사람 등이 있다. 두 번째 집단에는 일할 능력과 의지는 있지만 자본주의 사회에서 충분한 일자리를 얻지 못하는 사람들이 포함된다. 자본주의 역사를 살펴보면, 언제나 이런 비자발 실업자들이 무수히 많았다. 비자발 실업자들은 대체로 매우 중요한 두 가지 경제 기능을 수행한다. 첫째, 이 사람들은 임금 협상에 나서는 고용된 노동자들의 교섭력을 약화한다. 고용된 노동자들이 너무 많은 것을 요구하면 쉽게 실업자들로 대체될 수 있기 때문이다. 둘째, 자본주의는 언제나 불안정한 경제다. 자본주의는 번영과 공황의 시기를 번갈아 겪는다. 비자발 실업자들은 경제가 성장해서 더 많은 노동자가 필요한 번영의 시기에는 활용하다가 불황이나 공황이 다가와서 노동자를 줄여야 할 때는 내동댕이칠 수 있는 예비군을 형성한다. 따라서 자본주의에서 이런 최하층 극빈 계급의 수효는 전반적인 경기 상황에 따라 항상 변화한다.

이 네 계급의 소득원을 검토한 뒤 마르크스는 이자, 지대, 이윤이 노동 계급이 창조하는 잉여의 유일한 형태는 아니라고 결론짓는다. 세금 또한 이 잉여에서 나온다. 임금 소득자에게서 걷든, 아니면 이자, 지대, 이윤 수령자에게서 걷든 간에, 세금은 노동 생산물에 관한 권리 주장을 나타내며, 따라서 노동자들이 창조하지만 자기 몫으로 받지는 못하는 잉여가치의 일부다. 그러므로 자본주의에서 최상층과 최하층에 있는 두 계급은 상품 생산에 기여하지 않으면서도 임금 노동자들이 창조한 잉여에 의존해 산다.

마르크스 이론의 맥락 안에서 보면, 노동자들이 비생산적인 소비자를 먹여 살리는 데 분노하거나 실망할 때마다 그 분노와 실망이 호화와 사치를 즐기는 자본가들이 아니라 비참한 가난 속에 사는 사람들, 곧 실업자와 고용 불능자에게 향하는 경우에 자본주의의 평화와 안정에 훨씬 큰 공헌을 한다는 점이 흥미롭다. 보수주의자들이 대체로 극빈층과 무력한 계층의 기생적 성격을 비난하는 반면, 마르크스의 영향을 받은 비판자들이 부유층과 권력층의 기생적 성격을 비난하는 것은 놀라운 일이 아니다. 그렇지만 마르크스의 견해로는 두 계급 모두 자본주의에 필수적인 구성 요소이며, 자본주의 자체가 존재하는 한 사라지지 않는다.

따라서 마르크스가 보기에 생산 노동과 천연자원의 시장 배분이 4단계 계급 구조와 더불어 자본주의를 규정하는 특징을 구성한다. 이 계급 구조를 논의하면서 우리는 사적 소유와 자본 개념을 사용했는데, 마르크스는 대다수 사람들과 조금 다르게 이 개념들을 이해한다. 따라서 좀 길더라도 이 두 개념에 관해 살펴보자.

사적 소유에 관한 마르크스의 견해

모든 시대, 모든 사회의 모든 소유권을 포괄하는 일반적인 정의를 찾기는 쉽지 않다. 그렇지만 한 가지는 분명하다. 소유권은 단순히 고립된 개인과 물건 사이의 관계가 **아니다.** 고립된 개인은 자신이 원하는 대로 어떤 물건이든 쓸 수 있으며, 다만 물리학과 화학, 인간 해부학의 구속을 받을 뿐이다. 고립된 개인은 소유권이 전혀 필요 없으며 그런 개념 자체가 없다. 소유권은 사람들 사이에 없어서는 안 될 사회적 관계다. 그러나 모든 사회관계가 소유권은 아니다.

소유권에 관한 적절하면서도 일반적인 정의는 필연적으로 무척 모호하고 복잡하다. 우리가 보기에 최선의 정의는 다음과 같다. **특정한 사회적이고 문화적인 환경**(예를 들어 근대 민족국가)**에서 소유권은 특권과 그것에 따른 제재를 규정하는 사회적 관계의 총합을 나타낸다. 특권과 승인은 대상**(물질적인 대상일 수도 있고 아닐 수도 있다)**과 관련된다. 특권과 승인은 '정당'하거나 '적절'하게 강제력을 행사한다고 널리 믿어지는 강제 기관**(예를 들어 경찰)을 통해 강제적으로 확립되고 유지된다.

대다수 사람들에게 사적 소유란 단지 자신의 소비 수단의 개인적인 소유를 의미한다. 우리는 각자 자신의 식품과 의복을 비롯한 잡다한 개인 소유 물건을 사용하고 처분할 배타적인 특권이 있다(우리가 거주하는 주거는 대체로 **예외**다). 다른 사람들은 우리의 개인 물건에 관해 이런 특권을 가질 수 없다. 다른 사람들은 강제적인 제재에 직면한다. 다른 사람들이 우리의 개인 물건을 사용하거나 처분하려고 하는 것은 절도이며, 따라서 경찰의 강제에 직면한다. 경찰은 (정해진 한계 안에서) 정당하게 강제력을 행사할 수 있는 제도화된 기관 중 하나다.

대다수 사람들은 소비 수단의 사적 소유를 합리적이고 유용한 사회적 관습이라고 생각한다. 적어도 주로 개인적인 소비의 문제에서는 특정한 소비 수단을 마음대로 사용하고 처분할 권리를 부여하는 방식으로 음식과 의복 같은 물건을 개인에게 배분하지 않는다면, 사회가 제대로 작동하기 어려울 것이다. 사적 소유를 옹호하는 사람들은 사적 소유가 '자연'스럽고 '불가피'하며 '정당'하다는 점을 보여주려고 대개 이런 개인적 소비 수단을 거론한다. 그렇지만 마르크스가 관심을 기울이는 문제는 소비 수단의 사적 소유라기보다는 생산수단의 사적 소유다.

마르크스는 모든 생산은 사회적이라고 주장한다. 그렇지만 생산이 사회적인 데에는 두 가지 각기 다른 방식이 있다. 첫째, 수공업 생산에서는 한 명의 생산자나 기껏해야 함께 일하는 몇 명의 생산자가 완성품을 만들어낸다. 단일 생산자의 경우에도 경제나 생산의 측면에서 자신이 가지고 일하는 재료뿐 아니라 설비, 기계, 도구 등을 제공해야 하는 다른 생산자들에게 의존한다. 생산수단의 사적 소유를 옹호하는 이들은 대체로 수공업 생산의 사례를 들어 옹호론을 펼친다. 이런 생산에서 개인의 사회적 의존은 사적 소비에 수반되는 의존과 유사하다. 다른 사람들에게 필요한 소비 수단과 생산수단을 모두 만드는 것이다. 따라서 수공업 생산만 고려한다면, 생산재와 소비재의 사적 소유를 둘 다 동일한 원리로 옹호할 수 있다.

마르크스는 자본주의적인 생산수단의 사적 소유를 옹호하는 근거로 수공업 생산을 흔히 거론하는 것은 아이러니라고 생각했다. **절대 다수의 노동자가 독립적 수공업 생산을 할 수 없게 되고** 이 과정에서 동시에 일자리를 잃은 임금 노동자 집단이 생겨난 것은 무엇보다도 인클로저 운동과 채무의 증가 같은 역사적 과정을 통해 가능했다고 마르크스는 주장한다. 다시 말해 자본주의를 역사적으로 창조하기 위한 필요조건은 자본주의적 소유를 옹호하는 데 활용되는 생산 형태가 대다수 생산자들에게 무용지물이 되고, 따라서 자본주의 경제 전체에서 상대적으로 중요성을 잃어야 한다는 것이다.

물론 마르크스 시대에 대부분의 자본주의 경제에는 여전히 소수의 독립적 수공업 생산자가 있었다(오늘날에도 사정은 마찬가지다). 이런 생산자들은 자본가 계급과 노동 계급의 중간쯤에 자리한 독립적 소상인, 생산자, 전문직 계급의 작은 부분을 형성한다. 수공업 생산에 특유한 이런 생산적 상호 의존의 첫 번째 형태는 분명 가장 중요한 형태도 아니며 자본주의 경제에서 독특한 형태도 아니다.

생산적 상호 의존의 두 번째 형태는 자본주의에서 가장 독특한 것이다. 이런 상호 의존은 자본주의 경제와 불가피하게 함께하며, 역사적으로 볼 때 4강에서 논의한 산업혁명의 소산인 사회적 생산 형태를 반영한다. 이런 생산적 상호 의존 형태는 공장과 산업 생산의 특징이다. 산업 생산에서는 개별 노동자나 소규모 노동자 집단이 완성품을 생산하지 않는다.

따라서 자본주의 경제에서 사회적인 생산적 상호 의존의 일반적 형태인 산업 생산 때문에 절대 다수의 노동자는 생산에 필요한 수단을 개인 재산으로 개별 소유하는 게 절대 불가능하다. 자본주의에서 생산은 대개 완전히 사회적이다. 자본주의의 생산은 수공업 생산이 사회적인 것과 똑같은 방식으로 사회적이다. 공장에서 일하는 노동자들은 작업에 사용하는 재료와 도구를 생산하는 다른 노동자들에게 의존하는 것이다. 한편 새로운 방식으로 사회적이기도 하다. 이제는 어떤 생산 과정이든 복잡하고 값비싼 기계를 가지고 일하는 수백 명, 아니 심지어 수천 명에 이르는 노동자의 노력을 조정한다.

그렇다면 이런 상황에서 생산수단의 사적 소유의 본성을 구성하는 것은 무엇일까? 마르크스는 개인적인 소비 수단의 사적 소유나 개별적이고 독립적인 수공업 생산수단의 사적 소유의 경우에, 이런 소유가 소유한 물건을 마음대로 사용하고 처분할 수 있는 특권이나 권리를 의미한다는 점을 알고 있었다. 그렇지만 산업 분야의 기업에서는 주식 소유(생산수단에 관한 지분 소유를 의미한다)를 통해 이런 권리가 소수의 유력한 소유주들에게만 부여된다. 또한 이 경우에도 이 권리는 대체로 소유권이 전혀 없는 노동자들이 생산수단을 사용하는 과정을 감독, 지휘, 통제하는 유력한 관리자들을 지명하는 데 한정된다. 소액 주주부터 대주주에 이르기까지 주식 소유에 따르는 공통된 특권은 노동자들이 창조한 잉여가치에서 (소유한 주식의 양에 따라) 걸맞은 몫을 받는 권리나 특권이다. 이렇게 자본주의에서 산업적 생산수단의 소유는 모든 소유자에게 고유하거나 공통된 유일한 특권을 부여한다. 씨를 뿌리지 않은 땅에서 수확할 권리, 상품의 생산에 전혀 참여하지 않고서도 생산된 상품의 가치 일부를 받을 권리가 그것이다.

따라서 마르크스는 자본주의가 다음과 같은 결과를 낳았다고 주장한다.

실제로 기능하는 자본가가 단순한 관리인, 곧 다른 사람들의 자본 관리인으로 바뀌며, 자본 소유자는 단순한 소유자, 곧 단순한 화폐 자본가로 바뀐다. 배당이 이자와 기업가 이득, 곧 총이윤을 포함하고 있다고 하더라도(왜냐하면 관리인의 봉급은 일종의 숙련노동에 지급되는 임금에 불과하거나 또는 불과할 수밖에 없으며, 이 노동력의 가격은 다른 모든 노동력의 가격과 마찬가지로 노동 시장에서 규제되기 때문이다), 이 총이윤은 오직 이자의 형태로, 곧 자본 소유에 주어지는 단순한 보상으로만 취득된다. 이 자본 소유는 이제는 현실의 재생산 과정에서 하는 기능과 완전히 분리되는데, 이것은 관리인의 일신에 속하는 이 기능이 자본 소유와 분리되는 것과 마찬가지다. 그리하여 이윤은 …… 오로지 타인의 잉여노동을 취득한 것으로 나타난다.(Marx 1961, vol. 3, 427)

마르크스의 시대에(그리고 사실 오늘날에도) 자본주의의 지배적인 경제 이데올로기는 소유를 통해 엄청난 소득을 올리는 것을 높은 도덕적인 지위의 결실로 정당화했다. 이데올로그들은 자본주의에서 노동자들이 임금을 버는 것은 생산을 위한 분투 때문이거나 그 분투의 대가라고 주장한다. 다른 한편 자본가가 아닌 사람이 자본가가 될 만큼 충분한 저축을 하기는 언제나 대단히 어렵기(거의 불가능하기) 때문에, 이데올로그들의 주장에 따르면 자본가가 된 사람은 사회적으로 필요한 물건을 생산적으로 창조하는 단순한 분투보다 훨씬 더 극심한 분투와 희생을 치른 게 분명하다. 그러므로 자본가의 이윤과 지대와 이자는 이런 분투와 절제라는 희생 덕분이거나 그 희생의 대가다.

마르크스는 이런 이데올로그들의 이윤 옹호론을 여러 주장으로 반박한다. 여기서는 그중 세 가지만을 살펴보겠다.

첫째, 어떤 사람이 자본가가 되는 데 필요한 절제와 분투에는 사회에 관한 기여가 전혀 포함되지 않는다. 예를 들어 누군가 공장을 사려고 평생 저축을 했다면, 그 사람은 자기만을 위해 저축한 셈이다. 그 사람은 이 과정에서 공장을 건설하는 데 필요한 노동을 전혀 하지 않았다. 오히려 그런 노력과 분투의 정도는 계급 사회에서는 지배 계급에 진입하는 것을 가로막는 장벽이 높아야 한다는 사실을 반영할 뿐이다. 비교적 쉽게 자본가가 될 수 있다면 모든 사람이 자본가가 됐을 것이다. 그러면 노동자는 하나도 없을 것이고, 아무것도 생산되지 않아서 모두 굶주릴 것이다. 과거 역사에서나 마르크스의 시대에나 많은 사회경제 체제가 자본가의 절제 없이도, 아니 자본가가 전혀 없이도 효과적으로 작동했다. 그러나 필요한 생산물을 창조하는 노동자가 없다면 예나 지금이나 사회가 아예 존재하지 않을 것이다.

둘째, 희생과 절제로 자본가의 소득을 정당화할 수 있다면, 마찬가지로 어느 사회의 어떤 지배 계급의 부와 권력, 소득도 희생과 절제로 정당화할 수 있다. 예를 들어 남북전쟁 이전에 미국 남부에서는 경제 체제가 상업 노예제였다. 노예는 무척 비쌌고, 남부의 백인 대다수는 노예를 소유하지 않았다. 물론 노예주들은 값싼 유지 비용으로 노예들이 생산하는 잉여를 통해 막대한 부와 남아도는 소득을 누렸다. 노예주가 아닌 사람이 노예주가 되기는 무척 어려웠다. 대단한 분투와 절제가 필요했다. 따라서 이 이데올로기에 따르면 노예주가 노예들의 땀과 노동에서 뽑아낸 잉여는 노예주의 분투와 절제에 관한 보상에 지나지 않는 게 분명하다.

셋째, 대다수 자본가는 자본 소유를 물려받았다. 자본가들은 분투하고 절제하지 않았을 뿐만 아니라 대개 게으르고 사치스럽게 살았다. 그리고 부를 상속받지 않은 이들은 생산하고 자제한 덕분이 아니라 무자비하고 약삭빠르며, 속임수에 능하고 운이 좋았기 때문에 자본가가 된 경우가 많았다. 마르크스는 자본주의적 부를 건설하는 초기 과정에서 나타난 해적 행위와 노예무역, 식민지 약탈 등을 자세히 서술한 바 있다.

이런 비판에 직면한 자본주의 이데올로기 옹호론자들은 두 가지 대답을 내놓는다. 첫째는 어느 자본가가 재산을 어떻게 손에 넣었든 간에 재산을 찔끔찔끔 허비하지 않았다면 자제한 셈이라는 것이다. 이 자본가가 믿을 수 없을 정도로 방탕하고 호화롭게 소비를 해서 상속받은 재산을 다 탕진했을 수도 있다. 실제로 몇몇 자본가들은 그렇게 살았고, 모든 자본가는 이런 극단적인 방탕과 사치를 절제할 것인지 아니면 자기 전 재산을 무모하게 날려버릴지를 놓고 끊임없이 선택해야 한다. 사실 자본가 집안이 대를 이어 지배 계급으로 남으려면 구성원들이 어느 정도 '절제'해야 한다. 부를 물려줄 자손을 보기 전에 자살을 하는 일을 절제해야 하는 것이다. 자본주의 이데올로기에서 이런 절제는 여전히 자본가들의 엄청난 소득을 도덕적으로 정당화하는 근거가 된다.

비판자들에게 보내는 두 번째 대답은, 설세만으로는 지배 계급의 소득을 도덕적으로 정당화하지 못하지만 인간이 아닌 사물을 자본으로 소유하는 결과로 이어지는 절제는 정당하다는 것이다. 따라서 자본주의 옹호론자들은 노예를 획득하는 과정의 절제는 노예 소유 자체가 비도덕적이기 때문에 재산 소득을 정당화하지 못하지만, 생산적인 자본의 소유자는 사회에 커다란 기여를 한다고 주장한다. 자본가는 자신의 자본을 생산적으로 활용하며 따라서 만인의 복지에 이바지한다는 것이다.

그렇지만 마르크스의 자본주의 이데올로기 비판의 전모를 이해하려면, 자본의 본성에 관한 마르크스의 개념을 먼저 파악해야 한다.

자본에 관한 마르크스의 견해

자본주의의 표준적인 이데올로기는 자본이 모든 사회에서 생산에 필요한 3요소(토지, 노동, 자본)의 하나라는 관념에 바탕을 둔다. 흔히 이 3요소가 모든 생산을 책임진다고 말한다. 무엇보다도 이 이데올로기에서는 세 가지가 서로 보완하는 관계이며 대안이나 경쟁자가 아니라고 주장한다. 모든 생산에는 3요소의 협력이 모두 필요하다. 노동이 없으면 어떤 생산도 하지 못하며, 토지나 자본이 없어도 생산이 불가능하다. 이데올로그들은 이 세 요소가 평화롭고 조화롭게 협력해야 한다는 결론을 내린다.

그렇지만 이 이데올로기는 더 나아가 생산의 3요소는 각기 다른 세 종류의 상품의 집합에 불과하다고 주장한다. 토지, 노동, 자본은 시장에서 사고파는 세 가지 다른 종류의 상품의 이름이다. 상품들은 평화롭고 조화롭게 협력하지 않기 때문에, 상품 소유자들이 평화롭고 조화롭게 협력해야 한다는 점을 이데올로그들이 말하려고 하는 게 분명하다.

또한 이데올로그들은 사업가가 시장에 가서 생산에 필요한 세 가지 상품

요소를 각각 정해진 양만큼 산다고 주장한다. 뒤이어 사업가는 생산 과정에서 이 요소들을 결합해 일정한 가치를 가진 상품의 형태로 생산물을 만들어 낸다. 그리고 이 상품을 시장에 내다 판다. 모든 게 제대로 기능하면 이 과정에서 두 가지 무척 흥미로운 '사실'을 볼 수 있다. 첫째, 토지, 노동, 자본의 3요소가 각각 생산에 공헌하는 것을 정확히 확인할 수 있다. 둘째, 사업가가 이 상품 각각에 지불한 가격(노동의 가격인 임금, 토지의 가격인 지대, 자본의 가격인 이윤[또는 이자])은 정확히 각 요소가 생산에 공헌한 가치와 맞먹는다. 각 요소는 생산에 공헌한 것 그대로 돌려준다. 그러므로 어떤 경제적인 착취도 있을 수 없다. 자본주의 이데올로그들이 갈등이 아닌 조화가 자본주의의 자연스러운 사회 상태라고 주장하는 이유는 분명하다. 이런 보수 이데올로기는 거시 경제학 이론을 다룬 많은 보수적인 경제학 교과서에서 여전히 쉽게 찾아볼 수 있다.

이 이데올로기에서 자본은 다른 생산 요소들과 마찬가지로 하나의 상품에 지나지 않는다. 자본은 사회를 위해 생산하고 생산성에 근거해 보상을 받는다. 이데올로기 옹호론자들의 주장에 따르면, 누군가 자본의 생산성을 의심한다면, 용광로가 없이 철을 만들거나 삽이 없이 도랑을 파거나, 드라이버 없이 나사를 조이거나, 일반적으로 도구 없이 뭔가를 생산하려고 해보면 된다. 자본은 도구(나 다른 생산수단)인 상품과 동일시된다. 그리고 도구가 필수 불가결하기 때문에 자본 역시 필수 불가결하다고 이데올로그들은 주장한다.

마르크스는 곧바로 이런 분석의 난점 몇 가지를 지적한다. 인간은 언제나 도구를 사용했다. 그렇지만 일부 사회에서 자본주의와 자본, 이윤은 이렇게 존재하지 않는 사회적 범주다. 사실 자본주의, 자본, 이윤은 겨우 몇 백 년 동안 존재해왔다.

토지와 도구가 단지 생산 과정에 들어왔기 때문에 지대와 이윤을 만들어 낸 것은 아니다. 지대나 이윤이라는 게 존재하지 않는 사회에서도 토지와 도구를 사용했다. 분명 도구 그 자체는 자본이 아니다. 게다가 누군가 토지와 도구를 소유하고도 지대나 이윤을 받지 않을 수 있기 때문에, 토지나 도구를 소유한 사실 자체가 반드시 또는 자동으로 지대를 산출하는 토지나 이윤을 산출하는 자본을 자본주의적으로 소유한다는 것을 의미하지 않는다는 점도 마찬가지로 분명하다. 자본주의 이데올로기의 맥락 안에서는 자본의 본성을 확인하는 문제가 여전히 해결되지 않는다.

마르크스의 견해에 따르면, 이런 불일치를 해결하는 열쇠는 토지와 노동과 자본이 같은 의미에서 생산요소가 아님을 깨닫는 것이다. 게다가 도구와 토지를 상품으로 간단하게 구입하려면, 이것들이 이윤을 산출하는 자본과 지대를 산출하는 토지가 되기에 앞서 다른 사회적 조건이 필요하다.

마르크스에 따르면 생산 과정은 인간이 자신이 바꿀 수 있는 환경 속에서 살아간다는 점을 전제로 한다. 생산이란 인간이 이렇게 자연을 변형시키는 것이다. 토지가 이런 환경으로서 필요한 것은 확실하지만, 자연이 무언가를 '생산했다'고 말하는 것은 인간의 특질을 비인간 사물에 귀속시키는 일종의 혼동이라고 할 수 있다(마르크스는 이것을 물신 숭배라고 불렀다). 자연이 인간이 사용하기 알맞게 스스로 변형됐다고 말하는 것과 마찬가지다.

감각이 없는 무정물無情物인 토지가 스스로 뭔가를 생산할 수 있다고 말하는 게 혼동의 결과(또는 일종의 물신 숭배)인 것처럼, 도구가 스스로 뭔가를 생산한다는 생각도 마찬가지로 혼동의 결과다. 도구는 아무런 행위도 하지 않는다. 인간 노동으로 생산된 사물일 뿐이다. 이 도구를 생산한 사람은 물론 다른 생산에서 이 도구를 사용하는 것을 염두에 둔다. 그러나 도구 자체는 아무것도 생산하지 않는다. 오직 사람이 물건을 생산하며, 대개 그 과정에서 도구를 사용한다.

현대적 생산을 하려면 도구가 절대적으로 필요하다는 말은 맞다. 그렇지만 이 말이 도구가 생산에 참여한다는 의미는 아니다. 그것보다는 생산이 사회적이며 생산자들이 상호 의존한다는 뜻이다. 예를 들어 목수는 망치와 못,

톱과 목재를 생산하는 노동자들에게 의존한다. 목수가 집을 짓고 나면, 자본주의 이데올로그들은 망치 하나, 못 몇 개, 톱 하나, 목재 등이 목수와 더불어 집을 지었다고 주장한다. 이런 이데올로기와 정반대로, 마르크스는 인간이 사회적으로 그 집을 지었으며, 일부는 망치를 생산하고, 다른 이들은 각각 못과 톱과 목재를 생산하고, 또 다른 이들은 이 사회적 생산 과정의 마지막 단계(목공)를 수행함으로써 이 모든 인간적 노력을 결합하는 식으로 노동을 분담했다고 주장한다.

사실 자본은 단순히 하나의 생산하는 상품이 아니다. 자본은 매우 특수한 사회관계의 집합이 존재할 때에만 도구에 붙여지는 이름이다. 따라서 자본은 도구 자체 또는 상품으로 판매되는 도구 자체가 아니라 특수한 사회관계의 집합이라는 맥락에서 상품으로 판매되고 사용되는 도구를 가리킨다.

그러므로 자본은 세 가지 조건이 충족될 때만 존재한다. 첫째, 도구가 상품으로 생산되고, 둘째, 이 상품을 생산에 사용하는 계급이 아니라 다른 사회 계급이 소유하며, 셋째, 도구를 사용해서 생산하는 계급은 자신들이 만든 생산물의 소유권을 갖지 않는다는 조건 아래서만 생산을 허락받는다. 그 대신 이 생산자들은 자신들이 생산한 상품의 가치보다 낮은 가치의 임금을 받아들여야 한다. 이 차이, 또는 초과 가치는 이자나 지대, 이윤의 형태로 소유자에게 돌아간다.

그러므로 자본은 인간의 모든 생산적 상호 의존의 사이에 자리를 잡고 이런 상호 의존하는 생산이 진행될 수 있도록 여건을 마련해 그 대가를 뽑아낼 수 있는 자본가들의 능력이다. 망치와 톱, 못과 목재를 사용해야 하는 목수와 그 목수에게 필요한 이 물건의 생산자들 사이에는 몇 명의 자본가가 존재한다. 노동자-못 생산자는 목수가 아니라 자본가를 위해 못을 생산한다. 망치, 톱, 목재 노동자-생산자의 경우에도 사정은 마찬가지다. 그러나 목수는 해당 자본가들에게서 이 물건들을 직접 받지는 않는다. 건설 회사를 소유한 자본가가 다른 자본가들에게서 이 물건들을 산다.

인간의 모든 생산적 상호 의존에서 한 노동자는 다른 사람들의 노동을 필요로 하며 다른 사람들은 그 사람의 노동을 필요로 한다. 그렇지만 자본주의에서 노동자들은 결코 서로 상대하지 않는다. 모든 노동의 상호 의존은 자본가들 사이의 경제적 거래에서 현실적인 표현을 찾거나 실제로 효력이 발생된다. 자본주의에서 노동의 상호 의존은 모든 노동자가 자본가에게 절대적으로 의존하는 모습으로 나타난다. 한 노동자가 다른 노동자를 필요로 하는 경우마다 자본가가 사이에 끼어 이윤이나 이자, 지대의 형태로 자신의 몫을 요구한다. 이런 요구를 들어줘야만 생산 과정이 시작된다.

따라서 자본주의는 노동이 상품 가격의 형태를 띰으로써 사회적 존재가 되고, 노동의 모든 사회적 상호 의존이 비노동자가 소유한 상품의 형태를 띠는 사회다. 이 비노동자, 곧 자본가는 양보를 받아내고 생산자들에게 생산을 허용한다. 이런 사회에서, 오로지 이런 사회에서만 도구가 이윤을 산출하는 자본이 된다.

따라서 마르크스가 보기에, 자본주의 이데올로그들이 지대와 이윤이 단순히 생산에 필수 불가결한 토지와 도구의 물리적 성격에서 나온다고 주장할 때, 자본주의 체제 안에서 생산수단의 소유자들이 노동자를 착취하는 역사적으로 특수한 사회관계가 감춰진다. 마르크스는 이것이 "자본주의 생산양식의 완전한 신비화"라고 주장한다. 이데올로그들의 자본주의는 "요술에 걸려 왜곡되고 전도된 세계이며 그 속에서 자본 도령과 토지 아가씨는 사회적인 인물인 동시에 단순한 물건으로서 괴상한 춤을 추고 있다"(Marx 1961, vol. 3, 809). 이것과 대조적으로 자본에 관한 마르크스의 정의는 역사적 특수성을 강조한다.

한 가지만은 분명하다. 자연이 한편으로 화폐 소유자 또는 상품[생산수단] 소유자를 낳고, 다른 한편으로 자기의 노동력만 소유하는 사람을 낳는 것은 아니다. 이런 관계는 자연사적 관계도 아니며 또한 역사상의 모든 시대에 공통된 사회적 관계도 아니다. 그것은 분명히 과거의 역사적 발전의 결과이며, 수많은 경제적 변혁의 산물이며, 과거의 수많은 사회적 생산 형태의 몰락의 산물이다(Marx 1961, vol. 1, 169).

자본은 물건이 아니라 일정한 역사적 사회구성체에 관련되는 특정의 사회적 생산 관계이며, 이 생산관계가 물건에 표현돼 이 물건에 하나의 특수한 사회적 성격을 부여하고 있을 뿐이다. …… 자본은 사회의 일정 분파가 독점한 생산수단이며, 살아 있는 노동력에서 독립해 이 노동력과 대립하고 있는 노동력의 생산물이자 활동 조건이다.(Marx 1961, vol. 3, 794~795).

자본은 자본주의 생산양식에서 가장 중요한 두 계급을 규정하는 사회관계다. 자본은 자본주의 이전에 상당한 규모로 존재하지 않았으며, 자본주의가 무너진 뒤에는 존재하지 않을 것이다.

요약

마르크스의 역사유물론에서는 생산양식이 모든 사회 체제에서 가장 중요한 측면이다. 자본주의 생산양식은 시장이 노동과 자원을 배분하는 체제다. 이 생산양식은 네 계급, 곧 자본가, 소규모 독립 상인과 전문직, 노동자, 소득 자원이 거의 없는 극빈층으로 구성된다. 가장 중요한 계급은 자본가와 노동자다. 자본가들의 권력은 자본의 사적 소유에 바탕을 둔다. 재산 소유는 강압적으로 형성되고 유지되는 특권과 제재를 수반하는 사회관계. 자본을 단순한 도구나 기계와 동일시해서는 안 된다. 오히려 자본은 자본가와 노동자의 사회적 관계와 경제적 관계라는 맥락 안에서 도구와 기계의 소유를 수반하며, 이 관계 속에서 노동자는 자신이 생산하는 가치의 일부분만을 임금으로 받는 반면, 자본가는 노동자들로 하여금 생산을 하도록 허용하는 필요조건으로서 나머지 잉여를 자기 몫으로 요구한다.

더 읽어볼 책

Marx, Karl. 1970. *Critique of Political Economy*. New York: New World Paperbacks(칼 마르크스 지음, 김호균 옮김, 《정치경제학 비판을 위하여》, 중원문화, 1989).

_____, 1961. *Capital*. 3 vols. Moscow: Foreign Languages Publishing House(칼 마르크스 지음, 김수행 옮김, 《자본론》 1(상·하)·2·3(상·하), 2001~2005.)

Marx, Karl, and Friedrich Engels. 1965. "The Communist Manifesto." In *Essential Works of Marxism*, ed. Arthur P. Mendel, pp. 1~52. New York: Bantam(칼 마르크스·프리드리히 엥겔스 지음, 강유원 옮김, 《공산당 선언》, 이론과실천, 2008.)

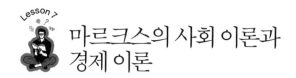

마르크스의 사회 이론과 경제 이론

4강에서 설명한 자본주의 본성 개념은 자본주의가 어떻게 작동하는지에 관한 마르크스 이론의 지적 토대를 형성했다. 하나의 사회경제 체제로서 자본주의 본성에 관한 이런 전체적 관점을 이해해야만 마르크스의 여러 경제적 주장을 완전히 파악할 수 있다. 마찬가지로 마르크스 경제 이론의 많은 부분은 자본주의에 관한 도덕적 비판과 완전히 구분하기 힘들다. 따라서 마르크스의 소외 이론에서 설명된 이런 도덕적 비판에 관한 논의로 이번 강의를 시작하기로 하자. 그런 뒤에 자본주의가 어떻게 작동하는지 설명하는 경제 이론의 여러 측면을 살펴볼 것이다.

소외

마르크스가 보기에 자본주의는 사회의 생산 능력을 증대하는 동시에 이렇게 증대된 생산 능력이 인간의 가장 기본적인 몇몇 욕구를 충족시키는 데 기여하는 정도를 체계적으로 감소시킨다. 생산량이 많아지면서 의식주 등의 기본적인 욕구를 좀더 적절하게 충족시킬 수 있게 된 것은 확실하다. 그렇지만 부와 소득 분배의 극단적인 불평등 때문에 마르크스 시대의 자본주의 체제에 속한 많은 노동자들은 극심한 물질적 빈곤과 박탈을 겪었다.

5강에서 논의한 사회주의자들은 대개 이렇듯 널리 퍼진 빈곤과 불평등이 야기하는 비참한 현실을 향한 비난에 바탕을 두고 자본주의에 관한 도덕적 비판을 펼쳤다. 마르크스의 사상을 해석한 많은 이들은 마르크스의 도덕적 비판이 발딛고 선 주된 토대 역시 이런 비난이라는 그릇된 주장을 내놓았다. 마르크스가 자본주의의 계속적인 발전이 노동자들의 불행을 극심하게 승대시킬 뿐이라고 주장할 때, 이 해석자들은 노동자들의 빈곤과 물질적 박탈의 정도가 더 나빠질 것이라고 마르크스가 주장한 것으로 생각했다. 따라서 마르크스가 죽은 뒤 100년 동안 노동자 임금의 구매력이 전반적으로 상승한 사실은 마르크스 경제 이론을 반박하는 증거로 널리 거론된다.

그러나 이 해석자들은 자본주의에 관한 마르크스의 도덕적 비판이 나온 기본 토대를 오해했다. 마르크스가 비록 자본주의의 불평등과 노동 계급의 물질적 박탈이나 고통에 몸서리를 치기는 했지만, 자본주의 체제에서 생산성이 증대한 결과 노동자들이 자본가와 싸우면서 더 많은 임금을 받게 될 수 있다는 사실 또한 잘 알고 있었다. 이런 임금 인상을 얻어낼 경우 일어날 변화에 관해 마르크스는 이렇게 말한다.

노동자들이 생산한 잉여의 더 많은 부분이 …… 지불 수단(임금 — 옮긴이)의 형태로 노동자들에게 …… 돌아오며, 그 덕분에 노동자들은 소비 범위를 확대하고 의복, 가구 등의 소비 재원을 약간 늘릴 수 있고, 심지어는 약간의 준비금도 마련할 수 있다. 그러나 노예의 경우에 입는 것과 먹는 것과 대우가 개선되고 페쿨리움(peculium, 고대 로마에서 주인의 용인 아래 노예에게 허용한 재산 — 옮긴이)이 조금 많아지더라도 노예의 착취가 사라지지 않는 것과 마찬가지로, 임금 노동자의 착취도 사라지지 않는다.(Marx 1961, vol. 1, 618)

마르크스는 자본주의의 가장 근본적인 악폐는 노동자들의 물질적 박탈이 아니라고 주장한다. 그것보다는 자본주의가 개인이 한 인간으로서 지닌 잠재력을 성취하는 것을 체계적으로 가로막는다는 사실이 가장 근본적인 악폐이다. 이런 악폐 때문에 사람들은 사랑을 주고받는 능력이 약해지고, 생물학적, 정서적, 심미적, 지적 잠재력의 발전이 가로막힌다. 다시 말해 자본주의는 인간의 발전을 방해해 인간을 심각하게 불구로 만든다.

게다가 이런 불구화 효과는 자본주의 체제 안에서 극복할 수 없다. 자본주의에서 사회적 생산성을 증대시키는 요인들은 노동자를 격하시키는 바로 그 방법을 통해서만 활용할 수 있다. 기술 개선이 항상 이윤 증대라는 한 가지 목적만을 위해 도입되기 때문이다. 이윤은 자본가의 부의 원천이며, 오직 노동 과정에 관한 자본가의 통제를 확대하고 굳히는 과정을 통해서 증대될 수 있다. 그렇지만 자본주의에서 노동자들을 격하시키는 원천은 인간이 창의성을 발휘하는 거의 모든 과정을 자본이 통제한다는 점이다. 마르크스는 "한쪽 끝에서 부의 축적은 동시에 맞은편 끝에서 빈궁, 노동의 고통, 노예 상태, 무지, 야만화, 도덕적 타락의 축적"이라고 결론짓는다(Marx 1961, vol. 1, 646).

마르크스에게는 노동 과정의 사회적 성격이 대단히 중요하다. 인간이 사회성을 성취하고 개별 인간으로서 자신의 잠재력을 발전시키는 것은 자연을 유용한 사물로 바꾸는 사회적 협력을 통해 가능하다. 이런 생산이 사회적으로 동등한 인간끼리 협력하는 모험이라면, 사람들 사이의 애정과 사랑, 상호 인정의 유대가 발달하게 된다. 게다가 이런 창의적인 노력은 인간이 심미적으로 발전하는 원천이다. 고대인들이 '예술'에 관해 말할 때 다양한 생산 기술을 지칭한다는 사실은 의미심장하다. 게다가 도구의 창조와 사용은 언제나 인간의 지식과 과학적 이해력의 발달에 관련된 것이었다.

그렇지만 자본주의 체제에서 생산 과정은 노동자들에게 정확히 정반대의 효과를 미친다. 봉건제에서 착취적인 계급 구조는 인간의 발전을 크게 제한했다. 그러나 이런 착취적 사회관계는 또한 인격적이고 가부장적이었기 때문에, 인간의 발전에 도움이 되는 노동 과정의 잠재력 전체가 가로막히거나 방해 받지는 않았다. 봉건제에서 노동은 노동자가 군주를 위해 부를 창조하면서 생활할 수 있는 임금을 벌기 위한 수단만은 아니었다. 그런데 마르크스의 견해에 따르면 자본주의에서는 사정이 바뀌었다.

부르주아지는 지배권을 잡은 모든 곳에서 봉건적이고 가부장적이며 목가적인 관계를 모조리 파괴했다. '타고난 상전'에게 사람을 묶어놓던 온갖 잡다한 봉건제의 끈을 가차 없이 잘라버렸고, 적나라한 이해관계, 무정한 '현금 지불' 이외에 인간과 인간 사이에 다른 어떤 관계도 남겨놓지 않았다. 또한 종교적 열정과 기사도의 열광, 속물적 감상주의 등의 성스러운 황홀경을 이기적 타산이라는 얼음장같이 차가운 물속에 내동댕이쳤다. 부르주아지는 개인의 존엄을 교환가치로 녹여버렸다.(Marx and Engels 1965, 15)

자본주의 사회에서 시장은 '교환가치', 또는 화폐 가격을 한 사람이 사물 또는 다른 인간과 맺는 관계를 규정하는 특질에서 분리하고 고립시킨다. 이런 사정은 특히 노동 과정에서 두드러진다. 자본가가 보기에 임금은 이윤 계산에서 원료와 기계 비용에 추가되는 또 다른 생산 비용에 불과하다. 노동은 구매해서 이윤을 얻을 수 있을 때 사들이는 단순한 상품이 된다. 노동자가 자신의 노동력을 팔 수 있는지 여부는 전혀 자기 소관이 아니다. 냉정하고 완전히 비인격적인 시장 조건에 따라 좌우될 뿐이다. 이런 노동의 산물 역시 노동자의 생활과 전혀 무관하며, 결국 자본가의 소유가 된다.

마르크스는 **소외**라는 표현을 사용해 이런 상황에서 개인이 놓인 조건을 설명한다. 사람들은 자기 노동, 제도적이고 문화적인 환경, 동료 인간들에게서 소외되거나 분리됐다고 느낀다. 노동 조건, 생산된 대상, 사실상 노동의 가능성 자체가 인간의 욕구나 열망이 아니라 소수 자본가들과 그 자본가들의 이윤 계산에 따라 결정된다. 이런 소외가 낳은 결과는 마르크스 자신의 말로 가장 잘 요약할 수 있다.

그렇다면 무엇이 노동의 소외를 구성하는가? 첫째, 노동이 노동자에게 외적이라는 점, 곧 노동자의 본질적 존재에 속하지 않는다는 점이다. 따라서 노동자는 자신의 노동에서 자신을 긍정하지 않고 오히려 부정하며, 만족하지 않고 오히려 불행하다 느끼고, 자유로운 육체적 또는 정신적 에너지를 발전시키기는커녕 육체를 억제하고 정신을 황폐하게 만든다. 그리하여 노동자는 노동 이외의 장소에서 자신을 느끼고, 노동을 할 때는 마음이 편하지 않다. 이런 점에서 노동자의 노동은 자발적인 게 아니라 강요된 것이며, **강제** 노동이다. 또한 욕구의 충족이 아니라 노동에 외재하는 욕구를 충족시키기 위한 수단에 불과하다. 노동의 소외된 성격은 물리적인 강제나 그밖의 강제가 사라지자마자 노동을 마치 전염병처럼 멀리하는 데서 분명하게 나타난다. 외재적인 노동, 곧 인간이 자기 자신을 소외시키는 노동은 자기희생이나 금욕의 노동이다. 마지막으로 노동자에게 노동의 외재적 성격은 그것이 자신의 노동이 아니라 다른 사람의 노동이라는 사실, 곧 노동이 자신에게 속하지 않으며 오히려 자신이 노동에 속한다는 사실, 자기 자신이 아니라 다른 사람에게 속한다는 사실에서 나타난다. …… 따라서 그 결과로 인간(노동자)은 동물적 기능, 먹고, 마시고, 번식하고, 기껏해야 집에 거주하거나 옷을 차려입는 것 말고는 어떤 일에서도 자유롭게 적극적으로 임한다고 느끼지 못한다. 그리고 인간적 기능을 할 때에도 자신이 동물이 아닌 다른 어떤 것이라고 느끼지 못한다. 동물이 인간이 되며 인간은 동물이 된다.(Marx 1959, 69)

마르크스가 자본주의 체제에서 가장 철저하게 비난하는 것은 바로 이렇게 인간의 개인적 발전을 방해하고 소외된 시장을 인간의 생명을 유지하는 활동의 상품으로 만드는 노동 계급의 타락과 철저한 비인간화다. 마르크스의 도덕적 비판은 따라서 자신보다 앞선 대다수 사회주의자들의 비판을 훌쩍 뛰어넘는다.

그렇지만 노동 계급에게 더 나은 미래가 있을 것이라는 마르크스의 믿음은 자신이 도덕적 분노를 공감하고 체제를 개혁하려고 노력하는 사람이 점점 더 많아질 것이라는 희망에 근거한 게 아니다. 오히려 마르크스는 자본주의 생산양식과 여기에 고유한 계급 갈등이 자본주의의 파괴로 이어질 것이라고 믿었다. 자본주의는 계급 갈등이 존재한 과거의 모든 생산양식과 마찬가지로 저절로 파괴될 것이다. 마르크스의 신념이 기반하는 토대를 이해하려면 자본주의의 '작동 법칙'을 분석하는 마르크스의 경제 이론을 검토해야 한다.

가치와 잉여가치에 관한 노동 이론

자본주의 생산양식은 노동과 자본의 대립에 근거한 것이기 때문에 마르크스는 먼저 자본-노동 관계를 분석한다. 이 관계는 본질적으로 교환 관계다. 노동자는 돈을 받고 자신의 노동력을 자본가에게 팔며, 이 돈으로 노동자는 생활필수품을 구입한다. 따라서 이 교환 관계는 분명히 자본주의 시장 경제에서 교환가치의 일반적인 문제의 특수한 사례에 불과하다. 그러므로 마르크스는 《자본》 1권을 〈상품〉이라는 절로 시작하는데, 이 절에서 **상품**은 생산자 개인이 직접 사용하기 위한 게 아니라 대개 교환을 목적으로 만든 물건으로 정의된다. 마르크스는 계속해서 상품의 교환가치를 결정하는 기본 요소를 분석하려고 한다. 다시 말해 마르크스는 상품 소유자에게 상품의 유용성의 척도인 사용가치와 대립되는 것으로서 상품과 다른 상품이 교환되는 비율을 분석한다.

애덤 스미스나 데이비드 리카도, 그리고 마르크스 이전의 대다수 고전파 경제학자들과 마찬가지로 마르크스 역시 상품의 교환가치는 그 상품을 생산하는 데 필요한 노동 시간의 양으로 규정된다고 믿었다. 따라서 마르크스의 이론은 보통 **노동가치론**이라고 불린다. 마르크스는 노동자들마다 능력과 훈련, 동기가 다르다는 사실을 인정하면서도 숙련 노동은 미숙련 노동의 배수로 계산할 수 있다고 생각했다. 따라서 모든 노동 시간은 공통분모로 환원할 수 있다.

마르크스는 또한 쓸모없는 상품(수요가 전혀 없는 상품)을 생산하는 데 들어간 노동 시간은 그 상품에 체화된 노동 시간과 맞먹는 교환가치를 가진 상품을 만들어내지 못한다는 점을 깨달았다. 그렇지만 이윤을 극대화하려는 자본가들의 욕망은 수요가 전혀 없는 물건의 생산을 가로막는다. 자본가들은 시장 수요 덕분에 최소한 생산 비용은 실현할 수 있는 상품만을 생산한다. 시장 수요는 어떤 상품을 생산하느냐 하는 문제뿐만 아니라 이 상품들이 생산되는 상대적 양도 결정한다.

마르크스는 자본가가 생산수단과 노동력을 어떻게 구입하는지를 묘사하는 것으로 시작한다. 뒤이어 노동자들이 생산 과정을 마치면 자본가는 더 많은 돈을 받고 상품을 내다 판다. 따라서 생산 과정의 마지막에서 돈의 양은 처음보다 더 많다. 이 차이가 마르크스가 말하는 **잉여가치**다. 마르크스는 이 잉여가치를 자본가가 차지하는 이윤의 원천으로 간주한다.

잉여가치는 자본가들이 한 상품(노동력)을 사고 다른 상품(생산 과정에서 노동자가 생산한 물건)을 판다는 사실에서 비롯한다. 이윤이 생기는 것은 노동력의 가치가 그 노동력으로 생산한 상품의 가치보다 작기 때문이다. 노동력의 가치는 "다른 모든 상품의 가치와 마찬가지로" 노동력의 유지와 재생산에 "필요한 노동 시간에 따라 규정된다." 곧 "노동력의 가치는 …… 사회적으로 규정된 생활수준으로 노동자의 삶을 유지하는 데 필요한 생활 수단의 가치"다(Marx 1961, vol. 1, 170~171). 1일 평균 노동 시간이 노동자가 생존 임금에 해당하는 가치를 생산하는 데 필요한 시간을 초과한다는 사실 덕분에 자본가는 이런 생존을 넘어서 생산되는 잉여를 전유할 수 있다.

마르크스는 이 과정을 자본가의 노동자 **착취**라고 부른다. 8시간을 일하는 노동자가 자신의 임금재의 가치를 생산하는 데 6시간만을 사용한다면, 이 노동자는 착취당하는 것이다. 자본가를 위해 2시간을 더 일하기 때문이다.

자본의 축적

자본가는 자본을 소유한 덕분에 이윤을 얻을 수 있다. 이런 이윤은 자본을 늘리고 미래의 이윤을 증대하기 위해 대부분 재투자되고, 미래 이윤은 다시 더 많은 자본으로 투자된다. 이런 과정이 계속된다. 이것이 바로 자본 축적 과정이다. 자본이 이윤을 낳고 이윤은 더 많은 자본으로 이어지는 것이다. 그런데 이 과정은 언제 어떻게 시작된 걸까? 많은 고전파 경제학자와 자유주의자들, 특히 영국의 경제학자 나소 시니어(1790~1864)는 이 질문에 자본가에게 유리한 대답을 내놓았다. 고되고 부지런한 노동과 절제하는 행동을 통해 차근차근 저축을 시작했고, 그 덕분에 자본가는 19세기의 많은 자본가들이 소유한 재산을 서서히 축적할 수 있었다는 것이다. 반대로 노동자들은 노동과 절제하는 삶에 몰두하기는커녕 소득을 방탕하게 허비했다.

마르크스는 이런 자본주의 체제 옹호론자들이 역사를 전혀 모른다고 비난한다. 가장 화려한 글맛을 보여주는 유명한 구절에서 마르크스는 재산을 처음 벌어들인 '시초 축적'의 과정을 묘사한다.

이 시초 축적이 경제학에서 하는 구실은 원죄가 신학에서 하는 구실과 거의 동일하다. 아담이 사과를 따먹자 동시에 죄가 인류에게 떨어졌다. 시초 축적의 기원도 옛날의 일화로 설명된다. 아득한 옛날에 한편에는 근면하고 영리하며 특히 절약하는 특출한 사람이 있었고, 다른 한편에는 게으르고 자기의 모든 것을 탕진해버리는 불량배가 있었다는 것이다. …… 그리하여 특출한 사람은 부를 축적했으며 불량배는 결국 자기 껍데기 이외에는 아무것도 팔 것이 없게 됐다. 그리고 이 원죄에서 대다수의 빈곤(지금까지 계속 노동을 했어도 여전히 자기 자신 이외에는 아무것도 팔 것이 없다)과 소수의 부(오래 전에 노동을 그만두었어도 끊임없이 증대하고 있다)가 유래한다는 것이다. 이 낡아빠진 어린애 같은 이야기가 재산을 옹호하기 위해 매일 우리들에게 설교되고 있다. …… 일단 재산에 관한 문제가 무대에 등장하면, 그 유치원 이야기의 관점을 모든 연령층과 모든 발육 단계에 적합한 유일한 관점으로 주장하는 것이 신성한 의무가 된다. 현실의 역사에서는 정복이라든가, 노예화라든가, 강탈이라든가, 살인이라든가, 한마디로 말해서, 폭력이 커다란 구실을 한다. ……시초 축적의 방법은 전혀 목가적인 것이 아니다(Marx 1961, vol. 1, 713~714).

마르크스는 시초 축적의 중요한 형태들을 나열한다. 인클로저 운동과 봉건적 농업 인구의 추방, 거대한 가격 인플레이션, 무역 독점, 식민지 건설, "원주민의 섬멸과 노예화와 광산 생매장, 동인도 제도의 정복과 약탈의 개시, 아프리카의 상업적 흑인 수렵장 전환" 등이 그것이다(Marx 1961, vol. 1, 751).

일단 이런 자본의 초기 축적이 진행되면, 더 많은 자본을 획득하려는 충동이 자본주의 체제를 이끄는 동인이 된다. 자본가의 사회적 지위와 위신뿐만 아니라 경제적 또는 정치적 권력 또한 지배하는 자본의 규모에 좌우된다. 자본가는 가만히 있을 수가 없다. 사방에서 격렬한 경쟁에 포위되기 때문이다. 체제의 요구에 따라 자본가는 경쟁자들을 물리치기 위해 더 많은 자본을 축적하고 힘을 키워야 한다. 그렇지 못하면 경쟁자들이 그 자본가를 궁지에 몰아넣고 자본을 접수해버린다. 경쟁자들은 끊임없이 새롭게 개선된 생산 방식을 개발한다. 새롭게 개선된 자본 설비를 축적해야만 이런 도전에 대처할 수 있다. 따라서 마르크스는 자본가들이 화폐 퇴장자와 마찬가지로 절대적 치부욕을 가진다고 생각한다.

그러나 화폐 퇴장자의 경우에는 개인적 열광으로 나타났던 것이 자본가의 경우에는 사회적 기구(여기서 자본가는 하나의 나사에 지나지 않는다)의 작용으로 나타난다. 뿐만 아니라 자본주의적 생산이 발전함에 따라 한 공업 기업에 투하되는 자본의 양은 끊임없이 증대되지 않을 수 없으며, 경쟁은 자본주의적 생산의 내재적 법칙을 외적 강제 법칙으로 각 개별 자본가에게 강요한다. 경쟁 때문에 자본가는 자기의 자본을 유지하기 위해 끊임없이 확대하지 않을 수 없는데, 누진적 축적을 통해서만 자본을 확대할 수 있다(Marx 1961, vol. 1, 592).

부문들 사이의 불균형과 경제 위기

자본주의 발전에서 많은 모순을 낳는 것은 더 많은 자본을 축적하려는 이런 끊임없는 충동이다. 자본가는 현재 사용하는 유형의 기계와 도구를 더 많이 손에 넣는 것으로 시작한다. 그러려면 새로운 설비를 가동하기 위해 고용하는 노동자의 숫자도 비례해서 늘려야 한다. 그러나 자본가가 임금을 생존 수준으로 유지할 수 있으려면 마르크스가 말하는 이른바 '산업예비군'이 존재해야 한다. 생계 수준 이하로 살아가면서 생존 임금만을 지불하는 일자리라도 얻으려고 애쓰는 실업 노동자들 말이다. 그러므로 자본가들은 보통 임금 수준을 낮게 유지하는 데 전혀 문제가 없다. 그렇지만 산업이 확대되면 노동 수요가 늘어나고 얼마 지나지 않아 산업예비군이 고갈된다. 이런 일이 벌어지면, 자본가는 충분한 노동자를 구하기 위해 더 높은 임금을 지불해야 한다는 사실을 깨닫게 된다.

개별 자본가는 임금 수준을 정해진 것이자 자신이 바꿀 수 없는 것으로 받아들이며, 따라서 주어진 상황을 최대한 활용하려고 한다. 새로운 노동 절약형 기계를 도입해서 생산 기법을 바꾸는 것이 가장 유리한 행동 경로처럼 보인다. 이렇게 하면 개별 노동자가 더 많은 자본을 가지고 일을 하고 노동자당 생산고가 늘어날 것이다. 이렇게 노동 절약형 투자를 하면 자본가는 동일하거나 심지어 더 적은 노동력을 가지고 생산고를 늘릴 수 있다. 모든 자본 또는 대다수 자본가가 개별적으로 이렇게 행동하면, 고임금 문제는 일시적으로 완화된다. 새로운 생산 기법 때문에 쫓겨난 노동자들이 산업예비군을 충원하기 때문이다. 그렇지만 뒤이어 새로운 문제와 모순이 생겨난다.

　노동 절약형 확대의 경우에 노동자에게 더 많은 임금을 지불하지 않고도 총생산을 늘릴 수 있다. 그러므로 새로운 상품이 시장에 쏟아지는 반면 노동자의 임금은 제한되고 결국 소비자 수요가 제약된다. 마르크스가 말하는 것처럼 노동자들은 여전히 상품의 형태로 더 많은 이윤을 생산하지만 자본가들은 시장에서 이 상품을 팔아서 이윤을 '실현'할 수 없다. 소비자 수요가 없기 때문이다.

　이 과정을 더 분명하게 밝히기 위해 마르크스는 자본주의 경제를 소비재 생산 부문과 자본재 생산 부문이라는 두 부문으로 나눈다. 소비자 수요가 부족하면 소비재 부문의 자본가들은 전체 생산고를 판매하지 못하게 되며, 따라서 이윤 기대치를 낮추는 한편 생산 시설을 추가하려 하지 않을 게 분명하다. 그러므로 이미 지나치게 많은 자본금을 늘리려는 모든 계획을 거둬들인다. 이런 결정을 내리면 물론 자본재의 수요가 상당히 감소하며, 결국 자본재 부문의 생산 감소로 이어진다. 예전 사회주의자들이 내놓은 순진한 과소소비 이론과 달리, 마르크스의 견해에 따르면 공황의 첫 번째 명백한 징조는 자본재 부문에서 나타난다. 자본재 생산이 실제로 감소한다는 것은 이 부문의 일부 노동자들이 해고된다는 것을 의미하며, 그 결과 총임금이 줄어들고, 국민소득이 감소하며, 소비자 수요가 위축된다. 따라서 소비재 생산이 축소되고, 이 산업들에서 정리 해고가 확산된다. 임금과 소득이 더욱 줄어들면서 소비재가 넘쳐 나게 된다. 두 부문이 계속해서 영향을 주고받는 과정 전체는 결국 경제 붕괴로 이어진다.

　그 결과로 도래하는 공황은 실업자 산업예비군을 다시 만들어내고 노동자들의 생활수준을 생존 수준이나 그 이하로 되돌린다. 그렇지만 마르크스는 '경기침체론자stagnationist'는 아니다. 자본주의가 하나의 긴 공황을 겪거나 높은 수준의 대량 실업이 영원히 계속될 것이라고 믿지 않았다. 공황 중에는 노동자들의 임금이 떨어지지만 상품 생산만큼 급속하게 떨어지지는 않는다. 따라서 결국 공급이 소비자 수요보다 적어지면서 경기가 회복된다. 마르크스는 자본주의가 성장하지만 호황과 불황의 사이클을 변덕스럽게 오가면서 주기적인 고실업에 시달릴 것이라고 생각했다.

경제 집중

부와 경제력이 점점 더 소수의 수중에 집중되는 현상은 자본 축적의 또 다른 중요한 결과다. 이런 집중은 두 가지 요인이 낳은 결과다. 첫째, 자본가들 사이의 경쟁은 강자가 약자를 짓밟거나 흡수하는 상황을 낳는 경향이 있다. "여기서 경쟁은 서로 적대적인 자본들의 수에 정비례하고 크기에 반비례해 격렬해진다. 경쟁은 언제나 많은 소자본가의 멸망으로 끝나는데, 멸망한 소자본가들의 자본은 일부분은 승리자의 수중으로 넘어가고 일부분은 사라진다."(Marx 1961, vol. 1, 626)

둘째, 기술이 발달하면서 "정상적인 조건 아래서 사업을 경영하는 데 필요한 자본의 …… 최소량이 증대"된다. 경쟁력을 유지하기 위해 기업은 끊임없이 노동자의 생산성을 증대시켜야 한다. "노동의 생산성은 …… 생산의 규모에 의존한다."(Marx 1961, vol. 1, 626). 따라서 기술 변화뿐만 아니라 자본가들 사이의 경쟁 때문에 자본주의 체제에서는 점점 더 소수의 자본가들이 소유하는 기업의 규모가 커지는 무자비한 운동이 생겨난다. 이런 식으로 소수의 부유한 자본가 계급과 사회의 다수 대중, 곧 프롤레타리아트 사이에 가로놓인 심연은 계속 확대된다.

프롤레타리아트의 궁핍화

이렇게 자본의 집중이 점점 심해지는 것과 동시에 프롤레타리아트의 빈곤이 끊임없이 악화한다. 마르크스는 유명한 '궁핍화 명제'에서 자본가들의 풍요에 견줘 노동자들의 상태가 악화하며, 결국 노동자들이 더는 참지 못하고 혁명이 불가피해진다고 주장한다. 마르크스의 궁핍화 명제가 잘못 해석되는 일이 다반사이기 때문에, 여기서 마르크스 자신의 글을 인용해보자.

> 자본주의 체제 안에서 사회적 노동 생산성을 높이기 위한 모든 방법은 개별 노동자들의 희생 위에서 진행된다. 생산을 발전시키는 모든 수단은 생산자를 지배하고 착취하는 수단으로 전환되며, 노동자를 불완전한 인간으로 불구화하고, 노동자를 기계의 부속물로 떨어뜨리며, 노동의 매력을 남김없이 파괴함으로써 노동을 단지 혐오스러운 노고로 뒤바꾸고, 과학이 독립적인 힘으로 노동 과정에 도입되는 정도에 따라서 노동 과정의 지적 잠재력을 노동자에게서 소외시킨다. 또한 노동 생산성을 높이는 모든 방법은 노동자의 노동 조건을 개악하고, 노동 과정에서 노동자를 독재(그 비열함 때문에 더욱 혐오스럽다)에 굴복시키며, 노동자의 전체 생활 시간을 노동 시간으로 전환시키고, 노동자의 처자를 자본이라는 자거노트juggernaut의 수레바퀴 밑으로 질질 끌고 간다. 그러나 잉여가치를 생산하는 모든 방법은 동시에 축적의 방법이며, 축적의 모든 확대는 다시 이 방법을 발전시키는 수단이 된다. 그러므로 자본이 축적되면서 노동자의 상태는 임금이 많든 적든 간에 악화되지 않을 수 없다는 결론이 나온다. 그 법칙은 …… 자본의 축적에 대응한 빈곤의 축적을 필연적인 것으로 만든다. 한쪽 끝에서 부의 축적은 동시에 맞은편 끝에서 빈궁, 노동의 고통, 노예 상태, 무지, 야만화, 도덕적 타락의 축적이다.(Marx 1961, vol. 1, 646)

마르크스가 노동자들의 임금이 오르더라도 궁핍해진다고 주장한 점을 주목해야 한다. 여기에는 두 가지 이유가 있다. 첫째, 마르크스는 설령 노동자들의 임금이 오르더라도 자본가들의 이윤이 증가하는 정도만큼 오르지 않는 다고 생각했다. 따라서 노동자는 자본가에 견줘 계속 궁핍해진다. 둘째, 마르 크스는 자본주의 체제가 발전하면서 분업이 점점 세분화될 것이라고 정확하 게 예견했다. 분업이 세분화되면 노동자의 활동은 더욱 단조로워지고 직무 는 점점 더 반복적이고 지루해진다. 마르스크는 애덤 스미스의 이런 말에 동 의한다. "일생을 몇 가지 단순한 작업에 소비하는 사람들은 …… 일반적으로 인간으로서 가장 둔해지고 무지해진다"(Smith 1970, 80). 마비 상태에 빠져 점차 극 심하게 소외되는 "노동자의 상태는 **임금이 많든 적든 간에** 악화되지 않을 수 없다"(Marx 1961, vol. 1, 645).

자본주의 국가

마르크스는 국가를 통해 점진적이고 단계적인 개혁을 시행함으로써 사회주 의를 창출할 수 있다는 관념을 거부한다. 마르크스가 말하는 **국가**는 단순한 정부 이상을 의미한다. "우리는 무장 조직의 형태로 국민 위에 군림하는, 특 수한 공적 강제력을 지닌 국가에 관해 말할 수 있다"(Hook 1933, 256).

　많은 사회주의자들은 국가가 사회 문제의 공평한 중재자라고(또는 중재 자일 수 있다고) 믿었으며, 국가를 향한 도덕적 또는 지적 호소의 가능성을 믿었다. 마르크스는 이런 관념을 거부했다. 《공산당 선언》에서 마르크스는 "본래 정치권력이란 한 계급이 다른 계급을 억압하기 위해 조직한 힘에 지나 지 않는다"고 선언했다. 각 시대나 생산양식마다 국가는 지배 계급의 강압적 도구다. 프리드리히 엥겔스는 마르크스추의의 주장을 이렇게 요약한다.

　계급 대립 속에서 운동해온 지금까지 존재한 사회에서는 국가, 곧 그때그때의 착 취 계급이 자신의 외적인 생산 조건을 유지하기 위한, 따라서 피착취 계급을 특히 현존 생산 방식에서 주어진 억압 상태(노예제, 농노제 또는 예농제, 임금 노동) 아래 폭력적으로 억눌러 두기 위한 조직이 필요했다. 국가는 사회 전체의 공식적 대표자, 사회 전체가 가시적인 한 단체로 집약된 것이었지만, 이런 사정은 해당 시대에 그 자신이 사회 전체를 대표하던 계급의 국가인 한에서만 그러했다. 고대에는 노예를 소유한 시민의 국가, 중세에는 봉건 귀족의 국가, 우리 시대에는 부르주아지의 국가.(Engels 1935, 295)

따라서 국가는 사회 전체에 관한 지배 계급의 독재에 지나지 않는다.

자본주의 체제에서 독재에는 두 가지 기능이 있다. 첫째, 사회 전체에 관해 자본가들의 독재를 강제하는 전통적인 기능이 있다. 국가는 주로 자본가들의 경제 권력의 원천인 재산권을 강제함으로써 이 기능을 성취한다. 또한 예를 들어 자본주의 비판자들을 수감하거나 괴롭히고, 자본가들의 시장을 확장하기 위해 전쟁을 수행하며, 수익성 좋은 상업을 위해 도로, 철도, 운하, 우편 등 많은 선결 조건을 제공하기도 한다. 둘째, 정부는 자본가들 사이에 벌어지는 경쟁의 중재자 노릇을 한다. 각 자본가는 자신의 이윤에만 관심을 기울이며, 따라서 자본가들의 이익이 충돌하는 사태는 피할 수 없다. 이런 사태를 해결하지 못하면 많은 충돌 때문에 체제의 존재 자체가 위협받을 것이다. 따라서 정부가 개입하며, 이 과정에서 자본주의 체제의 생명력을 유지한다. 때때로 정부가 일부 자본가들의 이해에 거스르는 방식으로 행동하는 것도 이런 사정 때문이다. 그러나 정부는 결코 하나의 계급으로서 자본가 전체의 이해를 거스르는 방식으로 행동하지 않는다.

이런 이유 때문에 마르크스는 사회주의자들이 정부의 도움에 의존해서 자본주의에서 사회주의로 이행을 추진할 수 있다는 생각을 거부한다. 마르크가 보기에, 사회주의를 수립하려면 혁명이 필요하다.

사회주의 혁명

마르크스는 자본주의를 개관하면서 자본 축적 과정이 불가피하게 몇 단계를 수반한다고 지적했다. 자본주의가 발전하면서 경기 순환, 또는 위기가 주기적으로 나타나며 점점 더 심각해진다. 장기적인 이윤율 저하 경향이 존재하며, 이 경향 때문에 자본주의의 다른 문제들도 악화한다. 산업의 생산 능력이 점점 소수의 거대 독과점 기업에 집중되며, 점점 소수 자본가들의 수중에 부가 집중된다. 노동자들의 궁핍은 꾸준히 악화한다.

이렇게 점점 악화되는 상황 속에서 체제가 영원히 지속될 수는 없다. 마침내 자본주의 아래의 삶이 참을 수 없는 지경이 돼 노동자들이 반란을 일으켜 체제 전체를 전복하고 합리적인 사회주의 경제를 창조한다.

이 전환 과정의 모든 이익을 가로채고 독점하는 대자본가의 수는 끊임없이 줄어가지만, 빈궁, 억압, 예속, 타락, 착취의 정도는 더욱더 증대한다. 그러나 동시에 그 수가 계속 증가하며 또 자본주의적 생산 과정 그 자체를 통해 훈련되고 결합되며 조직되는 계급인 노동 계급의 반항도 커진다. 자본의 독점은 이 독점과 더불어 또 이 독점 밑에서 생겨나 번창해온 그 생산 방식의 질곡이 된다. 생산수단의 집중과 노동의 사회화는 마침내 그 자본주의적 외피와 양립할 수 없는 점에 도달한다. 자본주의적 외피는 파열된다. 자본주의적 사적 소유의 조종이 울린다. 수탈자가 수탈당한다.(Marx 1961, vol. 1, 763)

이어지는 강의에서는 마르크스에 대항해 등장한 여러 자본주의 옹호론과 더불어 마르크스 이후 사회주의 사상의 발전을 살펴보자.

요약

사회주의자를 통틀어 가장 큰 영향을 미친 칼 마르크스는 역사유물론이라고 이름 붙인 역사 이론에 기대어 경제 분석을 펼쳤다. 마르크스는 대다수의 사회 제도와 정치 제도는 사회의 경제적 토대, 곧 생산양식에 따라 모양이 규정된다고 믿었다. 시간이 흐르면서 생산력과 생산관계 사이에 모순이 커진다. 이런 충돌의 결과가 사회의 역사적 진화를 결정하는 가장 중요한 요소다.

마르크스가 경제학 저술을 하며 추구한 주된 목표는 자본주의의 계급 체제(또는 사적 소유 체제)와 자본주의 아래의 생산 방식과 교환 방식 사이의 모순, 그리고 계급 없는 사회주의 사회의 대체를 이해하려는 것이었다.

더 읽어볼 책

Engels, Friedrich. 1935. "Anti-Duhring." In *Handbook of Marxism*. New York: Random House(프리드리히 엥겔스 지음, 최인호 옮김, 〈오이겐 뒤링 씨의 과학 변혁("반-뒤링")〉, 《칼 맑스·프리드리히 엥겔스 저작 선집 5》, 박종철출판사, 1994).

Hook, Sidney. 1933. *Towards the Understanding of Karl Marx*. New York: Day.

Marx, Karl. 1961. Capital. Vol. 1. Moscow: Foreign Languages Publishing House.

_____. 1959. *Economic and Philosophical Manuscripts of 1844*. Moscow: Progress Publishers(칼 마르크스 지음, 강유원 옮김, 《경제학-철학 수고》, 이론과실천, 2006).

Marx, Karl, and Friedrich Engels. 1965. "The Communist Manifesto." In *Essential Works of Marxism*, ed. Arthur P. Mendel, pp. 1~52. New York: Bantam.

Smith Adam. 1970. *The Wealth of Nations*, ed. Andrew Skinner. London: Penguin Books.

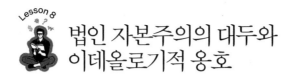

법인 자본주의의 대두와 이데올로기적 옹호

1840년대 중반부터 1873년(유럽에서 장기 공황Long Depression이 시작된 해)까지 이어지는 시기는 경쟁 자본주의의 황금기로 알려져 있다(Dillard 1967, 363). 이 시기는 유럽 대부분 지역에서 경제가 급속하게 팽창한 때다. 미국과 유럽 대륙에서 산업화가 진행됐고, 산업화에 필요한 새로운 자본재가 주로 영국에서 수입됐다. 1840년에서 1860년 사이에 영국은 유례없이 빠른 속도의 수출 팽창을 경험했다. 영국의 수출에서 자본재가 차지하는 비율은 11퍼센트에서 22퍼센트로 늘어났고, 석탄, 철, 강철의 수출도 크게 늘었다.

1830년에서 1850년 사이에 영국이 철로 건설로 호황을 누리는 동안 9600킬로미터에 이르는 철로가 깔렸다. 이렇게 철로를 부설하느라 철 수요가 크게 늘어 철 생산이 1830년대 중반에서 1840년대 중반 사이에 두 배로 증가했다. 그 뒤 30년 동안 이어진 산업 생산의 증가도 무척 인상적인 수준이었다. 1850년에서 1880년 사이에 선철 생산은 연간 225만 톤에서 775만 톤으로 증가했고, 강철 생산은 4만 9000톤에서 144만 톤으로 늘어났으며, 석탄 생산량도 1억 4700만 톤으로 300퍼센트 증가했다. 베서머 전로轉爐 제강법(1850년대), 평로平爐식 용광로(1860년대), 염기성鹽基性 제강법(1870년대) 등을 거치면서 철강 산업이 혁신적으로 바뀌었고, 그 덕분에 훨씬 낮은 비용으로 고품질의 철강을 대규모로 생산할 수 있었다. 자본재 산업 또한 19세기 후반에 번창했다. 1851년에서 1881년 사이에 기계, 선박, 화학제품, 기타 중요한 자본재의 생산에 종사하는 노동자가 두 배로 늘어났다.

법인 권력의 집중

경쟁 자본주의가 최대의 성공을 달성한 듯 보인 바로 그 순간에 마르크스가 자본의 집중으로 이어질 것이라고 예견한 요인들이 나타나기 시작했다. 기술이 발달하면서 더욱 효율적인 생산 방식을 활용하기 위해 공장 규모를 키워야 했다. 경쟁이 더욱 공세적이고 파괴적으로 진행되면서 소규모 경쟁자들은 뿌리째 뽑혀 나갔다. 대규모 경쟁자들은 상호 파괴에 직면하자 카르텔이나 트러스트, 기업 합병 등을 통해 공동의 생존을 확보했다. 미국에서는 이런 경쟁이 특히 격렬했다(이어지는 9강에서 더 자세히 설명할 것이다.)

마르크스가 간과한 요인인 운송과 통신 분야의 혁명적 변화는 끝없이 확대되는 시장을 낳았고, 이 시장의 수요는 단일 기업이나 주식회사 법인체가 효율적으로 충족시킬 수 있었다. 합자 회사, 곧 주식회사는 단일 사업체가 거대한 자본량을 지배할 수 있는 효율적인 수단이 됐다. 유럽과 북아메리카에서는 대규모로 조직화된 금융 시장이 발전했으며, 이 금융 시장을 통해 많은 개인과 소기업이 보유한 소액 자본이 대규모 주식회사의 수중으로 흘러들었다.

거대 주식회사들이 전국 시장이나 세계 시장을 위해 대량으로 물건을 생산하던 19세기 말에는 가격 경쟁(아니 때로는 모든 종류의 경쟁)이 워낙 파괴적이어서 대규모의 중요한 산업에서는 거의 경쟁을 포기했다. 독점 권력으로 향하는 무자비한 추세는 몇몇 주식회사의 탄생으로 이어졌다. 많은 대기업이 자발적으로 결합 관계를 맺었고, 이것을 통해 각 기업이 자율성을 유지했다(카르텔이나 기업 연합^{pool}이 대표적인 예다). 참여 기업들의 표결 주식을 지배하는 트러스트나 지주 회사로 금융 회사를 내세워 결합하는 경우도 있었다. 또 다른 기업들은 직접 합병과 합동을 통해 단일한 기업으로 변신하기도 했다.

영국

영국은 고전적인 자유방임주의 철학이 가장 확고하게 정착된 곳인 탓에 이런 독점 법인체 형성 운동의 영향을 가장 적게 받았다. 기술이 발달하면서 제철 산업에서는 많은 생산 업체가 등장했다. 그렇지만 수입 규제가 거의 없어서 1932년에 무역 규제가 실시될 때까지 영국의 제철 산업은 효율적인 협력 집단으로 결합하지 못했다. 그러나 선박과 보일러 강판 같은 일부 중공업용 철강 제품을 생산하는 업체들은 훨씬 전부터 효율적인 독점을 형성할 수 있었다.

다른 산업에서도 기업 합동으로 집중 현상이 심화됐다. 영국의 철도는 일찍부터 네 개의 주요 회사로 결합됐다. 금융업은 통합을 계속해서 1차 대전 시기에 이르면 다섯 개 상업 은행이 산업을 지배하게 됐다. 1896년에는 면방적 산업의 다섯 개 경쟁 업체가 합병해 단일한 독점체(제이앤피 코츠^{J&P Coats})를 형성했다. 이 기업은 세계의 면사 상품 시장을 지배하기에 이르렀고, 꾸준히 20퍼센트 이상의 이윤을 벌어들였다. 레버브러더스^{Lever Brothers}사는 기업 합동을 통해 영국뿐 아니라 몇몇 다른 나라의 비누 산업을 지배했다. 벽지, 소금, 석유, 고무 산업도 독점 기업이나 긴밀하게 협력하는 과점 기업들이 장악했다. 다른 많은 산업도 소수 대기업의 지배를 받거나 크게 영향을 받았다.

독일

독일에서는 고전적 자유주의 이데올로기가 실제로 뿌리를 내린 적이 전혀 없었다. 19세기 후반에 독일이 산업 강국으로 급부상하는 동안 대규모 독점 산업을 가로막는 철학적, 이데올로기적, 법적 장벽은 전혀 없었다. 따라서 유럽 다른 나라에 견줘 독일에서 독점 기업과 기업 연합이 더 많이 확산된 것은 놀랄 일이 아니다. 독일에서는 카르텔이 독점적인 기업 연합의 주된 형태였다. 1879년에는 약 16개의 카르텔이 있었는데, 이 수치가 1885년에는 35개, 1900년에는 300개, 1922년에는 1000개, 1930년에는 2100개로 늘어났다.

그렇게 해서 20세기 초에 이르면 독점 카르텔이 독일 자본주의 경제에서 중요한 부문을 거의 모두 완전히 지배하게 됐다(독일의 이런 독점 카르텔들을 법이나 철학의 측면에서 정당화하는 시도에 관한 논의는 9강을 보라.)

미국

미국은 남북전쟁을 계기로 산업화에 박차를 가했다. 전쟁 덕분에 산업 생산품을 찾는 수요가 늘어난데다 새롭게 등장하는 주식회사들에 유리한 각종 법률이 통과됐다. 이 기업들은 얼마 지나지 않아 미국의 산업을 지배하게 됐다.

연방 의회에서는 모든 미국인에게 시민권과 정치권을 부여하기 위해 1866년에 첫 번째 민권법을 통과시켰다. 1868년에 이르러서는 미국 수정 헌법 14조가 각 주의 비준을 받았다. 이런 각종 법안이 내세운 목적은 흑인들에게 시민권과 동등한 권리를 부여한다는 것이었다. 민권법에서는 "모든 인종과 피부색의" 시민이 계약을 맺고, 소송을 제기하며, "인신과 재산의 안전을 위해 모든 법률과 소송 절차에서 완전히 동등한 혜택"을 누릴 동등한 권리가 있다고 선언했다(Stampp 1967, 136).

민권법의 내용은 대부분 수정 헌법 14조에 통합됐다. 수정 헌법 14조에는 또한 유명한 '정당한 법 절차' 조항도 들어 있었다. 어떤 주 정부도 "정당한 법 절차를 거치지 않고서는 어느 누구에게도 생명이나 자유나 **재산**"을 박탈할 수 없다는 조항이다(Stampp 1967, 136. 강조는 덧붙임).

그러나 수정 헌법 14조가 비준되고 수십 년이 지났지만, 흑인들의 시민권에는 아무런 변화도 없었다. 대다수 흑인들은 노예제 시대보다도 열악한 상황에 내몰렸다. 수정 헌법 14조에 근거해 내려진 법원 판결은 대부분 오히려 주식회사 법인과 관련된 것이었다. 각급 법원은 법인 역시 인격체이며 따라서 '정당한 법 절차' 조항의 보호를 받는다고 판결했다.

주 정부에서 규제 법안을 통과시켜 법인 기업들의 지나친 월권을 저지하려고 할 때마다, 연방 법원은 법안을 무효화했다. 수정 헌법의 '정당한 법 절차' 조항에 위배된다는 게 이유였다. 거대 법인 기업들의 힘이 점점 커지는 상황에서 주 정부들은 무력해질 수밖에 없었다.

'정당한 법 절차' 조항을 기초한 하원의원 존 A. 빙엄John A. Bingham은 훗날 자신이 이 구절을 "한 단어 한 단어, 한 구절 한 구절" 작성한 이유가 개인 재산권과 법인 기업들을 보호하기 위한 것이었다고 털어놓았다. 수정 헌법 14조의 얼개를 짜는 데 힘을 보탠 하원의원 로스코 콩클링Roscoe Conkling도 나중에 전후 사정을 분명히 밝혔다. "수정 헌법 14조가 비준될 때, 여러 개인과 합자회사가 불공평하고 차별적인 주 정부와 지방 정부가 가하는 각종 세금의 위협에서 연방 의회와 행정부가 자신들을 보호해줘야 한다고 호소했다. ……[수정 헌법 14조를 통해 구현된] 황금률이 굳건히 자리를 잡은 나머지 소수가 자신들에게 마음대로 하지 못하게 하는 것처럼 다수도 소수를 구속할 수 없게 됐다"(Stampp 1967, 136).

법인 기업들은 주 정부의 통제를 두려워할 필요 없이 이윤을 마음껏 추구할 수 있다는 것을 알게 되면서 크게 번성했다. 내부를 확장하고, 더 중요하게는 경쟁자를 흡수하면서 몸집을 불렸다. 거대 법인 기업들이 번창하면서 미국 경제 전체도 번영과 성장을 누렸다.

20세기로 접어들 무렵, 미국은 세계에서 으뜸가는 산업 강국으로 떠오른 상태였다. 1913년에 이르러 미국 경제는 세계 산업 생산량의 3분의 1 이상을 생산했고(2위인 독일보다 두 배가 넘었다), 막대한 힘을 가진 소수 법인 기업들이 대부분의 전략 산업(철도, 식육 가공, 대도시 금융업, 철강, 구리, 알루미늄)과 중요한 제조업 분야를 지배했다.

남북전쟁 직후에는 철도를 제외한 대부분의 산업이 오늘날 기준으로 보자면 비교적 다원화돼 있었다. 이 시기에 관한 정확한 통계 자료가 없기는 하지만, 200대 비금융 기업이 전체 기업 자산에서 지배하는 비중은 아주 작고 중요하지 않았던 것 같다. 그런데 1920년대 말에 이르면, 전체 자산의 33퍼센트를 지배하게 됐다(Bain 1959, 191~192).

이런 집중을 낳은 주된 요인은 19세기 사사분기에 전례 없는 속도로 밀어닥친 기업 연합과 합병의 물결이었다. 이 기업 합병 운동은 많은 기업을 유린하고 몰락시킨 극심한 경쟁의 자연적인 산물이었다. 이 시기에 많은 사람들이 보이지 않는 손이라는 자유주의의 관념에 심각한 의문을 던지기 시작했다. 제약 없는 개인주의가 결국 제약 없는 전쟁 상태로 이어진 것처럼 보였다.

거대 기업들이 몸집을 불리면서 철도와 철강 등 여러 분야에서 각축을 벌이자 각 기업은 최대한의 시장을 점유해서 고정 비용을 보전하려고 기를 썼다. 그 결과로 대규모 생산 업체들 사이에 격렬한 경쟁이 계속 확대됐다. …… 예를 들어 철도 분야에서는 1870년대 내내 요금 전쟁이 끊이지 않았다. 철강과 구리 생산 업체들이 시장을 확보하려고 기를 쓰면서 유전과 탄광에서도 생산 업체들 사이에 비슷한 가격 전쟁이 거듭해서 벌어졌다(Heilbroner 1962, 120).

이런 경쟁은 소규모 경쟁 업체들이 몰락하거나 흡수되는 결과로 이어졌다. 결국 거대 기업들만 남았고, 상황이 이렇게 되자 계속 경쟁을 하면 모든 경쟁자들이 큰 피해를 볼 수밖에 없었다. 기업 합병 운동은 살아남은 기업들이 이런 파괴적인 경쟁을 피하기 위해 의지한 수단이었다.

기업 합병 운동의 범위는 워낙 넓어서 1904년에 이르면 미국 산업의 구조 자체가 근본적으로 바뀌었다. 그해가 시작될 무렵 300개가 넘는 거대 산업 연합체들의 자본 총액은 70억 달러를 웃돌았다. 이 기업들은 미국 제조업 자본의 5분의 2 이상을 장악했고, 미국 주요 산업의 약 5분의 4에 영향을 미쳤다(Bain 1951, 619).

소득의 집중

이런 산업의 집중 현상과 나란히 소수 인구의 수중에 소득이 집중되는 모습이 두드러졌다. 이 시기의 초반에 관한 정확한 통계 자료는 전혀 없지만, 1870년에서 1929년 사이에 소득 집중도가 크게 높아진 것은 분명한 사실로 보인다. 1929년에 이르면 미국 전체 인구의 5퍼센트가 개인 실소득의 34퍼센트를 가져갔다. 소득 집중도는 이미 1913년에 이렇게 극단적인 상태에 이른 것으로 보인다. 1920년대 말에는 상위 20퍼센트 가구와 미혼인 개인이 전체 개인 소득의 50퍼센트 이상을 벌었다.

고전적 자유주의 이데올로기의 재부상

이렇게 경제력이 소수 거대 기업과 겨우 몇 퍼센트의 인구에 집중되면서 고전적 자유주의의 자본주의 이데올로기가 버려졌을 것이라고 생각하기 쉽다. 애덤 스미스가 발전시키고 데이비드 리카도, 나소 시니어, J. B. 세이 같은 저명한 고전파 경제학자들이 세련되게 다듬은 고전적 자유주의의 경제 신조는 많은 소기업들로 구성된 경제 분석에 바탕을 뒀다. 이런 경제에서는 어떤 개별 기업도 시장 가격이나 시장에서 판매되는 총량에 결정적인 영향을 미칠 수 없다. 기업의 행동은 시장에서 표현되는 소비자의 취향과 많은 다른 소기업들의 경쟁에 따라 결정된다. 모든 기업들이 소비자의 돈을 놓고 다투기 때문이다.

고전파 경제 이론과 19세기 말 경제 현실 사이의 간극이 확대되는 것처럼 보이기는 했지만, 그렇다고 고전적 자유주의의 경제 신조가 내팽개쳐진 것은 아니다. 오히려 벤담의 공리주의(애덤 스미스의 보이지 않는 손이라는 규범적 모델에 이미 함축돼 있었다)와 결합되면서 대수학과 미적분학이라는 정교하고 비밀스러운 얼개 안에서 새롭게 변신했다. 이렇게 고전적 자유주의 경제 신조를 다시 유행시킨 것은 신고전파 경제학자들로 알려진 새로운 경제 사상 학파다.

신고전파의 효용과 소비 이론

법인 자본주의의 경제 집중 운동이 한창 벌어지던 1870년대 초반에 유명한 경제학 교과서 세 권이 출간됐다. 윌리엄 스탠리 제번스William Stanley Jevons의《정치경제학 이론The Theory of Political Economy》과 칼 멩거Karl Menger의《국민경제학 원리Grundsätze der Volkswirtschaftslehre》가 1871년에 세상에 나왔고, 3년 뒤에는 레옹 발라Leon Walras의《순수 정치경제학 원리Elements d'economie politique pure》가 출간됐다. 세 사람의 분석에 많은 차이가 있기는 했지만, 이 책들 모두 접근법과 내용에서는 놀라울 정도로 비슷했다. 세 사람의 이론은 시장에 커다란 영향을 미치기에는 힘이 약한 다수의 소생산자와 소비자로 구성된 경제를 가정했다. 기업들은 생산 요소를 고용하거나 구입하고, 생산 과정에서 이 요소들을 활용해 이윤을 극대화하려고 한다. 최종 생산물과 생산 요소의 가격은 기업이 좌우하지 못하는 주어진 것으로 간주된다. 기업이 좌우할 수 있는 것은 자신이 선택한 생산 과정과 생산량뿐이다.

개별 가구들 역시 시장에서 결정된 가격으로 노동뿐만 아니라 토지와 자본까지 판매하고 그 대가(가구 소득)로 재화와 용역을 구입한다. 소비자들은 소득을 나눠서 필요한 다양한 상품을 구입하는데, 이 상품들의 효용을 극대화하려고 노력한다.

상품은 쾌락이나 효용의 궁극적인 원천이며, 상품에서 나오는 효용은 수량화가 가능하다고 가정된다. 제번스는 이렇게 말한다. "쾌락이나 고통의 단위를 가정하기란 쉬운 일이 아니다. 그렇지만 우리가 사고팔고, 빌리고 빌려주며, 노동하고 휴식하고, 생산하고 소비하도록 끊임없이 자극하는 것은 다름 아닌 이런 느낌의 양이다. **그리고 우리는 이 느낌의 양적 효과를 통해 그 상대적인 양을 측정할 수 있다**"(Jevons 1871, 11, 강조는 원문).

발라는 효용을 수량화할 수 있다는 주장을 더욱 분명하게 제시한다. "따라서 나는 욕구의 강도나 강렬한 효용을 잴 수 있는 기준이 있다고 가정하며, 이 기준은 동일한 종류, 유사한 단위의 부뿐만 아니라 다양한 종류, 상이한 단위의 부에도 적용할 수 있다"(Walras 1957, 117쪽).

이 경제학자들은 수량화의 등급을 가정한 뒤 소비자가 얻는 효용과 소비하는 다양한 상품의 양 사이의 함수 관계를 보여주는 내용의 일반적인 수학 공식을 만들었다. 그런데 문제는 소비자의 소득과 시장에서 통용되는 상품 가격이 주어졌을 때 소비자가 어떻게 최대 효용을 얻을 수 있는지를 보여주는 것이었다.

소비자의 효용이 극대화되는 것은 최종 소비 단위의 효용 증가분(해당 상품의 가격에 관한 비율로 표현된다)이 모든 상품에 관해 동일한 비율일 때다. 다시 말해 한 상품에 마지막으로 지불한 달러는 다른 어떤 상품에 지불한 마지막 달러와 동일한 효용 증가분을 소비자에게 줘야 한다. 제번스는 같은 내용을 다른 방식으로 설명한다. 소비자가 효용을 극대화하는 것은 "어떤 상품의 최종 효용도가 그 상품의 교환 비율[가격]과 역비례하도록 상품의 양을 맞춰서 구입하기" 때문이라는 것이다(Jevons 1871, 139).

소비자들이 소득을 상품과 자유롭게 교환할 수 있는 자유 시장이 있다고 가정해보자. 소비자는 효용을 극대화한다는 자기 이익에 이끌려 행동한다.

그러므로 소비자들은 기존의 부와 소득 분배 상황에서 모든 사람의 복지가 극대화되는 방식으로 소득을 분배해서 상품을 구입한다는 결론이 나온다.

신고전파의 생산 이론

신고전파의 생산 이론에서는 기업 분석이 소비자 행동 분석과 완벽한 대칭을 형성한다. 기업은 이윤을 극대화하기 위해 가장 효율적으로 움직이며 따라서 될 수 있는 한 최소의 비용으로 생산한다. 기업은 각 생산 요소의 마지막 단위를 통해 생산에 추가되는 양(이 양은 요소 가격에 관한 비율로 표현된다)이 모든 요소에 관해 같은 비율이 될 때까지 생산 요소(노동 등)를 구입한다. 각 요소에 마지막으로 지불하는 돈은 모든 요소에서 만들어지는 것과 동일한 생산 증가를 낳아야 한다. 자유 시장에서 기업은 언제나 이윤을 극대화하기 위해 효율성을 극대화하려고 노력한다. 그러므로 이런 상태가 늘 유지된다. 따라서 모든 생산 요소는 (주어진 기술 수준 아래서) 생산을 어떻게 재편하더라도 생산 요소를 더 효율적으로 이용할 수 없을 만큼 충분히 활용된다.

또한 신고전파 경제학자들은 많은 소기업들이 경쟁하는 자유 시장을 특징으로 하는 경제의 경우에, 한 상품의 생산에서 다른 상품의 생산으로 자원을 이동하면 반드시 시장 경제에서 생산되는 총가치가 감소할 정도로 정확한 수량과 방법으로 각 상품이 생산된다고 믿었다(이 절과 앞 절에서 설명한 견해에 관해서는 부록에서 좀더 자세히 검토할 것이다).

자유방임

이렇게 신고전파 경제학자들은 매우 정교하고 신비적인 분석을 동원해 시장 경쟁이라는 보이지 않는 손에 관한 애덤 스미스의 관념과 자유방임 경제 정책을 옹호했다. 그리고 셀 수 없이 많은 소생산자와 소비자로 구성된 경쟁 시장 경제에서는 **처음에 주어진 소득과 부에 따라** 시장이 소비자를 인도해 결국 최적의 상품 조합이 만들어진다는 것을 보여줬다. 생산 요소들은 가장 효율적인 방식으로 사용된다. 또한 상품은 사회가 생산하는 가치를 극대화하는 양만큼 생산된다. 그렇지만 이런 최적의 결과에 도달하려면 자유 시장에서 일어나는 과정에 정부가 최소한으로 개입해야 한다.

이 경제학자들은 이런 결과가 최적이 되려면 기존의 소득 분배 상태를 받아들여야 한다는 점을 알고 있었다. 일부 학자들(특히 미국의 경제학자 존 베이츠 클라크John Bates Clark)은 자유 시장 경제에서 달성된 소득 분배를 옹호하려고 노력했다. 이 학자들은 이윤 극대화의 원리에 따라 결국 각 범주의 생산 요소가 생산 과정에 기여하는 한계 가치에 상응하는 대가를 받는 상태로 이어진다고 주장했다. 이런 상태는 생산 요소의 각 단위가 자신이 생산한 양에 상응하는 대가를 받는 분배 정의의 모델처럼 보였다. 그러나 비판론자들은 생산 요소들의 단위가 인간이 아니라는 사실을 재빨리 지적했다. 비판론자들의 주장에 따르면, 이런 체제가 공정하려면 생산 요소의 소유에서 공평한 분배(적어도 토지, 천연자원, 자본에 관한 한)가 필요했다.

그렇다 하더라도 신고전파 경제학자들은 고전적 자유주의의 자유방임 정책에 관한 인상적인 지적 옹호론을 세우는 데 성공했다. 그렇지만 이런 성공은 경제 이론과 경제 현실 사이에 거대한 틈을 만들어낸 덕분에 가능했다. 1870년대부터 오늘날에 이르기까지 신고전파 전통에 속한 많은 경제학자들은 현존하는 경제 제도와 문제에 실질적인 관심을 기울이지 않았다. 그 대신 많은 이들이 수리 모델 구성이라는 고도로 난해한 분야에 틀어박힌 채 사소한 문제를 신비화하는 끝없는 변주에 몰두했다.

신고전파 이론의 수정

신고전파 분석의 2세대와 3세대에 속하는 일부 경제학자들은 이론을 좀더 현실적으로 다듬을 필요성을 인식했다. 경제 체제는 '완전 경쟁'을 특징으로 하지 않는다. 결함이 있기 때문이다. 다음과 같은 약점들이 주로 지적됐다.

첫째, 몇몇 구매자와 판매자는 규모가 커서 가격에 영향을 **줄 수 있다**. 또한 대규모 생산의 경제 때문에 이런 결과는 불가피한 것처럼 보인다.

둘째, 어떤 상품은 '사회적으로 소비'돼야 하는데, 대다수 시민들이 이런 상품을 아무리 바람직하게 보더라도 자유방임 자본주의 경제에서는 이 상품의 생산과 판매가 절대 수익을 낼 수 없다(도로, 학교, 군대 등이 대표적이다).

셋째, 한 상품(예를 들어 자동차)의 생산자가 부담하는 비용은 이 상품을 생산하는 사회적 비용(예를 들어 스모그)과 크게 다를 수 있다. 이런 경우에 사회 전체에 미치는 생산의 비용이 그 상품의 생산에 따른 편익보다 더 클 수 있다. 물론 생산자는 상품을 제조하고 판매해서 여전히 수익을 올리겠지만 말이다. 예를 들어 이윤을 벌어들이는 생산자가 물과 공기를 오염시켜 인간의 삶 자체를 위협하는 부작용을 일으키면서도 이런 해악에 맞서 아무 행동도 하지 않는 경우를 생각해보자.

넷째, 제약 없는 자유 시장 자본주의 체제는 아주 불안정해서 되풀이되는 공황으로 막대한 사회적 낭비를 초래하는 것처럼 보인다.

다섯째, 자유 시장 자본주의 경제는 언제나 극심한 소득 불평등으로 이어진다. 소득 분배의 밑바닥에 있는 사람들은 생존 수준에서도 살아가기 힘든 반면 꼭대기에 있는 사람들은 막대한 소득을 누리며 흔히 보통 사람보다 수백 배를 소비에 지출한다.

이런 결함들이 존재하며 그런 것 때문에 원래는 유익한 자본주의 체제의 작동이 방해를 받는다는 점은 대체로 인정됐지만, 정부가 시장 체제에 어느 정도 개입해야만 이 결함들을 시정할 수 있었다. 정부가 독점 규제 조치를 취하면 거대 기업들에게 경쟁을 강제할 수 있고, 이른바 '유효 경쟁[workable competition. 이론적으로만 가능한 완전 경쟁을 현실에서 구현하려고 경제 분석이나 정책에서 기준으로 쓰는 개념 — 옮긴이]'을 달성할 수 있었다. 도로, 학교, 군대 등 사회적으로 소비되는 상품은 정부가 제공할 수 있었다. 사적 비용과 사회적 비용이 차이가 날 때는 특별세와 보조금 같은 폭넓은 제도를 활용해서 맞출 수 있었다.

또한 (특히 1930년대 이후에는) 많은 사람들이 정부가 재정 정책과 통화 정책을 현명하게 활용해서 체제의 불안정을 제거할 수 있다고 믿었다(이 점에 관해서는 12강에서 좀더 자세히 논의하겠다). 마지막으로 정부는 세금과 복지 정책을 통해 용납하기 힘든 소득 분배의 극단적인 불균형을 완화할 수 있었다.

따라서 이런 체제의 결함들은 사소하고 일시적인 것처럼 보였다. 계몽된 정부라면 결함을 시정하고 다시 한 번 보이지 않는 손을 해방시켜 최선의 세계를 창조할 수 있었다. 그렇지만 이런 결함들의 범위와 중요성에 관해서는 합의를 할 수 없었다.

이런 결함들이 꽤나 널리 퍼져 있고 무척 중요하다고 생각하는 이들은 20세기를 거치면서 **자유주의자**로 불리게 된다. 이 사람들은 때로 경제 체제에 관한 상당히 폭넓은 정부 개입을 주장하지만, 대개는 여전히 신고전파 경제 이론이라는 이데올로기를 등에 업고서 개인 소유와 자본주의 시장 경제 체제를 옹호한다.

이런 결함이 사소하고 중요하지 않다고 보는 경제학자들은 정부가 시장 경제에 하는 개입을 최소화해야 한다고 계속 주장한다. 사실 이 경제학자들이 옹호하는 자유방임 정책은 19세기 고전적 자유주의자들이 옹호한 정책과 무척 비슷하지만, 결국 20세기에 **보수주의자**로 불리게 된다. 여기서 설명한 자유주의자와 보수주의자 모두 신고전파 경제 이론을 활용해서 자본주의 체제를 정당화한다.

자유방임과 사회다윈주의자들

19세기 말과 20세기 초의 자유방임 자본주의 옹호론자들이라는 주제를 마무리하기 전에 사회다윈주의에 관해 간단히 살펴볼 필요가 있겠다. **사회다윈주의자들은** 자본가들이 시장에서 자유롭게 경쟁할 수 있게 정부가 규제를 최소화해야 한다고 믿었으며, 일반적으로 생활의 모든 영역에서 되도록 정부 개입이 적어야 한다고 생각했다. 그러므로 많은 사람들은 이런 자유방임 자본주의 옹호론이 신고전파 경제학자들의 옹호론과 비슷하다고 봤다. 그런데 그렇지 않다. 사회다윈주의자들의 정책 권고는 본질적으로 다른 이론적 틀에 기댄 것이다.

사회다윈주의자들은 찰스 다윈의 진화론을 받아들여 사회진화론으로 그 지평을 확대했다(다윈 자신은 이런 방식에 절대 찬성하지 않았다는 점을 덧붙여야겠다). 사회다윈주의자들은 경쟁이란 언제나 후속 세대가 이전 세대보다 우월해지는 목적론적 과정이라고 믿었다. 이런 상향 진보가 가능한 것은 생존에 적합하지 않은 개체는 자기 보존과 번식에 성공하지 못하기 때문이다. 우월한 생존 능력이란 생물학적 우수성뿐 아니라 도덕적 우수성과 같은 것으로 여겨진다.

사회다윈주의의 아버지인 허버트 스펜서Herbet Spencer(1820~1903)는 이른바 **행위와 결과의 법칙**law of conduct and consequence에 근거해 진화론과 도덕론을 펼쳤다. 자기 보존 역량으로 측정되는 개인의 능력에 따라 사회가 혜택을 분배해야만 인류의 생존이 확보될 수 있다는 게 스펜서의 신념이었다. 사람은 누구나 자기 행동에 따라 혜택을 받거나 해로운 결과를 감수해야 한다. 따라서 환경에 가장 잘 적응한 사람들은 번창하고 적응하지 못한 사람들은 솎아진다. 행위와 결과의 법칙이 지켜지면 이렇게 된다는 말이다. 정부가 사회의 부와 소득의 불평등을 완화하려고 "번영을 누리는 …… 사람의 것을 그렇지 못한 사람에게 준다면, 이런 행동은 약자에게 과잉 의무를 행하기 위해 강자에 관한 의무를 어기는 셈이다"(Fine 1964, 38에서 재인용). 이런 행동은 사회 진보를 더디게 만들며, 지나치면 인류를 멸망시킬 수도 있다. 인류의 생존과 진보는 사회 진화라는 비인격적인 힘에 따라 약자를 솎아내고 절멸시킬 때만 가능하다.

스펜서의 견해에 따르면, "무능력자들이 가난하고, 분별없는 자들이 곤궁하며, 게으른 자들이 굶주리고, 강자가 약자를 밀어내는 것 등은 …… 모두 원대하고 장기적인 자비의 섭리다"(Fine 1964, 38). 스펜서는 무역, 상업, 생산, 부나 소득의 재분배 등에 정부가 어떤 식으로 간섭하든 간에 단호하게 반대했다. 모든 종류의 복지 지급과 노동자의 경제적 불안정을 줄이려는 시도, 정부의 학교, 공원, 도서관 설립 등은 인간 진보를 해친다며 반대했다. 이렇게 스펜서의 자유방임은 고전적 자유주의자들이나 대다수 보수적인 신고전파 경제학자들보다 훨씬 더 극단적이었다.

사회다윈주의자들은 대규모 독점과 과점 산업을 진화의 유익한 결과라고 환영했다. 한편 신고전파 경제학자들은 경제력의 집중을 단순히 관심사에서 제외하거나 무시하지는 않았지만, 정부가 더욱 경쟁적이고 다원적인 상태의 시장을 조성해야 한다고 믿었다. 이렇게 매우 중요한 점에서 두 이론은 대단히 적대적이었다.

자유방임과 기업가 이데올로기

그러나 대다수 기업가들은 지적 일관성 같은 문제에 그다지 관심이 없었다. 기업가들로서는 평등을 확대하는 수단으로 정부를 활용하려 한 급진 개혁론자와 사회주의 개혁론자들이 두려웠으며, 정부가 경제 과정에 개입해서는 안된다는 결론만 내린다면 어떤 이론이든 환영했다. 기업가들 스스로 (특별 관세, 조세 감면, 무상 토지 불하 등 많은 특혜를 통해) 자신의 이익을 증진하려고 정부를 활용하기는 했지만, 사회 개혁 때문에 자신들의 지위나 부, 소득이 잠식될 위험에 놓이면 자유방임 논리에 의지했다. 따라서 19세기 말과 20세기 초의 평범한 기업가들이 신봉한 이데올로기에서는 신고전파 경제학과 사회다원주의를 결합하려는 전체적인 시도가 있었다.

이 이데올로기에서는 부의 축적이 진화론적 우성을 나타내는 사실상의 증거로 여겨진 반면, 가난은 진화론적 열성의 증거로 믿어졌다. 작가 벤저민 우즈Benjamin Woods는 성공이란 "다른 사람들이 무관심하게 하는 일을 철저하게 하는 것"이라고 힘주어 말했다. 앤드루 카네기Andrew Carnegie는 성공을 "정직한 노동과 능력, 집중"과 같은 것으로 봤다. 또 어떤 기업가는 "부란 언제나 근면, 절제, 인내의 당연한 결과였으며, 앞으로도 그럴 것"이라고 주장했다. 또한 스탠더드오일의 변호사인 도드S. C. T. Dodd는 가난이 존재하는 이유는 "자연이나 악마가 어떤 사람들은 약하고 어리석게 만들고 또 다른 사람들은 게으르고 쓸모없게 만든 때문"이라고 주장했다. "어떤 사람이나 하느님도 스스로 노력하지 않는 이를 크게 도울 수는 없다."(인용문은 모두 Fine 1964, 98에서 재인용)

신고전파 경제 이론에서 말하는 경쟁의 유익한 결과는 '생존 투쟁'을 통한 '적자생존'에 의존하는 흐름을 더욱 부추기는 것처럼 보였다. 출판업자 리처드 R. 보커Richard R. Bowker는 "경제학에서 경쟁은 자연계의 '자연선택' …… 법칙과 동일한 것"이라고 주장했다(Fine 1964, 100).

일부 기업가와 그 대변인들이 고전적 자유주의의 자본주의 이데올로기에서 말하는 자유방임이라는 결론을 영속화하려고 했지만, 대다수 자본주의 체제 옹호론자들은 새로운 대량 생산의 시대(부와 권력이 극소수 법인 기업과 자본가들의 수중에 거대하게 집중된 시대)에 개인주의적인 자유방임의 낡은 이데올로기는 이제 의미를 잃었다고 믿었다. 19세기 말에 사람들은 예전의 가부장 윤리가 새롭게 태어나는 모습을 목격했다. 이제 여러 본질적인 면에서 새로운 형태의 기독교 가부장 윤리에 바탕을 둔 자본주의의 새로운 이데올로기를 검토해보자.

새로운 기독교 가부장 윤리

신고전파의 자유주의적인 자본주의 이데올로기와 경제 현실이 점점 괴리되는 모습은 많은 지식인과 기업가의 머릿속에 각인됐다. 그 결과 법인 자본주의라는 새로운 시대에 맞는 새로운 이데올로기가 등장했다. 산업과 금융 분야의 새로운 사업가들이 봉건 시대의 노상강도 귀족[robber baron. 12~13세기 무렵 중세의 장원과 도시들은 재정 수입을 위해 도로, 다리, 부두 같은 교통의 요지에 세관을 설치하고 통행세, 교량세, 항만세 등을 징수했다. 많은 영주들이 정당하지 않은 방법으로 여행자나 상인의 돈을 갈취해서 노상강도 귀족이라는 경멸적인 호칭이 붙었다. 19세기 말 미국을 지배하게 된 대재벌들도 무분별한 경쟁과 대중 착취를 일삼는 행태 때문에 이런 별명을 얻었다 — 옮긴이]과 비슷해진 것처럼, 새로운 이데올로기는 기독교 가부장 윤리의 봉건적 형태와 빼닮았다. 이 이데올로기는 소수 엘리트 집단, 곧 산업계와 금융계의 대재벌들이 자연적으로 우수하며 대중을 돌보는 가부장과 같은 구실을 한다고 역설했다.

새로운 이데올로기는 부유층 자본가 대다수가 일반 대중 사이에서 국민 영웅으로 부상하는 현실을 반영하고 있었다. 19세기의 마지막 20년과 20세기의 처음 30년은 이 기업가들이 사회에서 가장 존경 받는 인간형으로 떠오른 시기다. 기업가들이 거둔 성공은 보통 사람보다 우월한 미덕을 갖고 있다는 사실상의 증거로 여겨졌다. 윌리엄 메이크피스 새커리William Makepeace Thackeray를 다룬 여러 전기와 호레이쇼 앨저Horatio Alger가 쓴 소설의 주제는 바로 이런 성공담이다. 두 사람을 비롯한 여러 작가들이 만들어낸 성공 예찬론은 산업 집중의 증가를 사업가들의 진화론적 우수성을 보여주는 증거로 여겼고, 자수성가한 개인을 영웅시했으며, 호레이쇼 앨저가 퍼뜨린 가난뱅이가 부자가되는 신화를 대중의 마음속에 끊임없이 주입했다.

이런 기업가를 향한 존경이 기업가와 일반 대중에게 모두 파괴적인 영향을 미치는 경쟁에 관한 강한 반감과 합쳐지면서 기독교 가부장 윤리의 새로운 보수적 형태가 생겨났다. 이 윤리는 18세기 말과 19세기 초의 토리당 급진파의 철학과 비슷했다. 그 시기에 등장한 새로운 저술에서는 가난한 사람들의 불행한 처지가 두드러지게 조명됐다. 새로운 이데올로기에 따르면, 이 문제는 경제 불안정과 마찬가지로 거대 기업 지도자들에게 협력을 장려해서 해결될 수 있었다. 경쟁은 반사회적인 것으로 여겨졌다. 협력을 통해 경기 순환을 끝내고 가난한 사람들의 곤경을 개선할 수 있었다.

이런 새로운 형태의 기독교 가부장 윤리는 교황 레오 13세(1810~1903)의 지지를 받았다. 1878년에서 1901년 사이에 교황은 법인 자본주의의 문제점을 분석하고 일련의 회칙을 통해 치유책을 제안하려 했다.《새로운 사태Rerum novarum》(1891)라는 회칙에서 교황은 "지금 이 순간 절대 다수의 극빈층을 짓누르는 비참과 불행의 …… 치유책을 찾아야 한다"고 주장했다. 계속해서 교황은 제약 없는 자유방임 경쟁을 비난했다.

노동자들은 고립된 무방비 상태에서 고용주들의 비정함과 제약 없는 경쟁의 탐욕에 내맡겨졌다. 만족을 모르는 탐욕스러운 자들은 …… 욕심 사나운 고리대금업으로 악폐를 부추기고 있다. 더 나아가 계약 노동의 관습과 많은 상업 부문이 소수의 수중에 집중된 현실 때문에 한 줌의 큰 부자들이 가난한 대중에게 노예제보다 나을 것이 없는 멍에를 씌울 수 있다는 점도 덧붙여야 한다.(Fusfeld 1966, 86에서 재인용)

사회주의적인 어조와 내용이 드러나는 이 구절 다음에는 사회주의를 단호하게 비난하고 사적 소유를 옹호하는 내용이 이어진다. 교황은 경쟁을 거부하고 사랑과 형제애라는 기독교의 가치로 돌아가, 그리고 기업과 산업의 지도자들이 개인 소유를 기반으로 한 자본주의 체제 안에서 새로운 기독교 가부장주의를 이끌면서 이 문제를 시정할 수 있기를 바랐다.

독일식 가부장 이데올로기

새로운 가부장 이데올로기가 가장 크게 득세한 곳은 독일이다. 독일에서는 고전적 자유주의가 튼튼하게 자리를 잡은 적이 없고 산업 집중 현상이 두드러졌다. 독일의 저명한 경제학자인 구스타프 폰 슈몰러Gustav von Schmoller는 그때 독일 사회를 지배하던 견해를 이렇게 표명했다.

> 카르텔이 적절한 방식으로 형성된다면 대체로 정의롭고 공정한 체제가 생겨날 것이다. …… 카르텔의 경영자들은 개인의 이기주의적인 이익보다 산업 부문의 폭넓은 이해가 달성되기를 추구하는 교육자들이다. …… 카르텔 체제는 협동조합이나 상인 협회처럼 상업 관리와 기술 관리들을 교육하는 데 중요한 요소다. 이런 교육을 통해 관리들은 돈을 벌면서도 사회 전체의 이익에 봉사하는 방법을 익히고, 성실하고 명예롭게 타인의 재산을 관리하는 법도 배운다.(Pinson 1954, 236에서 재인용)

카르텔은 또한 경제 위기를 끝낼 수 있는 수단으로 널리 정당화됐다. 독일에서 카르텔 체제를 법적으로 정당화한 여러 판결 중 하나는 이렇게 선언했다. "실제로 신디케이트와 카르텔의 형성은 거듭해서 …… 경제 전체에 특히 유용한 장치로 여겨졌다. 비경제적인 과잉 생산과 그 결과인 파국을 예방할 수 있기 때문이다."(Dillard 1967, 396에서 재인용).

미국식 가부장 이데올로기

앞에서 살펴본 것처럼, 미국에서 새로운 이데올로기가 번성하게 된 이유는 성공한 기업가를 존경하는 한편 파괴적인 경쟁에 진저리를 내는 사회 분위기가 있었기 때문이다. 미국에서 가장 성공한 대재벌인 앤드루 카네기는 산업계와 금융계의 많은 대재벌이 지닌 견해를 이런 말로 대변했다.

> 부를 생산하는 능력과 정력이 있는 사람들이 부를 축적하는 것은 인류에게 해악이 아니라 행복을 가져다준다. …… 우리에게는 일시적으로 불공평한 부의 분배를 해결할 수 있는 대책이 있다. 부자와 빈자 사이의 화해, 곧 조화의 지배는 공산주의

자의 이상하고는 전혀 다른 이상으로서 우리의 문명을 완전히 전복하는 게 아니리 기존 상태를 조금 더 발전시킬 것을 요구한다. …… 조화의 지배 아래 이상적인 국가가 만들어질 것이고, 이 국가에서는 소수의 남아도는 부가 진정한 의미에서 다수의 재산이 될 것이다. 소수의 손을 통해 전해지는 이 부가 공동의 이익을 위해 관리된다면 민중에게 직접 분배할 때보다 인류의 진보에 더 크게 기여할 수 있기 때문이다.(Carnegie 1949, 3, 5, 6)

카네기는 백만장자란 "가난한 사람들의 수탁자로서, 공동체의 증대된 부의 상당 부분을 잠시 동안 맡아두는 구실을 한다"고 주장했다. "다만 공동체가 직접 관리하는 것보다 훨씬 더 훌륭하게 공동체를 위해 이 부를 관리한다."(Kennedy 1949, xxi쪽). 많은 기업가와 기업의 대변인들도 이런 주장에 동조했다.

윌리엄 로렌스William Lawrence 주교는 새로운 엘리트 의식을 종교적으로 승인했다. "긴 안목으로 보면 부는 결국 덕성 있는 사람에게만 돌아간다. …… 독실함은 부와 제휴한다." 철도 회사 회장인 조지 F. 베어George F. Baer도 같은 생각으로 철도 노동자들에게 "노동자의 권리와 이익을 보호하고 돌보는 것은 노동자 선동가들이 아니라 기독교도"라고 설득하려 애썼다. "하느님이 무한한 지혜로 이 나라의 재산권을 기독교도들이 지배하게 만드셨기 때문이다" (Kennedy 1949, xxi)。

새로운 윤리를 위한 사이먼 패튼의 경제적 토대

학계에서 가장 큰 영향력을 발휘한 새로운 법인 이데올로기의 대변인은 아마 사이먼 N. 패튼Simon N. Patten 박사일 것이다. 1888년부터 1917년까지 펜실베이니아 대학교에서 경제학 교수를 지낸 패튼은 미국경제학회American Economic Association 창설에도 주도적으로 참여했다(Hunt 1970, 38~55쪽을 보라). 패튼은 새로운 이데올로기의 가부장적 요소와 보조를 맞추면서 그때 횡행하던 빈곤과 경제적 착취를 비난했다. 다음 구절은 그 시대의 마르크스주의자가 한 말이라 해도 무방할 정도다.

지금까지 생명의 두 흐름이 나란히 흘러왔다. 한 흐름에 속한 노동 빈민들은 원시 세계의 압박과 상호 의존에서 얻은 자질 덕에 불멸의 존재가 되며, 다른 흐름에 속한 귀족 집단은 법률과 전통을 지배함으로써 사회의 잉여를 장악한다.(Patten 1907, 39)

15년 뒤에 패튼은 같은 맥락에서 이렇게 말했다.

뉴욕 5번가의 찬란한 불빛은 희생자들이 타의에 쫓겨 내던져진 저 먼 지옥의 반영에 지나지 않는다. 대재벌들이 번성하는 자금의 흐름을 조성하기 위해 일부 자원이 남용되고 도시가 타락한다. 자원이 풍부한 펜실베이니아에서 짐을 가득 싣고 떠난 열차들은 텅 비어 돌아온다. 대다수 사람들에게는 착취가 강도질이 아니라고 설득하기 위해 시간을 할애하는 것 말고는 아무런 대가도 돌아오지 않는다. …… 그러나 자연은 저항한다! 지체 높은 스트라우스 씨의 배당금을 늘리기 위해 아이들을 침대에서 끄집어내고, 철강 공장에서 일하는 참전 군인 불구자들이 거지 차림새로 터벅터벅 걸을 때마다 떠오르는 태양은 그 광경을 보면서 주름살을 찌푸리고 얼굴을 붉히며, 오직 저 너머 행복한 지역의 광경을 비출 뿐이다.(Patten 1922, 226)

이런 가난과 착취는 결핍을 특징으로 하는 앞선 시대의 마지막 잔재라는 게 패튼의 견해였다. 결핍의 경제에서는 자본가들이 서로 호전적으로 경쟁하며, 그 결과로 노동자들뿐만 아니라 대중 전체가 고통을 받는다. 그렇지만 강도 귀족들의 치열한 경쟁은 역사의 분수령이 됐다. 경쟁에 뒤이은 기업 합병 운동은 새로운 시대, 결핍이 아닌 풍요의 시대를 여는 시발점이었다. 바야흐로 자본가들이 사회화되고 있었다. 자본가들은 공공의 복지를 이윤 추구보다 우선시했고, 이 과정에서 경쟁을 피했다. 공공의 복지를 증진하려면 협력이 최선의 방도라는 점을 인식했기 때문이다(물론 우리는 자본가들이 협력한 목적은 대부분 대중에게서 더 많은 이윤을 짜내는 데 있다는 것을 봤다).

20세기로 접어들면서 사회화되는 자본가들이 경제적 번영의 조건을 마련했다는 증거는 "병원이 …… 건립되고, 학교에서 …… 무상교육이 실행되고, 대학에 …… 기부금이 쇄도하고, 박물관과 도서관, 미술관이 …… 풍족한 지원을 받고, 교회 기금이 …… 늘어나고 선교회가 …… 나라 안팎에서 설립된" 사실에서 드러난다(Patten 1902, 170). 패튼은 거의 모든 정책 문제에 관해 산업 자본가들에게 적극 찬동하는 견해를 보였다. 패튼이 보기에 19세기 말의 업계 지도자들은 가부장처럼 자애로운 엘리트 집단이었다.

> 대규모 자본주의가 성장한 덕분에 비사회적인 자본가는 사라졌고 사회화된 집단이 점차 모든 산업을 장악하게 됐다. …… 노동자에게 동정을 드러내는 자본가의 정서의 밑바탕에는 이타적인 감정이 자리 잡고 있다. 하층 계급의 처지를 개선하려는 상층 계급 사람들의 이런 바람은 하층 계급이 생활 향상을 위해 행사하는 압박하고는 전혀 다른 현상이다. 하층 계급의 운동은 자신들의 이익을 위해 스스로 국가를 장악하는 것을 의미한다. 반면 상층 계급의 운동은 인격의 표현을 가로막는 열악한 환경 조건에 맞서고자 한다.(Patten 1924, 292)

패튼은 경쟁하는 기업들에게 세금을 부과하고 트러스트와 독점 기업에는 이 세금을 면제해서 경쟁을 억제해야 한다고 생각했다. 이렇게 하면 경쟁 때문에 생겨나는 막대한 낭비를 없애서 사회 전체에 이득이 된다는 것이었다. 《가격안정론The Stability of Prices》(1889)에서 패튼은 19세기 말에 경제가 불안정해진 것은 대부분 경쟁 때문이라고 주장했다. 트러스트와 독점 기업을 향한 운동이 마무리되면 생산이 통제되고 계획돼 경제 불안정이 끝날 것이었다.

패튼의 가부장 이데올로기는 자본주의의 자유주의 이데올로기와 마찬가지로 결국 기업 활동에 관한 정부의 간섭을 최소화해야 한다는 호소였다. 정부는 트러스트와 독점 기업을 장려하고 경쟁을 억제하는 방식만으로 경제에 간섭해야 했다. 패튼의 구상에 따르면, 모든 중요한 사회 개혁과 경제 개혁은 사회화된 자본가들이 협력적인 법인 집단주의cooperative corporate collectivism 체제를 통해 자발적으로 실행해야 하는 것이었다.

새로운 가부장주의와 뉴딜

패튼식의 새로운 법인 자본주의 이데올로기는 역사적으로 매우 중요한 의미를 갖게 된다. 대공황 중에 패튼의 열성적인 두 제자인 렉스퍼드 가이 터그웰Rexford Guy Tugwell과 프랜시스 퍼킨스Frances Perkins는 루즈벨트 초기 내각의 일원으로 영향력 있는 자리에 있었다(여기서 다룬 자료에 관한 더 깊은 논의는 Hunt 1971, 180~192를 보라). 터그웰은 패튼의 견해가 "내 사고에 가장 커다란 영향을 미쳤다"고 주장했다. "베블런이나 듀이도 패튼만큼 완벽하면서도 본능적으로 미래의 방향을 찾아내지 못했다. 패튼이 보여준 웅대한 구상과 기본적으로 올바른 전망은 시간이 흐를수록 더욱 뚜렷해진다. 나는 영원히 패튼에게 감사한다"(Gruchy 1967, 408에서 재인용). 퍼킨스는 옛 스승이야말로 "미국이 배출한 손꼽히는 위대한 인물"이라고 생각했다(Schlesinger 1965, 229에서 재인용).

이 두 옛 제자를 통해 패튼은 뉴딜 초기 단계의 경제 정책에 상당한 영향을 미쳤다. 패튼의 사상은 1933년 전국산업부흥법National Industrial Recovery Act(NIRA)의 지적 토대를 마련하는 데 일조했다(Schlesinger 1965, 98). 물론 패튼이 이런 사상의 유일한 원천인 것은 아니다. 이미 1차 대전 중에 전시산업위원회War Industries Board는 법인 집단주의에 열광하는 분위기를 조성했다. 1920년대 내내 각종 업종 협회가 번성했고, 기업계에서는 기업 자치라는 교의가 많은 신봉자를 얻었다. 1922년에 프랭클린 루즈벨트는 이런 협회 중 하나인 미국건설업협회

American Construction Council 회장이었다. 그러나 패튼의 가르침은 의심의 여지없이 큰 영향을 미쳤다. 패튼의 제자인 터그웰과 퍼킨스는 둘 다 전국산업부흥법의 실제 얼개를 짜는 데 톡톡히 기여했다.

전국산업부흥법은 "업종 집단 사이의 협력적 행동을 목적으로 하는 산업 기구를 장려한다"는 연방 의회의 의도를 선언했다(Schlesinger 1965, 98~99). 이 법안에는 가격 조작 협정과 시장 분점을 허용할 뿐 아니라 심지어 장려하는 공정 경쟁 규약과 독점금지법의 적용을 사실상 완전히 면제해주는 내용을 규정하는 항목도 들어 있었다. 7A항은 원래 노동 조직을 장려하려고 마련된 것이었지만, 워낙에 내용이 완화돼 흔히 어용 조합의 결성을 부추기는 데 활용됐다. "터그웰은 전국산업부흥법이 제대로 시행되면 결국 산업별로 자체적인 정부가 생겨나서 근본적인 목적('경쟁이 아닌 생산')을 증진할 수 있을 것이라고 생각했다. 훗날 터그웰이 한 말에 따르면 '위대한 집단주의'를 통해 확고한 복지 기반을 마련하는 일사불란한 전국적 노력의 하나로서 미국의 활력을 집중시키는 방향으로 전국산업부흥법을 집행할 수도 있었다"(Schlesinger 1965, 108).

국가부흥청National Recovery Administration(NRA) 초대 청장인 휴 S. 존슨Hugh S. Johnson 장군은 미국제조업협회National Association of Manufacturers(NAM)에 이 법안을 설명하면서 "국가부흥청은 업종 협회로 조직된 산업이 성공한 것과 마찬가지"라고 단언했다. 더 나아가 존슨은 국가부흥청이 생기기 전에는 업종 협회들이 "할머니 뜨개질 모임 정도의 효율성밖에 없었다"고 주장했다. "지금 나는 예전에 무기력해진 업종 협회들의 모임에 처음으로 권력을 주자고 제안하는 법에 관해 이야기하고 있다."(Schlesinger 1965, 110에서 재인용).

1934년에 발표된 경제학 문헌들은 대부분 초기 뉴딜 시기의 개혁으로 기업에 관한 정부의 통제가 크게 확대되지 않았다는 점을 인정하고 있다. 오히려 업종 협회들에게 산업 전체를 장악하라고 강요하면서 정부 차원에서 자발적인 업종 협회들을 지원했다(Rogin 1935, 338, 346, 349~355쪽을 보라).

기업 자치라는 이 실험은 결국 재앙을 불러왔다. 저명한 역사가 아서 M.

슐레진저 2세[Arthur M. Schlesinger, Jr.]는 초기 뉴딜이 이 단계에서 거둔 성공을 평가한 적이 있다. 우리 역시 슐레진저의 평가에 동의한다.

그런데 기업의 자치는 어떤 결과를 낳았는가? 생산을 제한하고, 노동자들과 7A항을 기만했으며, 소기업을 파산시키고, 대통령을 향한 야만적인 인신공격을 낳았으며, 이윤 추구를 향한 광란 속에서 모든 사람이 짓밟히는 사회 전반의 풍조로 이어졌다. 루즈벨트는 제퍼슨과 잭슨이 본능과 신조로 알던 것을 경험을 통해 배우고 있었다. 자본주의를 개혁하려면 자본가들과 필사적으로 싸워야 한다는 사실을 말이다.(Schlesinger 1959, 30~31)

전국산업부흥법의 바탕이 된 뉴딜 초기의 철학은 순식간에 버림받았다. 전국산업부흥법은 대법원에서 위헌 판결을 받았다. 그렇지만 자본주의의 새로운 가부장 이데올로기는 2차 대전 이후 더욱 상세하게 설명된다.

요약

19세기 말에 이르러 자본주의는 거대 법인 기업들의 성장으로 특징지어졌다. 대부분의 주요 산업에 관한 지배는 점점 더 집중됐다. 이런 산업 집중과 나란히 소수의 수중에 막대한 소득이 집중됐다.

이런 사실에 비춰 볼 때, 고전적 자유주의 이데올로기(이 이데올로기는 상대적으로 무력한 다수의 소기업들로 구성된 경제 분석에 의존한다)를 포기해야 할 것처럼 보였다. 이론과 현실 사이를 가르는 간극이 거대한 구렁처럼 넓어진 상태였다. 그러나 시장 경제를 통해 탐욕스럽게 이윤을 추구하는 행위가 사회적으로 자애로운 실천으로 바뀐다는 사고는 제약 없이 이윤을 추구하는 행위에 어울리지 않는 지나치게 우아한 변호론이었다. 그리하여 고전적 자유주의의 자본주의 이데올로기는 신고전파 경제학이라는 새로운 학파에 한층 더 꾸준히 확산됐다.

신고전파 경제학자들은 정교한 연역적 이론 덕분에 자유방임이라는 고전적인 정책 처방을 옹호할 수 있었다. 보수적인 신고전파 경제학자들은 직간접으로 기업 이윤을 증진하는 임무만을 정부에 부여했다. 자유주의적인 신고전파 경제학자들 또한 자유 시장의 작동으로 사회 후생이 극대화되지 않는 몇몇 제한된 분야에만 정부가 관여해야 한다고 생각했다. 신고전파 경제학은 보수파나 자유주의파 어느 쪽의 수중에 있든 간에 본질적으로 여전히 기존 체제를 이데올로기적으로 옹호했다.

사회다원주의 이데올로기와 대다수 기업가들의 이데올로기는 신고전파 경제학자들이 내린 많은 결론들을 옹호했다. 그렇지만 그 근거는 전혀 달랐다. 먼저 기업 권력, 개인적 부, 개인 소득이 고도로 집중돼 있다는 점을 인정했다. 그렇지만 자신들이 보기에 이런 사실은 진화론의 기준에서 부유층이 우수하다는 증거였고, 따라서 사회에 유익한 것이었다.

그러나 이 시기 동안 많은 자본주의 이데올로그들은 비현실적인 가정에 근거를 둔다는 이유로 고전적 자유주의를 거부했다. 이 사상가들이 창조한 새로운 기독교 가부장 윤리에서는 자본가들이 아버지처럼 자애로운 공공복지의 보호자로 그려졌다. 이 새로운 윤리는 1930년대 뉴딜 초기의 사회 입법과 경제 입법에 특히 중요한 영향을 미쳤다.

신고전파의 효용, 소비, 생산 이론

제번스, 멩거, 발라 등의 저작이 출간된 뒤 50년 동안 자본주의는 급속한 변화를 겪으면서 이례적인 격동을 거쳤다. 현실에서는 산업 집중이 고조되고, 제국주의를 향한 움직임이 착착 진행되고, 경제 불안정이 깊어졌지만, 이 시기 경제학자들의 저술을 검토하면 신고전파가 내세우던 공리주의의 이상에 계속 집착했다는 것을 알 수 있다. 신고전파 경제학자들은 시장 교환, 곧 합리적인 계산과 극대화 행동을 강조했다. 또한 노동을 통한 소득과 소유를 통한 소득이 본질에서는 비슷할 뿐만 아니라 자유 시장의 교환이라는 '보이지 않는 손'이 만인에게 유익한 조화를 가져온다고 주장했다. 점점 신고전파 이론의 대열에 합류하게 된 많은 학자들은 합리적 효용을 극대화하는 데 전념하는, 상대적으로 무기력한 소규모 행위자들로 구성된 사회에 관한 고전적 자유주의의 전망을 세련화하고, 발전시키고, 정교하게 다듬고, 아름답게 꾸미려고 끊임없이 노력했다. 이런 사회에서는 똑같이 조화로운 사회적 과정이 끊임없이 반복될 것이었다. 19세기 말에 이르러 신고전파 경제학은 세계 곳곳의 대다수 영어권 대학교에 개설된 경제학과에서 보수적인 정통 이론으로 확고히 자리를 잡았다.

아마 이 이론에서 가장 난해한 세 측면은 기업가 개념, 생산의 본성, 경쟁 균형 가격이 결정되는 과정일 것이다. 기업가는 끊임없이 생산 요소를 끌어들여서 완성품이나 상품을 만들어 판매하는 사람이다. 기업가는 오로지 이윤을 극대화한다는 욕망에 따라 움직인다. 물론 신고전파의 기획에서 경제가 경쟁 균형 상태일 때는 이윤이 전혀 없기는 하지만 말이다. 생산 시기가 끝날 때마다 (만약 균형이 우세하면) 기업가는 생산 요소 소유자들에게 각 요소가 생산 과정에서 창조한 가치를 지불하면 생산된 가치가 전부 소진된다는 사실을 발견한다. 결국 기업가에게 남는 유일한 보수는 생산 과정에서 사용한 자신의 생산 요소의 대가로 받는 통상적인 수익뿐이다. 따라서 이윤을 전혀 벌지 못하며, 기업가는 자기가 소유한 생산 요소를 다른 기업가에게 임대한 때하고 똑같은 소득을 얻는다.

신고전파의 생산 과정 개념 역시 기업가 개념만큼이나 난해하다. 신고전파의 생산 이론에서는 파업이나 작업 중단, 노사 관계 같은 현실 세계의 많은 측면을 무시하기 때문에 추상적이고 비현실적인 생산 개념을 보여준다. 기업가가 마주하는 것은 복잡한 수학적 처방이다. '생산 함수'는 어떻게 생산 요소들의 양을 다양하게 조합해서 각기 다른 양의 완성품을 생산할 수 있는지를 설명한다. 기업가는 생산 요소들의 주어진 가격과 완성품의 주어진 가격을 살펴본 뒤 이윤을 극대화하기 위해 어떤 요소를 구입해서 어떤 상품을 팔지를 선택한다. 일단 선택을 하면 생산의 문제는 해결된다. 경쟁 균형 상태일 때는 투입과 산출의 이윤 극대화 조합으로도 이윤을 낳지 못하며, 다른 조합을 사용하면 손해를 본다. 사실 흔히 말하는 이윤이란 노동자가 노동 생산성에 관해 임금으로 보상 받는 것처럼 자본 소유자가 자본 생산성에 관해 받는 보상에 지나지 않는다.

기업가와 생산 과정의 본성을 이런 식으로 가정하기 때문에 신고전파 이론에서는 자본주의 경제가 보편적으로 유익하고 조화로운 시장 교환이 이어지는 지속적인 과정으로 그려진다. 생산과 생산 함수에 관한 이론화가 존재하기는 하지만, 이런 이유 때문에 우리는 신고전파 경제 이론을 교환 이론이라고 말할 수 있다. 신고전파 경제 이론은 애덤 스미스의 보이지 않는 손 이론을 정교하고 난해하게 바꾼 것으로, 실제 생산 과정에는 거의 관심을 기울이지 않는다.

신고전파 이론의 세 번째 난해한 원리는 경쟁 균형 가격이 결정되는 과정에 관한 개념이다. 이 이론에서 소비자, 생산 요소 소유자, 기업가는 모두 수동적인 '가격 수용자'다. 모든 가격은 어떤 개인이나 기업의 행동과 완전히 무관하게 경쟁 시장을 통해 결정된다. 신고전파 이론가들은 이런 균형 가격이 '모색' 과정을 통해 결정된다고 주장할 수 있지만, 이 모색의 과정에서 경제가 균형에서 더 멀어지는 일이 없다는 것을 보여주는 설득력 있는 이론적 또는 경험적 논증을 제시하지는 못한다.

균형 가격의 집합이 존재한다는 가정은 신고전파의 자유 시장 자본주의 옹호론에서 결정적으로 중요하다. 한계 생산성 분배 이론(각 '생산 요소'의 소유자가 생산 과정에서 해당 요소가 한계적으로 기여하는 정도만큼 보상을 받는다는 믿음), 보이지 않는 손 논증, 자유 시장에서 작용하는 수요와 공급의 힘을 통해 경제가 자동적이고 효과적으로 완전 고용 균형에 도달한다는 믿음(순전히 신념으로 지탱되는 믿음) 등이 모두 이 가정에 기반하고 있기 때문이다. 시장이 자동적으로 균형 가격을 창출하지 못한다면 이 세 가지 이데올로기적 버팀목 중에서 어느 것도 지켜질 수 없다.

이제 신고전파 후생경제학(애덤 스미스의 보이지 않는 손 논증을 최종적이고 가장 정교하게 미화하는 이론)을 요약하면서 우리는 중요한 경제 이론가의 저술은 거의 언급하지 않을 것이다. 예외가 있다면 빌프레도 파레토Vilfredo Pareto의 저술에 관한 논의 정도가 되겠다. 몇몇 경제학자들은 파레토가 대단히 많은 기여를 했다고 생각하기 때문에 신고전파 후생경제학을 '파레토' 후생경제학이라고 부르기도 한다. 파레토가 주로 기여한 점은 레옹 발라가 제시한 일반 균형 구조를 영국의 프랜시스 Y. 에지워스Francis Y. Edgeworth가 처음 개발한 '무차별 곡선'을 이용해서 개조한 것이다.

신고전파 후생경제학을 설명하면서 우리는 파레토(와 대다수 현대 교과서의 설명)를 따라 무차별 곡선과 신고전파 생산 이론의 등가물인 '등량 곡선'을 사용할 것이다. 신고전파 후생경제학에 조금 다른 두 가지 형태가 있다는 점도 지적할 필요가 있겠다. 여기서 제시하는 게 좀더 정통적인 형태다.

효용 극대화와 이윤 극대화

신고전파 거시 경제 이론은 신고전파 후생경제학의 토대로 기능하며, 대체

그림 1 소비자 효용 극대화

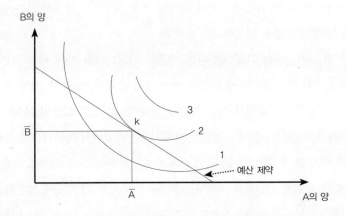

로 구분되는(그렇지만 유사하고 대칭적인) 두 영역으로 나뉜다. 소비자 효용 극대화 '이론'과 기업의 이윤 극대화 '이론'이 그것이다. 두 이론 모두 조건부 극대화constrained maximization의 논리를 보여주는 단순한 사례다.

　교과서에 실린 설명에서 두 이론은 몇 가지 결론을 내놓는다. 여기서는 신고전파 후생경제학의 토대가 되는 결론들에만 초점을 맞추려고 한다.

　무차별 곡선을 활용하면 소비자 효용 극대화의 한계 효용 분석에서 효용이 기수적으로 수량화될 수 있다는 가정을 포기해도 된다. 소비자가 각기 다른 상품들에 선호 등급을 매길 수만 있으면 되는 것이다. 이것은 효용의 서수적 수량화(또는 등급화)를 나타내며, 흔히 부와 소득을 더욱 공평하게 분배해야 한다는 결론으로 이어지는 개인간 효용 비교는 필요하지 않다. 신고전파의 결론을 얻기 위해 필요한 유일한 조건은 무차별 곡선이 그림 1에 그려진 일반적인 형태여야 하고 소비자들이 '일관되게' 행동해야 한다는 것뿐이다. 일관성은 이런 식으로 정의된다. 어떤 개인이 Y보다 X를 선호하고 또 Z보다 Y를 선호한다면, 그 사람은 언제나 Z보다 X를 선호해야 한다.

　무차별 곡선 덕분에 신고전파 경제학자는 구매하고 소비할 상품이 두 개

뿐일 때 소비자가 어떻게 효용을 극대화하는지를 그림으로 보여줄 수 있다. 상품이 많은 경우에도 수학적으로 동일한 결론을 이끌어낼 수 있지만, '두 상품 모델'이 더 간단하며 요점을 보여주는 데 충분하다. 그림 1에서 그래프의 두 축은 상품 A와 상품 B의 양을 가리킨다. 소비자 개인은 자신이 소비하는 A와 B의 모든 가능한 조합을 서열화할 수 있다고 가정된다. 소비자가 A와 B를 더 많이 소비하면 할수록 효용은 언제나 증가한다. A를 더 쓰고 B를 덜 쓰는 경우(또는 그 반대의 경우)에 소비자는 어느 시점에서 A의 추가분에서 늘어나는 효용이 B의 감소분에서 줄어드는 효용으로 정확히 상쇄되는지를 알 수 있다고 가정된다. 그림 1의 세 곡선이 무차별 곡선이다. 각 곡선은 동일한 양의 효용을 제공하는 각기 다른 A와 B의 '묶음'을 나타내는 점들로 구성된다. 동일한 곡선의 한 점에서 다른 점으로 이동할 때마다 한 상품을 더 많이 써서 얻는 효용이 다른 상품을 적게 써서 잃는 효용으로 정확히 상쇄된다. 그러므로 소비자는 하나의 무차별 곡선 위에 있는 여러 점으로 나타나는 A와 B의 모든 묶음에 무차별하다.

무차별 곡선을 몇 개 그릴 수도 있다. 그림 1에서는 무차별 곡선을 세 개 그렸다. '곡선 1'은 가장 낮은 효용 수준을 나타낸다. '곡선 2'는 조금 더 높은 효용 수준을 나타낸다('곡선 1'에서 '곡선 2'로 이동하면 A와 B 둘 다 더 많이 손에 넣을 수 있다). '곡선 3'은 훨씬 더 높은 효용 수준을 나타낸다.

그래프에서 두 축을 연결하는 직선은 소비자의 '예산제약선'으로, 소비자가 자신의 생산 요소를 판매해서 받는 수입이 주어진 경우에 구입할 수 있는 A와 B의 조합이 어떤지를 보여준다. 그래프의 원점과 예산제약선 사이의 거리는 소비자 수입의 구매력 크기를 나타낸다. 예산제약선의 기울기는 A와 B의 가격 비율을 보여준다(P_a/P_b, 또는 A의 가격을 B의 가격으로 나눈 값).

그림 1에서 묘사된 상황에서 소비자는 '무차별 곡선 2' 위의 A와 B의 양을 소비해 K점에서 효용을 극대화한다. 소비자의 예산 제약 때문에 위에 있는 무차별 곡선에는 도달하지 못한다. 소비자의 예산 제약 안에서 도달 가능한

다른 점은 '무차별 곡선 2' 아래에 있는 곡선 위에 있다. 그러므로 K점에서 소비자의 효용이 극대화되며, 신고전파 경제 이론의 소비자는 언제나 K점을 선택한다.

어떤 특정 지점에서 모든 무차별 곡선의 기울기는 해당 지점에서 A의 한계 효용과 B의 한계 효용의 비율[MU_a/MU_b]을 나타낸다. 예산제약선의 기울기는 P_a/P_b의 비율을 나타낸다. K점에서 '무차별 곡선 2'가 예산제약선과 정확히 접한다. 그러므로 이 소비자에게는 K점에서 $(MU_a/MU_b)=(P_a/P_b)$, 또는 같은 내용이지만 $(MU_a/P_a)=(MU_b/P_b)$가 돼야 하며, 따라서 이 소비자의 효용 극대화 조건을 충족시킨다. 어떤 상품에 마지막 돈을 쓰든지 동일한 효용량을 얻을 수 있는 것이다.

나아가 완전 경쟁 체제에서는 각 개인이 A와 B에 관해 동일한 가격에 직면하기 때문에, 자신의 무차별 곡선에서 똑같은 극대화 조건이 충족되는 지점으로 움직인다는 결론이 나온다. 그러므로 경쟁 시장을 통해 결정되는 A와 B의 균형 가격은 모든 개별 소비자의 심리 속에서 진행되는 한계 평가를 완벽하게 반영한다.

어떤 기업의 이윤 극대화 증명도 개인의 효용 극대화 증명과 거의 동일하다. 그림 2에서 그래프의 두 축은 기업의 생산 과정에서 사용된 노동(L)과 자본(C)의 양을 나타낸다. '곡선 1', '곡선 2', '곡선 3'은 등량 곡선으로서, 주어진 생산량(생산물은 상품 A나 상품 B일 수 있다) 수준을 생산하는 데 필요한 노동과 자본의 다양한 조합을 보여준다. 각 곡선은 한 수준의 생산량을 나타내며 기업의 생산 함수에서 도출된다. 곡선이 그래프의 원점에 가까울수록 더 적은 생산량을 나타낸다. 직선은 '등비용선'으로서, 기업이 주어진 경비를 가지고 구입할 수 있는 노동과 자본의 다양한 조합을 나타낸다.

그림 2의 기업은 '등비용선 2'의 J점에서 생산을 한다. 기업은 자본과 노동을 각각 [C̄]와 [L̄] 양만큼 사용한다. 이 문제의 해답은 두 가지로 해석할 수 있다. 첫째, 기업이 '등량 곡선 2'로 나타나는 수준에서 생산하기로 결정하면,

그림 2 이윤 극대화

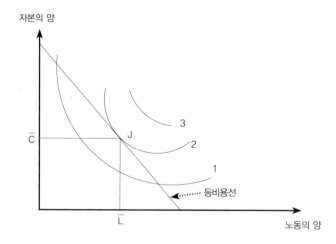

등비용선은 이 양을 생산할 수 있는 최소 비용을 보여준다. 둘째, 기업이 등
비용선으로 나타나는 양만을 지출하기로 결정하면, '등량 곡선 2'는 이 지출
량으로 가능한 최대 생산을 나타내며, $\bar{C}$와 $\bar{L}$은 각각 이 주어진 경비로 구
입할 수 있고 또 기업이 이 경비로 생산할 수 있는 생산량을 극대화하는 자
본과 노동의 양을 나타낸다.

완전 경쟁 균형 상태에서 모든 기업은 자본과 노동에 관해 동일한 가격에
직면한다. 따라서 모든 기업은 각자의 등량 곡선 위의 J점과 비슷한 지점에서
생산을 한다. 등비용선의 기울기는 P_L/P_C(노동 가격과 자본 가격의 비율)이
다. 등량 곡선의 기울기는 MP_L/MP_C(또는 노동의 한계 생산과 자본의 한계
생산의 비율)이다. 그러므로 한계 생산성 분배 이론이 유효하다면, 균형 상태
에서 각 기업의 경우 각 요소의 한계 생산은 각 요소의 가격과 정확히 일치
한다. 생산은 극대화되고, 각 요소의 소유자는 자기가 가진 요소의 한계 기
여분이 지닌 가치와 정확히 일치하는 소득을 얻는다.

사회 후생 극대화

신고전파 경제학자들은 효용 극대화와 이윤 극대화 조건이라는 토대 위에 정교하고 대칭적이며 미적으로 만족스럽고 연역적인 수학 구조물을 세웠다. 이 구조물은 주어진 경쟁 조건 아래서 효용을 극대화하려고 교환하는 소비자와 이윤을 극대화하려고 교환하는 기업가가 자동으로 행동하고 상호 작용해서 그 결과로 사회 후생이 극대화된다는 것을 '입증'한다. 우리는 이 결론의 수학적 또는 기하학적 '증거'까지 검토하지는 않고, 다만 이 분석에 포함된 여러 단계들의 성격과 의도된 중요성을 말로 설명해보려고 한다. 관심 있는 독자들은 정밀한 분석을 담고 있는 프랜시스 M. 베이터^{Francis M. Bator}의 논문을 읽으면 될 것이다. 이 논문에서 베이터는 경쟁적인 자유 시장 자본주의 사회가 어떻게 총 사회 후생이 극대화되는 '지복점^{bliss point}'에 도달하는지를 자세히 증명한다(Bator 1957, 22~59).

증명은 주어진 시점에서 사용할 수 있는 자본과 노동의 총량을 구하는 것으로 시작된다. 생산된 소비 상품 각각의 생산 함수에서 도출한 등량 곡선을 활용하면, 앞에서 설명한 이윤 극대화 조건이 사회가 '생산 가능 곡선 [production–possibility frontier. 주어진 생산 요소를 완전히 사용해 생산 활동을 할 때 기술적으로 가능한 여러 가지 생산물 조합을 그래프로 나타낸 것. 'production–possibility curve'라고도 한다 — 옮긴이]'에 도달하기 위한 필요충분조건이라는 것을 증명할 수 있다.

생산 가능 곡선의 어떤 점이든 특정하게 조합한 각 상품의 양으로 구성된 총 생산량을 나타낸다. 이 곡선 위에 없는 도달 가능한 어떤 점에서든 동일한 자원을 사용해서 두 상품 모두 더 많이 생산하거나 한 상품의 생산량을 줄이지 않은 채 다른 상품을 더 많이 생산할 수 있다는 것을 보여줄 수 있다. 생산 가능 곡선의 주어진 점에서 우리는 어떤 두 상품의 한계변환율을 계산할 수 있다. 예를 들어 상품 A와 B의 한계변환율이 2 대 1일 경우 A를 두 개 포기하면 B를 한 개 더 생산할 수 있다는 말이다. 따라서 경쟁 조건 아래서 한계변환율이 2 대 1인 생산 가능 곡선 위의 점에 도달하는 것은 B의 균형 시장 가격이 A의 가격의 두 배가 될 때라는 것을 증명할 수 있다. 그러므로 경쟁 상황에서는 상품 A와 B의 생산의 한계변환율은 언제나 가격을 반영한다. 일단 이런 특정한 구성과 양을 지닌 상품이 생산되면, 소비자는 자신의 효용을 극대화하는 상품의 묶음을 교환하고 취득한다. 2 대 1의 가격 비율이 균형 가격 비율이라면 모든 소비자는 (예산 제약 아래서) 자신이 원하는 어떤 상품의 어떤 양이든 교환할 수 있으며, 모든 시장은 투명하다. 모든 시장에서 공급은 수요와 정확히 일치한다.

앞서 우리는 소비자들이 효용을 극대화하려고 교환할 때 B와 A의 가격 비율 2 대 1이 모든 소비자에게 B의 한계 효용과 A의 한계 효용의 비율을 정확히 반영한다는 사실을 봤다. 그러므로 경쟁 상황에서 A와 B의 한계변환율과 각 소비자에 관한 A와 B의 한계 효용 비율은 A와 B의 가격 비율을 반영한다. 그렇지 않다면, 그러니까 한계변환율과 한계 효용 비율이 같지 않다면, 다른 사람의 효용을 감소시키지 않고도 적어도 한 소비자의 효용이 증가할 수 있다. 교환을 더 많이 하거나 생산 구성을 바꾸면 된다. 그러나 완전 경쟁 아래서 경제가 균형 상태라면 이 모든 비율이 동일하다는 것을 증명할 수 있기 때문에, 이것은 균형 생산 수준과 구성, 그리고 그 결과로 일어나는 이 생산의 교환이 사회의 효용 가능 곡선 위의 점으로 귀결된다는 증거가 된다.

효용 가능 곡선 위의 각 점은 생산을 변화시키거나 추가적인 양의 상품을 교환하면 한 개인이 유리해지는 반면 다른 개인의 지위가 악화되는 상황을 나타낸다. 생산 요소 소유의 초기 부존점(초기 자원 분배)이 주어질 때, 효용은 생산과 교환을 통해 원래의 자원 분배와 일치하는 최대한 가능한 수준까지 올라간다.

효용 곡선 위의 이 점이 신고전파 경제학에서 말하는 '파레토 최적'이다. 이 점은 사회가 특정한 자원 분배에서 끌어낼 수 있는 최대의 후생을 나타낸다. 경쟁적인 효용 극대화와 이윤 극대화 행동을 통해 자동으로 이 점에 도달할 수 있다는 것이 '입증'됐다. 그렇지만 가능한 각각의 초기 자원 분배마다 각기 다른 파레토 최적점이 존재한다. 따라서 몇몇 개인은 해당 파레토 최적점보다 다른 초기 자원 분배를 나타내는 효용 가능 곡선의 다른 점들이 더 좋다고 판단할 수도 있다.

그렇지만 이런 판단을 하려면 각기 다른 개인들의 효용을 비교해야 하는데, 이런 비교는 불가능하지는 않더라도 어려운 일이다. 대다수 신고전파 경제학자들이 보기에, 어떤 사람이 더 공평한 부의 분배를 좋아하느냐 덜 공평한 분배를 좋아하느냐 하는 것은 개인의 성향이나 편견의 문제에 불과하다. 당연하게도 신고전파 경제학자들은 고전적 자유주의 철학의 개인주의적 가정과 논리적으로 일치하는 적절한 부의 분배를 판단할 수 있는 '객관적'이거나 '과학적'인 기준을 결코 내놓을 수 없었다. 쾌락주의나 공리주의는 각기 다른 개인들의 욕망과 쾌락을 차별적으로 비교할 수 있는 어떤 토대도 제공하지 않는다.

그렇지만 기존의 자원 분배를 좋아하는 사람이라면, 개인적인 극대화 행동을 통해 사회가 자동으로 도달하는 파레토 최적점을 신고전파 저작에 나오듯이 '지복점'이나 '제약 조건 아래의 지복점'이라고 부른다.

신고전파 후생경제학의 쾌락주의적 토대

신고전파 후생경제학은 쾌락주의적 편견에 정직하게 의존한다. 이 경제학에는 심리적 쾌락주의와 윤리적 쾌락주의가 모두 들어 있다. 19세기 말의 심리적 쾌락주의는 인간 행동에 관한 조금은 조야한 이론이었다. 효용은 외부에 존재하는 소비 가능한 대상과 개인 사이의 기수적으로 수량화할 수 있는 관계로 여겨졌다. 이 관계는 은유적으로 주어지고 고정된 것처럼 다뤄졌으며, 따라서 추가적인 탐구를 할 만한 적절한 대상으로 여겨지지 않았다. 그리하여 모든 인간 행동은 그 개인이 부여받은 생산 자원과 상품을 사용하거나 교환함으로써 효용을 극대화하려는 시도로 환원됐다(부존자원의 근원과 소유는 효용 관계와 마찬가지로 분석 범위 밖의 일이었다).

그러나 심리적 쾌락주의는 19세기 말에 이르러 완전히 신뢰를 잃었다. 20세기 초가 지나 후생경제학의 행동 가정이 발전하고 세련되게 다듬어진 사실은 심리적 쾌락주의를 향한 반대를 회피하는 한편 이 불신 받은 이론에서 도출된 결론과 동일한 것을 계속 끌어내려는 시도를 대표한다. 무차별 곡선을 사용하면 효용의 기수적 수량화를 서수적 수량화로 대체할 수 있다. 또한 '효용'이라는 말을 버리고 '선호'라는 말을 쓰는 경우가 다반사다. 신고전파 경제학자는 개인의 선택이 일관된다고 가정하면, 선호를 경험적으로 관찰할 수 있다고 주장한다. 그러나 여기서 말하는 일관성이란 개인의 선택이 이미 존재하는, 형이상학적으로 주어진 '선호 순위'를 반영한다는 가정에 지나지 않는다(물론 경험 관찰에 따르면 이 경제학자들 역시 상식적인 사실, 사람들이 실제로 내리는 선택에 이런 식의 일관성은 존재하지 않는다는 사실을 알 것이다.) 기수적으로 수량화할 수 있는 효용 또는 서수적으로 수량화할 수 있는 선호는 동일한 심리적 또는 윤리적 의미를 지니며, 후생경제학은 여전히, 형이상학적으로 주어지고 암묵적으로 불변인 두 실체, 곧 선호 순위와 초기의 자산 부존에 따라 완전히 미리 결정되거나 계획된 방식으로 행동하며 극대화하는 경제적 인간에 관한 쾌락주의 이론이다.

S. S. 알렉산더[S. S. Alexander] 교수는 후생경제학의 윤리적 쾌락주의를 '돼지의 원칙[pig principle]'이라고 부른 적이 있다. '돼지의 원칙'이란 간단히 말해 "어떤 것을 좋아한다면 많을수록 더 좋다"는 것이다[Alexander 1967, 107]. 따라서 후생경제학의 궁극적인 규범적 원리는 몇 가지 방식으로 서술할 수 있다. 더 많은 쾌락이 더 적은 쾌락보다 윤리적으로 더 좋다거나(벤담식 해석), 더 많은 효용이 더 적은 효용보다 윤리적으로 더 좋다거나(19세기 말 신고전파 해석), 개인의 선호 순위에서 선호도가 높은 위치가 낮은 위치보다 윤리적으로 더 좋다(현대 신고전파 해석)는 식으로 말이다. 각각의 경우에 고립된 원자적 개인이 어떤 대상의 쾌락이나 효용, 선호도를 평가할 자격이 있는 유일한 재판관이다. 이런 후생의 크기는 단지 그 개인과 소비 대상 사이의 관계에만 의존한

다고 가정되기 때문이다. 시장 구매력으로 가중된 개인의 욕구가 사회적 가치의 궁극적인 기준이다. 한 개인의 효용이 순수하게 개인적이거나 개별적인 문제가 아닐 때에는, 그러니까 한 개인의 효용이 다른 사람들의 소비(나 기업의 생산)에 영향을 받을 때에는, 이런 개인간 효과에 '외부성'이라는 딱지가 붙는다. 선호 순위의 상호 의존(사회적 활동으로 간주되는 소비) 때문에 생겨나는 외부성은 단지 고립된 예외로 취급하는 것으로만 다룰 수 있다. 후생경제학 이론은 개인의 사회성을 고립된 예외로 취급하기 때문에 욕구나 만족의 사회적 본성에 관해 아무것도 말하지 못한다. 다시 말해서 후생경제학은 개인의 욕구 자체가 특정한 사회 과정과 이 과정 안에서 개인이 차지하는 위치의 소산이라는 사실을 무시한다. 신고전파 경제학자들이 이 점을 무시하지 않는다면, 완전히 다른 사회 체제와 경제 체제 그리고 그것에 따른 개인 욕구의 양상에 관해 규범적 평가를 할 수 있다는 사실을 인정해야 할 것이다. 다시 말해서 신고전파 경제학은 이제 기존 질서의 옹호자 노릇을 할 수 없다.

파레토 최적 규범의 본질적 성격

후생경제학의 핵심 개념인 파레토 최적은 바로 이런 심리적, 윤리적 쾌락주의의 토대 위에 세워져 있다(Baumol 1965, 376). 우리는 이미 신고전파 미시 경제 이론이 어떻게 필연적으로 파레토 최적 규범에서 정점에 이르는지를 살펴봤다. 이 이론에서는 자유 시장 경쟁 자본주의 체제가 필연적으로 자원을 할당하고, 소득을 분배하고, 소비자들 사이에 소비재를 배분하기 때문에 소비나 교환, 생산의 변화를 통한 자원의 어떤 재분배도 현재 생산되고 교환되는 상품의 가치를 확실하게 증가시킬 수 없다는 결론으로 이어진다. 이것이 신고전파 경제학의 기본 규범인 파레토 최적이다. 파레토 최적의 기본 규칙에 따르면, 어떤 변화도 한 개인의 지위를 해치거나 악화하지 않고서는 다른 개인의 지위를 향상시킬 수 없을 때(두 판단 모두 각자의 몫이다) 이 경제 상황은 파레토 최적이다. 파레토 개선은 사회를 비최적 위치에서 최적 위치 쪽으로 움직이는 변화다. "아무에게도 해를 끼치지 않고 어떤 사람들을 (자기 자신의 평가에 따라) 부유하게 만드는 변화는 어떤 것이든 개선이라고 봐야 한다."(Baumol 1965, 376)

파레토 규칙에서 주목해야 하는 가장 중요한 점은 보수적인 합의의 성격이다. 모든 갈등 상황은 정의 자체에 따라 배제된다. 계급 갈등, 제국주의, 착취, 소외, 인종주의, 성차별주의, 그밖의 많은 인간적 갈등의 세계에서 다른 사람을 가난하게 만들지 않으면서 어떤 사람을 부유하게 만드는 변화가 어디에 있을까? 억압 받는 사람들의 곤궁을 개선하면 억압하는 자의 상황이 악화하게 마련이다(물론 억압하는 자가 인식하기에 말이다). 한 사회 집단의 운명을 개선하면서 본래 적대적인 사회 집단의 반대에 맞닥뜨리지 않는 중요한 사회, 정치, 경제 상황은 아주 드물다. 따라서 이 이론을 적용할 수 있는 범위는 무척 협소하다.

후생경제학의 바탕이 되는 사회적 가치

신고전파 경제학 안에서 효율성과 합리성의 관념은 불가피하게 파레토 최적과 연결된다. 파레토 최적을 달성한 때, 가격 구조가 '합리적'이고 생산 자원의 분배가 '효율적'이라고 말한다. 자원 배분 문제에 관한 자유 시장식 해법의 효율성이나 합리성을 받아들이면, 이 신고전파 분석의 바탕이 되는 경험적 또는 행동적 가정은 물론 사회적 가치도 수용해야 한다. 앞에서 살펴본 쾌락주의에 관한 논의는 이런 몇 가지 사회적 가치를 암시한다. 이 모든 가치를 명백히 밝혀야 한다.

파레토 분석에서 유일하게 중요한 가치는 구매력에 따라 가중된 고립된 개인의 선호다. 개인주의와 분배에 관련된 가정은 따로따로 고려된다.

개인 선호의 공리는 아주 제한된다. 신고전파 분석에서는 각기 다른 개인의 선호의 상대적 장점을 평가할 방법이 전혀 없기 때문에, 마찬가지로 주어진 한 개인의 선호의 변화를 평가할 기준도 전혀 없다. 개인의 선호가 바뀌는 것을 평가하려면 먼저 각기 다른 개인의 선호를 비교하고 평가할 수 있어야 한다. 이 이론의 토대가 되는 추상적 수준에서 개인들은 선호 순위에서만 다르다. 따라서 어떤 개인의 선호 순위가 바뀌는 것이나 한 개인이 사회에서 완전히 사라지고 새로운 개인으로 대체되는 것이나 아무런 차이가 없다. 이런 이유 때문에 이 이론은 사회적 가치와 개인적 가치의 역사적 발전이나 나날의 변동을 고려할 수 없다. 이런 것들을 고려한다면 시간상 분리된 두 사건이나 상황의 규범적 비교 불가능성을 인정하는 셈이 되기 때문이다. 거의 모든 현실 세계의 현상을 이 이론이 적용 가능한 영역에서 배제할 필요성을 인정하게 된다는 말이다.

그러므로 이 이론이 시간이 흘러도 개인의 선호나 취향이 변하지 않는 경우에만 적용될 수 있다는 점은 분명하다. 광신자, 정신이상자, 사디스트, 매조키스트, 금치산자, 아동, 심지어 신생아까지 포함해 모든 사람은 언제나 자신의 복리 후생에 관한 최선의 심판자여야 한다는 점 역시 분명하다. (또한 모든 결정은 개인적으로 실행해야 하며 한 가족의 가장이나 그밖의 사회 집단의 지도자가 해서는 안 된다.) 모든 개인은 미래에 관련된 아무런 불확실성 없이 가능한 모든 대안에 관해 완전한 지식을 갖고 있어야 한다.

이런 조건이 실현되지 않는다면, 사람들은 어떤 행동을 하기 전에 예상한 효용이 행동을 하고 난 뒤 실현되는 효용과 아무 필연적인 관계가 없으며, 개인의 선택이나 선호가 개인의 후생과 증명 가능한 연관성이 없다는 점을 알게 될 것이다. 또한 한 개인이 타인의 후생에 관한 인식에 따라 자신의 후생을 인식하게 만드는 질투와 동정의 존재를 인정하면 이런 극단적 개인주의는 붕괴한다. 물론 이것은 외부성이라는 일반적 문제의 특수한 경우이며, 신고전파 경제학자들이 인간을 기본적으로 사회적 동물로 보는 데서 어려움에 부딪힌다는 사실을 보여준다.

어떤 파레토 최적이든 부와 소득의 특정한 분배와 관련될 경우에만 옹호될 수 있다는 사실은 아마 이 이론의 가장 결정적인 규범적 약점일 것이다. 신고전파 경제학자들은 보통 파레토 최적이 매우 제한적인 상대성을 가진다고 인정하면서도 이런 제한을 무시하고 더 안전한 주제로 서둘러 넘어가는 경향이 있다. 파레토 분석의 규범적 가정을 활용함으로써 우리는 만약 기존의 부와 소득의 분배가 사회적으로 최적이 아니라면, 파레토 최적인 상황이 비록 파레토 최적은 아니라 할지라도 부와 소득의 분배가 바람직한 다른 많은 상황보다 사회적으로 열등할 수 있다는 것을 보여줄 수 있다. 신고전파 경제학자들은 다음과 같은 표준적인 문장을 하나 삽입하는 방식으로 이 문제를 회피한다. "기존의 부와 소득의 분배가 이상적이라고, 또는 정부가 세금과 보조금을 활용해서 이상적인 분배 상황을 만든다고 가정하자."

신고전파 경제학자는 이런 표준적인 단서를 붙인 뒤에 표준적인 파레토 분석의 규범적 또는 경험적 타당성을 가정하는 비용-편익 분석을 활용해 정책 분석으로 나아간다. 정부가 부와 권력의 공정한 분배를 달성하려고 조세와 지출 권한을 사용하는 일은 절대 없다는 사실은 전혀 인정하지 않는다. 이렇게 인정하지 않는 것은 그다지 놀랄 일이 아니다. 만약 정통파 경제학자들이 그런 사실을 인정하게 되면 사회적, 경제적, 정치적 권력의 본성을 논할 수밖에 없고, 경제적 기득권을 비롯해 이것과 정치권력의 관계를 분석하는 일은 신고전파 경제학자들에게는 언제나 금기였기 때문이다.

더 정의로운 부와 소득의 분배를 달성하려는 진지한 노력이 전혀 없던 이유는 이런 재분배에 필요한 통상적인 사회적, 법률적, 정치적 수단 자체가 애초의 부의 분배에서 필수적인 부분이기 때문이다(따라서 그 이유는 고통스럽게도 명백해 보인다). 자본주의 체제에서 부를 소유한다는 것은 정치권력을 소유하는 것이다. 불공평한 부의 분배를 싫어하는 신고전파 경제학자들이 보기에, 현재 정치권력을 장악한 이들이 기존의 경제적 불평등을 시정할 수 있다는 바람이야말로 아마 가장 명백한 맹점일 것이다.

실제로 대다수 신고전파 경제학자들은 기존의 부의 분배를 의심 없이 받아들일 뿐이다. 기존의 부의 분배를 받아들이면 기존의 법적 체계와 도덕적 규칙 체계(개인 재산에 관련된 법률을 포함해서)뿐만 아니라 더 일반적으로 사회 권력의 체제 전체, 지배와 복종이 하는 모든 구실, 권력을 확보하고 영속화하는 데 필요한 강압 수단과 제도까지 받아들일 수밖에 없다는 사실을 좀처럼 인정하지 않는다. 따라서 자본주의를 비판하는 경제학자들이 관심을 갖는 중요한 문제들은 대부분 파레토식 접근에 애초부터 내재한 가정들에 따라 신고전파 경제학자들의 분석에서 제거되고 만다.

더 읽어볼 책

Alexander, S.S. 1967. "Human Values and Economists' Values." In *Human Values and Economic Policy*, ed. S. Hook, pp. 103~131. New York: New York University Press.

Bain, Joe S. 1959. *Industrial Organization*. New York: Wiley.

_____, 1951. "Industrial Concentration and Anti-Trust Policy." In *Growth of the American Economy*, 2d ed., ed. Harold F. Williamson, pp. 606~627. Englewood Cliffs, NJ: Prentice-Hall.

Bator, Francis M. 1957. "The Simple Analytics of Welfare Maximization." *American Economic Review* 47, no. 3: 22~59.

Baumol, W.J. 1965. *Economic Theory and Operations Analysis*, 2d ed. Englewood Cliffs, NJ: Prentice-Hall.

Carnegie, Andrew. 1949. "Wealth." In *Democracy and the Gospel of Wealth*, ed. Gail Kennedy. Lexington, MA: Raytheon/Heath.

Dillard, Dudley. 1967. *Economic Development of the North Atlantic Community*. Englewood Cliffs, NJ: Prentice-Hall.

Fine, Sidney. 1967. *Laissez Faire and the General Welfare State*. Ann Arbor: University of Michigan Press.

Fusfeld, Daniel R. 1966. *The Age of the Economist*. Glenview, IL: Scott, Foresman(D. R. 퍼스펠트 지음, 정연주·장상환 옮김, 《경제학사 입문》, 비봉출판사, 1983).

Gruchy, Allan G. 1967. *Modern Economic Thought: The American Contribution*. New York: Augustus M. Kelley.

Heilbroner, Robert L. 1962. *The Making of Economic Society*. Englewood Cliffs, NJ: Prentice-Hall(로버트 L. 하일브로너·윌리엄 밀버그 지음, 홍기빈 옮김, 《자본주의 어디서 와서 어디로 가는가》, 미지북스, 2010).

Hunt, E.K. 1971. "A Neglected Aspect of the Economic Ideology of the Early New Deal." *Review of Social Economy* 53, no. 3: 180~192.

_____, 1970. "Simon N. Patten's Contribution to Economics." *Journal of Economic Issues*: 38~55.

Jevons, William Stanley. 1871. *The Theory of Political Economy*. 1st ed. London: Macmillan(윌리엄 스탠리 제번스 지음, 김진방 옮김, 《정치경제학 이론》, 나남출판, 2011).

Kennedy, Gail, ed. 1949. *Democracy and the Gospel of Wealth*. Lexington, MA: Raytheon/Heath.

Patten, Simon Nelson. 1924. "The Reconstruction of Economic Theory." Reprinted in *Simon Nelson Patten, Essays in Economic Theory*, ed. Rexford Guy Tugwell, pp. 280~297. New York: Knopf.

_____. 1922. *Mud Hollow*. Philadelphia: Dorrance.

_____. 1907. *The New Basis of Civilization*. New York: Macmillan.

_____. 1902. *The Theory of Prosperity*. New York: Macmillan.

_____. 1889. *The Stability of Prices*. Baltimore: The American Economic Association.

Pinson, Koppel S. 1954. *Modern Germany: Its History and Civilization*. New York: Macmillan.

Rogin, Leo. May 1935. "The New Deal: A Survey of Literature." *Quarterly Journal of Economics* 78, no. 2: 325~362.

Schlesinger, Arthur M., Jr. *The Coming of the New Deal*. Boston: Houghton Mifflin(Arthur. M. Schlesinger 지음, 박무성 편역, 《누딜사상》, 범조사, 1979).

_____. 1959. "The Broad Accomplishments of the New Deal." In *The New Deal: Revolution*, ed. Edwin C. Rozwenc, pp. 26~40. Lexington, MA: Raytheon/Heath.

Stampp, Kenneth M. 1967. *The Era of Reconstruction, 1865~1877*. New York: Random House, Vintage Books.

Walras, Leon. *Elements of Pure Economics* [Translation of *Elements d'economie politique pure*]. Homewood, IL: Irwin(레옹 왈라스 지음, 심상필 옮김, 《순수 경제학》, 민음사, 1996).

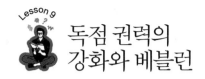

독점 권력의
강화와 베블런

남북전쟁 이후 미국의 산업화 과정 초기 단계에서는 산업 자본가들과 금융 자본가들 사이에 유례를 찾기 힘든 치열한 경쟁이 벌어졌다. 1860년부터 1880년대 초까지 가장 강력하고 기민한 기업가들이 경제 정복의 결실을 가지고 거대한 제국을 건설했다. 운송 수단의 거대한 발전과 부품과 완성품의 표준화 확대, 대량 생산의 효율성 증대 덕분에 전국적인 시장의 가능성이 생겨났다. 경제 투쟁에 걸린 판돈은 대단히 컸으며, 이 싸움에 참여한 이들은 승자의 자비를 구하지도 베풀지도 않았다.

산업 전쟁이 된 경쟁

이때 벌어진 산업 전쟁의 사례로 가득 찬 책도 아주 많다(예를 들어 Josephson 1962를 보라). 예를 들어 석유 산업에서는 존 D. 록펠러John D. Rockefeller와 헨리 M. 플래글러Henry M. Flagler가 워낙 많은 석유를 운송해서 철도 회사들에게 많은 특권을 요구할 수 있었다. 이런 비용 우위 덕분에 경쟁자들에 견줘 싼값에 석유를 판매했다. 1870년에 오하이오스탠더드오일컴퍼니Standard Oil Company of Ohio라는 이름으로 통합된 두 사람의 회사는 많은 경쟁자를 궁지로 몰아넣어 지역 차원의 독점을 달성할 수 있었고, 일단 독점적 지위에 올라서면 경쟁을 신경 쓸 필요 없이 가격을 크게 올릴 수 있었다. 운송비에서 대폭 할인을 확보한 뒤, 스탠더드오일의 석유 산업 점유율은 10퍼센트에서 20퍼센트로 급상승했다. 그러나 이 회사는 여기에 만족하지 않았다. 계속해서 철도 회사들에게 **경쟁 업체들의** 운송 화물에도 할인을 해달라고 요구하고 "화주, 구매자, 제품, 가격, 지불 조건 등에 관한 모든 자료"도 얻어냈다. 이 계획을 통해 "록펠러와 그 동료들은 자사의 화물 운송에 관한 할인과 경쟁 업체들의 운송에 관한 할인, 더 나아가 경쟁 업체들에 관한 완벽한 첩보 체계를 확보했다"(Dillard 1967, 410). 이렇게 얻은 권력으로 록펠러는 경쟁 업체를 대부분 무너뜨릴 수 있었다. 회사가 통합하고 겨우 9년 뒤인 1879년에 이르러, 스탠더드오일은 미국 정유 생산량의 90퍼센트에서 95퍼센트를 장악하게 됐다. 록펠러에 호의적인 어느 전기 작가는 이렇게 썼다. "경쟁을 근절하는 온갖 방법 중 이것이 지금까지 미국 기업가 집단이 생각해낸 가장 잔인하고 치명적인 것이었다."(Nevins 1940, 325).

철도 대재벌 사이의 경쟁이 특히 격렬했다. 자주 벌어지는 요금 전쟁 때문에 힘이 약한 경쟁자들은 업계에서 밀려나고 덩치가 큰 경쟁자들이 많은 지역에서 독점권을 확보했다. 때로 싸움이 거칠어져서 기관차끼리 서로 돌진하고 트럭들이 파괴되기도 했다. 1878년의 캘리포니아 주 제헌 의회의 한 의원은 경쟁 기법의 하나를 이렇게 소개했다.

철도 회사가 철로 공사에 착수해서 번창하는 마을 근처에 철로를 측량한다. 그 마을의 유지들을 찾아가 "많은 돈을 우리에게 주면 이 마을을 통과하게 할 거고 돈을 주지 않으면 그냥 옆으로 지나가게 할 것"이라고 말한다. 이 노선에 보조금을 주지 않으면 예외 없이 회사에서 말한 결과가 닥친다. 작은 마을이 그냥 고사되는 것이다.(Josephson 1962, 84~85에서 재인용)

같은 보고서에 따르면, 이 철도 회사는 "법률 규정에 따라 해야 하는 일을 하는 조건으로 로스앤젤레스 카운티에 23만 달러를 요구했다." 철도 회사들은 또한 정치인들과 맺은 연줄을 활용해서 정부에서 공유지를 무상으로 불하받았다. 이런 무상 불하 토지가 64만 589제곱킬로미터에 이른 것으로 추정된다. 몇 나라 전체를 합친 것보다 더 넓은 면적이다[참고로 한국의 면적은 9만 9720제곱킬로미터다 — 옮긴이]. 철도 회사들은 분명 실제로는 자유방임 정책에 찬성하지 않았다.

이 시대의 대기업가들은 확실히 사회적 양심이 있는 존경할 만한 인물이 아니었다. 많은 이들이 남북전쟁 덕분에 재산을 모았다. 보급품 부족 사태가 심각해지자 "싸구려 담요와 무수히 많은 거세마, 고장 난 소총, …… 대량의 상한 쇠고기"를 비싼 값에 군대에 팔았다. 이 기업가들은 경쟁자를 제거하려고 살인 청부와 납치, 다이너마이트 등의 수법을 거리낌 없이 사용했다. 또한 주식 사기와 음모, 사기 사업 등으로 일반 대중을 등쳐서 수백만 달러를 챙기는 일도 전혀 주저하지 않았다. 이런 행동 중에 어떤 것은 합법이고 어떤 것은 불법이었지만, 코넬리어스 밴더빌트[Cornelius Vanderbilt]의 사례는 이 시기 대자본가들 사이의 지배적인 분위기를 잘 보여준다. 어떤 일을 벌이려고 할 때 누군가 법적 문제가 걱정된다고 조언하자 밴더빌트는 이렇게 소리쳤다. "법 따위에 신경 쓰라고? 나한테 권력이 있는데?" 코넬리어스의 아들 윌리엄 밴더빌트[William Vanderbilt] 역시 자신의 정책 결정에 대중이 시끄럽게 반대하자 비슷한 생각을 드러냈다. "대중 따위는 엿이나 먹으라고 해. 난 내 주주들을 위해서 일을 하는 거야"(모두 Josephson 1962, 67, 72에서 재인용).

기업 결탁과 정부 규제

그렇지만 이런 식의 경쟁을 몇 년 치르고 난 뒤 남은 기업들은 대부분 전투에서 검증된 거인이었다. 이런 경쟁을 계속하다가는 모두 파멸로 치달을 수도 있었다. 따라서 1880년 이전에는 경쟁이 이윤 증대로 가는 길이던 반면, 그 뒤로는 남아 있는 기업들에게 협력과 공모가 더 유익하다는 게 분명했다. 따라서 앞선 경쟁의 결과로 (8강에서 설명한) 기업 연합, 트러스트, 합병 등이 형성됐다. 세기 전환기가 가까워지면서 많은 소규모 경쟁 기업들로 구성된 신고전파의 세계상은 공동의 이윤을 극대화하기 위해 협력하는 거대 기업들의 현실과 점점 더 괴리됐다.

거대 법인 기업들이 부상하면서 공공복지를 노골적으로 경멸하는 이 기업들에 맞서는 풀뿌리 대중의 저항도 나란히 성장했다. 이렇게 대중의 반감이 널리 확산되고 격렬해지자 1888년 대통령 선거에서는 민주당과 공화당 모두 연방 법률을 제정해서 대기업의 횡포를 억제해야 한다고 주장했다.

그렇지만 1888년 선거 이후 두 당 모두 좀처럼 이런 행동에 나서려고 하지 않았다. 공화당 유력 인사의 대다수는 규제하기로 한 바로 그 대기업들을 장악하고 있었고, 민주당 역시 정도만 덜할 뿐 대기업과 연관돼 있기는 마찬가지였다. 대중의 압력이 극도로 고조되고 나서야 비로소 연방 의회는 1889년 12월에 셔먼 독점금지법을 통과시켰다. 각성된 여론에 굴복한 게 분명한 이 법은 단 하나의 반대표를 받고 상하 양원을 모두 통과했다. 그러나 이 법의 구체적인 문구는 무척 미약하고 모호해서 처음부터 별 효력 없는 법을 목표로 삼은 것처럼 보였다. 법률을 위반한 기업을 제대로 처벌할 것을 권고한 다른 법안은 압도적인 표차로 부결됐다.

셔먼 독점금지법에 따라 "트러스트나 기타 공모의 형태로 몇몇 주 사이의, 또는 외국 상대의 교역이나 상업을 제한하는 모든 계약과 결탁"이 금지됐다. 또한 "몇몇 주 사이의, 또는 외국 상대의 교역이나 상업의 일부라도 독점하기 위해 …… 다른 사람과 결탁 또는 공모를 하거나 독점"하려고 하는 사람은 경범죄 위반으로 규정됐다. 그 뒤 몇 십 년 동안 셔먼 독점금지법이 주로 가져온 결과는 노동조합의 약화였다. 대기업의 횡포를 향한 대중의 혐오에 굴복해 생겨난 법이 노동자에게 불리한 법이 됐다. 법원이 여러 노동조합의 파업에 교역 방해 행위라는 판결을 했기 때문이다. 이런 판결을 근거로 정부는 많은 노동조합 지도자를 검거하고 여러 노동조합을 깨뜨렸다.

1899년과 1901년 사이에만 146개의 대규모 산업 담합이 실행됐지만 윌리엄 매킨리^{William McKinley} 대통령 재임 시기에 셔먼법에 따라 개시된 소송은 다섯 건에 불과했다. 이런 담합 사례 중 하나가 거대 기업 US스틸^{US Steel}이었다. 1901년에 US스틸은 13억 7000만 달러로 평가되는 785개의 공장을 지배하거나 인수했다. 현재의 달러 가치로 환산하면 이 가치는 훨씬 커질 것이다. 철도 회사들 사이에 경악할 만한 높은 이윤과 부정 이득, 부패, 차별 등의 관행이 횡행하자 결국 최초로 연방 정부 차원에서 규제 기관이 세워졌다. 1887년의 주간통상법^{Interstate Commerce Act of 1887}에 따라 공익을 보호하고 철도 회사를 규제하려는 의도로 주간통상위원회^{Interstate Commerce Commission(ICC)}가 설립됐다.

워낙 경쟁이 파멸적이었기 때문에 철도 회사들 스스로 연방 규제를 확대하자고 앞장서서 요구할 지경이었다. 주간통상법이 통과되고 몇 년 뒤 법무부 장관 리처드 올니^{Richard Olney}가 어느 철도 회사 회장에게 이런 편지를 보냈다. "주간통상위원회는 …… 철도 회사들에게 대단히 유익하며 또는 앞으로 유익해질 것입니다. 이 위원회는 정부가 철도 회사들을 감독하라는 대중의 아우성을 만족시키기 위한 방편이지만 또한 동시에 이 감독이라는 게 거의 전적으로 허울뿐입니다. 게다가 모름지기 이런 위원회는 시간이 지날수록 점점 일반 기업과 철도 회사의 견해를 받아들일 것이기 때문입니다"^(McConnell 1970, 197에서 재인용)

올니의 예상은 사실로 입증됐다. 주간통상위원회가 설립된 뒤 몇 년 사이에 여러 연방 규제 기관이 속속 설립됐다. 연방통신위원회^{Federal Communications Commission(FCC)}, 민간항공위원회^{Civil Aeronautics Board(CAB)}, 증권거래위원회^{Securities and Exchange Commission(SEC)} 등이 주간통상위원회와 나란히 공익의 '보호자' 대열에 합류한 연방 기관이었다. 정부 규제를 진지하게 연구하는 사람들은 "각종 규제 위원회의 …… 가장 두드러진 정치적 특징은 설립 당시에 규제 대상으로 삼

은 산업들의 후원자이자 보호자로 변신했다는 점"이라는 지적에 대개 동의
할 것이다(McConnell 1970, 199쪽). 이 기관들은 각종 산업이 공공을 희생시키면서 막
대한 이윤을 올리게 도와준다.

　과점 체제를 형성한 많은 산업들은 하나의 독점체로서 협력하고 집단적으
로 행동할 수 없는 것처럼 보였다. 이 산업들이 이렇게 독점적인 조정 관계를
맺으려고 정부와 연방 규제 기관들에 의지한 사실을 보여주는 증거는 상당
히 많다(Kolko 1963을 보라). 규제 기관들은 대체로 이런 구실을 무척 효율적으로 수
행했다.

　신고전파 경제학자들은 과점 기업들의 공모 행위를 주목하지 않은 것 같
다. 계속해서 무수히 많은 소규모 경쟁 기업들을 분석의 틀로 삼았을 뿐이다.
자유방임 정책을 옹호하는 이 사람들에게는 정부의 적극적인 개입을 지지한
것이 주로 대기업이라는 사실이 눈에 들어오지 않았다.

　신고전파 경제학자들은 또한 자유 경쟁이 지배하는 한 경제가 생산 능력
을 충분히 활용하고 완전 고용이 어느 정도 지속될 것이라는 고전파 경제
학자들의 견해를 계속 받아들였다. 그렇지만 19세기 후반 동안 경제 공황
이 더욱 빈번하고 심각해졌다. 19세기 전반 동안 미국과 영국은 각각 두 차
례(1819년과 1837년)와 네 차례(1815, 1825, 1836, 1847년)의 경제 위기를 겪
었다. 19세기 후반에는 미국과 영국에서 각각 다섯 차례(1854, 1857, 1873,
1884, 1893년)와 여섯 차례(1857, 1866, 1873, 1882, 1890, 1900년)로 빈도가
늘었다. 따라서 신고전파 경제학의 이데올로기는 산업 집중의 경우만큼이나
경제적 성과를 반영하는 데서도 초라한 모습을 보였다.

자본주의 구조의 변화

19세기 말과 20세기 초 사이에 자본주의는 중요하고 근본적인 변형을 겪었

다. 사적 소유에 관한 법률, 기본적인 계급 구조, 시장을 통한 상품 생산과 분배 과정 같은 체제의 토대는 고스란히 남았지만, 자본 축적 과정은 대규모 법인으로 제도화됐다. 자본주의 발전의 초기 단계에서는 개별 자본가들이 축적 과정에서 중심적인 구실을 했다. 개별 자본가들의 관점에서 보자면 이 과정은 조직 기술, 교활한 능력, 경영 수완, 무자비한 태도, 적지 않은 운 등에 좌우됐다. 그렇지만 사회의 관점에서 보자면 특정 자본가의 행운은 의미가 없었다. 축적은 특정 자본가의 행동과 전혀 무관한 발전의 동력과 양상을 지닌 냉혹하고 부단한 나선형의 과정이었다.

19세기 말에 이르러 축적 과정은 대규모 법인의 형태로 합리화, 조직화, 제도화됐다. 예전의 개인주의적인 자본 축적 방식은 '테일러주의Taylorism'와 과학적 경영으로 대체됐다. 새로운 경영자 계급이 점점 중요해졌다. 생산수단의 소유는 여전히 자본주의에서 경제 권력, 사회 권력, 정치권력의 주된 근원이었다. 새로운 경영자 계급은 적어도 최상위 계층에서는 주로 중요하고 유력한 자본 소유주들로 구성됐다. 경영자 계급은 의심의 여지없이 분명하게 전체 자본가 계급에 종속됐다.

이런 제도적인 변형이 낳은 결과 중에는 특히 중요한 두 가지 변화가 있었다. 첫째는 자본의 국제화다. 이 점에 관해서는 다음 11강에서 논의할 것이다. 둘째는 자본가 계급의 구조에서 나타난 변화다. 자본가 계급은 여전히 사회, 정치, 경제를 그대로 지배하고 있지만, 축적 과정이 제도화한 덕분에 대다수 자본가들은 단순히 수동적인 부재 소유를 통해 자신들의 지위를 영속화할 수 있었다. 다수 자본가들은 순수한 금리생활자 계급이 된 반면, 소수는 (경제와 정치에서 모두) 관리 기능에 참여하면서 전체 자본가 계급의 이익을 보호하는 일종의 집행위원회로 활동했다. 이 위원회는 새로운 법인 구조의 "경영자들을 관리"하는 기능을 수행했다. 한편 나머지 자본가들은 오로지 소유를 통해 손에 들어오는 넘쳐나는 소득을 즐기기만 했다.

경제 조직과 활동에서 나타난 이런 변화는 다양한 방식으로 경제 이론 영역에 반영됐다. 그러나 이 시기의 제도적이고 문화적인 변형을 가장 완벽하게 반영하고 묘사한 경제학자는 소스타인 베블런(1857~1929)이다. 베블런은 아마 미국 역사상 가장 중요하고 독창적이며 심오한 사회 이론가일 것이다. 베블런은 시카고 대학교와 스탠퍼드 대학교에서 교편을 잡았는데, 두 대학 모두, 특히 스탠퍼드 대학교에서 푸대접을 받았다. 왕성한 저술 활동을 한 베블런은 10권의 중요한 저서를 출간하고 많은 논문과 평론을 잡지와 정기 간행물에 발표했다. 위대한 천재성과 독특한 문체 덕분에 베블런의 모든 저술은 무척 재미있고 지적으로 가치가 높다.

자본주의의 적대적 이분법

베블런은 일반적으로 대립되는 두 가지 행동 특성의 집합이 존재하며, 이 특성은 각기 다른 역사적 시대마다 그 시대에 독특한 사회 제도와 행동 양식을 통해 드러난다고 생각했다. 그중 한 집합에서는 '제작자 본능instinct of workmanship'이라는 베블런의 개념이 중심을 차지한다. 다른 한 집합에서는 '착취' 본능 또는 '약탈 본능'이라는 개념이 중심에 있다. 제작자는 베블런이 '부모 본능'과 '쓸데없는 호기심 본능'이라고 부르는 특성에 관련된다. 자연 정복의 확장과 생산의 진보는 이런 특성 덕분에 가능하다. 애정, 협동, 창조성 등에 관한 인간의 욕구가 어느 정도 충족되는지도 이런 특성에 좌우된다. 한편 인간의 갈등과 정복, 성적, 인종적, 계급적 착취 등은 착취 본능이나 약탈 본능에 관련된다. 사회 제도와 행동 습성은 베블런이 말하는 '스포츠맨십'이나 '의식儀式 중심주의'의 외관 뒤에 있는 착취와 약탈 행동의 참된 본성을 종종 감추기도 한다.

이 두 집합의 행동 특성을 대조적으로 제시하고 각 집합이 특정한 사회 제도와 일치하는 정도를 보여주는 게 베블런의 사회 이론의 중심을 차지한다.

베블런은 이런 사회 이론의 맥락 안에서 당대의 자본주의 체제를 분석하는 데 주로 관심을 기울였다. 마르크스가 19세기 중반에 영국을 자본주의 사회의 원형으로 여긴 것처럼, 베블런 역시 19세기의 마지막 10년과 20세기의 일 사분기에 글을 쓰면서 미국을 원형으로 삼았다. 베블런이 중심으로 삼은 문제는 대립되는 이 두 행동 특성의 집합이 자본주의의 여러 제도 안에서, 그리고 그 제도를 관통해서 어떻게 드러나는가 하는 점이었다.

이 문제는 몇 가지 관점에서 접근할 수 있다. 베블런은 적어도 세 가지 관점을 활용한다. 사회심리학의 관점에서 베블런은 착취 성향이나 약탈 본능에 행동을 지배받는 개인이나 계급과 제작자 본능과 부모 성향, 쓸데없는 호기심의 발달 등에 행동을 지배받는 개인이나 계급을 구분한다. 경제학의 시각에서는 이른바 '기업business'(베블런의 정의에 따르면, 이윤 추구다)과 '산업industry'(베블런의 정의에 따르면, 사회적으로 유용한 상품의 생산이다) 세력 사이에 동일한 이분법이 존재한다. 사회학의 시각에서는 이 이분법이 '유한계급leisure class'에 특유한 '의식 중심주의'나 '스포츠맨십' 같은 행동과 '보통 사람'에 특유한 창의적이고 협동적인 행동 사이의 차이로 나타난다.

이 세 수준의 분석은 각각 나머지 두 분석과 통합되는 경향이 있다. 베블런은 사실 두 주요 계급으로 구성된 사회를 분석하기 때문이다. 한 계급인 자본가를 놓고 베블런은 '기득권 집단', '부재 소유자', '유한계급', '산업계의 거물' 등 다양하게 부른다. 다른 계급인 생산 계급, 또는 노동 계급을 향해서도 '기술자', '제작자', '보통 사람' 등 여러 가지 이름을 붙인다.

사적 소유, 계급 분화 사회, 자본주의

이런 계급 구조의 토대에는 사적 소유 제도가 있다. 인간 사회의 초기 단계에서는 생산성이 낮아서 제작자 본능이 지배해야만 사회가 살아남을 수 있었다. 이 시기에는 "인류의 생활 습관이 아직 투쟁과 파괴보다는 부득이하게 평화롭고 근면한 성격을 띠었다"(Veblen 1964b, 86). "아직 탐욕스러운 포식 생활이 불가능하고" 사회가 여전히 제작자 본능에 지배되던 이 초기 단계에서는 "효율성이나 편리성이 대접받는 반면, 비효율성이나 무용성은 혐오의 대상이다"(Veblen 1964b, 87, 89). 이런 유형의 사회에서 소유는 개인적인 게 아니라 사회적이다.

생산이 충분히 효율적으로 바뀌고 기술 지식과 도구가 사회적으로 축적된 뒤에야 약탈적 착취가 가능해진다. 사회의 다른 구성원을 차별하는 구분 역시 이 시점에서야 가능해진다. 생산성이 높아지면서 야만적 강탈과 약탈적 착취로 생활을 할 수 있게 된다. "그러나 강탈과 압류는 순식간에 정당한 사용권을 갖게 되며, 그 결과인 보유는 주거를 통해 불가침이 된다"(Veblen 1964b, 43). 다시 말해 사적 소유가 나타나게 된다.

사적 소유는 야만적인 강제력에 그 기원이 있으며 무력과 제도적·이데올로기적 정당화를 통해 영속화된다. 사적 소유가 발달하면서 불가피하게 계급으로 나뉜 사회가 등장한다. "이렇게 용맹 덕분에 토지 보유권을 확보하는 일이 확대되는 곳에서는 인구가 두 경제 계급으로 나뉜다. 산업 고용에 종사하는 계급과 전쟁, 정부, 스포츠, 종교 의식 같은 비산업 활동에 종사하는 계급이 그것이다"(Veblen 1964b, 43).

사적 소유와 약탈 본능은 노예 시대와 봉건 시대의 약탈적인 계급 분화 사회로 이어졌다. 서유럽에서 자본주의는 봉건제의 자연적인 산물이었다. 노예제와 봉건제에서는 약탈 본능이 사회를 완전히 지배한 반면, 자본주의에서는 제작자 본능이 크게 성장했다. 자본주의(또는 베블런이 가끔 말한 대로 하자면 "부재 소유와 고용 노동 체제")는 제작자 세력이 처음에 빠르게 발전한 '준평화' 사회로 출발했다. 그러나 시간이 지나면서 제작자 세력과 약탈적인 착취 세력이 투쟁을 벌이게 됐다. 베블런은 이런 대결을 '기업'과 '산업', 또는 '판매자 정신'과 '제작자 정신'의 충돌이라고 표현한다.

이 두 사회 세력은 자본주의의 전혀 다른 계급들 속에 구현됐다. "두 전형적인 계급의 …… 이해와 관심이 분리되고, 갈라진 두 선을 따라 점점 분화하는 경로로 들어선다"(Veblen 1964c, 187~188). 첫 번째 계급은 제작자나 산업의 본능을 구현한다.

제작자, 노동자, 직공, 기술자(공동체의 기술적 숙련을 산업의 결과로 직접 연결시키는 인간 재료의 일반적 범주를 가리키는 용어라면 어떤 것이든 상관없다), 곧 생계를 유지하려면 일을 해야 하며 노동 생활의 규율뿐 아니라 자신들의 이해 또한 사실상 물질적 사실의 기술적 파악으로 수렴하는 사람들.(Veblen 1964c, 188)

두 번째 계급은 약탈 본능과 영리적 관점, 판매자 정신을 구현한다.

이 소유자, 투자자, 주인, 고용주, 사업가, 기업가는 유리한 거래를 교섭하는 일과 관련된다. …… 이 직종에서 제공하는 훈련과 이 직종을 적절하게 수행하기 위한 요건은 금전 관리와 통찰력, 금전 수익, 가격, 가격 비용, 가격 이윤, 가격 손실 등의 용어로 …… 이기적인 성향과 정서의 용어로 통용된다.(Veblen 1964c, 189~190)

노동자에게 성공의 본질이 제작자 정신이나 생산적 창조성을 의미하는 반면, 소유자나 기업가에게는 타인보다 착취에서 우위에 서는 것을 의미한다. 이윤 창출, 곧 기업은 산업이나 제작자 정신과 완전히 단절된 행동을 만들어 낸다. 소유자들은 점점 더 생산의 지휘와 무관해지며, 그런 일은 "'경영 능률 전문가'라는 전문직 계급"에게 맡겨진다(Veblen 1964c, 22). 그러나 경영 능률 전문가들로 구성된 이 새로운 경영자 계급의 관심사는 결코 생산성 자체나 공동체 전체의 편리성이 아니다. "경영 능률 전문가들이 하는 일은 …… 언제나 가격과 이윤의 관점에서 …… 기업에 봉사하는 것이다"(Veblen 1964c, 224).

베블런은 기업의 산업 지배가 지닌 본성을 '깽판 놓기sabotage'라는 한마디로 설명한다. 기업은 이윤을 위해 산업에 깽판을 놓는다. 깽판 놓기는 "효율성의 주의 깊은 철회^{conscientious withdrawal of efficiency}"라고 정의된다. 기업 소유주들이 보기에 "합당한 이윤이란 사실 언제나 획득할 수 있는 최대의 이윤을 의미한 다"(Veblen 1965a, 1, 13). 자본주의의 문제는 대규모 산업과 제작자 정신 세력이 주어진 자원과 노동자의 양을 가지고 만들 수 있는 생산량을 언제나 늘린다는 데 있다. 그러나 몹시 불공평한 기존의 소득 분배를 감안할 때, 이렇게 추가된 생산량은 가격이 꽤 많이 떨어져야만 팔린다. 일반적으로 필요한 가격 인하 폭이 너무 크기 때문에 가격을 낮춰서 많은 양을 팔아도 높은 가격에 적은 양을 파는 것보다 이윤이 적게 남는다. 따라서 현대 자본주의에서는 이런 상황이 벌어진다.

> 효율성이 점차 떨어진다. 산업 공장은 점차 조업을 전부 또는 일부 중단하면서 점점 생산 능력이 바닥난다. 노동자들은 정리 해고된다. …… 그러는 동안 이 사람들은 이렇게 노는 공장과 노는 노동자들을 가지고 충분히 생산할 수 있는 온갖 종류의 상품과 용역이 크게 부족해진다. 그러나 기업의 편의라는 이유 때문에 이렇게 놀고 있는 공장과 노동자들을 일하게 만들기란 불가능하다. 관련된 기업가들에게 충분한 이윤이 없다는 이유, 다시 말해 기득권 집단에게 소득이 충분하지 않다는 이유 때문이다.(Veblen 1965a, 12)

현대 자본주의의 정상 상태는 공황이 계속 재발하는 상태라고 베블런은 믿었다. "그러므로 이런 관점에서 볼 때, 기계 산업이 완전히 발전한 체제에서는 뚜렷한 것이든 아니든 간에 만성적인 공황이 기업에 정상적인 것이라고 말할 수 있다"(Veblen 1965b, 234). 게다가 경기 순환의 모든 국면에서 자본주의는 소유자와 노동자 사이의 지속적인 계급 투쟁을 수반한다.

소유주와 노동자 사이의 협상에서는 판매술에서 흔히 쓰는 감언이설이 거의 소용이 없다. …… 그러므로 둘 사이의 교섭은 단도직입으로 실업, 궁핍, 작업과 생산

제한, 파업, 일시 휴업과 직장 폐쇄, 첩보 활동, 책략, 피켓[picket. 노동 쟁의 중에 출근을 저지하려고 노동자들이 공장 앞에서 벌이는 시위 — 옮긴이], 그밖에 유사한 상호 교란 행동을 경쟁적으로 활용하는 쪽으로 이어지며, 험악한 언사와 서로 깽판을 놓겠다는 위협이 난무한다. 이런 것을 일상적인 말로 '노동 문제'라고 한다. 두 당사자 사이의 사업 관계는 유예되거나 진행 중인 적대를 본성으로 하며, 이 적대는 서로 깽판 놓기의 형태로 실천된다. 이런 깽판 놓기는 때로 기업에 관련된 법률과 관습에 전적으로 부합하는 방해와 불허일 때도 있고, 수동적 저항이나 효율성의 철회 같은 방식으로 진행되는 정당한 깽판 놓기일 때도 있으며, 개인이나 자산을 향한 폭력적인 공격으로 비화하는 불법적 단계의 깽판 놓기일 때도 있다. 협상은 …… 이제 습관적으로 충돌, 무력, 호전적 전략 등의 용어로 말해지기에 이르렀다. 이것은 양 당사자가 상대방을 희생시키면서 성과를 얻는다는 전략적 원칙을 공언하면서 수행되는 적대 세력들의 충돌이다.(Veblen 1964a, 406~407)

정부와 계급 투쟁

자본주의 체제의 궁극적인 권력은 소유주들의 수중에 있다. 어떤 사회에서든 물리적 강제를 제도적으로 정당화한 수단인 정부를 그 사람들이 장악하고 있기 때문이다. 이렇게 정부는 기존의 사회 질서와 계급 구조를 보호하기 위해 존재한다. 그러므로 자본주의 사회에서 정부의 주된 임무는 사유재산법을 집행하고 소유와 관련된 특권을 보호하는 것이다. 베블런은 이렇게 거듭 주장한다.

현대 정치는 기업 정치다. …… 이런 점은 대외 정책과 국내 정책에 모두 적용된다. 입법, 경찰의 감시, 사법 행정, 군 복무와 외교관 근무 등은 기업 관계와 금전적 이해에 주로 관련되며, 인간의 다른 이해하고는 우연적인 관계밖에 없다.(Veblen 1965b, 269)

자본주의 정부의 첫 번째 원칙은 "개인이 타고난 자유가 규범적인 소유권을 방해해서는 안 된다는 것이다. …… 소유권은 …… 천부적 권리에 속하는 파기할 수 없는 성격을 갖는다." 자본주의에서 으뜸가는 자유는 사고팔 자유다. 자유방임의 철학에서는 "공공연하게 생명이나 …… 사고팔 자유를 노리지 않는 한, 예상되는 소유권 …… 침해를 방지하는 예방적 방법이 아니라면 법률이 개입할 수 없다"고 규정한다. 그러므로 무엇보다도 "입헌 정부는 기업 정부다."(모두 Veblen 1965b, 272, 278, 285에서 인용).

따라서 노동자와 부재 소유자 사이의 끊임없는 계급 투쟁에서 승리하는 쪽은 거의 언제나 소유자들이다. 물리적 강제를 제도적으로 정당화한 수단인 정부는 소유자들 손에 확고하게 장악돼 있다. 수적으로 보면 노동자들이 압도적으로 우세하기 때문에 소유자들의 우위를 유지하려면, 그러니까 자본주의의 기존 계급 구조를 유지하려면 부재 소유자가 정부를 장악해야 한다. 계급 투쟁의 어떤 시점에서든 특정 산업의 노동자들이 우세해질 것처럼 보이면 정부가 소환된다.

사적 소유라는 특권이 어떤 식으로든 위협받을 때마다 재산 소유 계급은 무력으로 대응한다. 소유권은 이 계급의 권력과 '무상 소득'을 떠받치는 토대이며, 어떻게 해서라도 지켜야 하는 것이다. "그리고 무력에 호소해야 하는 경우에 그 대가를 치르는 것은 보통 사람이라는 사실은 널리 알려져 있으며, 또한 법에 따라서도 정당하고 바람직하다. 보통 사람은 허비한 노동과 걱정, 궁핍, 피와 상처로 그 대가를 치른다."(Veblen 1964b, 413).

자본주의적 제국주의

19세기의 마지막 사반세기와 20세기 초에 이르는 시기 동안 공세적인 제국주의 팽창이 산업 자본주의의 지배적인 특징 중 하나로 떠올랐다. 제국주의의 경제 이론에 관해서는 11강에서 자세히 살펴볼 텐데, 베블런 역시 이 주제에 관해 폭넓은 저술을 썼다. 베블런은 이윤 추구에 국경이란 없다고 생각했다. 기업의 부재 소유자들은 자본주의 국가들이 세계의 여러 지역을 지배하거나 아니면 현지 정부들이 외국인이 자기 나라에서 이윤을 뽑아내도록 승인한다면 이 지역들에서 이윤을 획득할 수 있는 가능성이 풍부하다고 봤다. 부재 소유자들이 국민의 이익이 법인 기업의 이익과 일치한다고 국민들을 설득하는 데 성공을 거두자 애국심의 영역까지 영향을 받았다. 애국심은 기업의 이익을 위해 정부의 공격적인 제국주의 정책에 관한 지지를 확보하는 데 활용할 수 있는 민족주의적 정서였다. 베블런의 말에 따르면, "제국주의는 부재 소유자들의 이익을 위해 새로운 이름으로 수행되는 왕조 정치"였다(Veblen 1964b, 35). 베블런은 "이렇게 국가가 나서서 기업을 원조할 필요성이 점점 커지고 있다"고 확신했다. 경제 팽창을 지속하려면 높은 이윤을 유지할 필요가 있었다.

그렇지만 베블런이 생각하기에는 제국주의가 부재 소유자들에게 안겨준 이윤이 제국주의의 가장 중요한 특징은 아니었다. 제국주의는 사회적으로 대단히 중요한 보수적인 사회 세력이었다. 자본주의 시대에 접어들어 기계 생산 기술이 발달하면서 인간의 생산성은 빠르게 증대됐다. 생산성 증대의 결과 자연스럽게 생겨난 부산물은 제작자 본능과 그것에 연관된 사회적 특성의 성장이었다. 제작자 정신의 기풍은 대체로 경쟁보다는 협동, 만연된 지배와 종속의 관계보다는 개인의 평등과 독립, 의례적인 역할 연기보다는 논리적인 사회적 상호 관계, 약탈적인 성향보다는 평화적 성향을 강조했다. 따라서 제작자 정신과 결부된 속성은 기존의 계급 구조가 기반하던 토대 자체를 뒤집어엎었다. 부재 소유자들은 제작자 정신, 협동, 개인적 독립, 평화로운 형제애의 추구 등이 지닌 전복적 효과를 중화할 수 있는 수단을 찾아야 했다.

이런 중요한 과제를 해결하려고 부재 소유자들은 제국주의에 눈을 돌렸다. 이런 제국주의의 사회적 구실은 자본주의의 작동에 관한 베블런의 견해에서 핵심을 차지하기 때문에 조금 길더라도 베블런의 말을 직접 들어보자.

기업 원리의 지배를 받는 문화적 훈련의 가장 크고 유망한 요소, 곧 우상 파괴적인 기행의 교정책으로 가장 유망한 요소는 국가 정치다. …… 기업 세력은 침략적인 국가 정책을 촉구하고 기업가들은 이 정책을 지휘한다. 이런 정책은 애국적일 뿐만 아니라 호전적이다. 호전적인 기업 정책의 직접적인 문화적 가치는 명확하다. 일반 대중에게 보수적인 정신을 강화하는 것이다. 전시에는 …… 계엄령 아래에서 시민권이 정지되며, 전쟁과 군비의 규모가 커질수록 정지의 범위도 커진다. 군사훈련은 의례적인 서열, 자의적인 명령, 무조건적인 복종을 훈련하는 것이다. 군사 조직은 본질적으로 노예 조직이다. 불복종은 용서할 수 없는 죄악이다. 이런 군사 훈련이 더욱 일관되고 포괄적일수록, 공동체 성원들이 더욱 효과적으로 훈련돼 복종하는 습관을 갖게 될 것이며 민주주의의 주된 약점인 개인적 권위를 점점 무시하는 경향에서 멀어질 것이다. 이런 사실은 물론 먼저 가장 결정적으로 군인들에게 적용되지만, 정도만 덜할 뿐 나머지 일반 국민들에게도 적용된다. 사람들은 계급, 권위, 복종 같은 군사 용어로 사고하는 법을 배우며, 따라서 시민권을 잠식당하는 사태를 점점 더 인내하게 된다. …… 전쟁 추구의 훈육 효과는 …… 대중의 관심을 부나 의식주의 공평한 분배보다는 더 고상하고 제도적으로 덜 위험한 문제로 돌리게 만든다. 호전적이고 애국적인 선입견은 복종과 규범의 권위 같은 야만적인 덕목을 강화한다. 호전적이고 약탈적인 생활 계획의 습관화야말로 평화로운 산업과 기계화 과정으로 초래된 현대 생활의 통속화를 중화하고 또 쇠퇴하는 신분 의식과 차별적인 품위 의식을 회복시키는 데 기여할 수 있는 가장 강력한 훈육 요소다. 전쟁은 군사 조직을 강조함으로써 언제나 야만적인 사고방식을 가르치는 효율적인 학교라는 사실이 입증됐다.

'사회적 소요'와 이것과 유사한 문명 생활의 무질서를 교정하는 희망은 분명 이 방향에 있다. 충성, 경건, 예속, 서열화된 품위, 계급적 특권, 규범의 권위 같은 오래된 덕목으로 일관되게 돌아가면 대중의 만족과 손쉬운 사무 관리에 크게 도움이 될 것이라는 점 말고는 실로 중대한 문제는 전혀 없다. 이런 것이 정력적인 국가 정책에서 펼쳐 보이는 약속이다.(Veblen 1965b, 391~393)

금전 문화의 사회적 관습

제작자 본능이 지배하는 곳에서는 사회적 경향이 지식 향상, 협동, 평등, 상호 부조 등으로 향했다. 그러나 자본주의의 계급 분화가 유지되려면 약탈적 착취와 결부된 속성, 곧 약탈 기술 숭배, 복종의 위계질서를 향한 묵인, 지식을 폭넓게 대체한 신화와 의례 등이 사회에서 계속 두드러지는 구실을 해야 한다. 부재 소유자들이 공짜로 얻는 불로 소득은 궁극적으로 약탈자들의 관습이나 (자본주의에서 동일한 의미를 지니게 된) 문화의 금전적이고 기업적인 측면이 문화와 사회를 지배하는 데 의존한다.

약탈 본능이 사회를 지배할 때 널리 통용되던 관습은 사회의 지배 요소를 구성하는 유한계급의 관습이었다. 베블런은 "유한계급의 등장은 소유의 시작과 일치한다"고 생각했다. "유한계급의 등장과 소유의 시작은 사회 구조라는 동일한 일반적 사실이 지닌 상이한 측면에 지나지 않는다." 모든 계급 분화 사회에서는 유한계급의 직종과 보통 사람의 직종 사이에 언제나 근본적으로 중대한 차별이 존재했다. "이런 오래된 구별에서 가치 있는 일자리는 착취로 분류될 수 있는 것이고, 무가치한 것은 뚜렷한 착취 요소와 무관한 일상적이고 필수적인 일자리다"(Veblen 1965c, 8, 22).

자본주의 아래서는 가장 존경받는 직종(부재 소유)에서 가장 비천하고 혐오스러운 직종(창조적인 노동)에 이르기까지 위계가 생겨나게 됐다.

일자리는 평판의 위계적 등급에 따라 분류된다. 대규모 소유와 직접 관련된 일자리가 가장 평판이 좋다. …… 그 다음으로는 은행과 법률처럼 소유와 금융에 직접 공헌하는 일자리가 좋은 평판을 받는다. 은행 일자리는 또한 대규모 소유를 시사하며, 은행업에 나름의 위신이 따라붙는 것은 의심할 나위 없이 이런 사실 때문이다. 법률 직종은 대규모 소유를 수반하지 않는다. 그러나 법률가의 직종에는 경쟁이라는 목적을 제외한 어떤 유용성의 기미도 붙어 있지 않으므로 전통적인 체제에서는 높은 등급을 차지한다. 법률가는 속임수에 성공하거나 방해하는 식으로 약탈적 사기의 세부 사항에 배타적으로 종사하며, 따라서 이 직종에서 성공을 거두면 언제나 사람들의 존경과 두려움을 일으키는 저 야만적인 교활함에서 대단한 재능을 나타낸 것으로 여겨진다. …… 육체노동, 또는 기계 조작 과정을 지휘하는 일일지라도 체통과 관련해서는 당연히 기반이 불안정하다.(Veblen 1965c, 231~232)

그러나 부유한 부재 소유자들은 보통 대도시에 거주했으며, 변호사, 회계사, 증권 중개인, 그밖의 고문들과 많은 시간을 보내면서 주식과 채권을 사고팔고, 금융 거래를 조작하고, 대개 깽판 놓기와 사기 계획을 궁리했다. 그러므로 야만적인 문화권에서는 약탈적인 덕목이 바로 눈앞에 명백히 보이기 때문에 대중의 존경을 쉽게 불러일으킨 반면, 자본주의 사회에서는 약탈적인 덕목이 대개 보이지 않아서 쉽사리 존경을 불러일으킬 수 없었다. 따라서 자본가들은 자신들의 용맹을 눈에 띄게 드러내야 했다.

《유한계급론》은 대부분 유한계급이 어떻게 과시적으로 소비하고 여가를 과시적으로 사용함으로써 약탈적인 용맹을 보여주는지 자세히 설명하는 내용이다. 베블런이 보기에 과시적 소비는 흔히 과시적 낭비와 일치한다. 예를 들어 부자들의 저택은 "일반 대중의 주택보다 더 화려하고 건축과 장식에서 과시적인 낭비가 심하다."(Veblen 1965c, 120). 부자들은 언제나 비싸고 화려하면서도 대개 쓸모없는, 그러나 무엇보다도 값비싼 장식품을 눈에 띄게 드러낼 필요가 있다. 부자들이 보기에는 어떤 물건이 쓸모없고 값이 비쌀수록 과시적인 소비 품목으로 높이 평가된다. 보통 사람들에게 쓸모 있고 값이 알맞은 물건은 천박하고 멋없는 것으로 여겨진다.

부인의 미모와 공들인 옷차림과 과시도 훌륭한 취향을 자랑하는 돈 많은 시민에게는 필수적인 것이다. 하인이 아주 많다는 것은 부인이 평범한 가정주부가 하는 천한 일을 전혀 하지 않아도 되며, 또 부인 자신이 주로 아름다움과 쓸모없음을 여봐란듯이 내보이는 전리품으로서 남편의 명성에 덧붙여지는 존재라는 것을 보여주는 지표다. 해변의 별장, 요트, 멋진 산장 등 실제로 사용하는 경우는 거의 없지만 두드러지게 눈에 띄는 이 모든 것이 체통에 필수적이다. 베블런은 부자들의 과시적 소비를 묘사하면서 단순히 재미있는 일화적 설명에 그치려고 하지 않았다. 금전 문화는 무엇보다도 불쾌한 차별의 문화였다. 개인의 인격적 가치가 불쾌한 차별이라는 금전 체계 안에서 주로 평가된다면, 사회적, 경제적, 정치적 보수주의의 가장 중요한 보증인인 모방이 사회에서 가장 강력한 힘으로 손꼽히게 된다.

만약 자본가가 생산 과정에 전혀 기여하지 않고, 사업이나 금전과 관련된 자본가의 활동이 공황을 비롯한 산업 체제의 각종 기능 부전을 일으키는 원인이며, 자본가에게 압도적으로 많은 부와 소득이 돌아가면 사회의 대다수가 가난해지고, 노동 과정의 타락이 자본가들의 약탈 정신이 지배한 결과라는 사실을 대다수 노동자들이 깨닫게 된다면, 노동자들은 이 산업 체제를 금전적인 기업 문화의 법률과 정부와 제도라는 낡고 억압적인 족쇄에서 해방시킬 게 확실하다. 자본주의가 혁명적으로 타도될 것이다.

자본가들은 두 가지 주요한 문화 훈육과 사회 통제 수단에 의존한다. 첫째는 앞서 본 것처럼 애국심과 민족주의, 군국주의와 제국주의다. 정서와 이데올로기로 국민을 통제하는 두 번째 수단은 모방적 소비(또는 나중에 이 현상에 붙은 이름대로 하자면 '소비주의')를 통한 것이다. 베블런의 전체 이론에서 이 현상의 비중이 무척 크기 때문에 다시 길게 인용해 살펴보자.

일정한 수준의 부와 …… 용맹은 평판의 필요조건이며, 이런 정상적인 양을 초과하는 어떤 것이든 가치가 있다.

이렇게 조금은 명확하지 않은 정상적인 용맹과 재산의 정도에 미치지 못하는 공동체의 성원들은 동료들의 존경을 받는 데 곤란을 느낀다. 따라서 이 사람들은 또한 자존감을 갖는 데도 곤란을 느낀다. 보통 자존감의 근거는 이웃들에게서 받는 존경이기 때문이다. 정상을 벗어난 기질의 사람들만이 장기적으로 동료들의 멸시를 받으면서도 자존감을 유지할 수 있다.

따라서 재산의 소유가 대중적인 존경의 기초가 되자마자 이것은 또한 자존감이라고 부르는 자기만족의 요건이 된다. …… 어떤 공동체에서든 …… 개인이 이렇게 마음의 평화를 얻으려면 흔히 자신을 평가하는 기준으로 삼는 다른 사람들만큼 재산을 가져야 하며, 다른 사람들보다 무언가를 더 많이 갖게 되면 무척 만족스럽다. 그러나 어떤 사람이 새로운 재산을 얻어서 거기에 따라 새로운 부의 기준에 익숙해지자마자 이 새로운 기준은 이내 예전의 기준보다 뚜렷하게 더 큰 만족을 주지 못한다. 어쨌든 지금의 금전 기준이 언제나 새로운 부를 증가시키기 위한 출발점이 되는 경향이 있다. 그리고 이 출발점에서 다시 새로운 만족의 기준이 생겨나고 이웃들과 비교해서 자신을 금전적으로 분류하게 된다. 당면한 문제에 관해서 보면, 축적이 추구하는 목적은 금전적 힘이라는 면에서 공동체의 다른 사람들과 비교해 높은 지위에 오르는 것이다. 이런 비교가 자신에게 뚜렷하게 불리한 경우 보통의 정상적인 사람들은 현재의 운에 관련해 만성적인 불만을 느끼며 살아간다. 그리고 공동체나 자기 계급의 이른바 정상적인 금전 기준에 도달하면, 이런 만성적 불만 대신 자신과 평균 기준 사이의 금전적 간격을 계속해서 벌리려는 부단한 노력이 자리를 잡는다. 이런 불쾌한 비교는 절대로 한 사람에게 유리해질 수 없으므로 그 사람은 금전적 평판을 둘러싼 투쟁에서 경쟁자들에 견줘 자신을 기꺼이 훨씬 더 높게 평가하지 않는다(Veblen 1965c, 30~32쪽).

사람들이 이렇게 모방적 소비, 또는 소비주의의 쳇바퀴에 매달리면, 얼마만큼의 소득을 얻든 간에 '만성적인 불만'의 삶을 살게 된다. 베블런이 보기에 노동자들의 불행은 비참할 정도로 가난하게 사는 일부 노동 계급의 경우에만 주로 물질적 박탈에서 기인하는 것이다. 나머지 노동자들의 불행은 노동의 사회적 타락과 모방적 소비와 결부된 '만성적 불만' 때문에 생겨난다. 물질적인 형편이 좋은 노동자들의 불행은 정신적인 것이다. 그러나 베블런은 이 불행이 "정신적인 종류의 것이라 할지라도 현실적이고 어쩔 수 없는 것"이라고 주장한다. "사실 그런 이유 때문에 더욱더 실질적이고 치유하기 힘들다" (Veblen 1964c, 95). 이 불행이 치유하기 힘들어 보이는 것은 불행에 관해 노동자들이 드러내는 반응 탓에 불행이 더욱 커지고 영속화되기 때문이다. 노동자들은 흔히 더 많은 것을 획득하고 더 많이 소비하면 행복해질 것이라고 반응하게 된다. 따라서 노동자들은 빚을 지게 되고, 직장에서 승진하고 더 많은 소득을 확보하는 데 점점 더 매달리며, 결국 만성적 불만을 극복하는 유일한 방법은 고용주를 기쁘게 하고, 혼란을 불러일으키는 과격한 말이나 행동을 절대로 하지 않는 것이라고 확신한다.

그러나 이런 쳇바퀴는 영원히 돌아간다. 만성적인 불만과 불행을 극복하려고 노력하면 할수록, 사람들은 더욱더 불만을 품고 비참해진다. 불쾌한 사회적 서열과 과시적 소비로 짜여진 체제에서 노동자들은 자신이 놓인 곤경에 관해 좀처럼 '체제'나 '기득권', '부재 소유자'를 탓하지 않는다. 노동자들은 대개 자기 자신을 탓하며, 따라서 자존감과 자신감이 더욱 약해지고 금전 문화에 더욱 집착하게 된다. 베블런은 노동 계급 중에서 좀더 안정된 구성원, 곧 제작자 본능이 가장 고도로 발달한 노동자들이 언젠가 자본주의를 변혁할 것이라고 기대했다. 베블런이 구상한 더 나은 사회에서는 부재 소유가 과거의 유물이 되고, 기업가 계급이 더는 산업을 파괴하지 못하며, 생산이 오로지 이윤과 극소수의 탐욕을 위해서만 통제되는 대신 모든 사람의 욕구를 반영하게 될 것이다. 그러나 베블런의 사회 이론이 보여주는 바에 따르면, 자본주의는 체계적으로 대다수 사람들에게 저항하기 힘든 보수적인 편견을 심어주고 따라서 이런 자본주의 변혁은 확실히 대단히 어려운 과제가 될 것이다.

요약

19세기 말에 대량생산과 전국적인 시장 덕분에 가능해진 잠재적 이윤은 격렬한 산업 전쟁으로 이어졌다. 한 줌도 안 되는 거대 기업들은 경쟁자들을 짓밟고 종종 국민 대중을 상대로 사기를 치면서 미국 경제를 지배하기에 이르렀다. 셔먼 독점금지법이 통과되고 정부가 다양한 규제 기관을 만든 취지는 겉으로는 이런 거대 기업들을 통제하는 데 있었다. 그러나 사실 정부는 오히려 이 대기업들이 대규모 제국을 공고히 하고 안정시키는 데 힘을 보태고 도와주려는 모습을 보였다. 소스타인 베블런의 저술은 정부와 대기업의 이런 공모가 일반 대중의 복지에 가져온 결과를 가장 잘 고찰하고 설명한다. 베블런은 산업(인간의 복지에 필요한 물건을 생산한다)과 기업(산업에 깽판을 놓아 부유한 부재 소유자들을 위한 이윤을 생산한다)의 구별을 강조했다. 또한 제국주의와 군국주의, 그리고 탐욕적이고 경쟁적인 자본주의 사회의 모방 소비 때문에 생겨난 전반적인 '만성적 빈곤'을 분석했다. 베블런의 여러 통찰에 담긴 심오함은 미국 지성사에서 확실히 독보적이다.

더 읽어볼 책

Dillard, Dudley. 1967. *Economic Development of the North Atlantic Community*. Englewood Cliffs, NJ: Prentice-Hall.

Josephson, Matthew. 1962. *The Robber Barons*. New York: Harcourt Brace Jovanovich, Harvest Books.

Kolko, Gabriel. 1963. *The Triumph of Conservatism*. New York: Free Press.

McConnell, Grant. 1970. "Self-Regulation, the Politics of Business." In *Economics: Mainstream Readings and Radical Critiques*, ed. D. Mermelstein, pp. 79~94. New York: Random House.

Nevins, Allan. 1940. *John D. Rockefeller: The Heroic Age of American Enterprise*. Vol 1. New York: Scribner's.

Veblen, Thorstein. 1965a. *The Engineers and the Price System*. New York: Augustus M. Kelley.

_____. 1965b. *The Theory of Business Enterprise*. New York: Augustus M. Kelley.

_____. 1965c. *The Theory of Leisure Class*. New York: Augustus M. Kelley(토르스타인 베블런 지음, 김성균 옮김, 《유한계급론》, 우물이있는집, 2012).

_____. 1964a. *Absentee Ownership and Business Enterprise in Recent Times*. New York: Augustus M. Kelley.

_____. 1964b. "The Beginnings of Ownership." In *Essays in Our Changing Order*, pp. 32~49. New York: Augustus M. Kelley.

_____. 1964c. "The Instinct of Workmanship and the Irksomeness of Labor." In *Essays in Our Changing Order*, pp. 78~96. New York: Augustus M. Kelley.

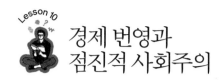

경제 번영과
점진적 사회주의

19세기 말과 20세기 초에 사회주의의 자본주의 분석은 두 가지 사태의 전개 과정에서 큰 영향을 받았다. 경제와 정치에서 노동 계급이 거둔 성과와 세계 저발전 지역에 관한 주요 자본주의 강대국의 제국주의적 분할이 그것이다. 이런 새로운 사태를 계기로 사회주의 운동은 두 진영으로 나뉘었다. 일부는 사회주의자들이 평화롭게 정부 권력을 획득할 수 있고 점진적인 발전을 통해 사회주의로 나아갈 수 있다고 확신하게 됐다. 그러나 더 전투적인 사회주의자들은 자본주의 정부의 계급적 본성에 관한 마르크스주의의 견해를 계속 받아들이고 혁명의 필요성을 주장했다. 여기서는 경제와 정치에서 노동 계급이 얻은 성과와 그 결과 사회주의 운동에서 나타난 보수적인 개혁주의 경향을 검토해보자. 제국주의와 혁명적 사회주의는 11강에서 살펴볼 것이다.

노동 계급이 경제와 정치에서 얻은 성과

19세기 후반 동안 자본주의 세계 전역에서 노동자들의 실질 소득이 올랐다.

영국에서는 1860년대부터 1870년대 초까지 평균 실질 임금이 빠르게 상승했다. 1875년에 이르면 1862년 수준에 견줘 40퍼센트가 올랐다. 10년 동안 임금이 하락한 뒤 다시 1885년부터 1900년까지 빠르게 상승했다. 1900년에 이르면 실질 임금이 1875년 수준에 견줘 33퍼센트 올랐고, 1850년에 견주면 84퍼센트 올랐다. 실질 임금 상승은 대부분 대량 생산 기술이 등장한 덕분으로 돌릴 수 있다. 노동자들이 소비하는 많은 상품의 가격이 떨어졌기 때문이다. 새로운 생산 방식이 도입되고 노동자의 구매력이 증대한 결과로 소비 양상에서 근본적인 변화가 나타났다. 노동자들은 고기, 과일, 단 음식을 더 많이 먹기 시작했다. 많은 사람들이 대량 생산된 신발과 의류, 가구, 신문, 자전거를 비롯해 다양한 신제품을 손에 넣게 됐다. 의심할 나위 없이 이 시기 동안 평균적인 노동자의 삶은 상당히 향상됐다.

그러나 평균치가 사실을 왜곡할 수 있다는 점을 언급해야 한다. 19세기 말에 진행된 두 차례의 사회 조사에서 드러난 바에 따르면, 런던과 요크York 지역 노동 계급의 40퍼센트 정도가 여전히 비참한 빈곤 속에 살고 있었다. 반세기 동안 평균 실질 임금이 빠르게 성장한 뒤에도 사정이 이러했다는 사실은 19세기 초의 상황이 얼마나 끔찍했는지 잘 보여준다.

서유럽과 미국에서도 이 시기 동안 비슷하게 소득이 증가했고, 많은 나라에서는 경제적 소득과 나란히 정치적 소득도 나타났다. 산업화된 자본주의 국가의 대다수에서는 20세기 초에 이르러 남성 투표권이 거의 완벽하게 자리잡았다. 노동자들의 이익을 증진시키는 데 전념하는 정당들도 생겨났다. 그중 가장 성공을 거둔 것은 빌헬름 리프크네히트Wilhelm Liebknecht와 아우구스트 베벨August Bebel이 이끄는 마르크스 추종자들과 페르디난트 라살레Ferdinand Lassalle의 추종자들이 1875년 고타Gotha 대회에서 결성한 독일사회민주당이었다. 이 첫 당대회에서 채택된 강령은 《고타 강령Gotha Programme》이라고 알려졌다. 마르크스가 격렬하게 비난한 타협이 강령의 핵심이었다.

마르크스는 자신의 추종자들이 라살레의 견해에 지나치게 많이 양보했다고 생각했다. 라살레의 견해에 따르면, 정부는 노동자들이 평화적인 개혁을 통해 사회주의를 달성하는 데 활용할 수 있는 중립적인 도구였다. 그런데 마르크스가 생각하기에는 개혁주의에 지나치게 관심을 기울이면 노동자들이 자본주의를 전복하는 임무에서 멀어질 수 있었다. 그 뒤 40년 동안 혁명적 사회주의자들과 개혁주의자들 사이의 갈등은 사회민주당 안에서 여전히 중요한 구실을 하게 된다. 그렇지만 결국 마르크스가 한 염려가 현실이 됐고, 개혁주의자들이 당을 지배하게 됐다.

1874년에 두 사회주의 집단은 34만 표를 얻었다. 1877년 선거에서는 새로 결성된 당이 50만 표 이상을 얻어서 제국 의회에 12명의 의원을 들여보냈다. 오토 폰 비스마르크Otto von Bismarck 수상은 사회주의 세력의 힘에 깜짝 놀랐고 1878년에 악명 높은 일련의 사회주의 탄압법을 통과시켰다. 전투적인 사회주의 지도자들은 다수가 망명했고, 사회민주당은 집회를 열거나 신문을 발간할 수 없게 됐다.

이런 탄압에도 불구하고 당은 계속 성장했다. 1884년에는 54만 9000표를 얻었고, 1887년에는 76만 3000표를 득표했다. 1890년에 이르러서는 142만 7000표를 얻어서 독일 제국의 최대 정당으로 부상했다. 탄압은 효과를 보지 못했고, 사회주의자 탄압법은 결국 폐지됐다. 영국과 독일에서, 그리고 서유럽의 다른 몇몇 나라에서도 많은 사회주의자들은 자본주의 체제가 제공한 에스컬레이터 덕분에 노동자들이 경제적 복지와 정치권력을 모두 꾸준히 평화롭게 향상시킬 수 있게 됐다고 생각하는 상황에 이르렀다.

페이비언 사회주의자

영국에서는 윌리엄 모리스William Morris 같은 개별 마르크스주의자들이 뛰어난 업적을 남기기는 했지만 사회주의 운동은 비마르크스주의 세력이 주도했다.

페이비언 협회Fabian Society가 영국 사회주의에 주로 영향을 미쳤는데, 협회는 마르크스의 분석을 완전히 거부했다. 페이비언주의자들은 경제 분석에서 정통 신고전파 효용 이론을 활용했다. 노동자는 생산한 것과 똑같은 양을 받으며, 자본가와 지주 역시 자본과 토지를 가지고 생산한 것의 가치를 받는다는 게 페이비언주의자들의 생각이었다. 불공평의 주된 원인은 노동자의 잉여가치를 자본가들이 전유하기 때문이 아니라 소유에서 나오는 모든 소득이 극소수 인구에게 돌아가기 때문이다. 공평한 사회를 달성하는 유일한 길은 소유에서 나오는 소득을 동등하게 나누는 것이며, 이것은 생산수단의 정부 소유를 통해서만 가능하다.

정부의 본성과 기능이라는 문제와 관련해서 페이비언주의자들은 마르크스와 근본적으로 다르다. 마르크스가 보기에 정부는 지배 계급이 자본주의 체제에 고유한 특권을 영속화하기 위해 통제하고 활용하는 강압의 도구다. 반면 페이비언주의자들은 보편적 참정권에 입각한 의회 민주주의에서는 국가가 중립적인 기관이며, 다수가 이 국가를 활용해서 사회 체제와 경제 체제를 자유롭게 개혁할 수 있다고 생각한다. 페이비언주의자들은 자본주의 경제에서는 노동 계급이 다수이기 때문에 하나하나씩 점진적인 개혁을 통해 소유 계급의 특권을 허물어뜨리고 폭력 혁명이 아닌 평화적 진화로 사회주의를 이룩할 수 있다고 확신한다.

가장 영향력 있는 페이비언주의자들은 조지 버나드 쇼Geroge Bernard Shaw, 시드니 웹Sidney Webb과 비어트리스 웹Beatrice Webb, 그레이엄 왈라스Graham Wallas 등이다. 쇼는 오랜 기간 동안 페이비언 협회 이름으로 나온 출간물의 주요 입안자였고, 가장 명석하고 설득력 있는 대변인으로 널리 알려졌다. 쇼의 견해에 따르면, 자본주의의 가장 나쁜 해악은 모든 자본주의 국가에 널리 퍼진 부와 소득의 극심한 불평등이다. 이렇듯 가장 터무니없는 불평등의 원인은 토지와 자본의 소유에서 생겨나는 소득이다. 쇼가 '지대'라고 통칭하는 이런 불로 소득 때문에 터무니없이 극단적인 부와 권력이 극소수에게 집중되는 반면 부를 창조한 대다수 사람들은 가난 속에 살아간다. 쇼는 또한 자본주의 체제는 만성적인 과소 생산을 주기적으로 겪으며 부유층이 쓸 쓸모없는 소비재를 산더미처럼 만드는 데 생산 능력을 쏟아부음으로써 막대한 낭비를 초래한다고 생각한다. 사회주의 정부는 이런 지대를 몰수하고 자본주의의 낭비와 비효율성을 제거함으로써 모든 사람에게 경제적 안정과 충분한 생활 수단을 제공할 수 있다.

공정한 소득 분배의 수단은 궁극적으로 절대적인 평등뿐이다. 이런 평등을 달성하려면 생산에 공헌하는 바와 금전적 보상 사이의 모든 연계를 단절해야 할 것이다. 또한 여기에 필요한 생산 임무를 달성하기 위해 비경제적 유인이나 사회적 유인에 의존할 필요가 있다. 쇼는 이런 평등은 즉각적인 가능성이 아니라 장기적인 목표일 뿐이라고 봤다.

쇼의 사회주의에서 가장 매력이 없는 부분은 아마 극단적인 엘리트주의 편향일 것이다. 쇼는 민주주의를 거의 신뢰하지 않았다. 오히려 사회가 효율적이고 정의롭게 조직되려면 정책 결정과 행정 업무를 전문가에게 맡겨야 한다고 믿었다. 어느 저명한 사회주의 역사가가 한 말에 따르면, 쇼는 "전문가에게 재량권을 주기만 하면 독재자를 존경하는 경향이 있었다"(Cole 956, 211). 쇼의 엘리트주의는 영국 제국주의 옹호론에서 가장 명확하게 나타난다.

> 쇼는 어떤 집단이나 나라도 자신이 보유한 생산 자원을 세계 전체의 이익을 위해 전면적으로 개발하는 일을 방해할 권리는 없으며, 따라서 고등 문명은 후진 민족들에게 자신의 의지를 행사하고 민족이나 분파의 주장을 무시할 완전한 권리가 있다고 믿었다. 다만 그 과정에서 인류 전체의 부를 증대해야 한다는 조건은 있었다.(Cole 1956, 219)

이런 견해를 보면 쇼가 페이비언 협회에서 친제국주의 정파의 지도부였다는 사실도 쉽게 이해된다(11강을 보라).

일반 대중 사이에서 쇼는 페이비언주의자 중에서 가장 영향력이 컸던 것 같다. 그러나 페이비언 협회 자체 내부에서는 시드니 웹과 비어트리스 웹이 가장 영향력 있는 이론가였다. 웹 부부는 아마 페이비언 협회에서 가장 진지한 학자였을 테고, 사회주의 역사에서 봐도 많은 저술을 남긴 손꼽히는 저자가 확실했다.

커다란 영향을 미친 초기 저작 《산업 민주주의Industrial Democracy》에서 웹 부부는 노동자들이 스스로 기업을 운영할 의지나 능력이 없다는 통념을 거부했다. 두 사람이 구상한 사회주의 아래의 산업 민주주의는 전문 경영자들이 산업을 통제하는 계획이었고, 민주적으로 선출된 의회와 지방 정부, 소비자협동조합이 감독을 통해 전체 인구를 대신해서 이 경영자들에게 책임을 묻는 방식이었다. 웹 부부는 사회주의에서 국가 정부가 모든 산업을 소유한다는 사고를 거부했다. 소유는 국가 정부와 다양한 소규모 지방과 지역의 행정 단위에 귀속돼야 했다. 기업 활동과 이 활동에 영향을 받는 인구 집단의 규모에 따라 특정한 기업의 사회적 소유의 성격이 결정돼야 한다는 게 웹 부부의 생각이었다.

《영국 사회주의 공화국을 위한 헌법A Constitution for the Socialist Commonwealth of Great Britain》에서 웹 부부는 민주적으로 선출된 두 개의 독자적인 의회를 창설하자고 제안했다. 하나는 정치 문제를 다루고 다른 하나는 사회 문제와 경제 문제를 다루게 하자는 것이었다. 또한 일정한 지리적 경계를 지닌 지방 단위에 근거한 지방 정부들로 구성된 체제를 옹호했다. 그러나 이 지방 정부들은 다양한 방식으로 결합해 각기 다른 경제 서비스와 사회 서비스를 감독하고 통제하는 행정 단위를 구성해야 했다. 이 행정 단위들의 규모, 형태, 위치 등은 해당 서비스의 성격에 따라 달라진다.

대체로 웹 부부는 미래의 어느 시점에 만들어지기를 바라는 사회주의 사회의 성격에 관해서는 상당히 많은 글을 썼지만 기존 사회를 그런 미래의 사회주의 체제로 바꾸는 데 필요한 구체적인 전술에 관해서는 거의 말을 하지 않았다고 할 수 있다. 두 사람은 노동조합은 단체 교섭 과정에서 조합원들의 경제적 이해를 대변하는 데 활동을 국한해야 하며 반란 세력으로 행동해서는 안 된다고 믿었다. 사실 두 사람은 폭넓은 기반을 가진 노동자 운동을 통해 정치적 변화가 일어나리라는 기대를 거의 하지 않은 것 같다. 오히려 지적인 호소를 통해 궁극적으로 일반 대중의 여론에 변화가 일어나면 결국 사회주의 사상에 동조하는 국회의원의 당선으로 이어질 수 있다고 생각했다. 페이비언 협회는 의회에 진출한 노동당에서 점차 영향력을 확보하는 데 성공했다. 1918년에 이르러 노동당은 페이비언 협회의 견해와 태도를 반영하는 사회주의 강령을 채택했다. 1920년대에 노동당은 정부를 구성했고, 많은 이들이 보기에 투표소를 통한 사회주의라는 이념이 승리 가도에 오른 것 같았다.

페이비언주의자들은 대중적인 회원을 거느린 협회가 되기를 바란 적이 없었다. 페이비언 협회는 소수 정예 집단이었고, 협회의 활동은 중간 계급을 교육해서 사회주의를 받아들이게 하는 데 치중됐다. 20세기 초 영국에서 목격한 빈곤과 불의를 폭로하는 많은 소책자를 발간하기도 했다. 진정으로 민주적인 정부가 수립되고 국민들이 이런 상황을 인식하기만 하면 가부장적인 정부의 조치와 계획을 통해 이런 악폐를 치유할 해법이 나올 것이라고 믿고 있었다.

교육을 통해 사회주의를 달성할 수 있다는 페이비언주의자들의 확신은 논쟁의 여지가 있지만, 인상적인 교사 집단을 배출한 사실은 부정하기 힘들다. 영국의 지식 엘리트 중에서 손꼽히는 명석한 두뇌들이 페이비언 협회의 회원이었다. 웹 부부와 쇼뿐만 아니라 H. G. 웰스H. G. Wells, 시드니 올리비에Sydney Olivier, 그레이엄 월라스 등이 대표적이다. 이런 후광에 힘입어 페이비언 협회의 개혁적이고 점진적인 사회주의는 높은 평가를 받게 됐다. 이제 사람들은 사회주의를 신봉하면서도 자본주의적인 영국 사회의 안락한 중간 계급이라는 지위에 확고하게 안주할 수 있었다.

독일의 수정주의자

독일에서 영국의 페이비언주의자들에 비견할 만한 집단은 수정주의자들이었다. 20세기로 접어드는 전환기에 사회민주당은 명목상으로는 마르크스주의 정당이었다. 그러나 당원의 대다수는 역사의 진행 과정에 따라 마르크스가 여러 가지 문제에서 오류를 저지른 점이 입증됐으며 마르크스 사상을 독일의 경제와 사회 생활에 맞게 '수정'할 필요가 있다고 주장했다. 수정주의자 중에서 손꼽히는 인물인 에두아르트 베른슈타인Eduard Bernstein은 1899년에 출간한《점진적 사회주의Evolutionary Socialism》라는 책에서 마르크스 사상을 꼼꼼하게 비판했다. 베른슈타인은 자본주의가 어떤 식의 위기나 붕괴에 직면하기는 커녕 어느 때보다도 강한 생명력을 갖게 됐다고 주장했다. 또한 모든 산업이 소수 거대 기업의 수중에 집중된다고 한 마르크스의 예측도 틀렸다고 단언했다. 베른슈타인의 주장에 따르면, (다른 어떤 자본주의 국가보다도 독일에서 기업 집중과 카르텔 운동이 극단적으로 진행되기는 했지만) 모든 규모의 기업이 번성하고 있으며 앞으로도 그럴 것이었다. 대규모 트러스트들이 경제를 지배하더라도 "주식 분배"가 진행돼 많은 노동자를 포함한 인구의 대다수가 소자본가가 된다는 게 베른슈타인의 주장이었다. 베른슈타인은 경제가 이미 이런 방향으로 멀리 나아갔다고 역설했다. "유산 계급의 숫자는 적어지기는커녕 많아지고 있다. 사회적 부가 크게 증가하면서 대자본가의 수가 줄어드는 게 아니라 온갖 규모의 자본가의 수가 늘어나고 있다."(Bernstein 1961, xii).

게다가 이윤이나 지대, 이자나 배당금을 전혀 받지 못하는 노동자들의 생활도 빠르게 개선되고 있었다. 전반적인 생활 수준이 나아지고 정부가 민주화되면서 혁명은 가능성이 크게 줄었을 뿐만 아니라 도덕적으로도 바람직하지 않게 됐다. 노동 계급의 희망은 "파국적인 붕괴의 가능성보다는 꾸준한 진보"에 있었다(Bernstein 1961, xiv).

베른슈타인이 쓴 책에는 단순히 '혁명'을 '평화적 발전'으로 대체하는 것 이상의 내용이 담겨 있었다. 사실 베른슈타인의 책은 마르크스주의의 거의 모든 지적 토대를 향한 직접적인 공격이었다. 자본주의는 양극화돼 서로 싸우는 두 계급으로 특징지어지지 않는다고 베른슈타인은 주장했다. 계급 구분이 빠르게 무너지고 종종 존재하지 않는 상황에서 계급 투쟁이 역사의 동인일 수는 없다. 노동자들은 전혀 동질적인 대중이 아니며, 따라서 "노동자 집단들 사이의 유대감은 …… 약할 수밖에 없다."(Bernstein 1961, 120). 베른슈타인은 근본적으로 적대적인 두 계급이 아니라 다수의 이익 집단이 때로 갈등하면서도 더 자주 집단적인 '공동체' 속에서 통일되는 모습을 봤다.

자본주의 사회의 계급적 본성을 거부한 베른슈타인은 마르크스의 역사유물론 역시 부정할 수밖에 없다. 또한 사회가 발전하면서 경제적 요인의 중요성이 점점 약해지고 이데올로기나 윤리적인 요인이 점점 중요해진다고 주장했다.

> 현대 사회는 앞선 사회에 견줘 경제를 통해 결정되지 않으며 본성상 하나의 경제적 힘으로 작용하는 이데올로기가 훨씬 더 풍부하다. 오늘날에는 과학과 예술을 비롯한 일련의 사회관계 전체가 과거에 견줘 경제에 훨씬 덜 의존한다. 또는 오해의 여지를 없애려면 이렇게 말할 수도 있다. 현재 도달한 경제 발전의 정도 덕분에 이데올로기적 요인을 포함해서 특히 윤리적 요인이 예전에 견줘 독립적으로 활동할 여지가 훨씬 더 커졌다. 따라서 기술적 발전과 경제적 발전을 비롯해 그밖의 사회적 경향의 발전 사이에 존재하는 인과 관계의 상호의존성은 계속해서 점점 더 간접적으로 바뀐다. 그 결과 기술적 발전과 경제적 발전의 필연성이 다른 사회적 경향의 발전을 규정하는 힘 역시 점점 약해진다.(Cole 1956, 280에서 재인용)

베른슈타인은 또한 마르크스의 잉여가치론을 거부했다. 마르크스는 생산과정에서 산 노동만이 잉여가치를 창조한다고 주장했다. 베른슈타인은 "사회의 경제 전체를 사고함으로써 구체적인 사실로" 잉여가치를 "파악할 수 있을 뿐"이라는 말로 이 이론을 간단히 처리한다(Bernstein 1961, 38). 베른슈타인은 이것이야말로 마르크스를 향한 가장 확실한 비판이라고 믿었다. 잉여가치론은 마르크스가 신봉하는 사회주의의 과학적 토대로 간주됐기 때문이다. 따라서 사회주의는 과학적 토대가 아니라 윤리적 토대에 바탕을 둬야 한다고 베른슈타인은 단언했다.

마르크스와 베른슈타인의 가장 근본적인 차이는 아마 자본주의 사회에서 정부의 본성에 관한 견해일 것이다. 마르크스는 자본주의 정부는 일차적으로 계급 지배의 도구라고 주장했다(베른슈타인과 동시대의 마르크스주의자들 역시 계속해서 이렇게 주장했다). 자본가들은 자본주의적 소유 관계를 통해 경제적 지위와 특권을 유지한다. 또 자본가들은 자신이 가진 부를 활용해 정치 과정을 통제함으로써 다른 무엇보다도 이 소유 관계를 지켜내는 데 전념하는 정부의 지속성을 보장한다.

베른슈타인은 자본주의 정부에 관한 마르크스의 견해를 '정치적 퇴행'으로 치부했다. 한때는 마르크스의 관념이 타당했을 수도 있지만, 오늘날 참정권이 확대되면서 유효성을 잃었다는 게 베른슈타인의 생각이다. 보편 참정권 덕분에 모든 사람이 정부를 선출하는 과정에서 동등한 힘을 행사할 수 있고, 따라서 공동체 안에서 각 개인이 '동등한 동반자'가 돼 계급 갈등이 사라질 수 있다. "민주주의에서는 투표권 덕분에 공동체 구성원들이 사실상 동반자가 되며, 이런 사실상의 동반자 관계는 결국 실질적 동반자 관계로 이어질 수밖에 없다."(Bernstein 1961, 144).

베른슈타인은 페이비언주의자들과 마찬가지로 자본주의 사회의 정부가 본래 계급적으로 편향된다는 관념을 거부했다. 자본주의적 민주주의에서는 노동자와 자본가가 각각 동등한 동반자로 여겨졌고, 도덕적 호소를 통해 양쪽을 설득해서 평화적인 정치 수단을 사용해 전체 공동체의 일반 이익을 증진할 수 있었다.

점진적 사회주의의 운명

《점진적 사회주의》가 출간된 때부터 1차 대전이 발발할 때까지 베른슈타인의 사상은 독일의 사회민주당뿐만 아니라 세계 곳곳의 사회주의 운동에서도 격렬한 논쟁을 일으켰다. 쟁점이 되는 문제는 대단히 중요한 것이었다.

페이비언주의자들과 수정주의자들은 개혁 입법을 끈질기게 추구하면 결국 사회주의를 달성할 수 있다고 주장했다. 하나하나의 개혁 자체는 자본주의 구조를 위협하지 않지만 많은 개혁이 누적되면 결국 자본가 계급을 평화적으로 끌어내리는 결과로 이어진다는 것이었다.

반면 마르크스주의자들은 어떤 개혁이든 유산 계급의 특권과 특전을 심각하게 위협하게 되면 자본가 계급은 자신들의 경제 권력과 사회적 지위가 잠식되는 모습을 보자마자 곧바로 위협과 탄압에 호소할 것이고, 결국 노동자들의 민주적 권리를 폐지할 것이라고 계속해서 생각했다. 이런 일이 벌어질 때를 대비해 노동 계급은 혁명을 준비해야만 했다. 혁명을 준비하지 않으면 어렵게 얻어낸 각종 양보와 개선을 잃게 된다.

1차 대전이 시작될 때에 이르면 사회주의 운동의 보수파가 혁명파에 맞서 적어도 일시적인 승리를 거둔 게 분명했다. 영국과 독일의 자본주의가 번영의 시기를 통과하면서 노동자들의 곤궁한 처지가 개선되고 전반적인 낙관의 정서가 팽배했다. 영국에서는 페이비언 협회의 철학이 노동당을 지배하게 됐고, 독일에서는 수정주의자들이 사회민주당을 장악했다.

그러나 뒤이어 펼쳐진 이 두 당의 역사는 입법 개혁에 전적으로 의존하는 사회주의의 기본적인 약점을 잘 보여준다. 많은 당 지도자가 얼마 동안 계속해서 사회주의 사상을 제시하기는 했지만, 선거에서 다수를 차지해야 한다는 압력 때문에 당 정책은 점점 더 보수주의로 향해 갈 수밖에 없었다. 1950년대에 두 당은 생산, 분배, 교환 수단의 사회적 소유를 추구하는 정책을 포기한다고 공식 발표했다. 두 당은 이제 빈민들의 생활 수준을 개선하는 개혁 입법만이 공정하고 정의로운 사회를 달성하는 수단의 전부라고 주장했다.

요약

19세기 말과 20세기 초에 노동 조건과 생활 수준, 정치적 권리 등이 개선되면서 사회주의 운동이 분열하기 시작했다. 마르크스주의를 따르는 혁명적 사회주의자들이 계속해서 사회주의 혁명의 필요성을 확신한 반면, 새로운 개혁적 또는 점진적 사회주의자 집단은 점진적이고 평화적인 입법 개혁을 통해 사회주의를 달성할 수 있다고 주장했다.

영국에서는 조지 버나드 쇼, 시드니 웹과 비어트리스 웹을 비롯한 페이비언 협회의 회원 사이에서 개혁적 사회주의의 유능한 지도자들이 배출됐다. 독일에서는 에두아르트 베른슈타인을 비롯한 수정주의자들이 개혁 운동을 이끌었다. 두 당파 모두 결국 선거에서 다수표를 얻어야 한다는 압력 때문에 사회주의의 가장 기본적인 교의인 생산수단의 사회화를 포기하는 지경에 이르렀다.

더 읽어볼 책

Bernstein, Eduard. [1899] 1961. *Evolutionary Socialism*. New York: Schocken Books.
Cole, G.D.H. 1956. *A History of Socialist Thought*. Vol. III, pt. 1. London: Macmillan.

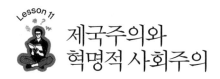

제국주의와
혁명적 사회주의

자본주의 국가의 민주 정부를 활용해서 자본주의에서 사회주의로 점진적이고 평화적으로 이행할 수 있다는 사고를 둘러싸고 벌어진 논쟁으로 유럽 사회주의 운동은 분열했다. 그렇지만 제국주의 문제 역시 이런 분열을 재촉하는 과정에서 더 크지는 않더라도 얼추 비슷한 구실을 했다. 유럽의 경제 제국주의는 19세기 말과 20세기 초에 가장 치열했다. 제국주의에 맞서 사회주의가 취해야 할 적절한 대응의 성격과 중요성을 둘러싸고 사회주의자들 사이에 커다란 분할이 생겨났다. 이런 분할은 오늘날까지 계속된다.

유럽 제국주의

인도는 유럽 제국주의의 최초이자 가장 극적인 사례로 손꼽힌다. 동인도회사는 1757년에 벵골을 정복하기 전에 150년 동안 인도와 폭넓은 교역을 하고 있었다. 이 시기 동안 인도의 경제는 비교적 발전한 상태였다. 인도의 생산 방식, 산업 조직, 상업 조직은 서유럽에 널리 퍼진 수준에 견줘도 손색이 없었다. 사실 인도는 서유럽 지역이 대부분 후진적이고 원시적인 상태에 있을 때 부터 최고급 모슬린과 사치스러운 직물을 제조해서 수출하고 있었다.

그러나 벵골 정복 이후에 동인도회사는 인도의 많은 지역에서 지배 권력으로 부상했고, 150년 동안 진행되던 무역은 가혹한 착취로 바뀌었다. 1757 년에서 1815년 사이에 영국이 인도에서 5억 파운드에서 10억 파운드에 이르는 부를 빼앗아간 것으로 추산된다. 이 액수가 얼마나 거대한 규모인지 알려면 그때 인도에서 운영되던 합자 회사의 자본 투자 총액이 3600만 파운드였다는 사실과 비교해보면 된다(Baran 1962, 145).

18세기 말과 19세기 초에 동인도회사에서 추진한 정책은 두 가지 목표를 반영한 것이었다. 첫째, 짧게 보면 많은 탐욕스러운 관리들이 하룻밤 사이에 개인적 재산을 모으려고 했다. "이 관리들은 독재적이고 무책임하고 욕심 사나웠으며, 개인 창고를 털어갔다. 그자들의 머릿속에는 되도록 빨리 원주민들에게서 수십만 파운드를 짜내어 서둘러 본국으로 돌아가 부를 자랑하려는 생각밖에 없었다. 그리하여 막대한 재산이 신속하게 콜카타 항에 쌓이는 동안 3000만 명이 극심한 빈곤 상태로 전락했다"(Adams 1962, 146).

이 광경을 지켜본 어느 영국인 역시 비슷한 어조로 부를 추구하는 비정한 모습을 묘사했다. "설령 마라타족[Mahratta. 인도 중부와 서부의 호전적 민족 — 옮긴이]이 습격을 하더라도 회사[동인도회사]와 회사 관리 개개인이 벵골 평원을 쪽쪽 빨아 먹은 것처럼 철저하게 한 지방을 황폐하게 만들지는 못할 것이다. 실제로 그자들은 부자가 되겠다는 일념 아래 벵골 농민들이 목숨을 부지하지 못할 정도로 수탈해갔다. 농민들은 결국 죽어갈 수밖에 없었다"(Strachey 1962, 296).

둘째, 장기 목표는 인도 제조업을 억제하거나 축출하는 한편, 인도는 원료 생산에 집중해 영국의 방직업을 비롯한 제조업에 수출을 통해 공급하게 강요해서 인도를 영국 산업에 의존하게 만들려는 것이었다. 이 정책은 잔인하면서도 체계적으로 실행됐고, 결국 성공했다.

이런 정책이 전반적으로 가져온 결과로 영국의 인도 지배는 인도 경제의 모든 구조와 토대를 체계적으로 파괴했으며, 그 대신 기생적인 지주와 대금업자만을 남겨두었다. 영국의 상업 정책 때문에 인도의 장인들은 몰락했고, 인도의 도시에는 굶주리고 병든 빈민 수백만 명이 우글거리는 악명 높은 슬럼이 생겨났다. 영국의 경제 정책 때문에 토착적인 산업 발전의 싹이 모조리 잘려 나갔고, 투기꾼, 소상인, 대리인, 고리대금업자 등 부패한 사회의 틈바구니에서 초라하고 불안정한 생계를 꾸려 나가는 이들만 급격히 늘어났다.(Baran 1962, 149)

그러나 1857년을 기점으로 대대적인 철도 건설기를 거친 뒤에야 영국은 비로소 인도 내륙 곳곳으로 침투할 수 있었다. 철도 건설에 돈을 묻어둔 영국 투자자들에게 정부는 5퍼센트의 수익을 보장했다. 이 조항에 따라 이윤이 5퍼센트 이하로 떨어지면 인도 국민이 세금으로 그 차액을 메워줘야 했다. 이렇게 인도인들은 영국 투자자들이 인도 내륙까지 경제적 착취를 확대할 수 있게 운송 수단을 확보하는 일에도 세금을 내야 했다.

이런 가혹한 조치들이 있었지만 19세기의 사사분기까지는 유럽 제국주의의 시대가 폭넓은 전선으로 퍼져 나가지 않았다. 1775년에서 1875년 사이에 유럽 나라들은 새롭게 획득하는 식민지에 못지않은 지역을 상실했다. 식민지가 값비싼 사치라는 여론이 널리 확산했다.

그런데 1875년에 이런 상황이 갑자기 극적으로 바뀌었다. 1900년까지 영국은 기존의 제국에 1165만 5000제곱킬로미터의 영토를 추가했고, 프랑스는 906만 5000제곱킬로미터, 독일은 259만 제곱킬로미터, 벨기에는 233만 1000제곱킬로미터, 러시아는 129만 5000제곱킬로미터, 이탈리아는 47만 9150제곱킬로미터, 미국은 32만 3750제곱킬로미터를 각각 집어삼켰다. 세계 인구의 4분의 1이 유럽과 미국의 지배 아래 종속되고, 제국주의는 전성기를 누렸다.

아프리카의 제국주의

1800년에 이르기까지 유럽인들은 아프리카 해안 지역 너머에는 침투하지 못했다. 그런데 토지 강탈과 제국 건설로 점철된 광란의 100년을 보내고 난 20세기 초에 이르면, 아프리카 대륙의 93퍼센트에 이르는 2590만 제곱킬로미터를 장악하게 됐다. 이 거대한 약탈에서 유럽의 여러 강대국은 '검은 대륙'의 풍부한 광물과 농산물을 손에 넣으려고 했다.

유럽의 아프리카 착취가 지닌 야만성이 가장 극심한 곳은 아마 벨기에령 콩고였을 것이다. 벨기에의 레오폴드 2세Leopold II는 1879년에 H. M. 스탠리H. M. Stanley를 중앙아프리카로 보냈다. 레오폴드가 몇몇 동료들과 함께 경영하는 이윤 추구형 개인 기업에서 일하던 스탠리는 무역 거점들의 연결망을 구축했고, 또한 원주민 추장들을 속여서 각종 '조약'에 서명하게 했다. 이런 조약을 통해 23만 3100제곱킬로미터에 이르는 상업 제국을 건설했다. 콩고자유국Congo Free State의 국가 원수를 맡은 레오폴드는 자기 회사의 이윤을 늘리려고 이 지역의 천연자원과 인적 자원을 착취했다.

그야말로 무자비한 착취였다. 원주민들은 노골적인 신체적 강압을 겪으면서 야생 고무나무에서 고무를 채취하고 코끼리의 상아를 모았다. 레오폴드는 원주민이 직접 경작하지 않는 모든 토지를 수용해서 '정부 소유지'로 만들었다. 고무와 상아로 지불해도 되는 세금뿐 아니라 노역까지 포함되는 과중한 과세 체계를 강제하려고 최악의 잔학 행위를 자행했다.

20세기에 이르러 콩고는 또한 다이아몬드와 우라늄, 구리, 야자유, 야자씨, 코코넛 등 다양한 자원을 지닌 풍부한 보고가 됐다. 콩고는 유럽의 제국주의적 착취가 으뜸가는 수익성을 낸 곳이었을 뿐 아니라 가장 수치스러운 모습을 보인 곳이기도 했다.

영국은 아프리카에서 가장 인구가 많고 부유한 지역을 장악했다. 1870년에 세실 로즈Cecil Rhodes는 건강을 돌보려고 남아프리카로 갔다. 2년 만에 로즈는 합자 회사를 조직하고 관리하는 천재적 능력과 다이아몬드 시장을 독점하는 능력에 힘입어 백만장자가 됐다. 훗날 로즈가 이끄는 브리티시사우스아프리카 회사British South Africa Company는 남아프리카 전역을 지배하기에 이르렀다. 이 회사는 이윤을 추구하는 사기업이었지만, (1889년의 회사 특허장에 따라) "조약을 체결하고, 법률을 공포하고, 평화를 수호하고, 경찰력을 유지하고, 새로운 조차지를 획득하는" 권한을 비롯한 정부 권한 일체를 갖고 있었다.

브리티시사우스아프리카의 팽창주의 정책은 보어 전쟁(1899~1902)으로 이어졌고, 이 전쟁에서 영국은 네덜란드의 두 공화국(오렌지 자유국Orange Free State과 트란스발 공화국Transvaal Republic)을 무너뜨리고 남아프리카 전역을 완전히 장악했다. 알고 보니 남아프리카는 풍부한 광산 지역이었다. 그러나 영국과 네덜란드 제국주의의 유산은 오늘날 인구의 절대 다수인 흑인들을 향한 탄압에서 생생하게 드러난다.

아프리카의 제국주의를 보여주는 다른 사례들 역시 연구할 만한 가치가 있다. 그렇지만 여기서는 1차 대전 직전에 프랑스가 아프리카 전체의 약 40퍼센트(대개 사하라 사막 안에 있었다), 영국이 30퍼센트, 그리고 23퍼센트 정도를 독일과 벨기에, 포르투갈과 에스파냐가 분할해서 차지했다는 사실을 지적하는 것으로 충분할 듯하다.

아시아의 제국주의

영국의 인도 점령이 낳은 결과는 20세기에 들어서면서 분명해졌다. 1901년에 인도의 1인당 소득은 연간 10달러에도 미치지 못했고, 국민의 3분의 2 이상이 심각한 영양실조 상태였으며, 토착 제조업은 대부분 파산하거나 영국인들에게 인수됐다. 전체 인구의 90퍼센트가량이 목숨을 부지하기 위해 분투하는 시골 마을에서는 평균 보유 토지가 2헥타르 정도였고 원시적인 영농 기법으로 농사를 지었다. 그나마 빈약한 생산물도 대부분 세금과 지대, 영국인들이 가져가는 이윤으로 새나갔다. 기근, 질병, 빈곤이 만연했다. 1891년에 인도인의 평균 수명은 26세에도 미치지 못했고, 대개 비참하게 죽어갔다.

아시아의 다른 지역도 대부분 이 시기에 정복당했다. 1878년에 영국은 아프가니스탄을 침략해서 인도 정부에 복속시켰고, 1907년에는 러시아와 영국이 페르시아를 분할했다.

1858년, 프랑스는 어느 에스파냐 선교사가 살해된 사건을 구실로 중국의 조공국이던 안남[Annam. 현재의 베트남 북부와 중부를 가리키는 역사적인 명칭 — 옮긴이]을 침략했다. 곧이어 프랑스는 오늘날의 베트남에 프랑스 식민지를 건설했다. 프랑스는 이 지역을 발판 삼아 전쟁과 음모를 통해 1887년까지 인도차이나 반도 전역을 지배하는 데 성공했다.

말레이 반도와 말레이 열도(거의 4800킬로미터에 이른다) 역시 분할됐다. 영국은 싱가포르와 말레이 연방, 보르네오 섬 북부, 뉴기니 남부를 차지했다. 뉴기니의 다른 지역은 독일이 차지했고, 나머지 섬들(190만 4000제곱킬로미터에 이르는 지역이다)은 대부분 네덜란드에게 돌아갔다.

미국 제국주의

19세기의 대부분 동안 미국 제국주의는 아메리카 대륙을 정복하고 원주민 인디언을 절멸하는 데 모든 힘을 기울였다. 사모아 제도는 미국이 최초로 해외 영토를 제국주의 방식으로 취득한 곳이다. 1878년에는 파고파고[Pago Pago]의 원주민들이 미국에 항만 이용권을 양도했다. 11년 뒤 미국과 독일은 사모아 제도를 정복해 분할했다.

진주만도 비슷한 방식으로 1887년에 미국 해군의 주둔지가 됐다. 미국 자본가들은 단기간에 하와이의 설탕 생산을 거의 장악했다. 이내 극소수의 백인 미국인이 릴리우오칼라니[Liliuokalani] 여왕의 통치에 맞서 반란을 일으켰고, 미국 해병대의 도움을 받아 원주민을 정복했다. 1898년에 하와이는 공식으로 미국에 병합됐다.

미국이 절묘한 시점에 침몰한 전함 메인Maine 호 사건을 구실 삼아 에스파냐에 전쟁을 선포하고 쿠바를 에스파냐의 압제에서 '해방'시킨 것도 같은 해였다. 미국의 적수가 되지 못한다는 사실을 알고 있던 에스파냐 정부는 미국의 모든 요구를 수용했지만, 미국은 메인 호 사건에 관한 '보상 조치'로 막무가내로 전쟁을 선포했다. 전쟁에 승리한 미국은 곧바로 푸에르토리코, 괌, 필리핀을 손에 넣었고, 신생 '독립국' 쿠바는 미국 자본가들이 삽시간에 자국의 농업과 상업을 거의 모두 손에 넣는 모습을 지켜볼 수밖에 없었다. 쿠바의 독립에는 미국이 "생명과 재산, 개인의 자유를 보호하기 위해" 쿠바 국내 문제에 임의로 개입할 수 있다는 단서 조항이 붙어 있었다. "생명과 재산, 개인의 자유를 보호하기 위해"라는 표어는 그 뒤로도 제국주의를 정당화하는 구실로 뻔질나게 들먹여졌다. 미국 군대는 1906년과 1911년, 1917년에 쿠바를 침략한 뒤에야 결국 확실한 지배권을 확립할 수 있었다.

에스파냐에서 독립하려고 싸우던 필리핀 사람들은 미국의 지배가 에스파냐의 경우와 별반 다를 게 없다는 사실을 뼈저리게 깨달았다. 윌리엄 매킨리 대통령은 미국이 "필리핀 국민을 교육하고 개화해 기독교인으로 만들" 의무가 있다고 결정했지만, 이미 수백 년 동안 로마 가톨릭을 믿던 필리핀 사람들은 미국이 시도하는 '기독교화'에 저항했다. 필리핀 사람들을 마침내 '개화'하고 '교육'하는 데는 6만 명의 미군뿐 아니라 끝없는 잔학 행위와 강제 수용소가 필요했다.

1901년에 콜롬비아 공화국이 미국에 길쭉한 땅(파나마 운하 건설 예정지)을 팔지 않기로 하자 시어도어 루즈벨트Theodore Roosevelt 대통령은 행동에 나섰다. 미국의 승인과 지원 아래 파나마인들의 반란이 조직됐다. 미국은 콜롬비아 군대가 반란을 진압하러 들어오는 길목을 막으려고 전함을 전략적으로 배치했다. 반란은 1903년 11월 3일에 개시됐고, 미국은 11월 6일에 '신생 국가'를 승인했다. 11월 18일에 미국은 원래 제시한 안보다 훨씬 유리한 조건으로 파나마 운하 지대를 손에 넣었다.

1904년, 루즈벨트 대통령은 미국이 "사회 문제나 정치 문제에서 합리적이고 효율적이며 품위 있게" 행동할 수 있는 나라들의 자결 원칙을 신봉한다고 발표했다. 그러나 "만성적인 비행이나 무능 때문에 문명사회의 유대가 전반적으로 약해지는 경우에는 다른 곳처럼 아메리카 대륙에서도 결국 문명국의 개입이 필요할 것"이라는 말을 덧붙였다(Fite and Reese 1965, 472에서 재인용).

1909년, 미국 해병대가 니카라과를 침공해서 미국의 경제 이권을 위협하던 호세 산토스 셀라야(Jose Santos Zelaya) 정부를 전복했다. 미군은 1912년에도 니카라과에 진출했다. 1915년에는 미 해병대가 아이티를 침공했고, 1916년에는 미군이 도미니카 공화국을 뒤집어엎고 군사 정부를 세웠다.

1차 대전 시기에 이르면 미국은 사모아, 미드웨이 섬, 하와이, 푸에르토리코, 괌, 필리핀, 투투일라 섬, 쿠바, 산토도밍고, 아이티, 니카라과, 파나마 운하 지대 등을 강탈하거나 지배하고 있었다.

제국주의와 점진적 사회주의

보어 전쟁을 계기로 영국의 여론이 들끓으면서 급진주의자와 사회주의자들 사이에 격렬한 충돌이 속출했다. 한편에서는 전쟁을 계기로 강경론 정서와 제국주의 이데올로기가 득세해 일부 사회주의자들에게 영향을 미쳤다. 다른 한편에서는 J. A. 홉슨(J. A. Hobson)이 《제국주의 연구(Imperialism: A Study)》를 통해 이런 정서와 이데올로기를 신랄하게 비웃으면서 제국주의 이론을 내놓았다. 홉슨의 이론은 마르크스주의자들뿐만 아니라 많은 비마르크스주의 사회주의자들에게도 커다란 영향을 미쳤다.

홉슨에 따르면, 제국주의는 '하급 인종'이 차지한 지역을 정치적이고 경제적으로 지배하기 위한 투쟁이다. 제국주의의 '경제적 뿌리'는 선진 자본주의 국가들이 국내에서 생산했지만 충분한 국내 수요를 찾지 못한 상품과 자본의 시장을 찾아야 한다는 점이다. 제국주의는 민족주의와 군국주의 전통을 불러일으켜 "초기에 수백 년간 동물적인 생존 투쟁을 거친 민족에게 남아 있는 양적 탐욕과 강압적 지배 욕망에 호소"할 수 있다(Hobson 1938, 368).

홉슨은 심각하게 불공평한 소득 분배와 그 결과물인 왜곡된 자원 배분이 국내 수요가 결핍된 기본 원인이라고 본다. 이런 불공평한 분배 때문에 해외 시장을 추구할 수밖에 없다는 것이다. 홉슨은 19세기 말과 20세기 초의 제국주의 경향을 역전시킬 수 있는 방법은 공평한 소득 분배를 실현할 만큼 충분히 급진적인 개혁뿐이라고 주장한다. 다음 구절을 보면 홉슨의 견해가 간명하게 드러난다.

> 새로운 시장을 개척해야 할 필요는 전혀 없다. 국내 시장을 무한하게 확장할 수 있기 때문이다. '소득'이나 상품의 수요력power to demand을 적절히 분배하기만 한다면 영국에서 생산한 것은 무엇이든 영국에서 소비할 수 있다. 다만 영국이 지금까지 경제 자원의 잘못된 분배에 바탕을 둔 부자연스럽고 불건전한 전문화에 익숙해진 탓에 이렇게 생각할 수 없을 뿐이다. 경제 자원이 불공평하게 분배된 결과 일부 제조업이 해외 판매 달성이라는 특별한 목표를 달성하려다 지나치게 성장해버렸다. 만약 모든 계급이 토지와 교육과 입법에 관한 권리를 동등하게 가진 바탕 위에서 영국의 산업혁명이 일어났다면 제조업의 전문화가 그렇게까지 진행되지는 않았을 것이다. …… 해외 무역은 더욱 안정되면서도 중요성은 줄어들었을 테고, 국민을 구성하는 모든 집단의 생활 수준이 높아졌을 것이며, 현재의 국민 소비율 수준에서도 지금 사용되는 것보다 훨씬 많은 양의 개인 자본과 공공 자본을 충분하고도 지속적으로, 그리고 수익성 좋게 활용할 수 있을 것이다.(Hobson 1938, 88~89)

영국 제국주의를 공개적으로 통렬하게 비난해야 하느냐 하는 문제를 둘러싸고 페이비언주의자들이 분열했다. 페이비언 협회 집행위원회가 열려 제국주의 일반과 특히 보어 전쟁을 비판하는 성명을 발표해야 한다는 시드니 올리비에의 주장이 한 표 차이로 부결됐지만, 집행위원회는 이 문제를 총회 표결에 부치자는 요구에는 동의했다.

조지 버나드 쇼가 이끄는 친제국주의 분파는 작은 후진국들은 자국 문제를 제대로 처리할 수 없고 아예 나라로 간주해서도 안 되기 때문에, 유럽의 선진국들에게는 이 후진국 국민들의 복지를 위해 그 나라의 국내 문제를 관리하고 단속할 의무가 있다고 주장했다. 논쟁은 격렬했다. 마침내 협회 회원의 45퍼센트가 영국 제국주의를 비판하는 데 찬성표를 던졌고, 55퍼센트는 제국주의를 승인하거나 묵인하는 쪽을 선택했다. 곧바로 몇몇 저명인사를 비롯한 협회 회원 18명이 탈퇴서를 제출했다.

독일 수정주의자들 역시 페이비언주의자들과 비슷한 정서를 보여줬다. 유럽 제국주의를 승인하거나 분명한 태도를 취할 성격을 지닌 문제는 아니라는 견해가 대다수였다. 예를 들어 베른슈타인은 "야만인들에게는 자신이 살고 있는 땅에 관해 조건부 권리만을 인정할 수 있다. 궁극적으로 고등 문명이 더 큰 권리를 주장할 수 있다"고 말했다(Bernstein 1961, xi). 그러나 정통 마르크스주의자들은 사실상 만장일치로 제국주의를 비난했다. 마르크스주의의 분석에 따르면, 제국주의는 자본주의의 역사적 발전에서 최종 단계일 뿐이었다. 자본가들은 자본주의 체제의 모순이 고조되면서 후진 지역을 상대로 하는 경제적 착취에 광적으로 몰두할 수밖에 없기 때문이다.

로자 룩셈부르크의 제국주의 분석

로자 룩셈부르크Rosa Luxemburg는 손꼽히는 정치 지도자이자 정통 마르크스주의 해설가였다. 룩셈부르크의 저서 《자본의 축적The Accumulation of Capital》에 담긴 제국주의에 관한 설명과 분석은 이후 세대의 사회주의자들에게 커다란 영향을 미쳤다.

　룩셈부르크는 7강에서 설명한 **자본주의적 상품 생산** 과정에 관한 마르크스의 분석을 논평하면서 분석을 시작한다. 이 과정에서 자본가는 주어진 양의 화폐를 가지고 하나의 상품(노동력)을 구입해서 다른 상품(생산 과정에서 노동자가 만든 상품)을 판매한다. 자본가는 노동 생산물을 판매해서 원료, 재공품[제품 또는 반제품을 만들려고 제조 과정 중에 있는 물품 — 옮긴이], 노동 등의 비용으로 쓴 것보다 더 큰 가치를 손에 넣는다. 자본가는 잉여가치 또는 이윤을 손에 넣는다. 그러나 자본가가 판매에서 받는 돈은 상품 구매자가 써야 하는 돈이다.

　이 상품 구매자는 생계 수단을 사려고 임금을 지출하는 노동자일 수도 있고, 생산에 필요한 원료와 재공품을 구입하는 다른 자본가일 수도 있다. 그러나 앞서 말한 것처럼, 잉여가치가 존재하려면 상품 판매에서 나온 수입이 원료와 재공품에 지출하는 비용과 임금을 초과해야 한다. 그 차이의 일부는 자본가들의 소비 지출로 충당될 수 있다. 그러나 룩셈부르크는 자본가들의 소비 지출이 대체로 자본가 자신이 받는 잉여가치의 작은 부분만을 구성한다고 봤다.

　지출 부족의 또 다른 부분은 자본가들이 현재의 생산 수준을 유지하는 데는 필요하지 않지만 미래에 생산을 확장하기 위해 원하는 자본재를 구입하면서 메울 수 있다. 그러나 생산을 확장하려는 욕망은 소비재의 수요가 증대될 것이라는 기대를 조건으로 하며, 문제의 핵심은 이런 소비재에 관한 수요가 부족하다는 점이다. 자본가들은 자기 자신을 위해 자본재를 축적하는 게 아니라 이런 축적으로 이윤이 늘어날 것이라고 기대하기 때문에 축적하는 것이다. 룩셈부르크가 불가피하게 내린 결론에 따르면, 자본주의 경제의 내부 영역 안에서 자본가들과 노동자들이 하는 지출은 상품 생산이 확대되면서 생겨나는 잉여가치를 장기간 계속 실현할 수 있을 만큼 충분하지 않다.

　그러나 자본주의는 한 세기가 훌쩍 넘도록 계속해서 확장해왔으며, 룩셈부르크는 이런 확장을 가능하게 만드는 데 필요한 추가적인 지출의 원천을 찾아내려고 했다. 룩셈부르크가 발견한 원천이란 비자본주의 지역으로 계속 확장하고, 이 지역을 자본주의의 지배로 끌어들이며, 자본주의적 관계의 영역 안으로 통합하는 자본주의 생산양식의 역사적 경향이다. 이런 비자본주의 지역이 자본주의 지역에서 생산된 상품을 구매하는 지출이 추가로 필요한 수요를 나타낸다.

> 잉여가치를 실현하고 불변자본의 물질적 요소들을 조달하는 두 측면에서 볼 때, 국제 무역이야말로 자본주의의 역사적 존재를 위해 가장 필요한 것이다. 그런데 현재의 조건 아래서 국제 무역이란 본질적으로 자본주의 양식과 비자본주의 양식 사이의 교환이다.(Luxemburg 1964, 359)

따라서 룩셈부르크는 "제국주의는 아직 비자본주의 환경으로 남아 있는 지역을 둘러싼 경쟁적 투쟁으로 나타나는 자본 축적의 정치적 표현"이라고 생각했다(Luxemburg 1964, 359). 아직 착취되지 않은 전세계 비자본주의 지역의 규모가 계속 줄어들면서 결국 "제국주의의 불법성과 폭력, 그리고 비자본주의 세계를 향한 침략과 경쟁하는 자본주의 국가들 사이의 심각한 충돌이 모두 커진다"(Luxemburg 1964, 446).

이런 이론적 틀 안에서 룩셈부르크는 자본주의의 발전이 어떻게 민족주의와 군국주의, 인종주의의 성장을 재촉하는지를 예리하면서도 통찰력 있게 설명한다. 예를 들어 군사 지출에 관한 분석에서 룩셈부르크는 이 지출이 세계 곳곳의 자본주의 제국을 보호하는 한편 국내의 총수요에 필요한 자극을 제공하는 이중적 기능이 있다는 점을 파악한다.

> 모든 종류의 상품에 관한 개별적이고 사소한 많은 수요는 …… 이제 국가의 포괄적이고 동질적인 수요로 대체된다. 그리고 이런 수요를 충족하려면 최고도의 거대한 산업이 그 전제로서 필요하다. 이 산업은 잉여가치의 생산과 축적에 가장 유리

한 조건을 필요로 한다. 소비자들의 분산된 구매력은 군수품에 관한 정부 계약의 형태로 대량으로 집중되며, 개인적 소비의 변덕과 주관적인 변동에서 벗어나서 거의 자동적인 규칙성과 율동적인 성장을 달성한다. 자본 자체가 이른바 '여론'을 형성하는 기능을 가진 언론과 입법을 통해 궁극적으로 이런 자동적이고 율동적인 군국주의적 생산 운동을 통제한다. 이런 점 때문에 이 특정한 자본 축적 영역은 처음에는 무한정으로 확대될 수 있는 것처럼 보인다. 시장을 확장하고 자본 활동 기지를 세우려는 다른 모든 시도는 주로 자본의 통제 밖에 있는 역사적, 사회적, 정치적 요인들에 의존하는 반면, 군국주의를 위한 생산은 자본 자체를 통해 규칙적이고 점진적인 확장이 주로 결정되는 영역을 나타낸다.

이런 식으로 자본은 역사적 필연성을 하나의 미덕으로 바꾼다.(Luxemburg 1964, 466)

이 구절은 1913년에 쓴 것이다. 반세기 뒤에 룩셈부르크가 설명한 요인들이 1차 대전 직전의 수준을 훌쩍 뛰어넘어 발전할 때까지도 군사 지출이 하는 구실을 이 정도로 분명하게 이해한 경제학자는 많지 않았다.

그러나 이런 명석한 통찰력을 지닌 룩셈부르크의 제국주의 분석은 그릇된 이론적 구조 위에 서 있다. 비자본주의 소비자들이 자동으로 수요 증가의 원천이 되는 것은 아니다. 그 소비자들에게 생산물을 판매하려면 또한 그 소비자들의 생산물을 구매해야 한다. 그렇지 않으면 물건을 구매할 외화가 전혀 없을 테니 말이다. 이런 판매와 구매가 총수요에 미치는 최종적인 결론을 미리 결정할 수는 없다. 게다가 저발전 국가들에서는 자본주의적 투자가 곧바로 자체적인 잉여가치를 산출한다. 이런 점은 충분한 수요라는 문제를 해결하기는커녕 악화하게 만들기 쉽다.

룩셈부르크의 문제는 과소 소비라는 그릇된 문제에 초점을 맞췄다는 점이다. 제국주의를 실제로 추진하는 힘은 선진 자본주의 국가들이 자본을 수출할 수 있는 수익성 좋은 투자 배출구를 찾으려는 요구다. 마르크스주의의 제국주의 분석의 이런 결함을 바로잡은 사람은 레닌이다.

레닌의 제국주의 분석

레닌이 1916년에 출간한 《제국주의 — 자본주의의 최고 단계Imperialism: The Highest Stage of Capitalism》라는 소책자에는 가장 유명하고 커다란 영향을 미친 사회주의적 분석이 담겨 있다. 레닌은 "제국주의의 주된 경제적 특징을 되도록 간략하면서도 평이하게 보여주려고" 했다(Lenin 1939, 1). 가장 중요한 점은 자본주의 발전의 제국주의 단계에서 자본주의 경제는 독점에 철저하게 지배되며, 마르크스는 이런 사실을 정확하게 예견했다는 사실이다. 레닌이 말하는 독점이란 단 하나의 기업으로 구성된 산업(현대 경제학의 독점 정의)을 뜻하는 게 아니다. 레닌이 말한 것은 트러스트와 카르텔, 기업 연합과 소수 대기업이 지배하는 산업이다.

레닌은 독일의 경험에 크게 의존하면서 독점의 발달이 금융 체제의 중대한 변화에 밀접하게 관련된다고 주장한다. 은행들은 카르텔화를 향한 조직적인 운동에서 중심의 지위를 맡았고, 가장 중요한 여러 산업 카르텔에 상당한 지배권을 행사하기에 이르렀다. 이런 지배권은 무척 폭넓어서 레닌은 자본주의의 제국주의 단계를 '금융 자본'의 시대라고 말한다.

은행들은 또한 막대한 자금을 투자를 위해 동원할 수 있지만 국내 이윤율이 계속 하방 압력을 받기 때문에 투자 출구는 해외에서 찾아야 한다. 레닌은 홉슨과 달리 상품을 수출할 필요성이 제국주의의 가장 중요한 경제적 원인이라고 보지 않는다. 그것보다는 자본 수출의 필요성이 중요한 원인이다. 후진 지역은 대규모의 저렴한 노동력과 수익성 좋은 투자 전망을 제공한다.

자본주의의 제국주의 단계에서는 여러 정부가 자국의 정치적 경계선 안에서 기업 연합과 카르텔에게 특권적으로 보호받는 시장에 접근할 권한을 확보해주려고 싸운다. 또한 동시에 이런 각국의 기업 연합과 카르텔은 국제적 카르텔을 통해 세계 시장을 분할하려고 노력한다. 그러나 기회주의적인 단기간의 협력보다는 고질적인 대항과 경쟁이 더욱 중요하다. 지속적인 국가간 갈등과 전쟁은 피할 수 없는 결과다. 레닌이 한 말을 들어보자.

> 자본주의의 최근 상황을 보면 자본주의적 기업 연합 사이에 세계의 경제적 분할을 **토대로 해** 일정한 관계가 확립되고 있다는 사실을 알 수 있다. 한편 이런 관계와 나란히 연결돼 정치적 동맹체 사이, 국가들 사이에서도 세계의 영토적 분할, 식민지 획득을 향한 투쟁, '경제 영토를 확보하기 위한 투쟁'을 토대로 해 일정한 관계가 확립되고 있다.(Lenin 1939, 69)

레닌은 이런 상황이 본질적으로 불안정하다고 생각했다. 제국주의는 선진 자본주의 국가들 사이의 전쟁과 피착취 지역의 반란과 혁명으로 이어지게 마련이다. 그러나 자본주의 체제가 제국주의의 추진력을 지탱할 수 있는 한, 잉여 투자 자금의 배출구를 제공해서 생명을 연장할 수 있다. 제국주의가 본국에 초과 이윤을 확보해주는 덕분에 노동자들이 받는 임금도 오를 수 있다. 이렇게 제국주의가 전리품을 나눠주기 때문에 노동자들은 적어도 일시적으로 혁명적 잠재력이 약해지고 "사회제국주의자social imperialist라고 불러 마땅한" 우파 노동 지도자들의 통제를 받게 될 것이다(Lenin 1939, 99).

제국주의가 자본주의의 영토를 확장하고 그 과정에서 체제의 수명을 연장한다면, 그 결과 생겨나는 긴장과 충돌은 마르크스가 탐구한 경쟁 자본주의의 긴장과 충돌보다 더욱 심각하다고 레닌은 믿었다. 자본주의는 여전히 운이 다했고, 사회주의는 미래의 물결이었다.

요약

19세기 말과 20세기 초에 제국주의는 경제적으로 발전하지 못한 지역을 대부분 분할했다. 이 지역의 주민들은 선진 자본주의 국가의 거대 법인 기업들이 차지하는 이윤을 위해 가혹하고 잔인하게 착취당했다.

제국주의 문제는 점진적 사회주의 운동을 분열시켰다. 조지 버나드 쇼와 에두아르트 베른슈타인 같은 개혁 사회주의자들은 다수가 제국주의를 강력하게 지지했다. J. A. 홉슨을 비롯한 다른 이들은 강경한 반제국주의를 내세웠다. 홉슨의 제국주의 분석은 이런 사회경제 현상의 원인으로 부와 소득의 불균형한 분배를 강조했다. 홉슨은 자본주의의 틀 안에서 소득과 부를 재분배하는 개혁을 주장했다.

사실상 모든 마르크스주의 사회주의자들이 제국주의에 반대했다. 로자 룩셈부르크는 총수요 부족을 제국주의의 근본 원인으로 봤다. 룩셈부르크의 이론적 틀에는 몇몇 약점도 있지만, 제국주의와 민족주의, 인종주의와 군국주의의 성격에 관한 명석한 통찰을 보여줬다. 룩셈부르크의 약점은 레닌의 《제국주의 — 자본주의의 최고 단계》를 통해 정정됐다. 레닌은 투자 배출구와 자본가들의 자본 수출 요구가 지닌 중요성을 강조했다. 레닌의 분석은 마르크수의의 제국주의 비판에서 여전히 가장 큰 영향력을 발휘한다.

더 읽어볼 책

Adams, Brooks. 1962. "The Law of Civilization and Decay: An Essay on History." In *The Political Economy of Growth*, ed. Paul A. Baran. New York: Monthly Review Press(폴 A. 바란 지음, 김윤자 옮김, 《성장의 정치경제학》, 두레, 1984).

Baran, Paul A. 1962. *The Political Economy of Growth*. New York: Monthly Review Press.

Bernstein, Eduard. [1899] 1961. *Evolutionary Socialism*. New York: Schocken Books.

Fite, G.C., and J.E. Reese. 1965. *An Economic History of the United States*. 2d ed. Boston: Houghton Mifflin.

Hobson, J.A. [1902] 1938. *Imperialism: A Study*. London: Allen and Unwin(J. A. 홉슨 지음, 신홍범·김종철 옮김, 《제국주의론》, 창작과비평사, 1993).

Lenin, V.I. 1939. *Imperialism: The Highest Stage of Capitalism*. London: Lawrence and Wishart(V. I. 레닌 지음, 남상일 옮김, 《제국주의론》, 백산서당, 1988).

Luxemburg, Rosa. 1964. *The Accumulation of Capital*. New York: Monthly Review Press.

Strachey, John. 1962. "Famine in Bengal." In *The Varieties of Economics*. Vol. 1, ed. Robert Lekachman, pp. 269~302. New York: Meridian.

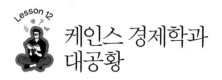

케인스 경제학과 대공황

남북전쟁에서 1900년에 이르는 시기가 미국 경제의 급속한 팽창기이기는 하지만, 1900년에서 1929년 사이의 성장에 견주면 그 성과는 초라하기 그지없다. 표 1을 보면 1899년에서 1927년 사이에 몇몇 핵심 산업에서 제조업 생산이 증가한 비율을 알 수 있다. 1900년에 860억 달러에 이른 미국의 전체 부(모든 경제 자산의 시장 가치)는 1929년에 3610억 달러를 기록했다(Huberman 1964, 254의 데이터).

이런 눈부신 성장 덕분에 미국은 제조업 생산량에서 다른 모든 나라를 크게 앞지르게 됐다. 미국이 1920년대에 번영을 누린 이유는 생산량이 계속 높은 수준을 기록했기 때문이다(물론 1923년과 1927년에 불황이 있기는 했지만). 생산된 재화와 용역의 총 가치를 나타내는 국민총생산은 1914년에서 1929년까지 62퍼센트 증가했다. 1929년에는 전체 노동력의 3.2퍼센트만이 실업자였고, 1920년대 동안 노동 생산성은 적어도 임금만큼 빠른 속도로 증가했다. 1921년에서 1929년 사이에 전체 자동차 등록 건수는 1100만 대 이하에서 2600만 대 이상으로 늘어났다. 소비자들은 전에는 꿈도 꾸지 못하던 라디오와 냉장고 등 각종 전자 제품에 수천만 달러를 써댔다. 대다수 사람들에

표 1	
일부 산업의 제조업 생산 증가율(1899~1927) (단위: 퍼센트)	
화학 외	239
피혁·	321
섬유	449
식품	551
기계	562
제지 및 인쇄	614
철강	780
운송장비	969

표 2	
1930년 미국 투자 총액 (단위: 100만 달러)	
캐나다	3,942
유럽	4,929
멕시코와 중앙아메리카	1,000
남아메리카	3,042
서인도제도	1,233
아프리카	118
아시아	1,023
오세아니아	419

게 미국의 제조업은 영원한 성장의 시대를 누리면서 모든 사람에게 풍요를 안겨줄 것처럼 보였다.

이렇게 제조업에서 선두를 달리게 되면서 세계 경제에서 금융도 주도하게 됐다. 미국이 세운 경제 제국은 영국의 제국과 맞서기 시작했다. 1930년에 이르러 미국 기업가들은 세계 곳곳에 대규모 투자처를 갖게 됐다. 표 2를 보면 1930년 무렵 미국의 해외 투자액을 알 수 있다.

대공황

이런 급속한 성장과 경제적 풍요의 시대는 1929년 10월 24일에 멈춰 섰다. 이른바 '검은 목요일'이라는 이날, 뉴욕 주식 시장에서 주가가 곤두박질을 시작하면서 경기에 관한 믿음 자체가 산산이 무너졌다. 이런 믿음이 무너지자 기업가들은 생산과 투자를 축소했다. 그 결과 국민소득과 고용이 감소했고, 그러자 이번에는 경기에 관한 신뢰가 다시 곤두박질쳤다. 이런 악순환이 끝나기 전에 수천 개의 기업이 도산하고, 수백만 명이 실업자로 전락했으며, 역사상 최악의 국가적 재앙이 계속됐다.

1929년에서 1932년 사이에 8만 5000개가 넘는 기업이 도산하고, 5000곳 이상의 은행이 영업을 중단했으며, 뉴욕 증권거래소의 주가는 870억 달러에서 190억 달러로 추락했다. 실업자 수는 1200만 명으로 늘어나 전체 국민의 거의 4분의 1이 아무런 생계 수단이 없는 처지가 됐다. 농가 소득은 절반 이하로 떨어졌고, 제조업 생산량은 50퍼센트 가까이 줄었다(Hacker 1970, 300~301).

바야흐로 미국은 세계에서 가장 번영하는 나라에서 수천만 명이 절망적인 가난 속에 살아가는 나라로 전락했다. 특히 흑인을 비롯한 소수 민족이 큰 타격을 받았다. 실업자 중 흑인의 비율은 전체 인구 중 흑인의 비율보다 60퍼센트에서 400퍼센트까지 높았다(Chandler 1970, 40~41). 일부 지역에서는 다른 곳보다 피해가 더 심했다. 앨라배마 주 출신 연방 하원의원 조지 허들스턴George Huddleston은 1932년 1월에 이런 보고를 했다.

내 지역구에는 약 10만 8000명의 생산직 노동자와 사무직 노동자가 있다. 그중에서 정상적인 소득을 받는 사람이 8000명도 되지 않는다는 게 내 생각이다. 적어도 2만 5000명이 전혀 일자리가 없다. 그중 일부는 12개월 넘는 기간 동안 한 번도 직장을 갖지 못했으며, 6만 명에서 7만 5000명은 1주에 1~5일을 일한다. 그리고 사실상 모든 노동자가 임금이 크게 줄고, 많은 수가 하루에 평균 1달러 50센트도 받지 못한다.(U.S. Congress 1932, 239)

많은 도시에서 구호 지급금을 잠시 동안, 흔히 1주밖에 지급하지 못했으며, 결국 사람들이 스스로 생계 방편을 찾을 수밖에 없었다고 보고했다. 뉴욕 시 복지위원회의 사무총장은 실업자들이 놓인 곤경을 이렇게 설명했다.

생계 부양자가 일자리를 잃으면 그나마 남아 있던 저금까지 써버린다. 그러고는 보험에 가입한 경우에는 현금가의 한도까지 돈을 빌려 쓴다. 친구와 친척에게 돈을 빌리다가 끝내 채무의 부담을 감당하지 못하는 지경에 이른다. 모퉁이 가게와 정육점에서 외상으로 먹을거리를 사고, 집주인은 이자와 세금을 내고 다른 일도 할 수 있을 때까지 집세를 받지 않는다. 어느 정도 시간이 지나면 이런 자원도 결국 모두 고갈되고, 전에는 쪼들려 본 적이 없는 이 사람들은 도움을 청하는 신세가 된다. 꽤 긴 기간 동안 실직 상태에 놓인다는 게 뭔지, 경제적으로 궁지에 몰린다는 게 무슨 뜻인지 알지 못하던 많은 사람들에게 기아의 유령이 닥쳐온다.(Chandler 1970, 41~42에서 재인용)

시카고 시 쓰레기 하치장에서 쓰레기를 쏟아붓는 광경을 묘사한 1932년의 한 보고서는 이 많은 사람들이 놓인 비참하고 절망적인 상태를 생생하게 보여준다. "쓰레기와 각종 폐기물을 쏟아버리는 트럭 주변에는 서른다섯 명가량의 성인 남녀와 어린이가 있었다. 트럭이 쓰레기더미에서 떠나자마자 모두 달려들어서 막대기나 손으로 쓰레기를 헤집으면서 음식물 찌꺼기나 채소 부스러기를 찾아냈다"(Huberman 1964, 260에서 재인용).

도대체 무슨 일이 생겼길래 상품과 용역의 생산이 그렇게 갑자기 줄어들었을까? 천연자원은 그전처럼 풍부했다. 미국에는 여전히 많은 공장과 도구, 기계가 있었다. 사람들 역시 예전하고 똑같은 기술이 있었고 또 그 기술로 일을 하고 싶어했다. 그러나 많은 노동자와 그 가족이 구걸하고, 돈을 빌리고, 도둑질을 하고, 자선 단체의 배식을 받으려고 줄을 섰으며, 다른 한편에서는 수천수만의 공장이 아예 가동을 멈추거나 생산 용량에 턱없이 못 미치는 가동률을 보였다. 그 답은 자본주의 시장 체제를 구성하는 기구들에 있었다. 공장 문을 열고 사람들이 일을 할 수도 있었지만 사정은 그렇지 않았다. 기업가들로서는 그렇게 해봤자 수익이 나지 않기 때문이었다. 그리고 자본주의 경제에서 생산에 관련된 결정은 사람들의 필요가 아니라 주로 이윤이라는 기준에 따라 좌우된다.

케인스의 경제학

1930년대에는 많은 사람이 사회주의의 대의에 열광했다. 자본주의 세계가 역사상 가장 심각한 공황으로 고통받는 동안, 소련 경제는 급속한 성장을 누리고 있었다. 공황이 닥쳐오자 미국이 전례가 없는 물질적 번영을 끝없이 누릴 것이라고 믿어 의심치 않던 많은 미국인들은 잊지 못할 충격을 받았다.

자본주의 경제 체제는 완전히 붕괴하기 직전인 것처럼 보였다. 철저한 대응 조치가 절실히 필요했지만, 체제를 구제하기에 앞서 먼저 그 병폐를 제대로 파악해야 했다. 20세기의 가장 뛰어난 경제학자인 존 메이나드 케인스(1883~1946)가 이런 사명을 떠안았다. 케인스는 유명한《고용, 이자, 화폐의 일반 이론The General Theory of Employment, Interest and Money》(《일반 이론》)에서 자본주의를 보존하기 위해 이 체제에 무슨 일이 벌어졌는지를 보여주려고 했다.

케인스는 생산 과정을 살펴보는 것으로 분석을 시작한다. 주어진 생산 기간에 기업은 일정한 액수의 상품을 생산한다. 이 상품을 판매한 수익으로 기업은 생산 비용을 지불한다. 이 비용에는 생산직과 사무직의 임금, 임대료, 경비와 원료 구입비, 차입금 이자 등이 포함된다. 이런 비용을 지불하고 남는 게 이윤이다.

여기서 기억해야 할 중요한 점은 한 영리 기업의 생산 비용은 개인이나 다른 기업의 소득을 나타낸다는 사실이다. 이윤 또한 소득, 곧 기업의 소유주들에게 돌아가는 소득이다. 생산 가치가 생산 비용과 이윤으로 소모되고 이 모든 게 소득이기 때문에, 생산된 상품의 가치는 그 상품을 생산하면서 발생하는 소득과 같아야 한다는 결론이 나온다.

전체 경제에서 볼 때에도 전체적인 그림은 개별 기업의 경우와 똑같다. 어떤 시기 동안 경제에서 생산된 모든 상품의 가치는 그 시기에 얻은 모든 소득의 총계와 같다. 그러므로 기업들이 생산한 상품을 모두 팔려면 사람들이 소득을 전부 다 지출해야 한다. 사회의 총소득과 동일한 액수가 상품과 용역에 지출되면, 생산 가치가 판매를 통해 실현된다. 이 경우에 이윤은 여전히 높으며, 기업가들은 다음 시기에도 기꺼이 동일하거나 더 많은 양을 생산할 것이다.

케인스는 이것을 **순환**circular flow이라고 부른다. 화폐는 생산직과 사무직의 임금, 임대료, 이자, 이윤 등의 형태로 기업에서 대중으로 흘러가며, 이 돈은 다시 대중이 기업의 상품과 용역을 구매하면서 기업으로 돌아간다. **기업들이 생산한 것을 모두 팔고 만족스러운 이윤을 얻는 한** 이 과정은 계속된다. 그렇지만 이런 일이 자동으로 일어나지는 않는다. 화폐가 기업에서 대중에게 흘러갈 때 그 일부는 기업으로 직접 돌아가지 않는다. 순환에 유출이 존재한다. 먼저 모든 사람이 자기 소득을 모두 지출하지는 않는다. 일부는 보통 은행에 저축되며 따라서 지출 흐름에서 빠져나간다. 이런 저축은 은행에서 돈을 빌려서 소득보다 더 많은 지출을 하는 다른 사람들을 통해 상쇄된다. 그러나 케인스는 번영이 절정에 다다를 때는 보통 저축이 소비자 차용보다 더 크다고 지적한다. 따라서 소득-지출의 순환에는 대개 순저축net saving 또는 순수한 유출이 존재한다.

케인스는 또한 다른 두 가지 유출을 확인한다. 첫째, 사람들이 외국 기업에서 상품과 용역을 구입하는데, 이 수입품에 지출되는 화폐는 국내에서 생산된 상품에 지출될 수 없다. 둘째, 사람들이 납부하는 세금 또한 소득-지출 흐름에서 빠져나간다.

이 세 가지 유출(저축, 수입, 세금)은 소득-지출 흐름에 관한 세 가지 지출 투입으로 상쇄할 수 있다. 첫째, 수입은 수출로 상쇄할 수 있다. 미국인이 구입하는 외국 수입품하고 같은 양의 미국 생산품을 외국인이 사면 이 유출을 정확히 상쇄할 수 있다. 둘째, 정부가 세금을 상품과 용역을 구입하는 자원으로 사용한다. 정부가 모든 세금을 이런 목적에 사용하고 예산 균형을 맞추면, 정부 지출은 지출 흐름에서 세금을 정확히 상쇄하게 된다. 셋째, 기업가들이 자본을 확대하려 할 경우 저축 자금을 차용해서 자본재에 투자할 투자금을 조달할 수 있다. 그러면 투자가 저축 유출을 정확히 상쇄할 수 있다.

소득-지출 흐름에 관한 이 세 가지 투입이 세 가지 유출과 일치하면 지출이 생산 가치하고 같아진다. 생산된 모든 상품이 팔리고, 번영이 지배한다.

그러나 케인스는 이 과정이 상당히 오랫동안 중단되지 않고 계속된다고 보지 않았다. 저축을 흡수하는 데 필요한 투자는 자본 스톡[capital stock. 한 시점에서 파악한 총자본의 저량 — 옮긴이]을 확대하며, 따라서 경제의 생산 능력이 증대된다. 새로운 생산 능력을 완전히 활용하려면 다음 주기에 생산과 소득이 확대돼야 한다. 그러나 소득이 많아지면 저축이 늘어나고 저축은 더 많은 투자를 촉진하는데, 이 투자는 절대 자동으로 일어나지 않는다.

케인스는 소득 수준이 높은 사람이 소득 수준이 낮은 사람에 견줘 더 많은 비율을 저축한다고 본다. 케인스의 결론에 따르면 이런 양상은 사회 전체에도 적용된다. 사회의 총소득이 증가하면, 총저축은 그것보다 더 큰 비율로 늘어난다. 다시 말해 소득이 한 단계 올라갈 때마다 더 큰 비율의 소득이 저축된다.

따라서 투자가 계속해서 저축을 상쇄하려면 소득보다 더 빠른 속도로 늘어나야 한다. 이렇게 빠르게 증가해야만 기업들이 생산한 물건을 전부 팔 수 있다. 그러나 투자가 빠르게 증가할수록 생산 능력의 증가도 더욱 빨라진다. 이런 점 때문에 경제가 균형을 유지하려면 계속되는 주기마다 (절대적이든 상대적이든) 훨씬 더 많은 양을 투자해야 한다. 그렇지만 케인스에 따르면, 성숙한 사기업 경제에서는 수익성 좋은 투자 출구의 수가 제한된다. 그러므로 경제 성장의 과정이 계속되면서 충분한 투자 출구를 찾기가 점점 더 어려워진다.

충분한 투자 출구를 찾지 못하면 투자가 저축을 따라가지 못하고 상품과 용역에 관련된 총지출이 생산된 것의 가치에 미치지 못하게 된다. 기업들이 생산한 물건을 전부 판매하지 못하면 팔리지 않은 상품 재고가 쌓일 수밖에 없다. 개별 기업은 자기 자신의 문제, 판매할 수 있는 것보다 더 많은 양을 생산한 문제밖에 보지 못한다. 그러므로 기업들은 다음 주기에 생산을 감축한다. 비슷한 상황에 놓인 기업은 대개 비슷한 행동을 한다. 그 결과 생산이 크게 감소하고, 고용이 줄어들며, 소득이 떨어진다. 그러나 다음 주기에 소득이 줄어들면서 상품과 용역에 관한 지출은 훨씬 더 감소한다. 따라서 기업들은 생산 수준을 더욱 낮춰도 생산한 물건을 모두 팔기 힘든 상황에 직면한다. 이번에도 다시 기업들은 생산을 감축하고, 하향 나선 운동은 계속된다.

이런 상황에서 기업들은 자본재를 확대할 이유가 거의 또는 전혀 없으며 (이미 생산 능력이 과잉 상태이기 때문에), 따라서 투자가 급격히 줄어든다. 모든 유형의 지출이 곤두박질친다. 소득이 감소하면 저축은 더욱 빠른 속도로 줄어든다. 이 과정이 계속되다 보면 소득 감소로 저축이 줄어들어 결국 하락한 투자 수준과 비슷해지는 지점에 이른다. 이렇게 낮은 소득 수준에서 균형이 회복된다. 소득-지출 흐름의 유출량이 다시 투입량하고 같아진다. 경제는 안정을 되찾지만 고실업과 상당한 양의 생산 능력이 활용되지 않는 수준에서만 가능하다.

케인스의 분석은 본질적으로 마르크스(7강)와 홉슨(11강)이 제시한 분석과 크게 다르지 않다. 세 사상가 모두 공황의 주된 원인을 자본가들이 경제 성장의 결과 늘어난 저축 수준을 상쇄할 만큼 충분한 투자 기회를 찾지 못하기 때문이라고 봤다. 케인스가 독창적으로 기여한 점은 저축과 소득의 관계가 어떻게 해서 안정적이기는 하지만 실업이 만연하고 소득 수준이 낮은 상황으로 이어질 수 있는지를 보여준 것이다.

마르크스(와 레닌)는 자본주의 아래서는 이런 병폐를 치유할 수 없다고 믿었다. 홉슨은 소득 분배를 균등하게 만들어 저축을 축소하는 정책을 처방으로 제시했다. 홉슨의 처방이 효과를 낼 수 있었을까? 이런 질문은 큰 의미가 없을지도 모른다. 산업 자본주의 나라에서는 대개 부와 경제력이 정치권력을 결정하며, 권력을 휘두르는 이들은 경제 체제를 구하기 위해 권력을 희생시킬 리가 없기 때문이다.

예를 들어 미국에서는 1925년에 30만 개의 비금융 기업이 있었는데, 그중 200대 기업이 나머지 29만 9800개 기업의 이윤을 합한 것보다 훨씬 더 많은 이윤을 벌어들였다. 전체 인구 중 최상위 5퍼센트가 주식과 채권을 사실상 모두 소유했으며 전체 소득의 30퍼센트 이상을 벌어들였다. 말할 것도 없이 이 5퍼센트가 미국 정치를 지배했다. 이런 상황에서 소득과 부를 철저하게 재분배하면 어떻게 될까 생각하는 것은 한낱 백일몽에 지나지 않는다.

이 문제에 관해 케인스가 내놓은 해답은 좀더 현실적이었다. 저축이 투자를 초과할 때 정부가 개입해서 잉여 저축을 차용하고 이 돈을 사회적으로 유용한 사업에 지출한다는 것이다. 이 사업은 경제의 생산 능력을 증대하거나 미래의 투자 기회를 축소하지 않는 방향으로 선택해야 한다. 이런 정부 지출은 지출 흐름에 투입을 증대하고 완전 고용 균형을 달성할 것이다. 이 과정에서 자본 스톡은 늘어나지 않는다. 그러므로 투자 지출과 다르게 정부 지출 때문에 다음 주기에 완전 고용의 생산 수준을 달성하기 어려워지지는 않는다. 케인스는 자신의 견해를 이렇게 요약 설명했다.

고대 이집트는 두 가지 활동, 곧 피라미드를 건설하고 귀금속을 탐색했다는 점에서 이중으로 행운이었고, 그 신화적인 부도 의심의 여지없이 이런 활동 덕분이었다. 이런 결실은 소비를 통해 인간의 필요를 충족시키는 게 아니기 때문에 풍족하다고 해서 값어치가 떨어지지는 않는다. 중세는 사원을 세우고 만가를 노래했다. 두 개의 피라미드, 망자를 위한 두 차례의 미사는 하나보다 두 배의 효과가 있다. 그러나 런던에서 요크까지 철로를 두 개 놓는 것은 사정이 다르다.(Keynes 1936, 131)

정부는 어떤 종류의 지출을 해야 할까? 케인스 자신은 학교, 병원, 공원 등 공공 편의 시설을 세우는 등 유용한 공공사업을 선호했다. 그러나 이런 사업은 부유층보다 중간층이나 저소득층에게 더 많은 혜택이 돌아간다는 점을 깨달았다. 그런데 정치권력을 가지고 있는 부유층은 자신의 소득을 재분배하지 않는 정책을 고집할 게 뻔했다. 케인스는 사회가 직접 혜택을 보지는 못하더라도 이런 지출을 대기업의 수중으로 돌리는 방안이 정치적으로 필요할 것이라고 생각했다. 케인스의 말을 들어보자.

만약 재무부가 낡은 병 몇 개에 은행권을 채워서 폐광 속에 적당한 깊이로 묻고 그 위를 도시의 쓰레기로 덮어 둔 뒤, 많은 시련으로 잔뼈가 굵은 자유방임의 원리에 따라 사기업에 은행권을 다시 파내게 한다면, …… 실업이 존재할 필요가 없어질 것이다. …… 물론 주택 같은 것을 짓는 게 더 현명한 일이기는 하지만 이런 일을 하는 데 정치적이고 현실적인 곤란이 있다면, 위의 방책이 아무것도 하지 않는 것 보다는 나을 것이다.(Keynes 1936, 129)

1930년대의 공황은 2차 대전이 일어날 때까지 계속됐다. 1936년(케인스의 《일반 이론》이 출간된 해)부터 1940년까지 경제학자들은 케인스의 이론과 정책 처방의 시시비비를 둘러싸고 열띤 논쟁을 벌였다. 그러나 각국 정부가 무기 생산을 빠르게 늘리자 실업이 줄어들기 시작했다. 전쟁 기간 동안, 막대한 정부 지출에 자극받아 많은 자본주의 국가에서 경제가 심각한 실업 상태에서 오히려 극심한 노동 부족 상태로 돌변했다.

미국은 1400만 명을 징집했는데, 모든 군인에게 무기와 막사와 음식을 제공해야 했다. 1939년에서 1944년 사이에 제조업, 광업, 건설업의 생산량은 두 배로 증가했고, 생산 능력은 50퍼센트 늘어났다. 미국 경제는 비행기 29만 6000대, 화물선 5400척, 해군 함정 6500척, 상륙정 6만 4500척, 탱크 8만 6000대, 트럭 250만 대를 생산했다. 1939년 초까지 실업률이 19퍼센트에 이르던 상황과 대조되게, 전쟁 기간 동안 가장 시급한 문제는 노동력 **부족**이었다.(Hacker 1970, 325)

케인스 경제학과 이데올로기

대다수 경제학자는 이런 전시의 경험으로 케인스 사상이 기본적으로 옳다는 사실이 입증됐다고 생각했다. 그리고 과세와 차입, 지출 등의 정부 권한을 현명하게 활용해서 자본주의를 구제할 수 있다고 선언했다. 바야흐로 자본주의는 다시 생명력 있는 사회 체제이자 경제 체제가 됐다.

그러나 생명력만으로는 자본주의의 이데올로기가 되는 데 충분하지 않았다. 소련은 1930년대에 실업이 없었고, 이 시기 동안 보여준 눈부신 성장률로 소련 경제 체제의 생명력도 입증됐기 때문이다. 이런 도전은 오래된 신고전파 경제 이데올로기의 부활로 이어졌다. 이 낡은 이론은 비밀스럽고 고도로 정교한 수학적 틀로 새롭게 주조됐다. 새로운 경제학자를 대표하는 전형적인 인물인 폴 A. 새뮤얼슨Paul. A. Samuelson의 《경제 분석의 기초The Foundations of Economic Analysis》(1947)는 기술적으로 가장 견고한 경제 이론서로 손꼽힌다. 1947년, 미국경제학회는 경제학에 가장 눈부신 공헌을 한 40세 이하의 경제학자에게 주는 존 베이츠 클라크 상John Bates Clark Medal의 첫 수상자로 새뮤얼슨을 선택했다. 이 책은 또한 1970년에 새뮤얼슨이 노벨 경제학상을 받는 데도 톡톡히 기여했다.

새뮤얼슨은 1940년대 이래 자본주의의 지배적인 경제 이데올로기에 커다란 영향을 미친 점에서 훨씬 의미심장한 기여를 했다. 경제학 입문서인 《경제학Economics》(1948)은 17판까지 나왔으며, 거의 모든 주요 언어로 번역돼 지금까지 수백만 부가 팔렸다. 초판은 주로 케인스의 사상을 설명하고 단순하게 소개하는 내용이었다. 그런데 그 뒤의 판에서는 점점 전통적인 신고전파 자본주의 이데올로기를 끌어들이는 경향이 있다. 1955년에 새뮤얼슨은 케인스 경제학을 신고전파 경제학과 통합하는 "원대한 신고전파 종합"을 내놓았다. 케인스 이론은 완전 고용 경제를 유지하는 데 필요한 지식을 제공하고, 시장 제도는 이런 케인스의 틀 안에서 신고전파 이데올로기의 유서 깊은 원리에 따라 자원을 할당하면서 작동할 것으로 기대됐다. 최근의 모든 경제학도들은 새뮤얼슨의 경제학 교과서나 그 교과서의 접근법과 내용을 충실히 따르는 다른 이들의 교과서를 통해 경제학의 기초를 배우고 있다.

케인스 경제 정책의 효력

1945년 이후 케인스의 경제학은 경제학자들과 대다수 정치학자들에게 모두 정통 이론으로 받아들여졌다. 그해에 300만 명에 이르는 참전 군인들이 제대했다. 1946년에는 또 1100만 명이 민간 노동력에 편입됐다. 의회와 대다수 경제학자들은 다시 공황이 닥칠까 염려하면서 곧바로 케인스의 새로운 구상을 적용하는 조치를 취했다. 1946년의 고용법Employment Act of 1946이 통과되면서 과세, 차입, 지출 권한을 활용해 완전 고용을 유지하는 게 정부의 법적 의무로 규정됐다. 이 법은 "실행 가능한 모든 수단을 동원해서 …… 일할 능력과 의사가 있으며 일자리를 찾는 사람들에게 자영업을 비롯한 유용한 고용 기회를 제공하고 최대의 고용과 생산, 구매력을 장려하는 조건을 …… 창출하고 유지하는 것이야말로 연방 정부의 지속적인 정책이며 책임이 돼야 한다"고 선언했다. 미국 정부가 처음으로 고용의 책임을 인정한 사례였지만, 아직까지도 모든 사람을 위한 완전 고용을 위해 노력하고 있지는 않다.

　케인스의 경제 정책은 과연 효과를 발휘했을까? 대답은 아주 복잡하다. 2차 대전 이래 미국에서는 대규모 공황이 한 번도 없었지만, 불황(가벼운 공황을 가리키는 현대의 완곡어법)은 10차례 있었다. 1948~1949년에는 불황이 11개월 동안 지속됐고, 1953~54년에는 13개월, 1957~58년에는 9개월, 1960~61년에는 9개월 지속됐다. 1969~71년의 불황은 2년 넘게 계속됐다. 1974~75년의 불황은 앞선 불황보다 더욱 심각했다(실업률과 유휴 생산 능력 비율이 더 높았다). 1979~80년에도 불황이 있었다. 잠깐의 회복기 뒤에 찾아온

1981~82년의 불황은 1930년대 대공황 이래 유례가 없이 높은 실업률을 초래했다. 1990년과 1991년에도 불황이 이어졌다. 이 불황은 그 뒤에 경기 회복이 아닌 경기 침체기가 이어졌다는 점에서 중요한 의미가 있다. 비록 출발이 더디기는 했지만, 1990년대 말에 다시 찾아온 번영은 '신경제New Economy'의 탄생으로 추앙됐다. 기술이 진보한 덕분에 초기부터 자본주의를 괴롭히던 호황과 불황의 사이클이 끝났다는 것이었다. 그러나 2001년 4월에 경제가 새천년의 첫 번째 불황으로 빠져들면서 '구'경제가 다시 돌아왔다.

1950년대에 잇따른 불황의 결과로 경제적 성과는 아쉬운 점이 많았다. 2.9퍼센트인 국민총생산 실질 성장률은 1920~29년의 4.7퍼센트나 1879~1919년의 3.7퍼센트에 견줘 좋게 평가하기 힘들다. 미국의 경제적 성과에서 가장 빛나는 부분을 꼽자면 평균 약 5퍼센트를 기록한 1960년대의 성장률이다. 1970년대에는 성장률이 떨어지고 경제가 가벼운 침체와 더불어 꾸준히 악화하는 인플레이션을 겪었다. 1980년대에는 연방 정부의 대규모 적자와 더불어 성장률이 2.3퍼센트 수준으로 회복됐다. 1990년대에는 성장률이 다시 3퍼센트 수준으로 돌아갔다.

1950년대와 1960년대의 실업률은 평균 4.5퍼센트였고 1960년대 중반에야 3.5퍼센트까지 떨어졌다. 게다가 2차 대전 이래 인플레이션 문제가 계속 미국을 괴롭혔다. 1945년부터 1968년에 이르기까지 연평균 도매 물가 상승률은 3.8퍼센트(대개 1940년대 말에 일어났다)였고, 1968년부터 1970년까지 상승률은 거의 5퍼센트에 이르렀다. 1969~71년의 인플레이션은 경제 불황을 동반했으며, 실업률이 6퍼센트 이상으로 치솟았다. 고실업과 높은 인플레이션율이 동시에 발생하면서 리처드 닉슨 대통령은 1971년 말에 임금과 물가를 동결하려 시도했고, 임금과 물가 상승을 통제하려는 정부의 조치가 이어졌다. 1970년대 말에 이르러 인플레이션율은 12퍼센트 이상으로 치솟았다. 1980년 초에는 18퍼센트의 인플레이션율 때문에 급등하는 실업률이 더욱 악화했고, 이런 사태는 또 다른 불황의 예고탄이 됐다. 1981~82년의 불황 이후,

인플레이션율이 상당히 감소했다. 1982년부터 1989년까지 경제는 불황과 심각한 인플레이션을 모두 피했다. 그러나 1980년대의 '번영'은 기껏해야 부분적인 것이었다. 소득 분배가 꾸준히 악화하고 높은 실업률이 계속됐기 때문이다. 1990~91년의 불황 이후 인플레이션과 실업 모두 낮은 수준을 유지했다. 그러나 1980년대와 마찬가지로 이 번영 역시 실질 임금 상승률의 상대적인 정체와 부와 소득 분배의 지속적인 악화와 더불어 달성된 것이었다.

새뮤얼슨 같은 경제학자들은 막대한 정부 지출에 반영된 케인스의 정책이 1960년대의 인상적인 경제 성장으로 귀결됐다고 주장한다. 그러나 성장과 동반한 인플레이션에 관해서는 수수께끼라고 볼 뿐이다. 그렇지만 이런 성과를 평가하기 전에 미국 정부가 이집트의 피라미드와 중세의 사원 대신 무엇을 건설했는지 살펴볼 필요가 있다. 1960년에 어느 관찰자는 이렇게 쓴 적이 있다. "지난 20년 동안 우리가 겪은 성장의 핵심 측면에 관해서는 미래의 대변자들이 솔직하게 이야기하려 하지 않는다. 사실을 이야기하자면, 미국의 거대한 호황은 2차 대전이 발발하고 나서야 비로소 시작됐고, 그 뒤로 지속된 호황도 순수한 민간 경제의 수요보다는 군대와 밀접히 연관된 상황 속에서 진행됐다"(Heilbroner 1960, 133). 21세기가 2년째로 접어든 지금, 이 말은 어느 때보다도 더욱 타당하다.

전쟁 경제

1940년에 미국의 군사 관련 지출은 32억 달러로, 국민총생산의 3.2퍼센트였다. 그런데 2차 대전이 최고조에 이른 1943년에는 군사 지출이 국민총생산의 40퍼센트 가까이 차지했고 이윤 역시 전례 없는 규모로 증가했다. 자본가들에게 전쟁은 정부의 군사 지출이 어떻게 공황을 끝내고 커다란 자본 수익을 보장할 수 있는지 보여주는 분명한 사례였다.

1947년에 이르러 군사 지출은 다시 91억 달러, 국민총생산의 3.9퍼센트 수준으로 돌아갔다. 1960년대의 급속한 성장기 동안 군사 지출은 국민총생산과 대략 비슷한 비율로 증가했다. 군국주의와 관계가 있지만 '국방' 예산에는 포함되지 않은 다른 비용을 고려하면, 최근의 총액은 15퍼센트에 가까운 수준이다(Fusfeld 1968, 11, 34~35). 미국은 예나 지금이나 다른 어떤 나라보다 많은 지출을 군국주의에 쏟아붓고 있다. 절대적으로나 상대적으로, 또는 1인당 지출로 따져도 말이다. 군사 지출은 계속 늘어나다가 1987년에 직접 군사 지출이 2830억 달러에 이르면서 최고를 기록했다. 이 수치는 국민총생산의 6.3 퍼센트이며, 미국 국민 1인당 1000달러가 훌쩍 넘는 액수다. 국방 관련 고용은 1987년에 665만 2000명(또는 전체 비농업 고용의 6.5퍼센트)으로 정점에 이르렀다. 그런데 이 시점에서 소련과 동유럽에서 공산주의가 빠르게 해체돼 냉전을 군사 지출의 근거로 내세우는 논리가 설득력을 잃게 됐다. 그 결과로 1946년 이래 처음으로 군사 지출이 서서히 줄어들기 시작했다. 1992년에 이르면 2520억 달러(국민총생산의 5.2퍼센트)로 떨어졌고, 국방 관련 고용도 580만 8000명(노동력의 5.4퍼센트)으로 줄어들었다. 1990~91년의 불황에 뒤이은 전반적인 경기 침체에서 이런 감소의 영향을 뚜렷하게 감지할 수 있다 (여기에 나오는 통계는 모두 Lowenstein and Peach 1992에서 가져온 것이다).

이런 막대한 지출이 낳은 결과는 경제 번영의 필수 부속물로서 군산복합체가 성장한 것이다. 군산복합체의 본질적인 특징은 이렇게 설명할 수 있다.

지난 두 세대에 걸쳐 우리가 건설한 전쟁 국가는 거대한 가신 집단을 거느린다. 피라미드의 꼭대기에는 이른바 군산복합체가 있다. 이 복합체는 먼저 연방 정부의 국방부와 중앙정보국, 미국항공우주국 같은 위성 집단으로 구성된다. 제독과 장성, 우주 과학자와 정보 요원 등은 여느 정부 관리처럼 자신의 영향력을 강화하느라 분주하다. 이런 목적 때문에 상원의원이나 하원의원하고 교제하고, 정치적으로 전략적인 지역에 군사 시설을 배치하며, 입법권을 가진 의원들에게 특별한 호의를 베푼다. 군 출신 인사들은 육군과 해군의 각종 협회와 참전 군인 단체를 통해 세력의 조직망으로 영입된다. 군대는 자신과 함께 복합체를 형성하는 산업의 지원을 받는다. 군대는 바로 이런 대기업들에게 현대 전쟁의 장비를 의존한다. 노스아메리칸 항공North American Aviation, 록히드 항공Lockheed Aircraft, 제너럴다이나믹스General Dynamics, 맥도넬-더글러스McDonnell-Douglas, 사이오콜 화학Thiokol Chemical 같은 몇몇 기업은 생산물을 대부분 군대에 판매한다. 웨스턴일렉트릭Western Electric, 스페리랜드Sperry Rand, 제너럴일렉트릭, IBM 같은 다른 기업은 중요한 군수품 공급 업체이기는 하지만 민간 시장 판매에 주력한다. 또 듀퐁이나 제너럴모터스 같은 기업은 가끔씩 군사 계약 업체로 활동한다.(Fusfeld 1968, 13)

1968년에 발표된 어느 조사를 보면 군수품 생산이 미국 경제를 얼마나 지배하고 있는지 알 수 있다. 이 조사에 따르면, 5개 핵심 군 관련 산업이 주 전체 고용에서 차지하는 비율은 뉴욕 주 7.9퍼센트, 뉴저지 주 12.3퍼센트, 텍사스 주 13퍼센트, 매사추세츠 주 14.6퍼센트, 메릴랜드 주 15.7퍼센트, 플로리다 주 20.9퍼센트, 코네티컷 주 23.4퍼센트, 캔자스 주 30퍼센트, 캘리포니아 주 31.4퍼센트, 워싱턴 주 34.8퍼센트 등이다(Fusfeld 1968, 15).

1988년, 미국 국방부는 주요 국방 계약으로 1420억 달러를 지급했다. 캘리포니아 주가 무려 235억 달러, 버지니아 주가 102억 달러, 텍사스 주가 90억 달러를 받았다. 막대한 비중을 차지하는 캘리포니아 주부터 와이오밍 주의 5460만 달러에 이르기까지 41개 주가 국방 계약으로 받은 액수는 평균 35억 달러에 이른다. 1988년에 이르면 이 41개 주의 경제는 대부분 군사 지출에 크게 의존해서 전반적인 번영을 이어가게 된다.

군사 지출은 케인스가 고대 이집트 경제에서 피라미드 건설이 맡았다고 본 구실과 동일한 방식으로 기능한다. 여러 장성과 대다수 정치인이 보기에 10배의 과잉 살상력은 5배의 과잉 살상력보다 두 배 더 좋은 것이며, 탄도탄 요격 미사일 시스템 2기는 1기보다 두 배 유익하지만 4기보다는 절반밖에 유익하지 않다. 그리고 대중이 이런 점을 쉽게 납득하지 못하면 군산복합체에서 재정을 지원하는 어마어마한 규모의 연구가 전면에 나선다. 무기와 발사시스템은 새로운 모델로 속속 대체된다. 무시무시한 이야기에 설득된 대중은 무기 경쟁을 계속 확대해야 하며 '낡은'(대개 사용한 적도 없는) 모델을 폐기해야 한다고 믿게 된다. 군사 지출 덕분에 자본재 산업은 경제의 생산 능력을 높이지 않은 상태에서도 다른 산업에 자본재를 공급하는 경우처럼 빠르게 생산 능력을 계속해서 완전 가동할 수 있다. 예전과 달리 수요가 공급 이하로 떨어지는 일은 좀처럼 없다. 군사 지출은 생산성을 높이지 않고도 수요를 증대시키기 때문이다.

군사 부문이 유도하는 케인스식 번영의 이런 효과를 무시한다면 "경제학자들에게 가장 중요한 의무를 포기하는" 셈이 된다. 이런 식의 경제 이론은 "경제가 무엇이며 어떻게 기능하느냐 하는 문제에 관해 몰역사적이고 단순히 기술적이거나 기계적이며 비정치적인 견해"로 이어진다(Rosen 1968, 83, 85).

경제 정책의 도구로서 군국주의가 갖는 함의를 파악하는 데 기꺼이 팔을 걷어붙인 케인스주의 경제학자는 거의 없었다. 어느 학자는 이렇게 쓰기도 했다.

군비 경제는 우리 시대에 주요한 케인스주의 수단이었다. 그러나 이 수단의 활용은 '국익'이라는 표어 아래 가려졌고, 그 효과는 크게 훼손됐으며, 국제적으로 불러온 결과는 대부분 유해하고 안정을 해치는 것이었다. 또한 그 비중 때문에 우리 사회 대부분에서 무비판으로 수용하고 의존하게 됐고, 장기적인 효과는 거의 고려되지 않았다. 군비 경제는 과학과 공학 분야에서 희귀한 창조적 재능의 활용을 왜곡하는 것 이상의 결과를 낳았다. …… 군비 경제 때문에 우리는 여러 분야의 시급한 사회적 우선 과제를 모조리 무시할 수밖에 없었고, 그 결과는 우리 사회의 구제 자체를 위협하고 있다.(Rosen 1968, 86~87)

소련을 비롯한 동유럽 나라들의 공산주의 정부가 해체되면서 미국은 새로운 종류의 위기를 겪고 있다. 경제는 계속 군사 지출에 의존하지만, 이런 지출을 뒷받침하는 이데올로기적 근거는 사라지고 있다. 앞에서 살펴본 것처럼, 1987년에서 1992년 사이에 군사 지출이 아주 약간 감소했는데도 결국 경기 정체로 이어졌다. 1993년에 미군은 국내에서 군사 기지 몇 개를 폐쇄하겠다고 발표했다. 그러나 전체 군사 기지 중에서 극소수에만 영향을 미치는 매우 신중한 폐쇄 계획도 극단적인 정치 갈등으로 이어졌다. 여러 정치인들은 자기 출신 주의 군사 지출을 현재 수준으로 유지하려고 격렬하게 싸우고 있다. 2001년 9월 11일 사태를 계기로 미국 군국주의의 새로운 국면이 시작되고 있다. 부시 정부는 1981년 이래 최대의 군사 지출 증액을 발표한 뒤 군사 전략에도 변화가 생길 것이라고 발표했다. 군대는 특정한 위협에 맞서는 냉전 시대의 방어 정책에서 벗어나 예측하기 힘든 미지의 많은 위협에 대처하는 역량 개발로 나아가려 한다. 미국을 제외한 세계 15대 국가의 국방 예산을 모두 합한 것보다 더 많은 국방 예산을 정당화할 수 있는 새로운 '적'을 발견하려는 필사의 노력은 적어도 당분간은 대테러 전쟁으로 충족될 것이다 (International Institute for Strategic Studies 2001).

요약

1930년대의 극심한 대공황을 계기로 많은 경제학자들이 정통 신고전파 경제학자들의 견해, 곧 실업은 일시적인 불균형 상태를 바로잡는 단기적이고 순간적인 '조정'에 불과하다는 견해에 불만을 품게 됐다. 유력한 경제학자들 대다수가 케인스가 새롭게 제시한 사고를 빠르게 받아들였다. 2차 대전을 겪으면서 정부가 시장 경제에 대대적으로 개입하면 완전 고용을 달성할 수 있다는 것이 증명됐다. 사실 히틀러의 독일은 이미 1930년대에 이 사실을 입증했다. 2차 대전 뒤 미국은 대규모 공황을 겪지 않았다. 대다수 경제학자들은 미국 자본주의가 이렇게 제대로 작동할 수 있는 것은 주로 대대적인 정부 지출 덕분이라는 데 동의한다. 그러나 비판론자들은 이렇게 장기적인 번영을 누린 사회적 대가로 군산복합체가 생겨나 미국 사회의 구조를 전반적으로 위협하고 있다고 주장한다. 이런 견해가 옳다면 케인스의 이론 덕분에 신고전파 이데올로기가 1930년대의 가장 중요한 경제 문제를 해결하기는 했지만 다른 문제들은 악화는 아니라 해도 모호하게 만들었다는 결론을 내릴 수도 있다. 게다가 1990년대에는 미국의 군사 패권에 맞서는 확실한 위협이 없는 상황에서 군국주의를 이데올로기적으로 옹호하는 게 점점 힘들어졌다. 13강에서는 이런 문제들을 비롯해 오늘날의 몇몇 자본주의 이데올로기를 검토해보자.

더 읽어볼 책

Chandler, Lester V. 1970. *America's Greatest Depression*. New York: Harper and Row.

Fusfeld, Daniel R. 1968. "Fascist Democracy in the United States." In *Conference Papers of the Union for Radical Economics* (December).

Hacker, Louis M. 1970. *The Course of American Economic Growth and Development*. New York: Wiley.

Heilbroner, Robert. 1960. *The Future as History*. New York: Harper and Row.

Huberman, Leo. 1964. *We the People*. New York: Monthly Review Press(리오 휴버먼 지음, 박정원 옮김, 《가자! 아메리카로》, 비봉출판사, 2001).

International Institute for Strategic Studies. 2001. *The Military Balance*. New York: Oxford University Press.

Keynes, J.M. *The General Theory of Employment, Interest and Money*. New York: Harcourt, Brace(존 메이나드 케인즈 지음, 이주명 옮김, 《고용, 이자, 화폐의 일반이론》, 필맥, 2010).

Lowenstein, Ronnie, and Richard Peach. 1992. "The Impact of the Current Defense Build-Down." *Federal Reserve Bank of New York Quarterly Review* 17, no. 3 (Autumn).

Rosen, Sumner M. 1968. "Keynes Without Gadflies." In *The Dissenting Academy*, ed. T. Roszak, pp. 76~91. New York: Random House, Vintage Books.

Samuelson, Paul A. 1948. Economics. New York: McGraw-Hill(P. A. Samuelson 지음, 송정범·김윤환·변형윤 옮김, 《현대경제학》, 서울출판사, 1981).

_____. 1947. *The Foundations of Economic Analysis*. Cambridge, MA: Harvard University Press(폴 A. 새뮤얼슨 지음, 이도성 옮김, 《경제분석의 기초》, 한국경제신문사, 1987).

U.S. Congress. 1932. Senate hearings before a subcommittee of the Committee of Manufacturers, 72 cong., 1st sess.

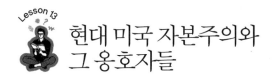

현대 미국 자본주의와 그 옹호자들

2차 대전 이후 시기 동안 미국 경제는 10번의 가벼운 불황을 겪었지만, 역사적인 기준에서 보자면 대단히 만족스러운 성장을 기록했다. 국민총생산은 1958년 달러를 기준으로 1950년 3550억 달러에서 1969년 7270억 달러로 늘어났다. 개인 가처분 소득 역시 인상적인 비율로 증가했다. 1950년대에는 성장률이 역사적 평균보다 조금 아래였지만, 1960년대에는 평균을 훌쩍 웃돌았다. 1970년대 말과 1980년대 초에 미국 경제는 전반적인 침체기를 맞았고, 이런 상황은 비판적 경제학의 부상으로 이어졌다. 그러나 다시 성장으로 돌아서서 1982년부터 1990년까지, 그리고 다시 1991년부터 2001년까지 장기 팽창이 계속되면서 전반적인 전망이 다시 상대적 번영으로 돌아섰다.

미국 자본주의에서 기술 발전은 1950년대와 1960년대에 특히 인상적이었다. 1차 대전 이전 몇 십 년 동안 미국 산업의 노동시간당 생산량 증가는 10년마다 22퍼센트 정도였다. 그런데 2차 대전 이후 25년 동안에는 노동시간당 생산량이 10년마다 34~40퍼센트씩 증가했다(Hacker 1970, 326). 이런 성장은 막대한 연구개발비 지출 덕분에 가능했다. 1950년에 34억 달러이던 연구개발비는 1960년에 120억 달러로 늘어났다. 이 기금의 절반은 연방 정부에서 나온 것이었다. 1980년대에 컴퓨터 사용이 보편화된 시대가 찾아오면서 기술 혁신의 급속한 확대가 훨씬 더 빠른 속도로 계속됐다.

이런 기술 향상과 생산 증대는 극소수 대기업의 수중에 경제력이 한층 더 집중되는 결과로 이어졌다. 1929년에는 100대 제조업 기업이 전체 제조업 기업의 순자본자산의 44퍼센트를 법적으로 지배하고 있었다(실제 지배력은 훨씬 더 컸다). 그런데 1962년에 이르면 이 수치가 58퍼센트로 높아졌다(Means 1964, 9~19).

1962년에는 제조업 기업이 42만 개 있었다. 그런데 이 중 겨우 5개가 전체 제조업 자산의 12.3퍼센트를 소유했고, 20개 기업이 25퍼센트를 소유했다. 20대 기업의 총자산은 하위 소기업 41만 9000개의 자산을 모두 합친 액수와 맞먹었다. 이 20대 기업이 전체 세후 순이익의 무려 38퍼센트를 가져갔고, 나머지 41만 9980개 소기업이 62퍼센트를 나눠 가졌다. 게다가 제조업과 관련된 18만 개 기업 중에서 5대 기업의 순이익이 나머지 17만 8000개 소기업의 순이익보다 거의 두 배나 많았다(Mueller 1964, 111~129).

1960년대에는 집중도가 더욱 가속됐다. 1960년대의 매해마다 자산 규모 1000만 달러 이상의 기업을 인수하는 합병이 적어도 60건씩 일어났다. 표 3을 보면 이런 인수 상황을 알 수 있다. 대략 100년 전부터 시작된 점증하는 경제 집중 과정은 오늘날에도 줄어들지 않고 계속된다. 1979년에서 1987년 사이에 합병의 빈도와 규모가 증가했다. 이 시기에 일어난 은행을 제외한 최대 규모의 합병 25건 중에서 합병으로 인수한 자산 가치는 건당 27억 달러에서 134억 달러에 이르렀다.

1970년대에는 인수와 합병의 속도가 조금 줄어들었지만 거대 기업의 규모는 꾸준히 커졌다. 1978년에는 5개 산업 대기업이 2290억 달러가 넘는 총매출, 1370억 달러가 넘는 총자산, 거의 110억 달러에 이르는 순이익을 기록했다. 어마어마한 수치다. 대개 사람들은 어떤 기업이 100만 달러의 순이익을 올린다면 그 기업이 대단히 크다고 생각한다. 이 5대 기업의 이익과 맞먹으려

표 3

대규모 인수 합병, 1966~1968년			
	1966	1967	1968
총 인수 건수	1,746	2,384	4,003
자산 1000만 달러 이상의 제조업, 광업 기업 인수 건수	101.0	169.0	192.0
자산 1000만 달러 이상의 인수된 기업의 자산 가치(단위: 10억 달러)	4.1	8.2	12.6
200대 기업의 인수 건수	33.0	67.0	74.0
200대 기업이 인수한 기업의 자산 가치(단위: 10억 달러)	2.4	5.4	6.9

출처: Paul Sweezy and Harry Magdoff, (1969), "The Merger Movement: A Study In Power," *Monthly Review* (June): 1~5쪽에서 추정한 연방거래위원회Federal Trade Commission의 데이터를 바탕으로 작성.

면 100만 달러의 순이익을 챙기는 기업이 1만 1000개 있어야 한다. 겨우 다섯 개 산업 기업이 245만 1048명의 노동자를 고용했다. 평균 2인 이상이 각 노동자가 받는 급여로 산다고 할 때, 이 다섯 개 기업이 600만 명 정도 되는 미국인의 운명과 안녕을 직접적으로 좌우한다. 간접적으로는 사회, 정치, 경제 권력을 통해 모든 미국인을 좌지우지한다(Fortune, 270~271).

1980년대에는 레이건 정부가 산업 집중에 관해 사실상 관심을 끊었고, 합병 운동이 다시 속도를 냈다. 어느 경제사학자는 1990년에 500대 산업 기업의 경제 권력 집중 현상을 이렇게 서술했다.

전체 산업 대기업의 0.25퍼센트에도 못 미치는 (그리고 전체 산업 기업의 극소수에 불과한) [《포춘Fortune》 선정 500대 산업 기업이] 전체 산업 매출의 약 4분의 3을 차지하고, 전체 산업 노동자의 절반 이상을 고용하고, 산업 이익의 4분의 3 정도를 가져갔다. …… 이 권력 집단 중에서도 상위 100개가 500대 기업 매출의 71퍼센트, 자산의 75퍼센트, 동일한 비율의 이익을 차지했다. 그리고 상위 50개가 500대 기업

매출의 57퍼센트, 자산의 63퍼센트, 이익의 52퍼센트를 차지했다. 또한 상위 100개 중에서는 상위 50개 기업이 매출과 자산, 이익의 81, 83, 73퍼센트를 차지했다. ……
그리고 초거대 기업인 10대 기업, 곧 제너럴모터스, 엑손, 포드, IBM, 모빌, 제너럴 일렉트릭, 필립모리스, 듀퐁, 셰브런 등이 있다[원문에는 텍사코가 빠져 있다 — 옮긴이]. 이 10개 기업이 500대 기업 매출의 30퍼센트, 자산의 36퍼센트, 이익의 28퍼센트를 차지했다(마찬가지로 100대 기업과 50대 기업의 비중은 더욱 높았다). 세계 최대의 기업인 제너럴모터스는 1990년에 1260억 달러의 매출을 기록했는데, 이 기업으로서는 부진한 해였다(20억 달러의 손실을 봤다). …… 요컨대 경제 전반에서 경제력이 집중되고 거대 산업(과 금융, 운송, 공익 설비) 기업들이 지배하는 현상은 500대 기업에서 훨씬 더 심각한 양상으로 **재생산된다**. 그리고 경제와 사회 전반에서 그렇듯이, 이런 권력 집중 양상의 의미는 숫자와 비율에서 그치는 게 아니다.(Dowd 1993, 114~115)

2차 대전 이후의 번영으로 미국에서 개인적 부의 극단적인 불평등이 줄어든 것은 아니다. 지금까지 진행된 재산 소유의 분배에 관한 가장 완벽한 연구에 따르면(Lampman 1962를 보라), 전체 인구의 최부유층 1.6퍼센트가 전체 기업 주식과 사실상 모든 주 정부와 지방 정부 채권의 80퍼센트 이상을 소유하고 있다. 게다가 1920년대 초부터 이런 수익 자산 소유가 꾸준히 집중돼왔다.

소득 분배에서도 마찬가지로 극단적 불평등이 나타난다. 지난 수십 년 동안 경제가 눈에 띄게 성장했지만(그리고 비록 마지못해 시작한 사소한 싸움이라는 사실이 드러나기는 했지만 1960년대 초에 대대적으로 선전된 '반빈곤 전쟁'을 거친 뒤에도) 미국에서 빈곤은 여전히 심각한 문제다. 예를 들어 2000년에 미국인 3110만 명이 공식 지정된 '빈곤선' 아래의 삶을 살았다. 그 해에는 4인 가구 연소득이 1만 7463달러 미만인 경우에 빈곤 가정으로 분류됐다. 빈곤층으로 분류된 이들 중 39퍼센트, 1220만 명은 빈곤선 기준의 절반에도 미치지 못하는 소득을 올렸다. 4인 가구 기준으로 연소득이 8731달러에도 미치지 못한 것이다. 그러나 이런 '빈곤' 기준 자체가 잘못된 것이다.

빈곤선이 비현실적으로 낮아서 복지에 의존하는 많은 가구가 빈곤층으로 간주되지 않는다. 1992년에는 복지 수당을 받기 전에는 빈곤층으로 분류되는 정도의 소득을 버는 2000만 명 중 3분의 2 이상이 복지 수당이 소득에 포함돼 빈곤층에서 제외됐다. 다시 말해 너무 가난해서 빈약한 복지 지원에 의존해 살 수밖에 없는 사람들 대다수가 정부의 보수적인 빈곤 정의에 따라 빈곤층에서 제외된 것이다. 빈곤선을 좀더 현실적으로 정의할 경우 1999년 기준으로 도시 거주 4인 가구가 최저 생계 수준을 유지하려면 세전 소득이 적어도 1만 8671달러는 돼야 한다(이해의 공식 빈곤선은 1만 6895달러였다). 1999년에 4000만 명 이상이 이 최저 수치에 못 미치는 소득을 버는 가정에 속했다. 도시 거주 4인 가구가 "안전하고 품위 있는 생활 수준"을 누리려면 약 3만 3511달러의 소득이 필요했다(Boushey, Brocht, Gundersen, and Bernstein 2001). 대략 7700만 명의 미국인이 이런 가구 소득 수준에 미치지 못했다. 따라서 미국인 수천만 명이 여전히 극단의 빈곤에 시달리고 있으며, 전체 미국인의 절반 정도가 적절하고 안락한 생활을 하는 데 필요한 충분한 소득을 벌지 못한다. 2000년의 통계 중에서 가장 유감스러운 수치는 빈곤 수준을 결정하는 정부의 보수적인 추정치로 봐도 18세 미만 미성년자 1163만 3000명(전체 미성년자의 16.2퍼센트)이 공식 빈곤선 이하의 가정에서 살고 있다는 사실이다. (여기에 나온 통계치는 따로 언급한 경우를 제외하면 모두 미국 통계조사국이 발행한 간행물에서 가져온 것이다.)

이렇게 널리 퍼진 빈곤과 극명히 대조되면서 미국 인구의 최고 부유층 5퍼센트는 1997년에 전체 소득의 29퍼센트를 차지했다. 이 5퍼센트의 꼭대기에 자리한 1퍼센트의 엘리트 집단은 미국에서 소득을 창출하는 주식과 채권을 대부분 소유하고 있다. 이 최상위 1퍼센트가 1997년에 전체 소득의 16퍼센트를 차지했다(Congressional Budget Office 2001). 가장 부유한 엘리트 집단은 연간 5000만 달러에서 5억 달러를 소득으로 벌어들였다. 잡지 《포브스Forbes》에 따르면, 2001년에 가장 부유한 400개 집안의 순자산액은 6억 달러에서 540억 달러에 이르렀다. 잡지의 연구자들은 이런 추정치가 비교적 낮게 잡은 것으로 어쩌면 너무 과소평가한 것일 수도 있다고 인정한다(Forbes, 여러 호).

게다가 세금은 소득 분배의 불평등을 줄이는 데 아무런 구실도 하지 못한다. 미국의 조세 체계는 가난한 사람들보다 부유층의 소득에 더 높은 세율을 매겨서 불평등을 줄인다고 흔히들 생각한다. 개인소득세는 소득 불평등을 줄이는 경향이 있지만 그 효과는 대다수 사람들이 생각하는 것보다 훨씬 작다. 그리고 전체적인 세금 부담을 분석하는 경제학자들은 세금 때문에 오히려 소득 분배의 불평등이 커진다는 사실을 발견한다. 매출세, 소비세, 재산세, 사회보장세(social security tax. 사회보장 제도에 필요한 기금을 마련하려고 고용주와 피고용인에게 연방 정부가 부과하는 세금 — 옮긴이) 등이 모두 부자에 견줘 가난한 사람의 소득에서 차지하는 비율이 훨씬 크기 때문이다.

조세 분야의 권위자로 알려진 어느 경제학자가 전체 소득 분포에 따라 소득에 관한 세금 부담을 분석한 적이 있다. 1964년에 발표한 연구에서 이 학자는 연소득 2000달러 이하인 가구(분명히 극빈층에 해당한다)가 소득의 3분의 1을 세금으로 낸다는 사실을 발견했다. 더 나아가 1만 달러에서 1만 5000달러 사이를 버는 가구의 소득 대비 세금 비율은 2000달러 이하인 가구에 견줘 거의 3분의 1이 낮았다. 최고 부유층 5퍼센트 가구에서만 2000달러 이하인 가구보다 총 세율이 높았다. 가장 부유한 엘리트들은 평균으로 따져 실제로 소득의 36.3퍼센트를 세금으로 납부했다. 사회 최하층이 납부하는 비율보다 겨우 3퍼센트 많은 수치다(Musgrave 1964, 192). 이 연구가 1964년에 발표된 것이고 인플레이션이 극성을 부린 1970년대와 1980년대에 소득 수치가 크게 바뀌기는 했지만, 오늘날 조세 구조의 역진성逆進性이 줄어들었다고 볼 근거는 전혀 없다. 실제로 대다수 경제학자들은 조세 구조가 더욱 악화했다고 주장한다. 레이건 정부의 조세 개혁으로 부유층이 사회의 어떤 집단보다 더 많은 혜택을 봤기 때문이다.

세금이 소득 분배에 어떤 영향을 미치는지를 연구할 때는 총소득을 과세

대상 순소득으로 낮추는 공제와 한계세율(다양한 소득 수준에서 추가되는 순소득에 매겨지는 세율)을 모두 검토해야 한다. 앞서 살펴본 1964년의 연구에서는 연방 소득세율이 누진적이었다. 소득 수준이 높아질수록 한계 연방소득세율 역시 높아졌다는 말이다. 그런데 실제 조세 부담이 역진적인 이유, 곧 소득이 많은 사람이 소득이 적은 사람에 견줘 자기 소득에 대비해서 더 작은 비율을 세금으로 납부한 이유는 두 가지였다. 첫째, 노동 계급에 속한 사람들에 견줘 부유층이 과세 대상 순소득을 축소하는 각종 공제 형태가 훨씬 더 많았다(지금도 사정은 마찬가지다). 둘째, 연방소득세를 제외한 거의 모든 세금(재산세와 매출세)이 역진적이다. 따라서 1964년에 연방 소득세율 과표가 명목상으로는 누진적이었다고 해도 총 조세 부담은 역진적이었다.

1980년대에 레이건이 실시한 조세 개혁은 이런 상황을 더욱 심각하게 만들었다. 특히 부유층의 연방 소득세가 인하됐고, 노동자 소득에 매기는 급여세(payroll tax. 노동자에게 지급되는 급여 총액을 기준으로 고용주에게 부과되는 세금 — 옮긴이)가 큰 폭으로 올랐다. 그 결과는 다음과 같다. 최하위 10퍼센트의 경우 소득에 관한 연방세율(소득세와 급여세 포함)이 11.5퍼센트에서 14.6퍼센트로 올랐다. 하위 50퍼센트의 경우에는 세율이 바뀌지 않았다. 상위 10퍼센트는 세율이 44.3퍼센트에서 32.6퍼센트로 줄어들었다. 상위 5퍼센트는 46.6퍼센트에서 31.6퍼센트로 줄었고, 최상위 1퍼센트는 50.1퍼센트에서 28.8퍼센트로 떨어졌다. 따라서 이런 변화가 미친 효과와 이미 매우 역진적인 주 세금과 지방 세금을 결합하면, 레이건의 조세 개혁 때문에 실질 조세 부담은 1964년보다 훨씬 더 역진적으로 바뀌었다는 것을 알 수 있다(여기서 나열한 데이터는 Gramlich, Kasten, and Samartino 1993에 실려 있다).

2차 대전 이후 사반세기 동안 급속한 경제 성장을 경험하면서 많은 미국인들은 보수주의를 받아들였다. 조금 느리더라도 꾸준하게 소득이 늘어나는 시기에는 부와 권력의 불평등이 확대돼도 참을 수 있었다. 그런데 1970년대와 1980년대에 상황이 바뀌기 시작했다. 20년 동안 경제가 세 차례의 심각한 불황을 겪었고, 이런 불황 때마다 인플레이션과 고실업이 결합됐다. 또한 동시에 임금 소득자의 구매력이 정체하거나 떨어지기 시작했다. 이 시기에 인플레이션 때문에 의사와 상관없이 납세자 계층에서 상향 이동한 많은 이들이 '납세자 반란'에 가담했다. 대기업과 부유층이 이 반란을 장악하는 데 성공했고, 그 결과로 불평등이 훨씬 더 확대됐다. 예를 들어 캘리포니아 주 주민 발의 제13호Proposition 13(재산세를 경감하고 한도를 정한 1978년의 주민 발의)가 통과된 결과로 생겨난 이익의 3분의 2는 거대 기업에게 돌아간 것으로 평가된다. 1960년대 말에서 1990년대 초까지 대다수 노동 계급의 실질 소득은 줄어든 반면, 부유층의 실질 소득은 훨씬 더 높은 수준으로 급증했다. 그러므로 보수적인 자본주의 이데올로기의 신뢰성 문제가 점점 더 중요해졌다.

현대의 고전적 자유주의 이데올로기

신고전파 경제학은 19세기 말과 20세기 초의 고전적 자유주의라는 자본주의 이데올로기의 주요 전파자였다. 1930년대 이래 신고전파 경제학은 점점 더 수학적으로 복잡해졌고, 그 덕분에 현대 경제학자들은 많은 새로운 이론적이고 과학적인 통찰을 내놓을 수 있었다. 그러나 신고전파 경제학 이론 전체가 발 딛고 선 가장 중요한 가정들은 여전히 그 특성상 형이상학적이다. 이 가정들은 과학적인 근거에 입각하거나 경험과 이론의 측면에서 제대로 확립되지 않았다.

현대 신고전파 경제학을 가장 훌륭하게 집대성한 책은 C. E. 퍼거슨C. E. Ferguson의 《신고전파 생산 이론과 분배 이론The Neoclassical Theory of Production and Distribution》이다. 이 책에 담긴 수학적 추론은 무척 복잡하기 때문에 고등 수학에 정통한 전문 경제학자들 말고는 제대로 이해하는 이가 극히 드물다. 그러나 퍼거슨 교수는 이 이데올로기의 바탕에 놓인 많은 가정이 중세 봉건제의 종교 이데올로기와 마찬가지로 토대가 허약하기 때문에 결국 신념에 입각해서 받아들여질 수밖에 없다는 점을 알고 있었다. 퍼거슨은 이 점을 인정하면서 개인적인 신념을 주장한다. "신고전파 경제 이론을 신뢰하는 것은 신념의 문제다. 나는 개인적으로 그런 신념이 있다. 그러나 지금 당장 내가 다른 사람을 설득하려고 동원할 수 있는 최선의 방도는 새뮤얼슨의 권위에 호소하는 것이다"(Ferguson 1969, ⅹⅶ~ⅹⅷ).

그런데 복잡하고 비밀스러운 학문을 향한 노력 때문에 고전적 자유주의 이데올로기에서 널리 이해될 수 있는 수준의 논의가 사라져버리자 대중적인 자본주의 이데올로기로서 지니는 효율성도 상당히 줄어들 수밖에 없었다. 이 이데올로기를 대중 사이에 널리 확산하려는 노력은 많은 단체의 몫이 됐다. 고전적 자유주의 이데올로기를 단순하고 대중적으로 변형해서 퍼뜨리는 미국의 유명한 단체에는 미국제조업협회, 경제교육재단[Foundation for Economic Education. 1946년에 설립된 단체로 강연과 출판을 통해 자유 시장의 철학을 교육하는 데 힘쓴다 — 옮긴이], 입헌 정부를 위한 위원회[Committee for Constitutional Government. 프랭클린 D. 루즈벨트 대통령의 뉴딜 입법에 반대하는 활동을 하려고 1937년에 설립된 보수적 로비 단체 — 옮긴이], 미국상공회의소, 미국기업협회[American Enterprise Association. 미국기업연구소(American Enterprise Institute)의 전신으로 1938년에 설립된 미국의 보수적 싱크탱크 — 옮긴이] 등이 있다.

하원의 한 위원회는 "입법에 영향을 미치려고" 사용된 3340만 달러 중에서 3210만 달러가 대기업의 수중에서 나온 사실을 밝혀냈다. 이 3210만 달러 중 약 2700만 달러가 이런 단체들로 흘러들어갔다(Monsen 1963, 19). 미국제조업협회는 이 돈을 가지고 기업 편을 드는 내용의 선전물을 대대적으로 발간한다. "교육용 책자 시리즈, 노사 관계 회보, 뉴스 회보, 미국 문제 전반을 다루는 잡지, 입법, 교육, 독점금지법, 관세, 노동조합 등에 관한 많은 연구 논문" 등이 대표적인 예다(Monsen 1963, 19).

경제교육재단은 고전적 자유주의의 자본주의 이데올로기를 반영하는 책자를 검토하고 배포할 뿐 아니라 이 이데올로기를 보급하는 《프리맨The

Freeman)이라는 월간지를 발간해서 무료로 배포하기도 한다. 다른 단체들 역시 고전적 자유주의 이데올로기를 최대한 폭넓게 고취하려고 다양한 출간과 선전 활동을 펼친다.

고전적 이데올로기를 대중화한 설명에서는 자유 시장의 이익이 강조된다. 자유 시장의 공급과 수요의 힘은 정부나 중앙 계획 당국에서 달성할 수 있는 것보다 항상 더 바람직한 결과를 낳는다고 주장된다. 예컨대 미국제조업협회에서는 정부의 적절한 기능이 "경쟁을 통해 규제를 더욱 효과적으로 만들고" 강화하는 것이라고 주장한다(National Association of Manufacturers 1946, 57). 그러나 이 문헌들 중 어떤 것도 대기업 권력의 집중에는 관심을 보이지 않는다. 오히려 주로 제기되는 경제 문제는 거대 노동조합의 권력과 정부의 '사회주의적' 복지 정책이다.

본질적으로 이 문헌들은 대부분 고전파와 신고전파 경제학자들의 몇 가지 분석을 지나치게 단순화한 내용을 담고 있다. 이 문헌들은 자유 시장의 작동에 가해지는 위협은 실제적인 것이든 잠재적인 것이든 간에 어떤 대가를 치르더라도 피해야 하는 악이라는 견해를 지지한다. 이 단체들은 특히 소기업가들 사이에서 이런 관점을 전파하는 데 상당한 성공을 거두고 있다. (그렇지만 대기업들은 대체로 여전히 정부 개입을 호의적으로 바라본다. 대기업은 보통 정부의 행위를 통해 이익을 보기 때문이다.)

1980년에 로널드 레이건이 대통령에 당선한 뒤, '공급 중시' 경제학supply-side' economics에 관한 이야기가 상당히 많이 들렸다. 이 '새로운' 이론은 사실 낡은 이데올로기에 새로운 이름을 붙인 것에 지나지 않는다. 공급 중시 경제학은 정부의 구실을 크게 제한해야 한다는 낡은 고전적 자유주의의 주장이 새롭게 인기를 얻고 있다는 것을 보여주는 사례였다. 공급 중시 경제학에는 새로운 주장이 없었다. 그저 새로운 이름만 있었을 뿐이다.

고전적 자유주의 이데올로기의 현대적 변종들

고전적 자유주의 이데올로기를 비판하는 이들은 대개 이 이데올로기가 1퍼센트에도 한참 못 미치는 소수 대기업의 수중에 거대한 권력이 집중된 현실을 파악하지 못하고 있다는 점을 강조한다. 한쪽에서는 경쟁을 중시하고 사기업을 중심에 두는 고전적 자유주의의 특성은 유지한 채 집중화된 법인 권력의 존재를 인정하는 이데올로기를 세우려는 시도가 있었다. 여기서는 이런 시도들 중 대표적인 두 가지를 살펴보자. 첫째는 경제학자 존 케네스 갤브레이스John Kenneth Galbraith와 주로 관련된 **대항력**countervailing power 이데올로기이고, 둘째는 마시모 살바도리Massimo Salvadori 교수와 주로 관련된 **인민 자본주의**people's capitalism 이데올로기다.

갤브레이스 교수는 유명한 《미국 자본주의, 대항력 개념American Capitalism, the Conception of Countervailing Power》에서 미국 경제에 특별 이익을 추구하는 거대한 권력 집단이 존재한다고 인정하면서도 크게 염려할 만한 존재는 아니라고 주장했다. "사적인 경제 권력은 그것에 종속된 이들 사이에서 대항력을 만들어내기" 때문이다(Galbraith 1956, 4). 이렇게 새로운 대항력이 창출된 결과로 "하나의 권력 지위가 다른 권력 지위를 통해 중화된다."

그리하여 노사 관계에서는 강력한 노동조합이 강력한 영리 기업을 중화하며, 강력한 구매자 협회가 강력한 판매자들의 독점 또는 과점 권력을 중화한다. 그 결과로 만인의 이익을 조화시키는 시장의 균형이나 보이지 않는 손이 자리잡는다. 이제 원자론적으로 서로 경쟁하는 많은 소기업들이 아니라 소수의 중화된 대기업이 조화로운 전체를 형성하게 된다. 갤브레이스 교수가 1956년에 《미국 자본주의, 대항력 개념》을 발표한 이래 여러 저서를 출간한 사실을 언급해야겠다. 이 책들을 대충 훑어봐도 갤브레이스가 근본적으로 견해를 바꾼 사실을 알 수 있다. 그렇다 하더라도 대항력 이데올로기가 대단히 큰 영향을 미쳤기 때문에, 그리고 이런 영향력이 대개 갤브레이스의 책에서 나오기 때문에 이 이데올로기를 그 이름에 결부하는 것은 정당하다.

　대기업 집중이 무해함(심지어 유익함)을 보여주려는 또 다른 영향력 있는 시도는 살바도리 교수가 감행했다. 살바도리는 현대 미국 자본주의의 가장 본질적인 특징이라고 보는 소유권의 분산을 규정하려고 '인민 자본주의'라는 표어를 동원했다. 살바도리가 보기에, 기업 주식 소유권과 더불어 다른 종류의 자산 소유권이 폭넓게 분산되는 현상은 이제 자본주의가 극소수가 대부분의 특권을 독차지하는 체제가 아니라 다수가 빠른 속도로 자본가로 변신하면서 특권을 공유하는 체제가 됐다는 것을 의미한다. 살바도리는 인민 자본주의 이데올로기를 이렇게 편리하게 요약한 바 있다.

현재[1959년] 미국에는 거의 50만 개의 법인 기업이 있으며, 주식 소유주는 1000만 명에 이른다. 그 수는 2차 대전 이후에 빠르게 증가했다. 예를 들어 뉴저지 주의 스탠더드오일은 1946년에 주식 소유주가 약 16만 명이었는데, 12년 뒤에는 세 배가 늘어나 50만 명에 육박했다. 대체로 기업 규모가 클수록 소유권 또한 폭넓게 분산된다. 한 개인이나 가족이 주식을 대부분 소유하는 대기업은 점점 수가 줄어든다. 한 개인이 기업의 주식을 4~5퍼센트 이상 소유하는 것은 이미 예외적인 일이 됐다. 농업 이외의 분야에서 법인화되지 않은 기업의 수는 약 400만 개이며, 이 기업들은 한 명 이상의 개인이 소유한다. 따라서 '자본가'가 수백만 명이 존재하는 셈이 된다. 거의 400만 명에 이르는 농민(전체 농민의 4분의 3)이 자신이 경작하는 농장을 전부나 일부 소유한다. 이 세 집단(주주, 농업 이외 분야의 개별 소유주, 농민)이 많이 중복된다는 점을 감안하더라도 적어도 전체 미국 가구의 4분의 1이나 3분의 1은 자연 자본 또는 인공 자본을 소유한다고 말할 수 있다. 또한 독립 전문직 종사자(변호사, 의사, 건축가, 엔지니어, 회계사 등)가 50만 명에 이르는데, 이 사람들의 생산수단에는 이런저런 종류의 장비뿐 아니라 기술과 훈련도 포함되며, 소득은 전문적 능력을 획득하는 데 투자한 자본과 관련된다. 이 사람들 역시 자연 자본 또는 인공 자본 소유주와 마찬가지로 '자본가'다. 다른 대다수 가구 역시 스스로 '자본가'라고 내세울 수 있을 만큼 내구성 소비재(주택, 여름 별장, 가구, 자동차, 전자제품 등), 연방 정부, 주 정부, 지방 정부의 채권, 보험 증서, 저축 등을 소유하고 있다.(Salvadori 1959, 70~71)

그러므로 살바도리가 보기에 기업의 규모는 쟁점이 되지 않는다. 대다수 국민들이 '자본가'가 되고 있기 때문에 소유권은 점점 더 평등하게 분배되며, 따라서 어느 누구도 다른 사람을 착취할 만큼 강력하지 못하다고 볼 수 있다. 살바도리의 제자들은 1970년에 이르러 주식 소유주가 약 3000만 명에 이르렀다고 지적한다. 이 수치는 1970년 이후 조금 올랐을 뿐이다. 그렇다 하더라도 이 견해에서 보자면 미국은 점차 자본가가 다수를 차지하는 나라가 되고 있다.

그렇지만 대다수 자본주의 옹호론자들도 살바도리의 분석이 미국에서 나타나는 경제력 집중 현상의 본질을 흐릴 뿐 아니라 이런 집중 현상을 근절하지도 정당화하지도 못한다는 점을 인정한다. 미국 자본주의를 연구하는 저명한 학자이자 기업 중역이기도 한 A. A. 벌 2세[A. A. Berle, Jr.]는 이렇게 말한다.

자산의 문제와 상관없이 권력의 관점에서 보더라도 500대 기업이 비농업 경제 부문의 3분의 2를 장악하고 있을 뿐 아니라, 이 기업들 각각의 내부에서도 극소수 집단이 궁극적인 의사결정권을 갖고 있다. 이런 미국의 현실은 역사상 경제 권력이 가장 고도로 집중된 사례다. …… 오늘날 미국은 전세계 제조업 생산의 절반 정도를 차지하기 때문에, 이 500개 기업(각 기업의 꼭대기에는 소수의 지배 집단이 있다)이 경제를 지배하는 권력 집중과 비교하면 중세 봉건제 정도는 교회 학교에서 여는 파티처럼 초라해 보인다.(Berle 1965, 97)

인용문의 단호한 어조하고 대조되게 벌은 미국 자본주의를 비판하는 쪽이 아니라 현대 법인 자본주의, 또는 집단 자본주의 이데올로기를 개발한 주역의 한 명이다. 다른 보수주의자들 또한 수백만 명의 주주 중에서 극소수가 기업 주식을 대부분 소유하고 있다는 사실을 인정한다.

현대 기업 윤리와 자본주의 이데올로기

19세기 말 강도 귀족들의 횡포에 시달린 사람들 사이에서는 법인 이데올로기에 관한 반감이 확산됐다(8강에서 논의한 바 있다). 강도 귀족들이 파괴적인 경쟁을 벌이고 금융을 활용해 술책을 쓴 모습을 보면, 기업가들이 공공복지의 관리자로 사회에 기여하고 있다는 결론에 선뜻 동의하기는 힘들다. 그렇지만 고전적 자유주의 이데올로기는 경제 권력과 정치권력의 집중 현상을 실질적으로 변호하는 논리를 개발하지 못했다. 권력자의 자비심을 강조하는 기독교 가부장 윤리가 지금까지 부와 권력의 엄청난 불평등을 이데올로기적으로 변호하는 데 성공한 유일한 이념이다.

19세기 자본가에게 친절하고 가부장적인 배역을 맡기기는 힘든 일이었다. 20세기의 몇몇 자본주의 이데올로그들은 자본주의가 철저하게 변모해서 이제 자본가들이 체제에서 그렇게 중요하지 않으며, 전문 경영자라는 새로운 계급이 그 자리를 대신하게 됐다고 주장한다. 이 이론들은 전문 경영자라는 '새로운 계급'을 공공복지의 가부장적 관리인으로 내세운다.

1932년, A. A. 벌 2세와 G. C. 민스G. C. Means는 《현대 법인 기업과 개인 재산 The Modern Corporation and Private Property》이라는 중요한 저작을 출간해서 커다란 영향을 미쳤다. 이 책에 따르면, 대다수 거대 기업의 소유권은 이제 폭넓게 분산됐기 때문에 주식 소유주들은 기업에 관한 통제권을 이미 잃었거나 빠르게 잃어가고 있었다. 어떤 주주도 주식의 1퍼센트나 2퍼센트 이상을 소유하지 못하고 또 효과적인 공모 수단이 없기 때문에, 주주들은 이사회를 선출할 때 형식적인 표결권밖에 갖지 못한다. 주주들이 투표할 수 있는 후보자들은 기존의 이사회에서 선출한다. 따라서 이사회는 후임 이사진을 직접 선택하며 본질적으로 스스로 영속화하는 과두 집단이다. 이사회는 권력을 휘두르면서도 주주들과 필연적인 관계는 맺지 않는다. 또한 이사회는 통상적인 의미의 자본가는 아니다.

1955년, 벌은 또 다른 저서인 《20세기 자본주의 혁명The Twentieth Century Capitalist Revolution》에서 기업들이 준정치적인 지위에 올라섰다고 주장했다. 경영자들을 움직이는 주된 동기는 의사 결정을 통해 일반적인 공익을 증진하려는 바람이며, 이런 동기에 따라 움직이지 않는 경영자가 있다면 여론과 정부 개입의 위협으로 협조하게 만들 수 있다. 이런 견해는 널리 받아들여졌다. 어느 경제학자는 이런 말도 했다.

이제 투자 수익을 극대화하려고 노력하는 소유권의 대리인 노릇을 그만둔 경영진은 주주, 피고용인, 고객, 일반 대중, 그리고 무엇보다 중요하게는 하나의 제도로서 기업을 책임지는 주체를 자임한다. …… 탐욕과 집착의 모습은 사라졌다. 기업이 초래한 사회적 비용의 상당 부분을 노동자나 지역 사회에 전가하려고 시도하지도 않는다. 현대 기업은 감정이 풍부한 집단이다.(Kaysen 1957, 313~314)

물론 기업은 '감정이 풍부'하다. 이 경제학자의 견해에 따르면, 기업 경영자들이 양심적이고 가부장적으로 사회복지를 관리하는 이들이기 때문이다.

1956년에 컬럼비아 대학교에서 저명한 기업 경영자들이 연속 강좌를 하면서 경영자 이데올로기를 자세하게 설명했다. 제너럴일렉트릭의 회장은 이 강연의 취지가 "기업가들을 집무실에서 공개적인 사상의 장으로 끌어내 다른 분야에서 훈련받은 사람들 앞에서 우리의 경영 철학을 시험받게 하자"는 것이라고 말했다(Heilbroner 1966, 30).

이 강연을 지배한 주제 중 하나는, 바야흐로 미국 자본주의가 변화를 겪고 있기 때문에 사람들이 한때 자본주의를 향해 품은지도 모르는 불만은 이제 근거가 없다는 것이었다. 따라서 시어스로벅Sears Roebuck의 회장은 이렇게 역설했다. "자본주의의 생산 부문인 대기업이 소수의 이윤을 위해 다수를 착취하고 노동자들이 스스로 만든 생산물을 박탈한다는 오래된 불만은 유럽 자본주의의 역사적 사실에서 보면 타당한 근거가 있었지만, 오늘날의 미국 자본주의에 적용하면 실체가 없는 것이다"(Heilbroner 1966, 30).

또 다른 주제는 효율 증대와 품질 향상을 근거로 기업의 대형화를 정당화하는 것이다. US스틸 회장의 주장을 들어보자. "미국인들은 점점 더 커지는 집단에 점차 적응하고 있으며, 대규모 생산 집단이야말로 신뢰성, 제품과 서비스의 질에서 독보적인데다 연구, 생산, 원료 조달 등에서 미국이 더욱 커진 생산 과업을 수행하는 데 필요하다"(Heilbroner 1966, 31~32).

마지막으로, 기업 지도자들은 경영자가 '전문가'로서 판매와 이윤만큼이나 "고객, 주주, 직원, 공급업자, 교육 기관, 자선 활동, 정부와 국민 대중"에게도 많은 관심을 기울인다고 본다. 경영자는 "모두 특별한 권력을 가진 사람은 특별한 책임도 떠안게 된다는 사실을 잘 알고 있다"는 것이다. 이런 주장에 따르면 대다수의 경영자는 "폭넓은 공공복지에 관련된 책임"을 충분히 수용한다(Heilbroner 1966, 32~33).

1942년 이래로 경제발전위원회Committee for Economic Development(CED)는 이런 기업 경영자 이데올로기를 열심히 전파했다. 경제발전위원회는 기업 편에 서서 가장 효율적으로 선전 활동을 하는 기관이다. 이 위원회는 대기업을 기꺼이 받아들이며, 또한 "정부가 지금처럼 앞으로도 계속 커질 테고, 이런 점에서 소박하고 행복하던 과거로 돌아가는 일은 없을 것이라는 사실"도 순순히 받아들인다. "위원회는 정부가 얼마나 많은 일을 해야 하는가가 아니라 무엇을 해야 하는가가 문제라고 생각한다"(Schriftgiesser 1960, 224). 정부는 고전적 자유주의 이데올로기에서 부여한 모든 임무를 받아들여야 할 뿐 아니라 안정된 완전 고용을 달성하기 위한 케인스의 정책도 따라야 한다. 더 나아가 정부는 기업 경영진과 협조해서 갈등을 해결하고 평온하고 안정된 분위기를 유지해야 한다. 이런 분위기가 조성돼야 경영자들이 공공 정신을 발휘해 공공복지를 장려하는 가부장적 기능을 효과적으로 수행할 수 있다(Monsen 1963, 25~29).

이런 이데올로기에서 보면 대기업과 거대 정부는 불가피할 뿐 아니라 효율을 극대화하기 위해서도 필요하다. 거대 노동조합 역시 자신들이 추구하는 정당한 이익이 기업과 경영진의 이익과 조화하는 한 충분히 받아들일 수 있다.

경영자 이데올로기를 전파하는 또 다른 중요한 세력은 전세계에 "미국의 관점"을 선전하는 책임을 맡은 정부 공식 기관인 미국공보처다. 미국공보처는 거대한 규모로 활동한다. 공보처에서 내보내는 '미국의 소리Voice of America' 방송은 세계 곳곳에서 매일 수십 개 언어로 들을 수 있다. 공보처는 또한 신문과 잡지 수십 종을 발간하고, 도서관을 운영하며, 영화를 상영하고, 그밖에도 많은 선전 활동을 벌인다.

공보처장 시절에 "아이젠하워 정부의 반#공식 이데올로그"로 이름을 떨친 아서 라슨Arthur Larson은 《우리의 목표What We Are For》라는 저서에서 공보처의 선전 철학을 설명했다. 라슨의 주장에 따르면, 현대 자본주의 경제에서 정부는 누군가 "할 필요가 있지"만 사기업은 '제대로' 할 수 없는 일만을 해야 한다. 현대 자본주의에는 대기업, 거대 노동조합, 큰 정부 등의 강력한 이익 집단이 다수 존재하지만 그런 집단 사이에 중대한 갈등이나 기본적인 갈등은 전혀 없다. 오히려 각각의 이익이 조화하면서 서로 지원한다. 라슨은 기업 경영자들이 일차적으로 "모든 사람의 기본적인 정치적이고 경제적인 요구"를 충족시키기 위해 사회복지를 증진하려는 욕망에 따라 움직이며, 또 기업이 정부보다 더 효율적으로 작동한다고 가정한다. 따라서 경제에서 정부의 기능을 최소화하는 것을 선호하는 뿌리 깊은 의식이 존재한다(Larson 1959, 16~17).

현대 기업 윤리에 관련돼 지금까지 오고간 논의를 보면서 어떤 독자는 그 바탕에는 대부분 낡아빠진 사고가 깔려 있다는 사실을 눈치 챘을 것이다. 앞에서 살펴본 고전적 자유주의 이데올로기의 현대적 변종들도 마찬가지다. 사실을 말하자면 1960년대와 1970년대, 1980년대의 보수주의에서는 새롭거나 혁신적인 사상이 거의 등장하지 않았다. 이런 사실과 더불어 베트남 전쟁과 워터게이트 스캔들을 계기로 미국의 자본주의적 정부를 향한 의심과 불신이 만연한 상황을 염두에 둔다면, 앞으로 몇 년 안에 낡은 이데올로기의 새로운 변종이 등장하지 않을 경우 21세기 미국 자본주의의 권위에 심각한 위기가 도래할 게 틀림없다.

자본주의 이데올로기 구실을 하는 반공주의

자본주의가 현실적으로 가능한 최선의 경제 체제라는 주장을 확신하는 사람이라면 당연히 공산주의를 비판하게 될 것이라고 예상할 수 있다. 그러므로 언뜻 보면 반공주의에 자본주의 이데올로기라는 딱지를 붙이는 게 이상할 수 있다. 그러나 1930년대 이래 반공주의는 가장 강력하면서도 널리 퍼진 자본주의 이데올로기가 됐다.

반공주의는 공포에 사로잡힌 사람은 희생양을 필요로 한다는 잘 알려진 사실에서 힘을 얻는다. 자본주의 역사를 살펴보면, 보수주의자들은 항상 자본주의 비판자들을 하나의 집단으로 도매금으로 묶는 식으로 싸움을 벌였다. 그러고는 이 집단을 위협적인 악의 세력으로 묘사하는 보수적 선전 공세를 펼쳤다. 이런 전술이 성공을 거두는 정도만큼 두 가지 이점이 드러났다. 보수적 선전 공세는 사람들의 마음을 걸어 잠가서 비판자들의 사상에 관심을 기울이지 못하게 했고, 또한 정부나 우파 자경단이 비판자들을 폭력적으로 억압하는 사태를 대중이 묵인하게 만들었다.

19세기 말과 20세기 초에 보수주의자들은 모든 사회 비판론자는 사회주의자나 공산주의자, 아나키스트이며, 그런 자들은 사회뿐만 아니라 모든 개인까지 위협하는 악의 세력이라는 통념을 주도면밀하게 선전했다. 1930년대 이전에 보수주의자들은 무정부주의자를 위협적인 악의 세력으로 낙인찍고 희생양으로 삼는 데 어느 정도 성공했다. 악명 높은 '헤이마켓 사건Haymarket Affair'이 일어난 1886년, 하루 8시간 노동을 쟁취하기 위해 시카고 노동자 수천 명이 파업을 벌이면서 수만 명이 시위를 하고 자신들도 파업에 나서겠다고 을러댔다. 5월 1일 진행된 대규모 집회에서 폭탄 하나가 터져 여러 명이 목숨을 잃었다. 보수주의자들은 '아나키스트들'을 향한 대중의 공포를 불러 일으키는 데 성공했다. 아나키스트들이 전체 사회를 상대로 대대적인 테러를 저지르려고 한다는 것이었다. 기업가들과 부하 직원들 일색으로 꾸려진 배심원단은 이런 공포 분위기 속에서 노동운동 지도자 8명에게 사형을 선고했다. 4명은 사형에 처해졌고, 4명은 나중에 일리노이 주지사가 사면했다. 주지사는 재판이 사회 비판론자들의 입에 재갈을 물리려고 의도된 사법적 린치에 지나지 않는다고 판단한 것이다. 시카고의 어느 기업가는 이렇게 솔직하게 속내를 밝혔다.

나는 이 사람들이 어떤 범죄를 저질렀다고 생각하지는 않지만 그래도 교수형에 처해야 한다. 아나키즘 따위는 겁나지 않는다. 정말로 말이다. 그런 것은 어떻게 보면 귀엽기까지 한 몇몇 괴짜 박애주의자들의 공상적인 설계도에 지나지 않지만, 노동운동은 무조건 짓밟아야 한다! 이자들을 목매달고 나면 노동기사단(Knights of Labor. 1869년에 결성된 미국의 급진적 노동 단체. 백인 남성 노동자 중심의 온건주의 운동에 반대하고 인종과 성별, 나이, 숙련도를 차별하지 않는 혁명적 운동을 내세워 삽시간에 거대 조직으로 성장했다. 그러나 1886년 헤이마켓 사건 이후 여론이 급격히 나빠지면서 1900년에 미국노동총연맹(AFL)에 흡수돼 소멸했다 — 옮긴이)도 감히 다시는 불만을 퍼뜨리지 못할 것이다.(Boyer and Morais 1965, 103∼104에서 재인용)

1차 대전 이후에도 마찬가지로 노동운동이 대대적으로 탄압을 당했다. 이른바 '빨갱이 대소동'이라는 사태 속에서 노동운동 지도자와 사회 비판론자들이 박해를 당하고 검거됐으며, 구타를 당하고, 국외로 추방됐다.

그러나 반공주의가 실제로 미국인의 삶을 장악한 것은 1930년대와 그 이후의 일이다. 1930년대의 대공황은 대중의 전반적인 고통과 경제적 불안, 공포를 낳았다. 동시에 소련 정부는 대대적인 강제적 농업 집산화에 착수했다. 소련은 이런 집산화 속에서 심각한 기근과 더불어 농촌 지역에서 대규모 내전에 가까운 사태를 겪었다. 내전과 기근이 겹친 끝에 농민 수백만 명이 목숨을 잃었다. 요시프 스탈린은 악명 높은 '모스크바 재판'을 통해 실질적인 정치적 경쟁자나 경쟁자로 의심되는 수천 명을 투옥하거나 살해했다.

보수주의 선전가들은 모든 자본주의 나라에서 마음껏 실력을 발휘했다. 소련의 사망자 수를 크게 과장하는 데서 한발 더 나아가 기근과 내전으로 죽은 사람이 모두 공산주의의 희생양이라는 견해를 열심히 퍼뜨렸다. 공산주의자들은 살인 자체를 즐기고 자유와 민주주의를 비롯한 현대 문화의 모든 가치를 증오하는 악마로 그려졌다. 소련 공산주의자들의 사악한 잔학성을 생생하게 보여주는 수만 가지 이야기가 라디오와 책자, 잡지, 신문 등을 통해 퍼져 나갔다.

2차 대전이 막바지로 치달을 때, 미국은 일본의 히로시마와 나가사키에 원자폭탄 두 개를 떨어뜨려 20만 명에 가까운 사람을 죽였다. 핵무기의 무시무시한 파괴력과 소련도 핵무기를 보유하고 있다는 사실이 결합되면서 조성된 1950년대의 으스스한 분위기 속에서 선전가들은 거의 모든 자본주의 국가에서 소련 공산주의를 향한 강렬한 공포를 사회 전체에 주입하는 데 성공했다.

그러나 다른 나라나 심지어 다른 사회경제 체제를 향한 공포 자체만으로는 자본주의 이데올로기가 될 수 없다. 여기에 더해 선전가들이 사회 전체를 논리적으로 사고하지 않게 설득할 수 있는 충분한 공포와 과대망상이 필요하다.

이데올로기로서 반공주의의 비논리적 성격을 이해하려면 칼 마르크스의 사상과 1917년 러시아 혁명 이전의 공산주의 운동을 일부 검토해야 한다. 마르크스는 자본주의가 인류의 생산력을 크게 증대시키고 바람직한 사회를 창조할 수 있는 기술적 토대를 마련했다고 생각했다. 바람직한 사회, 곧 공산주의 사회에서는 노동자들이 경제적 풍요와 안정을 누릴 뿐 아니라 광산, 공장, 사무실 등 자신들이 풍요를 창출하는 모든 일터를 민주적으로 통제하게 될 것이다. 마르크스는 자본주의 사회에서는 자유와 민주주의가 의미심장한 수준까지 발전하지 못할 것이라고 생각했다. 노동자들이 일터에서 자신에 관한 통제권을 팔아야 하기 때문이다. 마르크스가 보기에 이것은 '임금 노예제'나 마찬가지다. 그리고 대다수 노동자가 일터에서 가장 많은 시간을 보내기 때문에 자본주의 사회에서 노동자는 결국 대부분의 시간을 비민주적인 사회 제도에서 자유롭지 못하게 소비할 수밖에 없다. 노동자들은 두 친자본주의 정당 중에 한쪽을 정부로 선출하는 투표를 할 수 있지만, 절대로 일터에서 진정한 자유와 민주주의를 누리지는 못한다. 마르크스가 전망하는 공산주의는 선진 자본주의의 생산적이고 기술적인 토대 위에 세워지는 사회다. 공산주의 사회에서는 모든 노동자가 자기 몫으로 필요한 온갖 생필품과 문화 시설을 누릴 수 있다. 더욱 중요하게는 각급 정부와 마찬가지로 모든 일터 역시 노동자들이 자유롭게 민주적으로 통제할 것이다.

러시아 혁명이 일어난 때 러시아 경제는 대체로 무척 뒤떨어지고 비생산적인 전자본주의 경제였다. 볼셰비키들은 마르크스의 이론과 반대로 러시아에 사회주의를 창조할 자본주의적 생산의 토대가 필요하지 않다고 생각했다. 볼셰비키들은 경제를 철저하게 재조직화하려고 노력했고, 그 결과로 자본주의적 경제 발전 단계를 뛰어넘을 수 있었다. 혁명 직후에 강력한 산업자본주의 경제를 갖춘 대다수 나라들이 소련을 군사 침략했다. 미국을 비롯한 이 자본주의 나라들은 새로운 정부를 군사적으로 분쇄하려 했다. 군사적 침략으로 소련 정부를 무너뜨리는 데 실패한 뒤에도 자본주의 강대국들은 계속해서 소련 경제와 정부를 전복하고 뒤흔들려고 시도했다.

대대적인 사회경제적 변화를 거치면서 농민 수백만 명의 격렬한 저항과 각국 자본주의 정부의 무자비한 적대에 직면한 소련 정부는 마르크스가 전혀 예상하지 못했을 뿐 아니라 마르크스가 전망한 공산주의 사회의 모습에 정반대되는 전술과 정책에 호소했다.

　이런 몇 가지 사실을 염두에 둔다면, 이데올로기로서 반공주의가 비논리적인 성격을 띤다는 점을 쉽게 파악할 수 있다. 이런 비논리성이 존재하는 이유는 공산주의를 전혀 양립할 수 없는 매우 다른 두 가지 방식으로 정의하고, 또 둘 중 어떤 정의도 이데올로그의 목적에 부합하지 않기 때문이다. 특히 공산주의는 다음과 같은 두 가지 방식으로 정의됐다(지금도 이런 정의는 변하지 않았다).

첫 번째 정의 공산주의는 1917년 소련과 2차 대전 직후 동유럽에서 수립된 경제 체제이자 정치 체제다. 지금까지, 그리고 앞으로도 공산주의는 그 본성상 선천적으로 이 시기 동안 이 나라들에서 보고된 온갖 해악을 버리지 못한다. 게다가 공산주의자들은 언제나 본질적으로 비공산주의 나라들을 정복하고 노예화하려고 노력한다.

두 번째 정의 공산주의는 사회 운동이자 정치 운동인 하나의 철학이다. 공산주의 신봉자들은 (a) 자본과 노동 사이의 투쟁에서 노동자에게 동조하고, (b) 부와 소득의 평등한 분배를 바라고 이런 목표를 위해 활동하며, (c) 가난한 사람들의 경제적 안정과 복지를 확대하는 것을 옹호하고, (d) 소수 인종, 민족, 국민을 공정하고 공평하게 대우하기 위해 활동하고, (e) 여성을 공정하고 공평하게 대우하기 위해 활동하고, (f) 선진 산업 자본주의 나라들의 자본주의적 제국주의나 제3세계 국가를 대상으로 하는 정치적 지배에 반대하고, (g) 이윤 추구를 위한 오염과 환경 파괴에 반대하고, (h) 이런 모든 문제, 또는 적어도 몇 가지 문제와 불의와 불공평은 자본주의 경제가 정상 작동하는 과정에서 직접 비롯된 결과라고 생각한다.

　이런 두 가지 정의와 더불어 반공주의는 다음과 같은 방식으로 작동한다. (1) 첫 번째 정의에 따르면, 모든 공산주의자는 우리의 자유와 민주주의를 파괴하고 소련이나 동유럽에서 보고된 온갖 해악을 강요하려고 우리를 정복하는 외국의 적을 도우려는 악당이다. (2) 두 번째 정의에 따르면, 자본주의를 비판하는 사람은 거의 모두 공산주의자다. 그러므로 (3) 자본주의에 불평등이나 불의 같은 문제가 있다는 견해는 우리 문화의 모든 가치를 파괴하려는 사악한 외국의 편에 서서 활동하는 국내 스파이의 핑계에 지나지 않는다. 게다가 (4) 모든 사회는 자신을 보호할 권리와 의무가 있으며, 따라서 우리는 자본주의를 비판하는 국민의 입을 틀어막아야 하고, 또 공산주의의 두 번째 정의에 열거된 신념을 전부나 일부 고수하는 제3세계 정부를 무력으로 전복해야 한다.

따라서 반공주의는 자본주의를 비판하려는 모든 시도를 거대한 악을 가리는 거짓된 겉모습으로 낙인찍고, 자본주의 정부가 국내의 비판 세력에 재갈을 물리거나 제3세계 나라들에서 기업계가 선호하지 않는 정부를 전복하는 행위를 허용한다.

미국에서 반공주의가 정점에 이른 때는 1950년대의 이른바 '매카시즘' 현상이 벌어진 무렵이다. 데이비드 코트David Caute는 이 시기를 다룬 가장 포괄적이고 학술적인 저서인 《대공포The Great Fear》(1978)에서 우파 보수주의 민간 단체들이 연방 수사국과 중앙정보국, 미국 의회를 비롯한 정부 기관들과 손잡고 자본주의를 비판하는 미국인 수만 명의 경력과 삶을 파괴한 과정을 자세히 보여준다. 이 정부 기관들과 우파 조직들은 여론에 영향을 미치는 모든 직업과 직종을 공격했다. 정부, 신문, 라디오, 텔레비전, 영화, 연예계, 법조계, 학교 등에서 일하는 자본주의 비판자들을 샅샅이 추적해서 '블랙리스트'에 올리고 공산주의자로 낙인찍었으며, 직장에서 해고하고 다시는 이런 영향력 있는 직업에 취직하지 못하게 막았다. 수만 명의 경력이 순식간에 허물어졌다. 수십만 명, 아니 수백만 명이 겁을 집어먹고 일자리를 지키기 위해 입을 다물었다. 반공주의 선전이 워낙 사회 곳곳에 스며들고 효과를 발휘한 탓에 이 사람들은 자신을 지키기 위한 싸움에서 아무런 동정도 받지 못하고 재정 지원이나 법률적인 조력도 거의 전혀 받지 못했다.

2차 대전 이래 대외 정책 분야에서 미국은 과테말라, 이란, 브라질, 도미니카공화국, 쿠바, 칠레, 그라나다, 베트남, 라오스, 캄보디아, 니카라과 등의 정부를 전복하거나 정부 전복에 참여하거나 정부 전복을 시도했다. 과테말라, 브라질, 도미니카공화국, 이란, 칠레의 경우에는 미국의 직간접 개입으로 민주주의가 파괴되고 포악한 독재 정부가 들어섰다. 아르헨티나, 과테말라, 엘살바도르, 온두라스, 브라질, 칠레에서는 미국 정부가 우파 독재 정권을 도와 사회 비판 세력을 통제하는 수단으로 고문, 테러, 진압 기법을 숙달시켰다. 각각의 경우에 미국 정부는 공산주의 정부를 전복하거나 기존 정부를 공산주의 성향을 띤 사회 비판 세력의 위협에서 보호하기 위해 노력하고 있다고 국민에게 말해 이런 정책을 승인받으려 했다. 쿠바 같은 경우에는 정부가 실제로 공산주의 세력이었지만, 공산주의의 첫 번째 정의에서 끌어낸 선전 내용의 대부분은 쿠바에 적용되지 않았다. 그러나 많은 경우 미국이 개입한 나라의 정부는 절대로 공산주의가 아니었다. 예를 들어 과테말라나 이란, 도미니카공화국, 칠레의 경우 미국 정부가 정부 전복에 관여한 이유는 이 나라 정부들이 미국 기업계의 마음에 들지 않는 개혁을 추구한 사실이었다.

따라서 반공주의는 이 장에서 검토한 다른 모든 이데올로기를 보완할 뿐만 아니라 국내의 비판 세력을 무력화하고 미국 기업들이 선호하지 않는 외국 정부를 제거하는 것을 정당화하는 강력한 자본주의 이데올로기다.

현대 자본주의 이데올로기 비판

자본주의 비판은 대개 자본주의 이데올로기 비판과 나란히 진행되기 마련이다. 이제 자본주의 이데올로기에 관한 비판을 검토하려고 한다. 현대 미국 자본주의에 관한 주요한 비판은 마지막 14강에서 살펴볼 것이다.

신고전파 이데올로기 비판

19세기 말과 20세기 초에는 신고전파 경제학이 학계의 정통 경제학을 완전히 지배했다. 그러나 신고전파 경제학은 1930년대부터 줄곧 공격을 받았다. 1938년, 오스카르 랑게Oscar Lange와 프레드 M. 테일러Fred M. Taylor가 《사회주의 경제 이론에 관하여On the Economic Theory of Socialism》라는 중요한 저서를 출간했다. 랑게와 테일러는 "순수하고 완전하게" 경쟁적인 경제가 "최적의 자원 할당"으로 이어진다는 신고전파의 주장을 받아들였지만, 또한 이런 경제가 반드시 자본주의 경제일 필요는 없다는 것을 보여줬다. 두 사람은 생산수단을 집단으로 소유하는 사회주의 경제 역시 (완전 계획이나 탈집중화된 의사 결정을 통해) "최적의 경제 효율" 상태에서 작동할 수 있다는 점을 증명했다. 사적 소유는 신고전파 이론에서 형식적으로나 이론적으로나 전혀 중요하지 않았다. 나아가 두 사람은 사회주의적 소유 아래서는 자본주의 체제에서 일어나는 불평등한 소득 분배가 사라질 것이라고 주장했다.

많은 사람들이 이 책에서 끌어낸 결론은 신고전파 자유주의 이데올로기를 사회주의 이데올로기로도 (더 좋지는 않지만) 마찬가지로 훌륭하게 활용할 수 있다는 것이었다. 그 결과 자본주의를 옹호하는 이데올로기로서 신고전파 경제학의 토대가 심각하게 잠식됐다.

그러나 많은 이들은 고전적 자유주의 이데올로기를 거부했다. 20세기 자본주의의 현실을 심각하게 왜곡해서 묘사하는 것처럼 보였기 때문이다. 고전적 자유주의가 기본적인 가정으로 삼은 순수한 경쟁(어떤 구매자나 판매자도 가격에 영향을 미칠 만큼 크지 않은 상황)은 어리석기 짝이 없는 전제였다. 게다가 고전적 자유주의 이데올로기는 환경오염 같은 중요한 문제에 대해 거의 또는 전혀 설명하지 못했다. 경제학자들은 또한 다양한 케인스주의 분파에서 내놓는 단순한 경기 조정 정책으로는 자본주의의 주기적인 불안정성 문제를 제거하는 데 충분하지 않고(Friedman 1953; Baumol 1961, 21~26), 인플레이션에도 대처할 수 없다고 확증했다.

최후의 일격을 날린 것은 치밀한 논리로 무장한 J. 드 V. 그라프^{J. De V. Graaf}의《이론적 후생경제학^{Theoretical Welfare Economics}》이었다. 드 V. 그라프는 경쟁적인 자유시장 자본주의 모델에서 생각하는 최적 효율성의 자원 분배가 실현되려면 많은 제한적 가정이 필요한데, 경제학자들은 이런 사실을 제대로 평가하지 못했다고 설명했다. 드 V. 그라프가 확인한 가정은 17개인데, 대부분 아주 제한적이고 비현실적이어서 이런 결론을 내릴 수밖에 없었다. "[이 이론의] 계보가 그렇게 오랫동안 체통을 유지할 수 있었다는 점은 제쳐두고라도 전문적인 경제학자들이 …… 그렇게 전폭적으로 받아들인 사실 자체가 놀랍기만 하다."^(De V. Graaff 1967, 142)

드 V. 그라프의 17개 조건 중 몇 가지만 봐도 논지를 충분히 알 수 있다. 신고전파 이데올로기는 개인의 복지가 개인의 선호 순위와 동일할 것을 전제로 한다. 다시 말해 어린이, 마약 중독자, 냉혈한, 범죄자, 정신 이상자 등을 비롯한 모든 사람이 언제나 자신에게 최선인 것을 선호해야 한다. 신고전파 이론은 또한 어떤 위험이나 불확실성도 존재하지 않을 것을 전제로 한다. 드 V. 그라프의 책은 고전적 자유주의 이데올로기의 바탕이 되는 경제 분석의 토대 자체를 매섭게 공격했다.

경영자 이데올로기 비판

경영자 이데올로기 또한 폭넓은 비판을 받았다. 많은 경제학자(신고전파 전통에 속한 몇몇 경제학자를 포함해서)가 미국 대기업의 몸집이 큰 것은 효율성이나 서비스의 향상하고 별 관계가 없다고 주장한다. 오늘날 미국의 거대 기업들은 생산 효율을 극대화하는 데 필요한 규모를 훨씬 넘어선다. 테네시강유역개발공사^{Tennesse Valley Authority(TVA)}와 경쟁하는 전력 산업이나, 과점 체제를 형성한 채 소규모 부정기 노선 업체를 상대로 경쟁하는 대형 항공사들, 미국 철강 산업에 도전하는 외국의 경쟁 기업 같은 사례는 대기업을 움직이는 주된 동인이 사회복지나 사회적 효율이 아니라 사적 이윤과 독점 권력이라는 사실을 보여주는 예로 흔히 거론된다(Adams 1970, 240~248).

비판자들은 또한 경영자 역시 소유주-자본가하고 똑같은 동기를 따른다고 주장한다. "경영자가 지배하는" 거대 기업의 행태에 관한 폭넓은 연구를 보면 경영자들 역시 소유주-자본가만큼이나 이윤을 지향한다는 사실이 드러난다는 것이다. 이 연구 논문의 저자는 이런 결론을 내렸다. "경영자 재량권managerial discretion 이론의 주창자들은 그다지 중요하지 않은 현상을 설명하는 데 상당한 시간과 노력을 쏟아붓는다. 경영자가 지배하는 대기업은 소유주가 지배하는 대기업만큼이나 이윤을 지향하는 것으로 보인다"(Larner 1970, 258).

많은 비판자는 또한 현대의 경영자들은 19세기의 강도 귀족만큼이나 사회적 양심이나 '정신'이 없다고 주장한다. 미국사회학회American Sociological Association 전 회장으로 범죄학계의 대부로 이름을 날린 고故 에드윈 H. 서덜랜드Edwin H. Sutherland 교수는 대기업 중역들이 어느 정도 범죄에 연관됐는지 알아보는 철저한 학문적 조사를 수행한 적이 있다. 70대 비금융 기업(특수한 사정에 따라 몇 개가 추가되고 누락됐다)을 선정해서 공식적인 역사적 사실과 기록을 통해 범죄사를 추적한 것이다. 이 기업들은 법정에서 모두 980건의 유죄 판결을 받았다. 한 기업은 50건의 유죄 판결을 받았고, 평균 건수는 14건이었다. 70개 중 60개 기업이 공정 거래 제한으로 유죄 판결을 받았고, 권리 침해 53개, 부당 노동 행위 44개, 허위 광고 28개, 불법 리베이트 제공 26개, 기타 범죄로 유죄 판결을 받은 기업은 43개였다. 개별 건수로 보면, 불법적인 공정 거래 제한 307건, 불법 허위 광고 97건, 권리 침해 222건, 부당 노동 행위 158건, 불법 리베이트 66건, 기타 범죄 130건이었다(Lundberg 1968, 131~132). 이 사건들이 모두 명백한 형사 사건은 아니었다. 그러나 이 기업들의 60퍼센트가 형사 범죄에 관련된 혐의로 각각 평균 4회의 유죄 판결을 받았다.

1950년 5월 10일부터 1951년 5월 1일까지 상원의원 에스티스 키포버Estes Kefauber 위원장이 이끄는 '주간州間 통상 범죄 수사를 위한 미국 상원 특별위원회U.S. Senate Special Committee to Investigate Crime in Interstate Commerce'가 기업과 조직 범죄의

관련성을 깊이 조사했다. 1956년에 민주당 부통령 후보이던 키포버는 나중에 이 청문회를 토대로 책을 썼다. 키포버는 대다수 대기업과 조직 범죄가 연결된 증거는 전혀 없다고 강조하기는 했지만, 그렇다 하더라도 둘 사이의 연관성이 적지 않다는 점에 크게 놀랐다.

폭력배들이 합법적인 장으로 밀고 들어오면서 생겨날 수 있는 위험은 아무리 강조해도 지나치지 않다. …… 우리에게는 교정되지 않은 폭력배들이 합법적인 기업을 장악하고 있다는 증거가 아주 많다. 그자들은 합법적인 기업가들을 상대로 유리한 고지를 확보하려고 완력, 속임수, 폭탄, 심지어 살인까지 예전부터 조직 폭력 집단이 흔히 쓰는 술수를 모조리 활용하며, 결국 기업가들도 조직 폭력단을 흉내 내거나 점차 폭력 집단이 된다. 폭력배들은 또한 투자 소유권을 합법적인 장에 은폐하는 데 뛰어나다. 때로는 …… '신탁인'을 내세우고, 또 어떤 경우에는 존경받는 기업가를 감쪽같이 속여서 '간판'으로 내세운다.(Kefauver 1951, 139~140)

1960년, 훗날 미국 법무부 장관에 오르는 로버트 케네디는 《내부의 적The Enemy Within》이라는 책을 출간했다. 케네디는 '노동과 경영 분야의 부적절한 활동에 관한 미국 상원 특별위원회U.S. Senate Select Committee on Improper Activities in the Labor or Management Field'에서 수석 법률 고문으로 일하는 동안 책을 쓸 자료를 수집했다. 키포버와 마찬가지로 케네디 역시 모든 기업가나 대다수 기업가를 비난하는 게 아니라는 사실을 강조했다. 케네디의 말을 들어보자.

오늘날처럼 돈과 물질적 재화를 강조하는 상황에서 많은 기업가들이 경쟁에서 우위를 차지하거나 고작 몇 푼을 더 벌려고 정직하지 못한 노동조합 관료들하고 기꺼이 부패한 '거래'를 맺었다. …… 우리는 노동조합과 거래를 하면서 부적절하게, 그리고 많은 경우 불법으로 행동한 기업을 50개 이상 확인했다. …… 내가 지금 언급하는 기업들의 경우에 때로는 순전히 금전적인 이득을 얻으려고 부적절하거나 불법적인 행동을 저질렀다. 게다가 우리는 경영자 집단의 도움은 거의 기대할 수 없다는 사실을 발견했다. 듣기 거슬리겠지만, 우리가 접촉한 기업인들(미국 굴지의 대기업 대표도 일부 포함된다)은 거의 대부분 비협조적이었다.(Kennedy 1960, 216)

케네디가 작성한 법률 위반 기업 명단에는 미국에서 가장 규모가 크고 유력한 대기업이 다수 포함돼 있었다.

퍼디난드 런드버그Ferdinand Lundberg는 대기업 총수들과 경영진은 부적절한 행동이나 불법 행동에 관여했더라도 가벼운 처벌만 받거나 아예 처벌을 받지 않는 현실을 설명한 적이 있다. 런드버그가 많은 사례 중에서 대표적인 경우로 든 것은 다음과 같다.

미주리 주의 보스 펜더개스트[Boss Pendergast. 대공황 시기를 전후해 미주리 주의 캔자스시티와 잭슨카운티를 지배한 '정치 보스'. 본명은 '톰 펜더개스트'다. 금주법 시절에 경찰과 행정 기관을 손아귀에 쥐고서 술과 도박을 사실상 허용했으며, 대공황이 한창이던 때에는 노동자에게 일자리를 제공하고 뇌물을 챙겼다. 시 정부와 카운티 정부를 사실상 지배하고 선거에 나선 정치인을 당선하게 하는 데 탁월한 솜씨를 발휘했다. 이 과정에서 막대한 부를 쌓았다가 결국 몰락했다 ― 옮긴이]는 보험사 네 곳에서 75만 달러의 뇌물을 받아서 투옥됐다가 나중에 트루먼 대통령을 통해 사면됐다. …… 보험사 중역들이 감옥에 간 것은 거의 10년 뒤의 일이다. 또한 마틴 맨턴Martin Manton이라는 연방 법원 판사의 사례도 있다. 맨턴 판사는 아메리칸토바코American Tobacco Company 임원들에게 부당하게 많은 급여가 지급된 사건을 다루면서 피고인측 대리인들에게서 25만 달러를 뇌물로 받은 혐의로 유죄를 선고받았다. 연방 법원은 회사측 변호사의 자격을 박탈했지만, 이 일을 꾸민 사장의 보좌관은 곧바로 부사장으로 승진했다. 참 좋은 세상이다.(Lundberg 1968, 135)

최근에는 상황이 더욱 나빠지고 있다. 1978년에는 그전 89년 동안보다 더 많은 기업인이 사업 운영상의 불법 행위로 징역형을 선고받았다. 잡지《하퍼스Harper's》1980년 1월호에서는 미국에서 규모와 영향력이 가장 큰 25개 대기업을 2면에 걸쳐 표로 정리한 바 있다. 이 25개 대기업에서는 적어도 1명 이상의 최고위 중역이 기업 활동과 관련된 주요 범죄로 유죄를 선고받은 적이 있었다.《유에스 뉴스 앤드 월드 리포트》1979년 7월 23일자에 게재된 〈기업 범죄자들Business Criminals〉이라는 제목의 기사에서는 경영진을 비롯한 화이트칼라 기업 범죄 때문에 미국 제조업 상품의 소매 가격이 15퍼센트 정도나 오른 것으로 추정했다.《포춘》1979년 12월 17일자에서는 보수적인 친기업 성향의 잡지답게 "지나치게 많은 중역이 감옥에 가고 있다"고 불평하는 장문의 기사가 실렸다. 1980년 11월 14일, 번스 인터내셔널 시큐리티 서비스Burns International Security Services, Inc.의 허셸 브리턴Herchell Britton 부사장은 일리노이 주 시카고에서 미국 유력 대기업들의 최고위 중역을 잔뜩 모아놓고 연설을 했다. 브리턴의 발언 중에는 이런 내용도 있었다.

화이트칼라 범죄가 점점 증가하면서 기업의 안정이 심각하게 위협받고 있습니다. 이런 현상은 커다란 국가적 문제입니다. 지금 당장, 여러분이 제 말을 듣는 바로 이 순간에도 여러분 회사 중 60퍼센트에서 65퍼센트 정도에서 범죄를 통해 돈이 줄줄 새나가고 있습니다. …… 컴퓨터 범죄와 산업 스파이 범죄를 제외한 화이트칼라 범죄만으로도 현재 미국에서 해마다 700억 달러의 손실이 발생합니다. …… 최근에 연방 수사국 범죄수사과 부과장은 현재 전국적으로 재판에 계류중인 화이트칼라 범죄가 1만 6000건에 이르며 그중 1100건은 공적 부패에 해당한다고 보고한 바 있습니다.(Vital Speeches 1981)

그러나 1980년 이전에 기업의 부패가 아무리 심각하다 해도 1980년대에 기업들이 벌인 난장판에 견주면 아무것도 아니었다. 대기업과 대기업 중역에 관한 전문가인 마셜 B. 클리너드Marshall B. Clinard 교수는 미국에서 으뜸가는 대기업과 그 중역들의 비윤리적이고 불법적인 행동이 얼마나 만연해 있는지 자세하게 기록한 바 있다(Clinard 1990). 많은 산업 분야에서 사례가 발견되기는 했지만, 그중에서도 자동차, 석유, 제약, 방위 산업이 최악의 위반 사례를 보였다. 클리너드는 이 산업들 각각을 다루는 데 한 장章을 할애했다. 마틴 로위Martin Lowy는 1980년대의 저축대부조합 연쇄 부도 사태를 면밀하게 연구하면서 레이건 정부가 이 사태를 촉진시키는 데 적어도 기업계의 '큰손들'만큼이나 책임이 있다는 사실을 발견했다(Lowy 1991). 그리프 S. 크리스털Graef S. Crystal은 이런 행태가 만연한 결과로 지난 20년 동안 노동자들의 급여가 거의 오르지 않은 반면 기업 중역들의 보수는 400퍼센트 넘게 증가했다는 사실을 보여줬다(Crystal 1991). 또한 제임스 B. 스튜어트James B. Stewart는 1980년대에 기업 범죄가 얼마나 수익성이 좋았는지 보여주기도 했다. 한 예로 드렉슬버냄램버트Drexel Burnham Lambert, Inc.의 마이클 R. 밀컨Michael R. Milken은 1986년 한해에만 대부분 불법 행위로 5억 5000만 달러의 수익을 벌어들였다(Stewart 1991, 16쪽).

경영자 이데올로기를 비판하는 사람들이 이런 연구 결과와 사례를 거론하는 이유는 모든 기업인이 범죄자라고 주장하려는 게 아니다. 분명 대다수 기업인들은 범죄자가 아니다. 그 사람들이 말하려는 요지는 소유주-자본가들에 못지않게 경영자들 사이에서도 금전적 유인과 이윤 추구가 강력한 동기로 작용한다는 것이다. 사실 대다수 기업인과 경영자는 이윤을 확대해야 한다는 압박에 워낙 끊임없이 시달리기 때문에 일부는 불법적이거나 부적절한 수단에 지속적으로 호소한다. 이런 압력이 존재하는 상황에서 사회가 경영자 계급에게 사회적 복지와 경제적 복지의 가부장적 관리를 기대할 수는 없다는 게 비판자들이 하는 주장이다.

반공 이데올로기 비판

1950년대와 1960년대, 1970년대 미국에서는 반공 이데올로기가 워낙 강력해서 거의 비판의 대상이 아니었다. 반공 이데올로기를 향한 비판은 흔히 공산주의와 동일시됐고, 결국 비판자는 직장을 잃을 수도 있었다. 반공주의에 관한 비판 중에서 유일하게 안전한 것은 반공주의를 극단까지 밀어붙인 특

정 개인들에 관한 비판뿐이었다. 예를 들어 조셉 매카시Joseph McCarthy 상원의원
은 자유주의와 사회주의 성향을 지닌 사회 비판 세력에 국한해서 반공주의
공세를 펼칠 때만 해도 널리 존경받는 유력한 인물이었다. 그러나 1950년대
중반에는 여러 친기업 성향의 정치인뿐 아니라 군부를 향해서도 공격을 칼날
을 겨눴다. 그러자 상원은 매카시에게 경고를 했고, 매카시는 많은 유력한 보
수주의자들의 비난 공세에 시달렸다. 비슷한 예로, 존버치 협회(John Birch Society,
1958년에 창설된 미국의 극우 반공 단체. 존 버치는 미군 군종 장교이자 침례교 선교사로 2차 대전 직후 중국에서 공산당 지지
자에게 암살됐다 — 옮긴이) 창립자인 로버트 웰치Robert Welch 역시 좌파 자본주의 비판론
자들을 공격할 때만 해도 존경과 찬사를 받았다. 그런데 드와이트 아이젠하
워 전 대통령이 의식적이고 헌신적인 공산주의의 앞잡이라고 주장하자 곳곳
에서 비난이 쇄도했다. 그렇지만 매카시와 웰치의 경우에 보수주의자들은 반
공주의를 극단으로 밀어붙인 개인들의 특이한 성격을 비난하는 데 그쳤다.
1950년대와 1960년대에는 반공 이데올로기 자체를 비판하는 목소리는 거의
없었다.

그러나 1970년대와 1980년대에는 반공 이데올로기 비판자들이 자신들의
견해를 당당하게 표현하기 시작했다. 반공 이데올로그들은 자기 마음에 들
지 않는 모든 사람을 공산주의자로 낙인찍으면서 이미 어느 정도 힘을 잃은
상태였다. 공산주의자라고 비난받은 비공산주의자 수천 명 중에는 아이젠하
워 대통령, 알버트 아인슈타인, 마틴 루서 킹 2세 등도 있었다. 사회 비판론자
는 모조리 공산주의자라는 비난은 점차 신뢰를 잃게 됐다. 게다가 많은 산업
자본주의 국가에서는 자국 공산주의자들을 소련과 동일시하는 관행이 점점
효력을 잃었고(미국의 경우는 달랐다), 일반 대중도 공산주의자를 점점 용인
하게 됐다. 이렇게 변화하는 분위기에서 반공주의 비판자들은 자신의 생각을
더욱 자유롭게 표현하기 시작했다.

반공주의를 향한 첫 번째 비판은 분명하다. 반공주의는 모든 좌파 사회
비판론자가 공산주의자가 아닌데도 모조리 공산주의자라고 공격한다. 반공

이데올로기를 연구하는 두 학자는 "반공주의는 보수주의 세력이 공산주의와 비공산주의를 막론하고 좌파 전체를 상대로 벌이는 정치적 싸움을 지배하는 주제였다"고 쓰기도 했다(Miliband and Liebman 1985, 1).

두 번째 비판은 이 이데올로기가 지적 왜곡을 통해 소련 공산주의를 전세계를 지배하는 악마의 세력으로 묘사한다는 것이다. "반공주의는 또한 대단히 선택적인 시각으로 공산주의 정권을 바라보며 이 나라들의 현실을 터무니없이 왜곡해서 보여준다. …… 반공주의는 공산주의 국가에서 현재 진행되는 발전을 경시하거나 아예 무시할 뿐 아니라 지금까지 달성한 상태에 관해서도 거의 관심을 기울이지 않는다"(Miliband and Liebman 1985, 4). 각국의 공산주의 정부는 경제적 저발전과 외국의 착취로 고통받은 나라들에서 권력의 자리에 올랐다. 소련, 중국, 한국, 베트남, 라오스, 캄보디아의 경우에는 공산주의 정부가 집권한 전후로 내전이나 외국의 군사 개입에 유린당했다. 그리고 쿠바의 경우에는 자본주의 국가들이 벌인 경제 전쟁에 시달렸다. 이런 사실 때문에 공산주의 정부들이 저지른 권력 남용이나 오류가 용서되는 것은 아니지만, 이 정권들이 과연 모든 공산주의 경제가 따를 가능성이 높은 경로를 대표하느냐 하는 문제와 관련이 있는 것은 분명하다. 소련이 공산주의의 진짜 악마적인 모습이라는 반공주의자들의 주장은 이제 효력을 잃었다. 소련, 유고슬라비아, 체코슬로바키아가 해체되고 동유럽의 공산주의 정부가 붕괴했기 때문이다. 따라서 자본주의를 비판하는 사회 비판론자가 외국의 적을 돕고 있다는 주장 역시 이제는 유효성을 잃었다.

셋째, 반공 이데올로기를 비판하는 사람들은 공산주의에는 언제나 선진 산업 자본주의 경제를 어떻게 더 자유롭고 민주적이며 인간적인 사회로 바꿀 수 있을까 하는 문제에 관한 전망이 포함돼 있었다는 점을 지적한다. 반공 이데올로그들이 소련과 동유럽의 현실을 정확하게 설명했다고 하더라도, 더 나은 사회에 관한 이런 윤리적 전망이 사라지는 것은 아니다.

반공주의는 소련식 정권들의 경험을 '점진적인 사회 공학'을 추구하는 가장 온건한 시도를 넘어서는 공상적이고 부조리하며 위험하고 불길한 사회 변혁의 기획으로 다루면서 싸움의 수단으로 활용한다. 이제 사회주의자들도 협동적 민주주의와 평등주의가 관철되는 사회를 건설하는 데 따르는 온갖 유형의 어려움을 잘 알고 있다. 그러나 그렇다고 해서 그런 사회를 건설하려는 노력을 포기하지는 않는다. 그리고 소련 정권의 경험이 …… 다른 나라에도 결정적인 타당성을 갖는다고 여겨서는 안 된다. 특히 [소련과] 사회, 경제, 정치, 문화 환경이 크게 다른 나라들에게 소련의 경험을 그대로 적용할 수는 없다.(Miliband and Liebman 1985, 3~4)

마지막으로, 반공 이데올로기는 전혀 일관되지 않은 이중 기준을 적용해서 각국 정부를 평가한다. 공산주의 국가들의 정치적 권리와 인권 억압은 철저하게 강조하면서 비난하는 반면, 우익 친자본주의 국가들에서 나타나는 비슷하거나 심지어 더욱 극악한 억압은 완전히 무시한다. 폭압적이고 범죄적으로 인권을 억압하는 우파 정부들은 대부분 미국을 비롯한 자본주의 국가 정부들을 통해 꾸준한 지원과 지지를 받는다.

요약

2차 대전 이후 법인 권력이 극단적으로 집중된 반면, 소득 분배의 불평등은 아주 미미한 수준으로 줄어들었다. 이런 현실이 있는데도 현대의 많은 이데올로기는 계속해서 고전적 자유주의의 자본주의 옹호론에 의존한다. 다른 이데올로그들은 계속해서 기업 윤리를 근거로 삼아 자본주의를 옹호한다. 이런 집단은 대규모 법인 기업의 '효율적이고 거시적인 정책'과 '전문가주의'뿐 아니라 기업 경영자들의 '폭넓은 인도주의적 관심'을 강조한다. 이런 관점을 비판하는 이들은 기업 경영자들이 19세기 자본가들과 똑같은 동기, 곧 이윤 극대화의 추구라는 동기에 따라 움직인다고 주장한다. 1930년대 이래 반공주의가 자본주의의 중요한 이데올로기로 부상했다. 이 이데올로기는 자본주의에 관한 어떤 비판도 공산주의와 동일시하며 공산주의를 악의 화신과 동일시한다. 비판자들은 이 이데올로기가 현실을 선별해서 왜곡하고 모든 비판을 그릇되게 공산주의와 동일시하며, 공산주의의 전통적인 이상과 무관하고 인권과 관련해서는 이중 잣대로 재단한다는 점을 지적한다.

더 읽어볼 책

Adams, Walter. 1970. "Competition, Monopoly, and Planning." In *American Society, Inc.*, ed. M. Zeitlin, pp. 97~113. Chicago, IL: Markham.

Baumol, William J. 1961. "Pitfalls in Counter-Cyclical Policies: Some Tools and Results." In *Review of Economics and Statistics*. February: 12~27.

Berle, A.A., Jr. 1965. "Economic Power and the Free Society." In *The Corporation Takeover*, ed. Andrew Hacker, pp. 113~128. Garden City, NY: Doubleday.

Berle, A.A., Jr., and G.C. Means. 1932. *The Modern Corporation and Private Property*. New York: Macmillan.

Boushey, Heather; Chauna Brocht; Bethney Gundersen; and Jared Bernstein. 2001. *Hardships in America: The Real Story of Working Families*. Washington, DC: Economic Policy Institute.

Boyer, Richard O., and Herbert M. Morais. 1965. *Labor's Untold Story*. New York: United Electrical, Radio and Machine Workers of America(리차드 O. 보이어·허버트 M. 모레이스 지음, 이태섭 옮김, 《알려지지 않은 미국 노동운동 이야기》, 책갈피, 2005).

Caute, David. 1978. *The Great Fear*. New York: Simon and Schuster.

Clinard, Marshall B. 1990. *Corporate Corruption: The Abuse of Power*. New York: Praeger.

Congressional Budget Office. 2001. *Historical Effective Tax Rates, 1979~1997*. Preliminary Edition (May).

Crystal, Graef S. 1991. *In Search of Excess: The Overcompensation of American Executives*. New York: Norton.

De. V. Graaff, J. 1967. *Theoretical Welfare Economics*. London: Cambridge University Press.

Dowd, Douglas. 1993. *U.S. Capitalist Development since 1776*. Armonk, NY: M.E. Sharpe.

Ferguson, C.E. 1969. *The Neoclassical Theory of Production and Distribution*. London: Cambridge University Press.

Forbes. 2001 (October).

_____. 1983 (Fall).

_____. 1979 (February).

Fortune. 1979 (May).

Friedman, Milton. 1953. "The Effects of a Full Employment Policy of Economic Stability: A Formal Analysis." In *Essays in Positive Economics*. Chicago: University of Chicago Press.

Galbraith, John Kenneth. 1956. *American Capitalism, the Concept of Countervailing Power*. Boston: Houghton Mifflin(J. K. Galbraith 지음, 최황렬 옮김, 《미국의 자본주의》, 양영각, 1981).

Gramlich, E.M.; Kasten, R.; and Samartino, F. 1993. "Growing Inequality in the 1980s: The Role of Federal Taxes and Cash Transfers." In *Uneven Tides: Rising Inequality in America*, ed. S. Danziger and P. Gottschalk, pp. 79~103. New York: Russell Sage Foundation.

Hacker, Louis M. 1970. *The Course of American Economic Growth and Development*. New York: Wiley.

Heilbroner, Robert L. 1966. *The Limits of American Capitalism*. New York: Harper and Row.

Hunt, E.K., and Jesse Schawartz. 1972. *Critique of Economic Theory*. London: Penguin.

Kaysen, Carl. 1957. "The Social Significance of the Modern Corporation." *American Economic Review* (May): 303~318.

Kefauver, Estes. 1951. *Crime in America*. Garden City, NY: Doubleday.

Kennedy, Robert. 1960. *The Enemy Within*. New York: Harper and Row(Robert F. Kennedy 지음, 양승규 옮김,《내부의 적》, 삼성문화재단, 1977).

Lampman, Robert J. 1962. *The Share of Top Wealth-holders in National Wealth 1922~1956*. Princeton, NJ: Princeton University Press.

Lange, Oscar, and Fred M. Taylor. 1938. *On the Economic Theory of Socialism*. Minneapolis: University of Minnesota Press.

Larner, Robert J. 1970. "The Effect of Management-Control on the Profits of Larger Corporations." In *American Society*, ed. M. Zeitlin. Chicago, IL: Markham.

Larson, Arthur. 1959. *What We Are For*. New York: Bantam.

Lowy, Martin. 1991. *High Rollers: Inside the Savings and Loan Debacle*. New York: Praeger.

Lundberg, F. 1968. *The Rich and the Super Rich*. New York: Bantam.

Means, Gardiner C. 1964. "Economic Concentration." In *Hearings Before the Subcommittee on Antitrust and Monopoly of the Committee of the Judiciary*, United States Senate. Washington, DC: Government Printing Office.

Miliband, Ralph, and Marcel Liebman. 1985. "Reflections on Anti-Communism." In *The Uses of Anti-Communism*, ed. R. Miliband, J. Saville, and M. Liebman, pp. 1~17. London: Merlin Press.

Monsen, R. Joseph, Jr. 1963. *Modern American Capitalism*. Boston: Houghton Mifflin.

Mueller, Willard F. 1964. "Economic Concentration." In *Hearings Before the Subcommittee on Antitrust and Monopoly of the Committee of the Judiciary*, United States Senate. Washington, DC: Government Printing Office.

Musgrave, B.A. 1964. "Estimating the Distribution of the Tax Burden." In *Income and Wealth*. Ser. 10. Cambridge, UK: Bowers and Bowers.

National Association of Manufacturers, Economic Principles Commission. 1946. *The American Individual Enterprise System, Its Nature and Future*. New York: McGraw-Hill

Salvadori, Massimo. 1959. *The Economics of Freedom*. Garden City, NY: Doubleday.

Schriftgiesser, Karl. 1960. *Business Comes of Age*. New York: Harper and Row.

Stewart, James B. 1991. *Den of Thieves*. New York: Simon and Schuster.

Sutherland, Edwin H. 1961. *White Collar Crime*. New York: Holt, Rinehart and Winston.

Sweezy, Paul, and Magdoff, Harry. 1969. "The Merger Movement: A Study in Power." In *Monthly Review* (June): 1~5.

U.S. Bureau of the Census. 2001. *Poverty in the United States: 2000*. Washington, DC: Government Printing Office.

————. 1993. *Statistical Abstract of the United States for 1992*. Washington, DC: Government Printing Office.

————. 1978. *Statistical Abstract of the United States for 1977*. Washington, DC: Government Printing Office.

Vital Speeches. 1981. January 1.

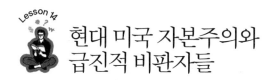

현대 미국 자본주의와 급진적 비판자들

1930년대 공황기 동안 미국 자본주의에 관한 급진적 비판이 널리 확산됐다. 그러나 1940년대 말과 1950년대 초에는 반대 의견이 곳곳에서 억압당하고 또 경제가 상대적으로 번영하면서 급진적 비판의 목소리가 대부분 효과적으로 질식됐다(Cook 1971; Belfrage 1973 등을 보라).

민권 운동

미국에서 흑인들의 평등을 위한 투쟁이 시작된 것은 흑인 노예들이 처음 아메리카 식민지에 도착한 1619년이다. 그때부터 거의 끊이지 않고 투쟁이 계속됐다. 그러나 1950년대에 이르러 기본적인 인권을 보장받으려는 흑인들의 노력이 새로운 국면에 접어들었다.

1954년 5월 17일, '브라운 대 토피카 교육위원회Brown v. Board of Education of Topeka' 사건에서 미국 연방 대법원은 "공교육의 장에서 '분리되지만 동등하다separate but equal'는 원칙은 이제 통용될 수 없다!"고 만장일치로 판결하면서 교육 시설의 분리는 그 자체가 불평등이라고 선언했다.

1954년과 1955년에 소수의 흑인들이 백인 학교에 입학 신청을 했지만 퇴짜를 맞았고, 대개 혹독한 보복을 당했다. 법원의 판결만으로는 현실의 차별 관행에 별 영향을 미치지 못하는 것처럼 보였다. 그런데 1955년 12월에 앨라배마 주 몽고메리Montgomery의 흑인 여성 로자 파크스Rosa Parks가 백인 남성에게 버스 좌석을 양보하라는 요구를 거절하는 일이 있었다. 파크스는 곧바로 체포됐다. 그 뒤 며칠 만에 몽고메리에 사는 흑인들은 버스 회사를 상대로 승차 거부 운동을 조직했다.

격렬하고 쓰라린 충돌로 점철된 1년이 지난 뒤 이 항의 운동은 결국 승리로 끝났다. 몽고메리의 흑인 5만 명은 버스 좌석 분리법을 무효로 하는 데 성공했다. 이 승리는 버스 좌석 분리라는 특정한 쟁점을 훨씬 넘어서는 상징적인 의미가 있었다. 전국 각지의 흑인들이 마치 자신의 일인 것처럼 존엄과 자유와 힘을 새롭게 느낄 수 있었다. 흑인들은 백인의 인종 차별에 맞서 적극적으로 싸움을 조직하기 시작했다.

흑인들의 시도는 광적인 저항에 부딪혔다. 1957년 9월, 아칸소 주의 주지사 오벌 포버스[Orval Faubus. 원문에는 'Orville Faubus'라고 돼 있지만 오기다 — 옮긴이]는 리틀록Little Rock의 센트럴 고등학교에 등교하려는 흑인 학생 아홉 명을 막으려고 군대를 동원했다. 연방 정부는 이 사태를 연방의 권위에 맞서는 노골적인 도전으로 보고 연방 대법원의 명령을 집행하기 위해 공수부대를 파견했다. 남부의 많은 지역은 공립 학교에서 인종 통합을 허용하느니 차라리 학교를 폐쇄하는 쪽을 택했다.

1957년과 1960년에 연방 의회는 흑인들에게 투표권을 확대하는 민권 법안을 통과시켰다. 케네디 정부는 남부의 흑인들을 투표자 명부에 올리는 유권자 등록 운동에 집중해달라고 흑인과 백인 젊은이들에게 촉구했다. 민권 운동은 자본주의의 기본적인 사회 체제와 경제 체제에 심각한 의문을 제기하지 않는 자유주의적인 젊은이들과 급진적인 자본주의 비판자들을 모두 끌어들이면서 전국적인 세력으로 등장했다. 사람들은 인종 차별에 반대하는 대중적인 항의로 대중의 눈을 뜨게 만들 수 있으며, 이렇게 각성된 국민들이 상황을 완전히 치유할 수는 없어도 적어도 개선할 수 있는 새로운 법을 요구하게 될 것이라고 믿었다.

이 시기 동안 민권 활동가들은 인종별로 좌석이 분리된 식당과 버스정류장의 '백인 자리에 앉기 운동sit-in', 좌석이 분리된 교회에서 '기도하기 운동pray-in', 흑백의 공간이 분리된 해변을 '넘어가기 운동wade-in' 등을 조직했다. 대규모 비폭력 시위나 비폭력 시민 불복종을 통해 많은 사람들의 양심을 일깨워 인종을 통합할 수 있으리라는 바람이 바탕에 깔려 있었다.

새로운 민권법의 측면에서는 어느 정도 성공을 거두기는 했지만, 백인 민권 활동가들뿐 아니라 많은 흑인들 사이에서도 환멸감이 퍼지기 시작했다. 정치적 참정권만으로는 흑인들이 겪는 엄청난 경제적 불평등에 별다른 영향을 미치지 못한다는 깨달음이 찾아왔기 때문이다. 흑인 여성이 일자리를 구하지 못한다면, 아니 일을 구하더라도 급여가 워낙 낮아 가족이 여전히 가난하고 타락한 상태를 벗어나지 못한다면 투표권이 무슨 소용이 있겠는가? 1950년에 흑인이 받는 평균 급여는 백인의 61퍼센트였지만, 1962년에는 오히려 55퍼센트로 떨어졌다. 대대적인 민권 운동에도 아랑곳없이 흑인들의 상대적인 경제적 지위는 실제로 나빠졌다. 게다가 1950년에는 흑인의 실업률이 백인에 견줘 두 배에 약간 미치지 못했지만, 1964년에는 두 배를 크게 넘게 됐다. 1947년에 흑인들은 미국 극빈층의 18퍼센트를 차지했는데, 1962년에는 그 비율이 22퍼센트로 늘어났다.

많은 민권 운동가들이 흑인들의 평등을 가로막는 가장 커다란 장벽은 경제적인 요소라는 확신을 품게 됐다. 그래서 이제 흑인들이 겪는 불평등이 영속화되고 실제로 악화되는 현실을 이해하는 수단으로 미국 자본주의에 관한 비판적 분석에 관심을 기울이게 된다.

베트남 전쟁

급진적 비판을 부활시키는 촉매제 노릇을 한 또 다른 주요한 요인은 베트남 전쟁이었다. 1950년대 내내 미국 정부는 저발전 국가들에서 근본적인 사회 변화와 정치 변화를 억제하려고 일관되게 싸웠다. "공산주의에 맞서 세계를 보호한다"는 구실 아래 미국은 20개 국가의 내정에 간섭했다. 과테말라나 이란 같은 곳에서는 미국의 대리인들이 합법적으로 수립된 정부를 공작을 꾸며 전복하고 그 대신 미국이 선호하는 정권을 세웠다.

대다수 비판 세력은 매카시즘이라는 정치적 억압 때문에 재갈이 물렸다. 이른바 '침묵의 세대silent generation'라고 불리는 1950년대의 대학생들은 국내의 정치적 억압에 더해 다른 나라의 내정에 폭넓게 간섭하는 구실을 제공한 반공주의라는 국가적 분위기를 대체로 묵인했다. 1950년대에는 미국의 베트남 개입이 거의 관심을 끌지 못했다. 그때만 해도 베트남은 미국이 공산주의의 손아귀에서 구출하려고 노력하는 여러 나라 중 하나였을 뿐이다. 그러나 1960년대에 이르러 상황이 급변하기 시작했다. 베트남 전쟁은 미국 자본주의에 관한 급진적인 비판을 되살리는 강력한 요인으로 부상했다. 이런 이유로 여기서 베트남 전쟁의 기원을 간략하게 검토하는 게 필요할 것 같다.

2차 대전 때 베트남을 점령 중이던 프랑스 식민 정권은 일본과 손을 잡았다. 전쟁이 막바지로 치달으면서 일본은 식민지 행정관들을 구금하고 안남 황제 바오다이Bao Dai를 수반으로 하는 꼭두각시 정권을 세웠다. 이 시기 내내 미국과 프랑스는 호치민Ho Chi Minh이 이끄는 저항 운동 세력인 베트민Vietminh을 지원했다. 일본이 항복한 뒤 베트민이 평화적으로 정권을 넘겨 받았다. 프랑스는 식민 제국의 일부를 잃고 싶지 않았지만 신속하게 개입해서 새 정부를 물리치기에는 군사력이 많이 약해진 상태였다. 1946년 3월 6일, 프랑스는 호치민 정부와 이런 내용의 협정을 체결했다. "프랑스 정부는 베트남 공화국을 독자적인 정부와 의회, 군대와 재정을 갖춘 자유 국가로서 인도차이나 연방과 프랑스 연합의 일원으로 승인한다"(Huberman and Sweezy 1965, 787에서 재인용). 이 협정의 분명한 의미는 호치민 정부가 영연방 회원국의 정부와 비슷한 지위를 누린다는 것이었다. 협정에 따라 호치민 정권은 베트남 전체의 합법 정부로 확인됐다. 나중에 벌어진 어떤 사태로도 이런 기본적인 사실이 바뀌지는 않는다.

프랑스는 호치민을 말 잘 듣는 꼭두각시로 만들 수 있다고 확신했다. 그러나 현실은 전혀 그렇지 않았다. 호치민을 꼭두각시로 만들지 못하자 프랑스는 스스로 퇴위한 뒤 이름까지 바꾸고 홍콩에 칩거하고 있던 바오다이 황제를 다시 불러들였다. 그러고는 바오다이를 '국가 수반'에 '취임'시키고 베트민을 불법 세력으로 규정했다. 6년 동안 격렬하고 가혹한 전쟁이 이어졌다. 마침내 1954년에 베트민이 프랑스를 상대로 결정적인 승리를 거뒀다. 프랑스의 항복을 조정한 1954년 7월 제네바 협정에 따라 휴전과 적대적인 무장 세력의 일시적인 격리가 시행됐다. 호치민 추종자들은 북위 17도선 이북으로, 바오다이 황제 추종자들은 남쪽으로 각각 이동하기로 결정됐다. 2년 안에 총선거를 치러 베트남 지도자를 선출할 때까지 유지되는 잠정 조치였다. 그런데 이 협상 직후에 미국의 지원을 받은 응오딘지엠Ngo Dinh Diem이 바오다이를 축출하고 '베트남 공화국'을 선포한 뒤 스스로 초대 대통령에 취임했다. 선거는 치러지지 않았다. 미국과 응오딘지엠은 이제 두 개의 베트남 같은 것은 존재하지 않는다고 주장했다. 드와이트 D. 아이젠하워 대통령은《변화를 위한 명령Mandate for Change》에서 선거 실시를 거부한 이유를 솔직하게 털어났다.

나는 프랑스가 전쟁에서 이길 수 없었다고 확신한다. 베트남 내부의 허약하고 혼란스러운 정치 상황 때문에 군사적 입지가 크게 약화됐기 때문이다. 인도차이나 문제에 정통한 사람과 대화를 하거나 서신을 교환해도 하나같이 의견이 일치했다. 전투가 한창 벌어지고 있던 때 선거를 치렀다면 아마 전체 국민의 80퍼센트가 바오다이 국가 수반이 아니라 공산주의자 호치민을 지도자로 뽑았을 것이라고 말이다.(Huberman and Sweezy 1965, 78에서 재인용)

바오다이 대신 응오딘지엠을 놓고 봐도 상황은 절대 바뀌지 않았다.

미국이 강요한 이 해법은 북부의 호치민과 호치민 추종자들뿐 아니라 남부의 국민들도 거부했다. 그리하여 일본과 프랑스를 상대로 벌이던 민족해방 전쟁이 이제 미국을 상대로 계속됐다.

미국 정부는 북베트남의 무장 침략에 맞서 남베트남 사람들을 보호하려고 전쟁을 치르고 있다고 자국 국민들에게 거듭해서 말했다. 북베트남이 제네바 협정을 위반하고 남베트남 사람들을 노예로 삼으려 한다는 것이었다.

미국의 정책을 비판하는 사람들은 베트남 전쟁의 성격에 관한 이런 공식적 설명에 이의를 제기했다. 베트남에서 벌어지고 있는 사태에 관한 비판자들의 평가는 학계에서 폭넓은 지지를 받았고, 대학 캠퍼스는 반전 정서의 중심지로 바뀌었다. 1960년대 초부터 대략 1966년까지 반전 운동은 대개 대학에 국한됐다. 그러나 1960년대 말에 이르러 사회 각계 각층의 사람들이 전쟁에 적극 반대하고 나섰다. 반전 운동은 대중 운동으로 변신했다.

마침내 1968년에 미국 국방장관 로버트 S. 맥나마라Robert S. McNamara 자신이 전쟁에 관한 공식적인 설명에 환멸을 느끼게 됐고, 그 결과 미국이 전쟁에 빠져들게 된 과정을 깊이 있게 서술하는 보고서를 작성하라고 국방부에 지시했다. 1971년 초에 보고서가 완성됐다. 7000쪽에 이르는 문서를 입수한 《뉴욕 타임스》는 새로운 사실이 밝혀졌는지를 검토해달라고 연구자들에게 주문했다. 미국 국방부는 아이젠하워 정부가 "제네바 합의를 결정적으로 파기하는 데 직접적인 구실"을 한 점, 1954년부터 줄곧 미국이 "북베트남을 상대로 파괴 행위와 테러 교전"을 수행한 점, 미국이 쓸모 없다고 판단된 "응오딘지엠 대통령을 축출하라고 부추기고 사주한" 점, 1965년 이전부터 이미 여러 해에 걸쳐 미국 정부가 "공공연한 전쟁을 준비하면서 여론을 조성하려고 신중하게 준비한" 점 등을 인정했다.

미국의 개입은 꾸준히 확대됐다. 1968년에 이르러 미국은 베트남 사람들에게 "적절한 정치적 해법"을 강요하려고 노력하면서 베트남 땅에 50만 명이 넘는 병사를 주둔시키고 매달 30억 달러(하루에 1억 달러!)를 지출하고 있었다. 미군 사상자는 계속 늘어나 수십만 명이 다치고 5만 명이 훌쩍 넘는 군인이 목숨을 잃었다.

전국 각지의 젊은이들이 전쟁의 도덕성에 의문을 제기하기 시작했다. 1964년을 기점으로 미국 곳곳의 대학 캠퍼스에서 전쟁에 항의하는 토론회teach-in가 확산됐다. 주최자와 참가자들은 대개 미국의 전쟁 개입이 비극적인 실수이며 국민들이 현재 상황을 제대로 알기만 하면 이런 실수를 바로잡을 수 있다고 확신했다.

반전 운동은 빠르게 성장했다. 1964년에 존슨 대통령이 압승을 거둔 사실과 1968년에 재선에 도전하지 않기로 결정한 것은 모두 적어도 부분적으로는 강력하고 폭넓은 전쟁 반대 분위기 덕분이라고 생각한다. 전쟁에 반대하는 비판자들은 몇 년 동안 논쟁을 벌이면서 대다수 미국인들이 베트남에 관한 기본적인 사실을 알게 됐고 서둘러 전쟁을 끝내고 싶어한다고 확신했다. 그렇지만 미국 정부는 자신의 행동을 설득력 있게 정당화하지 못한 채 계속해서 군사적 승리를 추구했다.

비판자들은 단순한 반공주의 정서보다 더 깊은 어떤 동기가 미국 정부를 움직이고 있는 게 아닌지 묻기 시작했다. 특히 전쟁의 경제적 동기나 이유를 찾기 시작했다. 이런 의문은 자본주의적 제국주의에 관한 예전의 급진적 이론들을 진지하게 재검토하는 노력으로 이어졌다.

여성 해방 운동

여성 운동 역시 흑인 운동과 마찬가지로 1960년대에 갑자기 느닷없이 생겨난 게 아니다. 많은 미국 여성이 처음 정치 활동에 나선 것은 1820년대와 1830년대 노예제 폐지를 위한 운동이었다. 노예제 폐지 운동의 경험을 통해 여성들은 자신 역시 억압당하고 있다는 사실을 깨달았고 독자적인 운동을 벌여야 한다는 확신을 얻게 됐다. 특히 일부 노예제 폐지론자들에게 무시당하고 밀려난 경험이 컸다. 남북전쟁 이전의 여성 운동은 노예제 폐지뿐 아니라 혼인에서 남성을 모든 재산과 결정을 관리하는 유일한 주체로 삼는 법률을 폐지하고 투표권을 얻으려고 싸웠다.

남북전쟁의 결과로 흑인들은 투표권을 얻었다. 아니 사실대로 말하자면, 흑인 남성들은 형식적인 투표권을 얻었지만 남부에서는 이 권리를 강제할 기제가 전혀 없었다. 여성은 흑백을 막론하고 투표권을 얻지 못했다. 여성 운동은 길고 고된 싸움 끝에 마침내 1920년에 여성 투표권을 획득했다. 초기의 운동은 빈곤과 이혼 법률부터 노동 조건에 이르기까지 폭넓은 문제에 관여했지만, 1890년 무렵부터는 오로지 투표권이라는 협소한 문제에만 집중했다. 1920년에 이르면 주요 여성 참정권 단체의 회원이 200만 명에 이르렀다. 그러나 투표권을 손에 넣자 이 여성들 대다수가 이제 싸움에서 승리했다고 생각했다. 그 결과로 여성 운동은 산산이 무너졌고, 1960년대 말에 이르기까지 완전히 회복되지 못했다.

여성의 권리를 위한 싸움이 잠깐 고조된 것은 수백만 명의 여성이 전시 노동 분야에 진출한 2차 대전 중의 일이다. '리벳공 로지'의 상징이 '가정주부 헤다'를 밀어냈다.['가정주부 헤다'란 헨리크 입센의 1890년작 《헤다 가블레르》의 주인공으로, 근대 여성 주체의 불안한 모습을 형상화한 인물이다. '리벳공 로지는 2차 대전 때 미국에서 방위 산업체로 여자들을 끌어들이려고 제작한 선전 포스터의 주인공으로, 남자들이 군 징집돼 부족한 중공업 생산 인력을 메운 여성 노동자를 가리킨다 — 옮긴이] 하룻밤 새에 여성이 전시 공장이나 사무실에서 일하는 게 유행이 됐고, 일하는 어머니들을 도우려고 육아 문제에 관한 논의도 진행됐다. 게다가 공화당과 민주당 모두 연방 헌법에 여성을 위한 평등권 수정안을 추가한다는 구상에 찬성하면서 떠들썩하게 동조하는 목소리를 냈다.

여성들로서는 유감스러운 일이지만, 미국에서 1940년대 말과 1950년대는 전반적인 억압의 시기였다. 사람들은 전쟁이 끝났다는 사실에 만족했고, 오로지 돈을 버는 데 전념하는 생활만을 원했다. 아무도 전쟁과 상관없이 계속되는 사회 문제에 관해 논의하거나 인정하고 싶어하지 않았다. 사회 변화를 주장하는 급진주의자와 자유주의자들은 조셉 매카시 상원의원을 비롯해서 명성을 좇는 많은 심문자들의 추적을 받았다. 리처드 닉슨도 '마녀 사냥'으로 성공 가도를 달린 이들 중 하나였다. 여성들은 전시의 일자리를 그만두고 부엌과 아이들, 교회로 돌아가라는 말을 들었다(히틀러 또한 독일 여성들에게 똑같은 말을 한 적이 있다). 언론(과 심지어 보수적인 심리학자들)은 모든 여성이 미소 짓는 아이들과 반짝거리는 가전 제품에 둘러싸인 행복한 가정주부인 것처럼 세상을 묘사했다.

그러나 현실은 무척 달랐다. 이어진 연구에서 밝혀진 사실에 따르면, 전업 가정주부인 여성은 대개 지독하게 성취감을 느끼지 못하며 불행하다. 게다가 1950년대에도 온갖 선전이 떠벌리는 환상과 달리 직장에서 일하는 여성의 수가 계속 늘어났다. 2000년에 이르면 노동자 100명 중 46명 이상이 여성이었다. 그리고 지금은 16세에서 64세 사이에 해당하는 모든 여성의 과반수가 일을 한다. 그렇지만 여성들은 가정부나 비서 같은 가장 안 좋은 직종에서 일을 하며, 같은 일을 해도 남성보다 적은 임금을 받는다. 평균적인 전일제 여성 노동자는 남성 노동자에 견줘 약 73퍼센트의 급여를 받는다. 현재 미국에서 여성이 모든 관리, 경영, 행정직의 44퍼센트를 차지하지만, 500대 공기업에서 여성 최고경영자는 단 두 명에 불과하다. 《포춘》 선정 500대 기업의 고위 중역 중 6.2퍼센트만이 여성이다(Catalyst Magazine, 15). 고등 교육 분야, 곧 대학에서는 1920년에 전임 교원의 26퍼센트가 여성이었다. 1995년에는 이 수치가 고작 31퍼센트로 올라갔다(West 1995, 26). 1991년을 기준으로 정년 보장 교수 중 12.1퍼센트만이 여성이었다. 2000년 미국 연방 의회에는 여성 의원이 72명 있었는데(13퍼센트), 상원의원이 13명(13퍼센트), 하원의원이 59명(13퍼센트)이었고, 역대 대통령이나 부통령 중에 여성은 한 명도 없다.

1960년대에 여성들은 이런 상황에 항의하기 시작했다. 항의가 거둔 첫 성과는 1963년의 동일임금법Equal Pay Act of 1963이었다. 뒤이어 1964년에 소수 민족 집단에 관한 고용 차별을 금지하는 민권법에 여성 관련 조항이 추가됐다. 성 차별 금지 내용을 추가하게 수정해서 법안 전체를 무력화하려 한 남부 의원 들의 작품이었는데, 결국 법안이 최종 통과되는 정치적 기적을 가져온 것이 었다. 법안이 통과된 뒤에도 법을 집행할 책임이 있는 기관들은 성차별 금지 내용을 하찮은 일로 다뤘고, 결국 법을 집행하려는 시도를 거의 하지 않았다. 그 결과로 1966년에 전국여성기구National Organization for Women(NOW)가 결성됐다. 전 국여성기구는 성차별 금지 법률이 전면 집행되기를 바라는 한편으로 여성들 에게 완전한 평등권을 부여하기 위해 평등권 수정안 같은 다른 법률도 통과 되도록 노력하는 온건한 단체다.

한편 급진적인 여성들은 민권 운동과 반전 운동에서 아주 많은 경험을 얻 었다. 이번에도 역시 여성들은 흑인 억압을 인식하는 과정에서 자신들 역시 억압당하고 있다는 점을 의식하게 됐다. 따라서 여성들은 소수 인종뿐 아니 라 여성을 위해서도 평등을 확보하기 위한 싸움으로 나아가게 좌파를 이끌 기 시작했다. 그러나 여성의 종속이라는 현실을 깨우치지 못한 많은 남성 급 진주의자들은 여성들의 이런 요구에 퇴짜를 놓았다. 학생비폭력조정위원회 Student Nonviolent Coordinating Committee(SNCC)라는 민권 단체에서 흑인 여성들이 여성 권 리 문제를 안건으로 올리자 지도자 스토클리 카마이클Stokely Carmichael은 이렇 게 말했다고 한다. "학생비폭력조정위원회에서 여성들이 차지할 수 있는 유 일한 위치'체위'라는 중의적인 의미도 있다 - 옮긴이는 엎드리는 것이다." 1968년에 이르면 많은 급진적 여성들이 대다수 좌파 조직에 넌더리가 났고, 따라서 따로 분리 된 운동을 조직했다.

그러나 여성 운동은 지적으로나 정치적으로나 결코 동질적이지 않았다. 전국여성기구는 예나 지금이나 규모가 가장 크고 잘 조직된 집단이다. 이 단 체는 미국의 근본적인 경제, 사회, 정치 제도를 진지하게 바꾸지 않는 선에서 개혁을 옹호한다. 그리고 성차별주의는 주로 무지 때문에 생겨난 것이며, 민주당과 공화당 양당에 정치적으로 압력을 가하고 교육을 해서 입법 개혁을 통해 여성이 겪는 불평등을 종식시킬 수 있다는 견해를 암묵적으로 받아들인다.

여성 운동에서 가장 극단적인 부분은 분리주의자들이다. 분리주의자들은 모든 남성을 적으로 여기며 남성과 여성으로 구성된 사회 안에서는 여성 해방을 달성할 수 없다고 믿는다. 따라서 여성들만으로 구성된 완전히 새로운 사회(또는 지금은 사회 속의 고립 지대)를 주장한다. 임신을 해서 여성을 생물학적으로 증식할 수 있는 여러 가지 계획이나 구상도 내놓는다. 분리주의자들은 모든 억압을 '남성적 제도'가 지니고 있는 많은 측면에 불과한 것으로 보며, 모든 억압 행동을 '남성적 행동'으로 간주한다(그 행동의 주체가 남성이든 여성이든 상관없다).

마르크스주의 페미니스트는 여성 운동의 세 번째 구성 요소다. 마르크스주의 페미니스트들은 성차별주의를 사회 제도의 결과이자 여성에 관해 체계적으로 주입된 주관적 태도로 본다. 두 경우에 모두 성차별주의는 자본주의적 권력과 특권 체계를 강화하고 영속화하는 데 기여한다. 마르크스주의 페미니스트들은 하나같이 성차별주의가 수백, 수천 년 동안 존재한 계급 억압과 관련되며, 모든 계급 억압을 종식시켜야만 성차별주의도 근절될 것이라는 데 동의한다. 그렇지만 노예제, 봉건제, 자본주의를 비롯한 그밖의 계급 분화 사회에서 벌어지는 계급 투쟁과, 성차별에 관련된 심리적 태도와 편견이 정확히 어떤 관계를 맺는지를 둘러싸고 마르크스주의자들 사이에서도 예나 지금이나 계속 의견이 엇갈린다.

일부 마르크스주의 페미니스트들(소수이기는 하지만 몇몇 영향력 있는 사람도 포함된다)은 성적 억압의 일부 형태는 계급 분화 사회를 창조하고 유지하는 데 필요한 주관적 태도를 형성하는 데 필수 요건일 수 있다고 강조한다. 이 사람들은 어떤 형태의 계급 지배든 간에 거의 모든 사람이 권위주의적 인성을 지녀야 하며, 성적 억압은 권위주의적 인성의 토대 중 하나라고 힘

주어 말한다. 그러므로 성차별주의가 어떤 면에서는 마르크스가 자본주의를 비롯한 모든 계급 분화된 생산양식의 결정적인 특징 중의 하나라는 점을 보여준 계급 억압에 선행하며 계급 억압보다 더 근본적이라고 볼 수 있다고 주장한다.

마르크스주의 페미니스트의 대다수는 성차별주의가 자본주의 이전의 여러 계급 분화 사회에도 존재했다는 사실에 동의할 것이며, 또한 권위주의적이고 가부장적인 성차별주의 심리가 우리가 아는 모든 계급 사회의 중요하고 필수적인 특징이라는 데에도 고개를 끄떡일 것이다. 두 부류의 마르크스주의 페미니스트 집단 모두 여성 억압 덕분에 자본가가 이윤을 증대하고 남녀 노동자를 분리할 수 있다는 점을 강조한다. 이런 사정 때문에 결국 노동 계급은 정치나 경제의 측면에서 약화된다. 그러나 다수 마르크스주의자의 견해에 따르면, 성차별주의는 이렇게 자본주의를 위해 필수적인 기능을 수행하기 때문에 아무리 많은 규제 법률이 통과되더라도 자본주의 아래서는 언제나 성차별주의가 우세한 이데올로기일 것이다. 그러므로 이 마르크스주의 페미니스트들은 자본주의를 폐지하려는 투쟁이야말로 성 억압에 대항하는 가장 중요하고도 근본적인 길이다.

소수의 마르크스주의 페미니스트들은 성차별주의적 제도와 태도를 근절하기 위한 싸움을 사회의 계급 분화를 폐지하기 위한 싸움과 대등하게 만들지 않으면 사회주의 혁명을 통해 만들어지는 사회 역시 계급으로 나뉜 착취 사회가 될 공산이 크다고 주장한다. 다수의 견해에서는 여성과 모든 인간의 해방을 위한 **필수적인 선결 조건**으로 모든 계급 억압을 철폐하고 사회주의를 건설해야 한다. 대다수 마르크스주의 페미니스트는 (일부 속류 마르크스주의자하고 다르게) 사회주의 혁명이 여성 해방을 위한 충분한 보증이 아니며, 사회주의 혁명 **이전**에나 **이후**에나 여성 해방을 향한 운동을 계속해야 한다는 데 동의할 것이다.

현대 미국 자본주의 비판자들

민권 운동과 반전 운동, 여성 해방 운동을 거치면서 미국 자본주의의 기본적 제도를 비판하는 문헌이 쏟아져 나왔다. 예전의 비판들처럼 이 문헌들 역시 미국에 존재하는 소득과 부, 권력 분배의 엄청난 불평등을 비난했다. 이 비판자들은 좌파 케인스주의자들처럼 2차 대전이 끝난 뒤에 경제가 안정된 것은 철저한 군국주의를 대가로 한 결과라고 개탄했다(이 점에 관해서는 12강에서 이미 살펴봤다).

급진적 비판자들과 자유주의적 비판자들은 이런 점에 관해 의견이 일치했다. 그러나 자유주의 비판자들은 정치 개혁과 선거 정치만 가지고도 미국 경제의 이런 왜곡을 바로잡을 수 있다고 믿는다. 반면 급진적 비판자들은 불평등과 군국주의는 자본주의 경제에 고유한 것이며, 자본주의는 또한 미국에서 높은 생산고와 이윤을 유지하기 위한 수단으로 저발전 국가를 상대로 하는 제국주의적 착취, 소수 민족 집단과 여성을 상대로 하는 고질적인 차별, 공해와 자원 고갈을 통제하지 못하는 현상, 퇴폐적인 상업주의와 사회적 소외 등을 필연적으로 수반한다고 생각한다. 지금부터는 이 네 가지 전반적 분야에 관한 몇몇 문헌을 살펴볼 것이다. 이 문헌들은 대부분 급진정치경제학연합Union for Radical Political Economics(URPE)에서 발간하는 《급진 정치경제 평론Review of Radical Political Economics》을 통해 소개된 적이 있다. 급진정치경제학연합은 미국의 급진적 경제학자들을 대표하는 단체라고 할 수 있다.

미국 제국주의

이 분야의 선구자이자 커다란 영향력을 발휘한 인물은 폴 A. 바란Paul A. Baran이다. 바란이 1957년에 출간한 《성장의 정치경제학The Political Economy of Growth》은 여러 언어로 번역됐으며, 미국을 비롯해 특히 저발전 국가들에서 많이 팔렸다. 바란은 저발전 국가가 산업화를 하려면 먼저 **경제 잉여**, 곧 생산량과 경제 생산성을 유지하는 데 필요한 소비량의 차이를 결집해야 한다고 주장했다. 이런 경제 잉여야말로 그 나라가 산업화하는 데 필요한 투자 자본의 원천이다. 지금 같은 제도 아래서는 저발전 국가는 대부분 잉여를 낭비하거나 제국주의적 자본주의 국가들에게 빼앗기고 만다.

"[저발전] 국가에 존재하는 자본주의적 질서는 경제 팽창과 기술 진보, 사회 변화의 동력으로 작용하기는커녕 …… 경제 정체와 복고적 기술, 사회 후진성을 강요하는 틀에 지나지 않는다." 이 나라들에서는 대개 농업으로 충분한 잉여를 생산한다. 바란은 실제로 이 잉여가 전체 생산량의 50퍼센트에 이르는 경우도 많다고 지적했다. "모든 저발전 국가의 생계형 농민들은 지대, 세금, 이자 등의 부담이 매우 높다. 이런 각종 부담은 종종 농민의 빈약한 순생산량의 절반 이상을 차지한다"(Baran 1962, 164~165).

문제는 이런 잉여가 처분되는 방식에 있다. 일부는 중간 상인, 투기꾼, 대부업자, 상인의 몫으로 돌아가는데, 이 소자본가들은 산업화에 필요한 자금을 조달하는 데 관심도 없고 그런 정도의 능력도 없다. 훨씬 더 많은 몫을 챙기는 지주 겸 지배 계급은 주로 자본주의 나라들에서 수입하는 사치성 소비재를 구입하고 국내 권력을 유지하는 데 필요한 군사 체제를 확충하는 데 자신의 '몫'을 사용한다.

사치품과 군수품을 수입하려면 산업 국가들에 수출품을 보내야 한다. 수출품은 대개 한두 가지 주요 농산물이나 광물 자원으로 구성된다. 교역 상대인 자본주의 국가들은 대단히 수요 독점적인 구매력을 갖고 있기 때문에(판매자는 많고 공모하는 구매자는 소수에 불과하기 때문에) 자신에게 유리하게 교역 조건을 정할 수 있다. 원료를 구매하는 대규모 다국적 기업들은 이 나라들의 산업화에는 관심이 없다. 따라서 외국 자본의 투자는 수익성 좋은 자원 추출에 필요한 수준에 국한된다.

반동적인 지주 계급과 외국 자본가들은 서로 손을 잡고서 모든 반발을 억누르고 대중을 최저 생계 수준에 묶어두며 자신의 이익을 보호한다. 이렇게 지주들은 자신의 지위를 유지하고 자본가들은 저렴한 노동력과 많은 이윤을 보장받는다.

> 이런 상황에서 원료 착취에 깊이 관여하는 서구의 대기업들이 저발전 국가의 경제 발전에 도움이 될 만한 사회적 또는 정치적 상태의 개선을 가로막으려고 갖은 노력을 다한다 해도 그다지 이상할 게 없다. 대기업은 자신이 가진 막대한 힘을 활용해서 후진 지역의 매판 행정 당국을 지원하고, 자신에게 반대하는 사회 운동과 정치 운동을 교란하고 타락시키며, 진보적 정부가 권력을 잡고 제국주의 군주의 명령에 반기를 들 때는 그 정부를 전복한다(Baran 1962, 198).

바란은 미국 정부가 미국 대기업들과 손을 잡고 일한다고 믿는다. 미국이 저발전 국가들에 제공하는 경제 원조와 군사 원조는 대부분 종속국 정부를 지탱하는 것이 목적이라는 게 바란의 견해다. 이런 정부들은 대개 이렇게 원조를 해줘도 스스로 살아남을 만큼 튼튼하지 못하다. 이런 상황에서 미국은 은밀하게(중앙정보국의 파괴 공작과 음모를 통해) 또는 직접(군사력을 사용해서) 개입한다.

바란을 비롯한 비슷한 성향의 비판론자들은 과테말라, 이란, 한국, 쿠바, 도미니카 공화국, 베트남, 니카라과, 엘살바도르 등에 미국이 하는 개입을 기업계의 이익을 보호하려는 노력의 사례로 본다. 진보적인 사회 운동과 정치 운동의 위협에 맞서 현실적이고 잠재적인 기업의 이해를 보호하려는 시도라는 것이다. 비판론자들이 지적하는 53건의 각기 다른 "미국의 방위 약속과 보장" 체제 속에서 미국은 군사력을 사용해 해당 국가 국민들의 뜻을 거슬러 현존하는 정부를 보호하는 행동을 자주 저지르고 있다(Magdoff 1969, 203~206).

저발전 국가들이 소수의 수출 상품에 의존하고 있는 현실은 국제통화기금MF의 데이터를 토대로 한 연구에서 입증된다. 연구에서 검토한 37개 국가는 수출 수입금의 58~99퍼센트를 1~6개 상품에 의존한다. 게다가 미국은 국방부에서 전략적으로 필수 항목으로 분류한 62개 원료를 대부분 수입에 의존한다. 이 중 38개의 경우에는 신규 공급의 80~100퍼센트를 수입하며 다른 14개 원료는 40~79퍼센트를 수입한다.

　미국 기업의 판매와 이윤 중 많은 부분이 해외 자회사가 실행한 수출과 판매에 따른 결과이며, 그 비율은 점점 높아지고 있다(물론 해외 자회사의 다수는 저발전 국가에 있다). 게다가 자세히 살펴보면, 저발전 국가들의 대외 무역이 심각한 불균형 상태라는 것을 알 수 있다. 원료와 1차 제련 단계의 금속이 전체 수출품의 85퍼센트를 차지하고 공산품(대부분 섬유)은 10퍼센트에 그치는 반면, 수입품의 약 60퍼센트가 공산품이다. 수입 공산품은 대개 소비재이기 때문에 이런 무역 양상은 발전으로 이어지지 않고 경제적 종속을 지속시킬 뿐이다.

　이런 견해를 비판하는 사람들(미국의 경제적 대외 정책을 옹호하는 이들)은 해외 무역과 해외 투자가 미국 기업들에게 중요한 것은 사실이지만 저발전 국가들에게도 혜택이 된다고 주장한다. 교재로 널리 사용되는 어떤 책에서는 정통파의 주장을 이렇게 표현한다.

> 일반적으로 말해, 저발전 국가들이 선진국과 맺는 무역 관계에서 예상되는 미래 전망에 관해서는 조금은 제한적인 낙관주의가 타당해 보인다. 가장 고무적인 징후는 선진국들이 저발전 지역의 수출 상품에 자국 시장을 개방하는 조치가 저발전 국가의 성장을 돕기 위해 받아들인 계획의 본질적인 부분이라는 사실을 점차 인식하고 있다는 점이다.(Snider 1963, 548)

　그러나 이런 견해는 미국의 경제적 대외 정책에 관한 급진적 비판을 직접 다루지 않는다. 단지 저발전 국가들이 원하는 것은 **더 많은** 무역과 더 많은 민간 투자라고 가정할 뿐이다.

　이 문제를 좀더 철저하게 연구하는 또 다른 정통파 학자는 "저발전 국가들에 민간 자본이 더 많이 유입되면 저발전 국가와 선진국에서 모두 **경제 정책을 개조**할 필요가 생겨날 것"이라고 인정한다(Higgins 1959, 593). 이 학자는 이런 "경제 정책의 개조"를 가로막는 장애물이 무엇인지를 분석하는 데까지 나아가지는 않는다.

미국 정책을 옹호하는 보수적 논자들은 선진 자본주의 국가들이 거대한 경제력, 정치력, 군사력을 갖고 있으며, 이런 힘을 활용해 세계 곳곳의 국민들에게 영향을 미치고 통제하고 있다는 점을 인정한다. 그렇지만 이런 '제국주의'가 기본적인 성격상 경제적이라는 점은 부정한다. 따라서 널리 존경받는 경제사학자인 데이비드 S. 랜디스David S. Landes 교수는 이렇게 말한다.

> 내 생각으로는 제국주의를 단순한 힘의 불균형에서 흔히 나타나는 기회에 관한 다양한 대응으로 봐야 한다. 이런 불균형이 언제 어디서 존재하든 간에, 사람들과 집단은 기꺼이 그것을 활용한다. 누군가 유감스럽게 말한 것처럼, 다른 사람을 혹사하는 것은 인간이라는 짐승의 본성이며, 사정에 따라서 사람들의 영혼을 구제하거나 '문명화'하는 것도 본성이다.(Landes 1961, 510)

어느 급진적 비판론자는 이런 주장에 관해 공산주의에 맞서 사람들의 영혼을 구제하고 문명화하려 하는 현대 자본주의의 충동은 경제적 동기와 완벽하게 양립할 수 있다고 지적했다. 이 비판론자는 제너럴일렉트릭의 한 간부가 한 이런 말을 인용한다. "따라서 이윤을 추구하는 우리의 노력은 공산주의와 맞선 냉전이라는 대결에서 자유 세계를 강화하는 수단으로 국제 무역을 촉진하는 국가 정책과 일사불란하게 연결된다."

비판론자 해리 맥도프Harry Magdoff는 이런 주장에 관한 자신의 견해를 간결하게 요약한다. "공산주의를 상대로 한 싸움이 이윤 추구에 도움이 되는 것처럼 이윤 추구 역시 공산주의에 맞서는 싸움을 돕는다. 이것보다 더 완벽하게 이익이 조화하는 모습을 상상할 수 있을까?"(Magdoff 1969, 200~201).

1960년대 이래 출간된 많은 책이 현대 미국의 대외 정책(과 미국과 소련 사이의 냉전)을 미국의 경제적 제국주의라는 측면에서 설명하려고 시도했다. 그중 설득력과 학문적 깊이에서 확실히 돋보이는 책이 에드워드 S. 허먼^{Edward} S. Herman이 쓴《진짜 테러망^{The Real Terror Network}》이다.

허먼은 미국이 대외 정책을 통해 일관되게 다국적 기업에 우호적이지 않은 정부를 동요시키거나 전복하려고 시도하는 한편 이 다국적 기업들의 주문을 충실히 따르는 정부를 장려하고 훈련시키며 무장시키고 보호하기 위해 온갖 노력을 기울인 사실을 보여줬다.

미국의 영향력이나 지배 아래 미국의 지원에 의존하는 독재 정부들이 중앙아메리카와 남아메리카의 거의 모든 나라와 태국, 인도네시아, 필리핀, 자이르[오늘날의 콩고민주공화국 — 옮긴이] 등 곳곳에서 권력을 잡았다. 이 정권들은 언제나 극소수 토착 엘리트 집단과 다국적 기업의 이해를 대변한다. 이 정부들은 대개 우리가 아는 온갖 현대적 형태의 고문을 포함해 조직적인 테러를 활용해서 국민을 통제한다. 책의 마지막 장에서 허먼은 이렇게 결론지었다.

양적으로 볼 때 중요한 테러리즘인 국가 테러리즘이 최근 수십 년 동안 범위와 폭력의 강도에서 모두 증대되고 있다. 고문이 심각한 문제로 떠오르고, 암살대[death squad. 중남미 군사 독재 정권에서 반정부 운동 세력을 감시, 추적, 고문, 살해하는 일을 도맡아 한 준군사 조직의 총칭 — 옮긴이]가 살인을 자행하고, 국민들을 위협하기 위해 국가 폭력을 직접 행사한 것을 보면 이런 현실을 잘 알 수 있다. …… 오늘날 존재하는 테러 국가들의 체제는 …… 지난 수십 년 동안 라틴아메리카를 비롯한 다른 지역에 널리 확산됐고, 기업의 이익에 깊이 뿌리박고 미국과 자유세계 동맹국들의 정치-군사-금융-선전 체제를 떠받치고 있다.(Herman 1982, 213)

인종주의와 성차별주의

급진 비판론자들은 또한 자본주의 국가, 특히 미국에 인종과 성에 근거한 차별이 만연한 현실을 지적한다. 인종주의와 성차별주의 때문에 심각한 차별이 발생한다는 점에는 사실상 모든 사람이 동의한다. 미국 자본주의 옹호론자들은 이런 차별을 두 가지 방식으로 설명한다. 좀더 반동적인 이들은 고용차별은 여성과 흑인의 고유한 열등성을 반영하는 것에 지나지 않는다고 주장한다. 이런 주장을 받아들이는 지식인은 극소수에 지나지 않지만, 미국의 많은 대중은 분명히 이런 견해를 수용한다. 한편 다른 이들은 인종주의와 성차별주의는 인간이라면 거의 누구나 갖고 있는 편견의 소산이며 자본주의나 그밖의 다른 경제 체제에 관련된 것은 아니라고 주장한다.

자본주의 비판론자들은 흑인과 여성의 임금이 자본가들의 임금 비용에서 큰 부분을 차지한다고 지적한다. 예를 들어 2000년에 미국의 여성은 남성 소득의 73퍼센트 정도를 벌었다. 이 수치를 토대로 보면, 전체 제조업 이윤의 10퍼센트가 여성에게 더 적은 임금을 지불한 덕분이라는 사실을 알 수 있다. 인종 차별의 결과로 얻은 이윤은 이것보다 작지만 그래도 상당한 수준이다.

사회주의적 비판론자 중 커다란 영향력을 발휘한 폴 A. 바란과 폴 M. 스위지는 이렇게 주장한다.

먼저 흑인이라는 하층 프롤레타리아 집단의 존재를 통해 이익을 누리는 사적 이해 집단을 검토할 [필요가 있다.] (a) 고용주들은 노동력을 분할함으로써 각 집단을 반목하게 하고 결국 모든 집단을 약화시켜 어부지리를 얻는다. …… (b) 흑인 빈민가의 부동산 소유주들은 세입자를 과밀하게 들이고 부당한 임대료를 요구할 수 있다. (c) 중간과 상층 소득 집단은 풍부하게 공급되는 저렴한 가내 노동력을 마음대로 사용할 수 있기 때문에 이익을 본다. (d) 특히 서비스 부문의 많은 소규모 기업들은 저렴한 노동력을 활용할 수 있을 때만 수익을 낼 수 있다. (e) 백인 노동자들은 더 높은 임금을 받고 선호되는 일자리를 둘러싼 경쟁에서 흑인들 덕분에 보호를 받아 이익을 본다.(Baran and Sweezy 1966, 263~264)

두 사람은 또한 이런 차별은 이윤 증대 말고도 자본주의 경제의 사회적 안정도 높인다고 주장한다. 그리고 자본주의 계급 구조가 이런 상황을 낳는 다는 주장도 한다.

각각의 지위 집단은 상층 집단을 향한 열등감과 시기심을 하층 집단을 향한 우월 감과 멸시로 보상 받으려는 뿌리 깊은 심리적 욕구를 지닌다. 따라서 밑바닥에 자 리한 특정한 최하층 집단은 모든 집단의 좌절감과 적대감을 흡수하는 일종의 피 뢰침으로 작용하며, 밑바닥에 가까울수록 더욱더 이런 구실을 하게 된다. 심지어 최하층 집단의 존재 자체가 사회 구조의 조화와 안정을 떠받치는 요인이라고 말 할 수도 있다.(Baran and Sweezy 1966, 265~266)

바란과 스위지의 주장은 인종주의에 관련된 것이지만, 많은 비판론자들은 성차별주의도 자본주의 사회에서 비슷한 기능을 수행한다고 주장한다. 이 비판론자들은 대체로 자본주의가 처음 인종주의와 성차별주의를 창조하지 는 않았다고 생각하지만, 인종주의와 성차별주의가 소중한 기능을 수행하기 때문에 자본주의가 이것들을 영속화하고 강화한다고 주장한다.

오늘날 인종주의는 백인들이 자본주의 때문에 겪는 여러 가지 문제의 원천을 흑인 들에게 돌림으로써 자본주의 체제의 요구를 계속해서 충족시킨다. 어떤 개별 고용 주가 차별을 거부하고 지금 받는 임금보다 많은 돈을 주면서 흑인들을 고용하는 데 동의해 이익을 얻을 수도 있겠지만, 인종주의가 종식되고 피부색에 상관없이 노 동을 효율적으로 배분하면 자본가 계급 전체가 이익을 얻을 것이라는 말은 사실 이 아니다. …… 인종주의에 따른 분열은 고용주들과 교섭하는 노동자들의 힘을 약화시키며, 인종주의가 낳은 경제적 결과는 흑인들의 소득 저하를 낳을 뿐 아니 라 자본가 계급의 소득을 증대하는 동시에 백인 노동자들의 소득을 낮춘다. 자본 가들이 의식적으로 인종주의를 조성하는 데 공모하지 않았고, 또 인종주의를 영속시키는 주범은 아닐지 몰라도, 인종주의는 미국 자본주의 체제의 지속적인 안녕을 뒷받침한다.(Reich 1971, 109~110)

마찬가지로 비판론자들은 성적 편견 역시 노동자들과 민권 운동, 급진 운동을 분열시켜 미국 자본가들에게 이익을 주는 데 이바지한다고 주장한다.

소외

현대의 많은 급진 비판론자들은 자본주의 경제 체제에 고유한 인간 소외를 다룬 마르크스의 이론을 세련되고 정교하게 다듬었다. 예를 들어 바란과 스위지는 전반적인 소외가 현대 미국 자본주의의 곳곳에 만연하며 체제 전체를 지배하고 있다고 주장한다.

온갖 계급의 미국인들을 괴롭히는 방향 상실과 무감각, 절망감이야말로 우리 시대에 끈질기게 계속되는 위기의 차원을 보여준다. 이 위기는 국민 생활의 모든 면에 영향을 미치며 사회-정치적 영역과 개인적 영역 모두, 곧 모든 사람의 일상생활을 유린한다. 삶이 걷잡을 수 없이 공허하고 쓸모없다는 느낌이 만연한 미국의 도덕적 분위기와 지적 흐름은 사람들을 질식시킨다. 각종 고위급 위원회에서 '국가적 목표'를 찾아내 자세하게 설명하는 동안 문예 시장에서 매일 등장하는 인쇄물들은 픽션과 논픽션을 막론하고 우울증을 퍼뜨린다. 불안감은 노동의 의미와 목표를 갉아먹고, 여가를 재미없고 몸만 축내는 게으른 소일거리로 뒤바꾸며, 교육 제도와 젊은이들이 건강하게 성장할 수 있는 조건을 치명적으로 손상시키고, 종교와 교회를 상업화된 '화합' 수단으로 변질시키며, 가족이라는 부르주아 사회의 토대 자체를 파괴한다.(Baran and Sweezy 1966, 281)

많은 자본주의 옹호론자들은 소외라는 현실 또한 인종주의와 성차별주의라는 현실과 마찬가지로 산업 문명이 낳은 불행하지만 불가피한 부산물이라고 설명한다. 사람들은 지루하고 위험한 일을 해야만 하고, 또한 엄청나게 많은 관료들은 편협하고 파편화된 성격을 지닐 수밖에 없다. 자본주의 옹호론자들이 하는 주장에 따르면, 산업화된 사회주의 경제에서도 동일한 형태의 소외가 생겨날 수밖에 없다. 정치적 관점이나 경제적 관점에 상관없이 소외를 극복하기 위해 산업화의 혜택을 기꺼이 포기할 사람은 거의 없을 것이다. 게다가 설사 사람들이 산업화 이전 사회로 돌아가려 한다 하더라도 상상 속의 황금시대로 시간을 되돌릴 수 있는 현실적인 방법은 없다.

이런 주장에 관해 사회주의적 비판론자들은 어떤 산업 사회에서든 일정한 수준의 소외는 분명 존재할 테지만 자본주의는 소외를 크게 심화하고 더욱 만연하게 만든다고 대답한다. 정신분석학자이자 사회철학자 겸 저술가로 유명한 에리히 프롬Erich Fromm은 소외의 가장 중요한 원인으로 개인이 사회 정책을 결정하는 세력에 참여하지 못한다고 느끼는 감정을 꼽는다. 개인이 보기에 이 세력은 익명의 집단이며 자신이 전혀 영향을 미치지 못한다. 프롬이 한 말에 따르면, "사회 세력의 익명성은 자본주의적 생산양식의 구조 자체에 고유한 것이다"(Fromm 1965, 125).

프롬은 자본주의 생산양식을 통해 생겨난 몇 가지 유형의 소외를 확인한다. 노동자들은 고용 상태 때문에 소외된다. 노동자의 생계는 자본가와 경영자가 노동자를 고용해서 이윤을 벌 수 있는지 여부에 좌우되며, 따라서 노동자는 수단으로 다뤄질 뿐 절대 목적으로 여겨지지 않는다. 개별 노동자는 "원자론적 경영진의 장단에 맞춰 춤을 추는 경제적 원자"다. 경영자는 "자유롭게 생각하고 움직일 노동자의 권리를 박탈한다. 바야흐로 생활이 거부당하고 있다. 통제 욕구, 창의성, 호기심, 독립적 사고 등이 저지되며, 그 불가피한 결과로 노동자 쪽에서는 도피하거나 싸움을 벌이고 무감각이나 파괴성, 심리적 퇴행이 만연한다." 노동자는 자본가가 자신의 삶 전체를 통제한다고 느낀다. 노동자와 소비자(그리고 유권자) 모두 노동 조건과 가격, 심지어 정부 정책에도 거대한 권력을 발휘하는 대기업에 견줘 자신이 허약하고 무가치하다고 느낀다.

그러나 프롬은 "경영자의 위치 역시 소외되는 위치"라고 주장한다. 경영자들 또한 자본주의의 불가항력적인 힘에 구속되고 자유가 거의 없기 때문이다. 경영자들은 "비인간적인 거인들, 곧 거대한 경쟁 기업, 거대한 비인격적 시장, 비대한 노동조합, 거대 정부 등과" 대결해야 한다. 경영자의 위치, 지위, 소득, 곧 경영자의 사회적 존재 자체가 전적으로 이윤 수준을 끊임없이 높이는 데 의존한다. 그것도 자신을 둘러싼 거인들에게 개인적으로 전혀 영향력을 행사할 수 없는 상태에서 이윤을 확대해야 한다.

프롬은 또한 자본주의 사회에서 소비의 과정도 "생산 과정만큼 소외된다"고 주장한다. 프롬에 따르면 진정 인간적으로 상품을 획득하는 방법은 그 상품을 사용하려는 필요와 욕구를 통한 것이다. "빵과 옷의 획득은 생활 유지가 아닌 다른 전제에 좌우돼서는 안 되며, 책과 그림의 획득 역시 그것들을 이해하려는 노력과 활용하는 능력에 좌우돼야 한다"(Fromm 1965, 115, 116, 120). 그런데 자본주의 사회에서는 비인격적인 시장에서 판매를 해야만 이 상품들을 구입할 수 있는 소득을 얻을 수 있다.

따라서 돈이 있는 사람들은 소비하는 자동 기계를 만들기 위해 고안된 끊임없는 선전 공세에 시달린다. 자본주의적 사회화 과정은 우리 전부를 소비에 굶주린, 비합리적이고 강박적인 구매 기계로 변신시킨다. 상품에서 어떤 유용성이나 즐거움을 얻는 것하고는 거의 또는 전혀 무관하게 구매하고 소비하는 행위 자체가 목적이 된다.

오늘날의 인간은 더 많고, 더 좋고, 특히 새로운 물건을 살 수 있다는 가능성에 매혹된다. 현대인은 소비에 굶주린 상태다. 구매하고 소비하는 행위는 강박적이고 비합리적인 목표가 됐다. 이 목표는 구매하고 소비하는 물건에 담긴 유용성이나 즐거움하고 거의 또는 전혀 관계가 없기 때문이다. 최신 제품, 시장에 나온 최신 모델의 물건을 사는 것이야말로 모든 사람의 꿈이며, 이것과 비교해 물건을 실제로 사용하면서 누리는 즐거움은 부차적일 뿐이다. 현대인이 만약 천국에 관한 자기 생각을 분명히 표현할 수 있다면, 세계에서 가장 큰 백화점에 새로운 물건과 제품이 가득 진열돼 있고 돈이 넘쳐 나서 마음껏 살 수 있는 상황을 그릴 것이다. 현대인은 입도 다물지 못한 채 제품과 상품으로 구성된 자신의 천국을 돌아다닐 것이다. 물론 조건이 있다면 돈 주고 살 수 있는 새로운 물건이 더 많이 계속 나오고, 또 이웃들보다 자기가 좀더 특권을 누려야 한다는 것이다.(Fromm 1965, 123)

마지막으로, 가장 심각한 소외는 사람이 자기 '자신'에게서 소외되는 것이다. 자본주의 시장 경제에서 한 인간의 '가치'는 다른 물건들의 '가치'와 마찬가지 방식으로, 시장에서 일어나는 판매를 통해 결정된다.

인간은 시장에서 성공적으로 사용되는 하나의 물건으로 자신을 경험한다. 적극적인 행위자나 인간 능력의 담지자로 자신을 경험하지 않는 것이다. 따라서 인간 능력에서 소외된다. 인간의 목표는 시장에서 자신을 성공적으로 판매하는 것이다. 사람들의 자아관은 사랑하고 생각하는 개인으로서 자신의 활동에서 연유하는 게 아니라 사회경제적 구실에서 연유한다. …… 어떤 사람에게 "당신은 누구입니까?"라고 물어보면, "제조업자입니다", "사무원입니다", "의사입니다" 같은 대답이 돌아온다. 사람들은 사랑과 공포, 확신과 의심을 지닌 인간이 아니라, 사회 체제에서 일정한 기능을 수행하는, 자신의 실제 본성에서 소외된 추상으로 자신을 경험한다. 가치관 역시 자신의 성공에 따라 좌우된다. 자신을 유리하게 팔아서 이익을 볼 수 있는지에 좌우되는 것이다. 우정, 예의, 친절 같은 인간적 특질은 상품, 곧 "성격 꾸러미"라는 자산으로 변형되며 성격 시장에서 더 높은 값을 받는다. 어떤 개인이 자신을 수익성 있게 투자하는 데 실패하면 그 사람은 자신을 실패작이라고 생각한다. 반면 투자에 성공하면 성공작이 된다. 확실히 사람이 자신의 가치에 관해 갖는 생각은 그 가치와 무관한 요인들, 곧 시장의 변덕스러운 평가에 좌우되며, 시장은 상품의 가치를 결정하는 것처럼 인간의 가치를 결정한다. 시장에서 수익성 있게 팔릴 수 없는 상품이 그렇듯이, 인간 역시 아무리 자신의 사용가치가 크더라도 교환가치에 관한 한 아무런 쓸모가 없게 된다.(Fromm 1965, 129~130)

그리하여 사회주의적 비판론자들은 자본주의 시장의 비인격적 관계가 모든 인간관계를 중개한다고 주장한다. 자본주의 시장은 이윤과 손실을 모든 인간 가치를 궁극적으로 평가하는 기준으로 삼는다. 따라서 자본주의 시장 경제에서는 인간의 소외가 아주 심각할 수밖에 없다.

환경 파괴

자본주의는 경제 성장을 누리거나, 그렇지 않으면 공황, 실업, 경기 침체와 거기에 따른 각종 사회 문제를 겪을 수밖에 없다. 그러나 경제 성장은 또한 이윤 추구와 공공복지가 직접 충돌하는 상황을 만들어내기도 한다. 자본주의 비판론자들은 이윤을 추구하는 기업은 대체로 깨끗하고 살기 좋은 환경을 보존하거나 유지하는 데 관심을 거의 기울이지 않는다고 주장한다.

오염은 자본주의 비판론자들뿐 아니라 옹호론자들에게도 관심사다. 옹호론자들은 환경 오염은 산업화된 모든 경제에 공통된 문제라고 주장한다. 하지만 비판론자들은 이 문제가 자본주의 경제에서 더욱 심각하다고 단언한다. 더 나아가 비판론자들은 자본주의 체제에서는 오염을 효과적으로 통제하는 게 사실상 불가능하다고 지적한다. 자본주의 사회에서 오염이 발생하는 기본적인 경제적 원인은 기업들이 생산 과정에서 발생하는 비용을 모두 지불할 필요가 없다는 사실이기 때문이다. 기업들은 생산 과정에서 사용하는 노동, 원료, 자본의 비용을 지불한다. 그러나 생산 과정에서 생기는 폐기물을 처리하느라 사용하는 토지, 공기, 물에 관해서는 거의 또는 전혀 비용을 지불하지 않는다. 따라서 환경은 쓰레기 처리처럼 간주된다.

1970년에 발표한 어느 연구에 따르면, 매년 기업들이 대기 중에 뿜어내고 물과 대지 위에 쏟아붓는 오염 물질의 양은 250억 톤이 넘는다. 남녀노소를 따지지 않고 미국인 한 사람마다 약 125톤의 쓰레기를 버리는 셈이다. 이 수치에는 하늘을 검게 만들고 공기를 오염하는 매연과 배기가스 1억 5000만 톤, 폐지 2200만 톤, 광재[鑛滓, 광석을 제련하고 남은 찌꺼기. 슬래그slag라고 하기도 한다 — 옮긴이] 300만 톤, 개울과 강과 호수에 버리는 뜨거운 오수 50조 갤런[약 1892억 세제곱미터 — 옮긴이] 등이 포함된다(D'Arge, Kneese, and Ayres 1970).

1990년대를 배경으로 해서 이렇게 종합적으로 연구한 내용을 찾지는 못했지만, 미국 정부 통계조사국이 한 발표에 따르면, 1991년 미국의 대기 오염에는 분진 750만 미터톤, 황산화물 2120만 미터톤, 질소산화물 1960만 미터톤, 휘발성 유기합성물 1870만 미터톤, 일산화탄소 6010만 미터톤, 납 7100미터톤 등이 포함돼 있었다. 1970년에 진행한 연구에 견줘 대체로 오염 문제가 훨씬 심각해졌다는 점은 의심의 여지가 없다. 비판론자들은 자본주의 경제가 이런 문제를 해결하는 게 불가능하지는 않더라도 대단히 힘들다고 주장한다. 생산에서 이윤을 얻는 이들이 오염으로 발생하는 사회적 비용을 치르지 않고, 사회적 비용을 치르는 이들은 기업 운영에 관한 발언권이 거의 또는 전혀 없기 때문이다.

오염과 공해를 일으키는 업체를 통제해야 한다는 폭넓은 여론의 요구에 직면한 미국 정부는 새로운 오염 제어 기법을 고안하는 일을 많은 기업에 하청을 줬다. 사실상 정부는 사기업들에게 다른 오염 기업을 통제하는 구실을 맡으라고 요구하는 것이다. 비판론자들은 이렇게 오염자와 통제 주체를 모두 기업으로 통합하면 절대로 실질적인 개선이 일어나지 않을 것이라고 확언한다. 중요한 오염 통제 기업들은 대개 곧바로 대부분의 오염을 유발하는 거대 기업의 자회사가 됐다. 어느 비판론자는 이런 기업 통제의 결과를 이렇게 분석한 바 있다.

오염 통제 기업과 공해 기업 사이의 근친상간이 초래하는 결과를 가장 잘 보여주는 것은 …… 화학 산업이다. 첫째, 화학 산업은 애초에 자신들이 큰돈을 벌면서 오염한 강과 호수를 (공공 비용으로) 정화하면서 다시 상당한 이윤을 거둬들이는 부러운 위치에 있다. 이 과정을 촉진하려고 미국의 사실상 모든 주요 화학 기업이 오염 완화 부서를 이미 설치했거나 설치하는 중이다. …… 오염 '통제'를 대기업의 손에 맡긴 조치가 가져오는 두 번째 결과는 산업의 오염 권리를 보호하고 결과적으로 비용 절감과 수익 확대 능력을 보호하기 위해서 공식적인 완화 수준이 불가피하기 낮게 정해진다는 점이다. 연방수질오염관리청FWPCA이 최근에 연구한 결과에 따르면, 화학 산업에서 수질 오염을 최저 수준으로 감축하려면 연간 거의 27억 달러의 비용이 소요될 것이라고 한다. 이렇게 되면 이윤이 절반 가까이 줄어들 수밖에 없다.(Gellen 1971, 469~470)

이런 상황에서는 근본적인 사회, 정치, 경제 변화가 먼저 일어나지 않는 한 환경을 정화하는 데서 큰 진전을 기대하기가 힘들다는 게 비판론자들의 생각이다.

에너지 위기

1973년, 미국인들은 갑자기 석유 부족 사태에 직면하게 됐다. 세계 원유 추출량의 대부분을 차지하는 아랍 국가들이 석유수출국기구Organization of Petroleum Exporting Countries(OPEC)라는 카르텔을 형성했고, 이 카르텔이 생산을 축소하고 높은 가격을 매기는 탓에 석유 부족 사태가 벌어졌다는 설명이 나왔다. 그 직후부터 주유소에는 긴 줄이 늘어섰고 석유 가격은 훨씬 더 올랐다. 그러나 가격이 50퍼센트 가까이 오르자 석유 부족 현상이 갑자기 사라졌다. 과점 체제를 형성한 거대 석유 회사들은 막대한 이윤을 올렸다. 일부 대기업의 이윤은 200퍼센트 넘게 증가했다. 이윤 확대라는 목적이 달성되자 갑자기 모든 사람이 (오른 가격으로) 풍부한 석유를 구할 수 있게 됐다.

그러나 미국인들이 이윤에 굶주린 탐욕스러운 석유 회사들이 부린 농간의 희생양이 된 현실을 보지 못하게 하려고 전반적인 '에너지 위기'가 벌어지고 있다는 설명이 제시됐다. 주요 고속도로의 제한 속도는 시속 70마일[약 113킬로미터 − 옮긴이]에서 55마일[약 89킬로미터 − 옮긴이]로 낮아졌다. 정부는 국민들에게 전등과 가전 제품, 에어컨 등을 아껴 쓰라고 훈계했다. 또 에너지 사용을 줄이려고 에너지 공급 기업들에게 더 많은 비용을 지불하는 게 애국이라는 말을 되풀이했다.

1979년에 다시 석유 부족 사태가 벌어졌다. 그 결과 다시 한 번 주유소 앞에 긴 줄이 서고 유가가 급등했다. 이번에도 미국인들은 석유수출국기구 나라들이 충분한 양의 원유를 추출해서 수출하지 않고 높은 가격을 매기기 때문이라는 말을 들었다. 그러나 이번에는 거대 석유 회사들과 정부의 기대만큼 국민들이 쉽게 속아 넘어가지 않았다. 미국인들은 공식적인 설명이 사실을 제대로 밝히지 않은 점을 간파했다.

첫째, 앞서 15년 동안 석유 회사들은 수요가 확대되는 만큼 신속하게 생산 능력을 확장하는 것을 의도적으로 피했고, 따라서 일정한 시점에서 불가피하게 석유가 부족해지는 상황(석유 회사들로서는 무척 수익성이 좋은 상황)을 고의로 만들었다. 둘째, 1979년 겨울 동안 석유 회사들은 가동 중인 정유 시설 용량을 갑자기 감축해 고의로 심각한 석유 부족 사태를 초래했다. 셋째, 석유 회사들이 석유수출국기구 나라들에 지불한 유가 인상분은 석유를 사려는 미국인들이 감당해야 하는 인상분에 턱없이 못 미치는 수준이었고, 석유 회사들의 이윤은 다시 급등했다.

1980년대 동안 석유 회사들은 과거에 견줘 생산량을 감축하는 공모에 성공하지 못했으며, '에너지 위기'에 쏠리던 관심도 수그러들었다. 그렇지만 어떤 주요 산업에서든 자본가들이 생산을 제한하고 가격과 이윤을 올리는 공모에 성공하기만 하면 이런 '위기'는 언제든 재발할 수 있다.

급진적 비판론자들은 이 모든 사태에서 '부자연스럽거나' 심지어 이상한 일은 하나도 없다고 지적했다. 에너지 위기 사태는 사기업 자본주의가 작동하는 과정을 완벽하게 반영하는 것이다. 자본가들은 언제나 과점과 독점을 형성해서 "시장을 매점하려고" 노력한다. 일단 시장을 장악하면 이윤을 극대화하기 위해 "현재 상황이 허락하는" 최고의 수준으로 가격을 올린다. 사기업은 이윤 극대화 말고 어떤 목표도 추구하지 않는다.

일반 대중이 어떤 제품을 많이 찾을수록 더 높은 값이 매겨지고 더 많은 이윤을 벌 수 있다. 석유의 경우에 미국 사회 전체가 자동차 문화에 지배되고 있기 때문에 사람들은 직장에 가거나 쇼핑센터에 가려면 자동차가 반드시 필요하다. 따라서 석유는 절대적인 생활필수품이다. 그러므로 원유를 소유한 부유한 아랍 국왕들과 원유를 정제해서 판매하는 거대 석유 회사들 모두 흔히 예상할 수 있는 것처럼 행동한다. 가치관과 지적 관점에 따라 어떤 이들은 이런 행동을 생필품에 관한 독점력을 통해 대중을 속이고 갈취하는 짓이라고 부르며, 또 어떤 이들은 독창적이고 성공적인 사기업의 운영이라고 부른다.

급진주의자들은 이렇게 소수의 탐욕스러운 개인들이 단지 생필품의 소유권을 독점하고 있다는 이유로 갈취나 다름없는 행동을 할 수 있게 내버려두는 것은 사회적으로 대단히 어리석은 일이라고 지적한다. 더 나아가 석유 회사들이 석탄, 셰일유shale oil, 타르샌드유tar sand oil 같은 대안 에너지원의 소유권을 지배하고 있기 때문에 그 회사들의 협박과 갈취에 굴복할 수밖에 없는 게 현실이라고 꼬집는다. 급진주의자들은 모든 생필품의 생산을 일반 대중이 소유하고 통제할 때에만, 곧 사회주의를 통해서만 대기업이 갈취하는 구조를 깨뜨릴 수 있다고 주장한다. 이런 통제 아래서만 저비용 고효율의 대중교통 정책을 중심으로 합리적인 에너지 정책을 세울 수 있다. 그때까지는 우리 모두 주유소 앞에 긴 줄을 서고 유가가 급등하고 석유 회사들이 막대한 이윤을 챙기는 다음번의 위기를 기다려야 할 처지다.

인플레이션

오랫동안 적자 지출까지 감수하며 막대한 규모의 군사비를 지출하고 또 개인, 기업, 정부의 부채 수준이 꾸준히 증가한 결과로 대공황에 버금가는 규모의 공황은 없었다. 그렇지만 이런 형태로 지출을 자극하면 또 다른 곤란한 문제가 생긴다. 과거의 차입 이자를 상환하고 새로운 지출을 자극하려면 매년 부채 수준을 높여야 한다. 따라서 부채의 양뿐만 아니라 통화 공급까지 생산성과 생산량 증가를 훨씬 뛰어넘는 속도로 증가할 수밖에 없다. 그 결과로 장기적인 만성 인플레이션이 이어지고 있다. 1980년대 초에 이르면 인플레이션율이 연간 18퍼센트였다. 1980년대 초반 동안 인플레이션율을 줄이려는 노력으로 실업률이 크게 높아졌다. 1970년대 초 이래 실업자 수가 700만 명 정도를 유지했기 때문에 실업률을 높여서 인플레이션율을 줄이면 대규모 공황을 재촉할 위험이 있었다.

그렇지만 인플레이션이 모든 사람에게 해로운 것은 아니다. 사실 인플레이션은 부와 소득을 **재분배**할 뿐이다. 가장 큰 타격을 받는 이들은 고정 소득과 연금으로 살아가는 사람들이다. 이 사람들의 구매력은 계속해서 줄어든다. 그 다음으로 타격을 받는 계층은 노동자들이다. 1979년에서 1988년 사이에 미국 제조업의 노동 생산성은 40퍼센트 가까이 올랐다. 그렇지만 전체 경제의 생산성 증가 수치는 조금 낮았다(Reynolds, Masters, and Moser 1991, 254). 같은 시기 동안 임금은 35퍼센트 증가했지만 물가는 38퍼센트 올라서 노동자 실질 임금 또는 화폐 임금 구매력이 3퍼센트 순감소했다(Reynolds, Masters, and Moser 1991, 244). 따라서 노동자들이 달성한 생산성 증대의 100퍼센트 이상이 물가 인상 때문에 사라져버렸다. 인플레이션의 수혜자는 자본가들이다. 자본가들은 가격이 오르는 상품을 소유하고 뜻밖의 소득을 실현한다. 은행가들은 현재 계속되는 인플레이션의 가장 큰 수혜자다. 은행가들은 이자율을 인플레이션율보다 높게 유지하는 한편 대출을 계속 확대하고 있다. 1980년대 내내 은행 수익은 연일 최고 기록을 갱신했다.

1980년에 미국의 기업 이윤은 1210억 달러였다. 1990년에는 이 수치가 2330억 달러로 치솟았다(U.S. Department of Commerce 1993, 360쪽). 이렇게 1980년대에 실질 임금은 계속 감소한 반면 기업 이윤은 거의 93퍼센트 증가했다.

급진주의자들은 대규모 신용 확대로도 자본주의의 호황-불황 사이클을 끊어버리지 못한다고 지적한다. 신용 확대는 공황의 심각성을 완화한 정도만큼 두 가지 중요한 사회적 비용을 수반했다. 첫째, 신용 확대는 노인과 빈민, 노동 계급의 소득과 부를 자본가들에게 재분배했다. 둘째, 신용 확대 때문에 전세계적인 신용 상부구조가 생겨났다. 이 구조에서는 A가 B에게 빚을 지고, B는 C에게 빚을 지고, C는 D에게 빚을 지는 연쇄가 계속 이어지기 때문에 모든 수준의 지급 능력이 계속되는 차입 확대에 의존한다. 따라서 채무 불이행의 연쇄 반응이 벌어져서 1930년대의 공황보다 더 심각한 위기가 터질 가능성이 있다. 자본주의에 고유한 불안정성이라는 근원적인 문제는 언제나 남아 있다.

1980년대 말에 경제는 1981~83년의 불황 이래 팽창을 거듭하고 있었다. 레이건 대통령이 세금을 인하하면서 경제는 강력한 자극을 받았지만, 이런 세금 인하 때문에 자본주의 정부 역사상 유례가 없는 대규모의 정부 적자가 생겨났다. 1990년대 초에 냉전이 끝났다는 믿음이 퍼지면서 문제는 더욱 나빠졌다. 1990년과 1991년에는 불황이 있었지만 군사 지출이 상대적으로 약간 감축되면서 경제가 서서히 회복됐다.

결국 경제는 완전히 회복했고, 1990년대 말에 정부는 잠깐이나마 재정 흑자를 달성했다. 1990년대의 경제 팽창은 여러 측면에서 크게 인상적이지 않았지만, 꽤 길게 지속됐기 때문에 어떤 이들은 이제 자본주의의 고유한 불안정성이 극복됐다고 주장하기도 했다. 그런데 웬걸, 2001년에 첫 번째 불황의 물결이 경제를 엄습했고, 21세기에는 여러 차례의 불황이 이어질 것으로 보인다. 경기 순환이 다시 찾아오면서 연방 재정 흑자는 사라져버렸고, 의회와 대통령은 총수요를 자극하고 연방 부채를 상당히 증가시킬 필요성을 놓고서 논쟁을 벌였다.

자본주의에 관한 자유주의적 비판 대 급진적 비판

자유주의적 비판론자나 급진적 비판론자 모두 부와 소득과 정치권력의 명백하게 불평등한 분배, 군국주의, 제국주의, 극심한 차별, 사회적 소외, 환경 파괴, 자원과 에너지원의 비합리적인 사용, 심각한 인플레이션 같은 자본주의의 현실을 모두 인정한 뒤 비판한다. 그렇지만 자유주의자와 급진주의자의 견해에는 아주 중요한 차이가 존재한다.

자유주의자들은 이런 사회 문제와 경제 문제들을 분리하고 구별할 수 있다고 보는 경향이 있다. 이런 문제들이 과거에 저지른 실수의 결과이거나 개인적인 고집 때문에 생겨난 임의적인 사례라고 생각하는 것이다. 자유주의자들은 또한 정부가 공평무사하며 모든 시민의 복지를 극대화하려는 욕망에 따라 움직인다고 생각하는 경향이 있다. 따라서 대체로 정부가 주도하는 개혁을 통해 자본주의의 많은 해악을 완화할 수 있다고 생각한다.

이런 개혁은 자본주의의 가장 중요한 두 가지 특징, 곧 생산수단의 사적 소유와 자유 시장을 결코 위협하지 않는다. 반면 급진주의자들은 앞서 논의한 사회 문제와 경제 문제들이 모두 시장이라는 비인격적인 현금 관계 내부에서 진행되는 사회적 의사 결정의 과정과 자본의 사적 소유가 직접 가져온 결과라고 본다.

이 문제들은 근본 원인을 제거하지 않으면 해결할 수 없는데, 그러려면 근본적이고 급진적으로 경제를 재조직해야 한다. 자본의 사적 소유를 폐지하고, 시장의 사회적 결정 영역에 의미심장한 제한을 가한다면, 그 결과로 생겨나는 체제는 이제 더는 자본주의 경제 체제가 아닐 것이다. 그것은 필연적으로 모종의 사회주의 사회가 될 것이다. 이런 견해에서 보면, 민주당이든 공화당이든 간에 미국의 어떤 정부도 자본주의의 문제점을 해결하지 못한다.

표 4

미국 하원과 상원 당선자의 평균 선거 비용 (단위: 달러)		
연도	하원	상원
1976	87,200	609,100
1978	126,900	1,208,600
1982	263,000	2,066,308
1986	360,000	3,000,554
1988	390,000	3,700,000
1990	410,000	3,300,000
1992	551,786	3,648,758
1994	528,284	4,373,816
1996	676,174	3,815,673
1998	663,568	4,660,847
2000	841,880	7,538,601

표 5

정치활동위원회의 수효와 이 위원회들이 국회의원 후보자에게 제공한 기부금 액수		
연도	정치활동위원회의 수효	정치활동위원회가 국회의원 후보자에게 제공한 기부금 (단위: 100만 달러)
1974	1,653	12.5
1978	3,371	34.1
1982	4,596	83.6
1986	4,832	139.8
1988	4,832	159.2
1990	4,677	159.1
1992	4,727	188.9
1994	4,621	189.6
1996	4,528	217.8
1998	4,599	219.9
2000	4,499	259.8

민주당과 공화당을 막론하고 국회의원 중에서 자본주의를 근본적으로 변혁하려고 위험을 무릅쓰는 이는 거의 없다. 미국 자본주의에서 시민들은 소비재에 돈을 쓰는 것처럼 투표를 한다. 대대적인 값비싼 홍보와 광고 캠페인에 반응하는 것이다. 자본가들은 자신들의 견해를 받아들이는 후보의 선거운동에 수백만 달러를 기부한다. 그러면 정치인들은 자본가들의 경제력을 보장하고 확대시켜 주는 법률을 통과시킨다. 가난한 사람들과 노동자들은 서로 경쟁하는 자본가들의 견해를 반영하는 두 당 중에서 하나를 고를 선택권이 있지만, 자본주의에 반대하는 후보를 선택할 수는 없다. 이런 후보는 자신의 견해를 알리는 데 필요한 수십만 달러를 마련할 수 없기 때문이다.

1960년대와 1970년대 초에 풀뿌리 운동의 조직화가 고조되는 데 대응해 자본가들은 하원과 상원 선거에 쏟아붓는 돈의 액수를 크게 늘려 정치적 통제력을 공고히 하려고 했다. 표 4를 보면 1976년부터 2000년까지 모두 11차례 있은 선거에서 하원과 상원 선거 당선인이 쓴 평균 비용을 알 수 있다.

하원의원과 상원의원이 되는 데 필요한 이 수백만 달러는 어디서 나온 걸까? 이 질문의 답은 정치활동위원회political action committes(PACs)다. 정치활동위원회는 대부분 기업 중역과 부유한 자본가들로 구성된 특수 이익 집단을 가리키는 완곡한 표현이다. 노동조합과 학교 교사, 그밖에 자본가나 기업과 무관한 집단들도 정치활동위원회를 구성하기는 하지만, 기업과 자본가의 이해를 대변하는 수천 개의 정치활동위원회에 견주면 그 수가 훨씬 적고 재정 측면에서도 훨씬 초라하다. 표 5를 보면 1974년부터 2000년까지 정치활동위원회의 수와 국회의원 후보자에게 제공한 기부금 액수가 얼마나 늘어났는지 알 수 있다. 부유층과 권력층을 대변하는 정치활동위원회들이 미국 정치를 좌지우지한다고 말해도 전혀 과장이 아니다.

필립 M. 스턴Philip M. Stern도 면밀한 조사를 바탕으로 한 연구에서 부유층이 정치를 지배하는 뚜렷한 현상을 사례별로 설명한다(Stern 1988). 구체적인 사례를 보면 1984년에 로버트 돌Robert Dole 상원의원은 333명의 부유한 상품거래인에게 최소한 3억 달러의 세금 우대 조치를 제공하는 법안에 처음에는 반대했다. 법안이 통과되면 억만장자 333명이 평균 1인당 86만 6000달러의 이익을 얻게 돼 있었다. 특별 정치활동위원회가 결성돼 로버트 돌을 통해, 돌을 위해 운영됐다. 상품 거래 산업과 다양한 개인 거래업자들이 돌의 정치활동위원회에 1만 500달러를 기부했다. 뒤이어 개별 상품거래인 집단이 돌의 정치활동위원회가 주관한 기금 모금 모임에 몇 천 달러를 더 줬다. 기금 모금 모임이 열리고 3주 뒤, 돌 상원의원은 태도를 바꿔 이 부유층들에게 도움이 되는 엄청난 세금 우대 조치를 통과시켰다. 스턴의 연구는 부자 자본가들이 정치권력을 장악한 비슷한 사례들로 넘쳐난다.

프랜시스 폭스 피번Frances Fox Piven과 리처드 A. 클라워드Richard A. Cloward 역시 비슷하게 계몽적인 연구를 통해 미국의 선거에서 나타난 일련의 변화를 학자답게 자세히 설명한다(Piven and Cloward 1988). 두 사람이 밝혀낸 내용에 따르면, 19세기부터 오늘날에 이르기까지 이런 변화를 거치면서 가난한 사람들은 참정권을 박탈당하고 정치인들은 빈민과 소수 인종, 산업 노동 계급의 요구를 점점 무시하게 됐다.

이런 상황에서 오늘날 미국의 선거 정치가 자본가들의 권력을 강화하는 도구인 반면 자본주의를 조금이라도 근본적으로 바꾸는 수단이 아니라는 사실은 분명하다. 선거 정치가 빈민과 소수 인종, 노동자의 요구에 부응하게 만들려면 미국 정치의 재정적 토대를 바꾸는 풀뿌리 대중 운동이 필요할 것이며, 또한 강력한 제3의 정당이 새롭게 출현하거나 현재의 양당을 확 바꾸는 근본적인 대수술이 있어야 할 것이다. 한편 선거 정치는 여전히 몇 가지 주목할 만한 예외를 빼면 대부분 자본가가 노동자를 통제하고 부자가 빈민을 통제하는 제도에 머물러 있다.

1960, 1970, 1980, 1990년대의 급진 정치 운동들

1930년대와 1940년대에 '구좌파' 정치 운동은 지지자 수와 영향력에서 모두 상당한 수준을 확보했다. 구좌파는 거의 전부 사회주의 세력이었고, 1930년대 대공황 덕분에 성공을 거둘 수 있었다. 대공황을 계기로 많은 사람들이 자본주의가 사멸해가는 비합리적인 체제라고 확신하게 됐기 때문이다. 좌파의 주요 조직은 공산당, 사회당, 사회주의노동자당Socialist Workers Party이었다. 각 당의 당원 수는 전체 미국 인구의 극소수에 지나지 않았지만, 여러 노동자 조직과 미국인들의 사회생활과 정치적 삶에 당원 수에 비교할 수 없는 커다란 영향을 미쳤다.

1940년대 말과 1950년대에 경제가 회복하고 매카시즘이라는 정치적 억압이 거센 영향을 미친 결과 1950년대 말과 1960년대 초에 이르면 좌파 운동은 거의 붕괴 지경에 이르렀다. 그렇지만 민권 운동과 반전 운동은 미국 사회를 가장 끈질기게 괴롭히는 많은 해악이 자본주의의 구조와 조직이 낳은 불가피한 결과라는 믿음을 널리 되살려냈다. 이 두 운동은 결국 사회주의 운동의 부활로 이어졌다.

그러나 대체로 1960년대의 급진주의자들은 1930년대의 선배들하고 크게 달랐다. 이런 차이(이 차이 때문에 1930년대의 '구좌파'나 살아남은 조직들과 대조되는 '신좌파'라는 이름을 얻게 됐다)는 세 가지 범주로 나눌 수 있다. 첫째, 많은 이들은 미국 사회를 바꾸기 위한 잠재적인 원천으로서 구좌파의 지적 교의보다 도덕적이고 정서적인 경멸이 더 중요하다고 생각했다. 바야흐로 미국의 혁명이 눈앞에 다가와 있었다. 둘째, 많은 이들은 지적 교조주의와 구호만 난무하는 구좌파 운동을 경멸했고, 따라서 몇 년 동안은 마르크스주의 전통에 담긴 이론적이고 경험적인 통찰을 거의 대부분 받아들이려 하지 않았다. 셋째, 신좌파는 권위와 권위주의적 구조, 개인에게 가해지는 억압을 몹시 혐오해서 이런 목표를 추진할 수 있는 효율적인 조직을 만들어내지 못했다.

신좌파 중에서 가장 전형적이고 커다란 영향력을 발휘한 단체는 '민주사회를 위한 학생연합Students for a Democratic Society(SDS)'이었다. 1960년대 초에 조직된 이 단체는 베트남 전쟁의 실상을 널리 알리고 전쟁에 반대하는 대규모 학생 운동을 조직하는 데 결정적인 구실을 했다. 그러나 1968년에 이르면 두 가지 사실이 분명해졌다. 첫째, 좌파의 교의를 워낙 혐오한 나머지 때로는 반지성주의로 타락하기도 했다. 그 결과 단체 구성원들 사이에서는 미국 사회의 성격과 이 사회를 개조하기 위해 어떤 전술을 택해야 할지를 둘러싸고 놀라울 정도로 다양한 의견이 제기됐다. 둘째, 권위를 혐오한 결과로 조직이 대단히 느슨하고 비효율적인 구조를 갖게 돼 일사불란한 대중적 행동을 아예 할 수 없었다(이런 모습은 '참여 민주주의'라는 완곡한 표현으로 치켜세워졌다).

닉슨 대통령이 당선한 직후인 1969년에 정부 요원과 앞잡이들이 비교적 손쉽게 '민주사회를 위한 학생연합'을 순식간에 거의 철저하게 해체시킬 수 있었던 것도 놀랄 일은 아니다. 그러나 이 무렵이면 반전 운동은 이미 자체적인 추진력을 얻은 상태였고, 따라서 '민주사회를 위한 학생연합'이 소멸한 뒤에도 살아남을 수 있었다. 많은 온건 자유주의 지도자들이 반전 운동에 합류했으며, 사회주의노동자당과 공산당은 반전 운동의 급진적 분파를 이끄는 적극적인 세력으로 변신한 상태였다.

1973년 초에 이르면 몇 가지 점이 분명해졌다. 베트남 전쟁이 막을 내린 뒤 과거에 전쟁에 반대하고 때로 운동의 일부로 여겨지던 많은 미국인이 서서히 안도감에 젖으면서 사회적 또는 정치적 무관심에 빠져들었다. 사회 갈등에 지친 사람들은 미국에 다시 평화롭고 고요한 분위기가 찾아오기를 바랐다. 워터게이트 스캔들이 폭로되고 뒤이어 중앙정보국과 연방수사국이 폭넓은 불법 활동을 벌인 사실이 속속 드러나면서 미국인들은 정부가 국내의 정치적 비판을 분쇄하고 세계적인 제국을 유지하려고 무슨 짓이든 한다는 사실을 깨닫게 됐다.

그러나 좌파들의 기대하고 다르게 이런 깨달음의 결과로 분노가 확산되고 급진적인 사회 변혁을 향한 결단이 속출하는 상황은 벌어지지 않았다. 오히려 무관심이 팽배하거나, 이런 권력 남용과 오용은 몇몇 부패하고 파렴치한 정치인의 소행일 뿐이라는 순진한 믿음과 기대가 퍼졌다. 공화당과 민주당 모두 1976년 선거에서 소박하고 정직한 인물로 꾸밀 수 있는 '보통 사람'을 대통령 후보로 내세웠다. 지미 카터는 공직에 나가 부패하지 않은 인물로 널리 평가받았고, 결국 대통령에 당선했다.

1970년대에는 급진 운동에서 몇 가지 중요한 변화가 나타났다. 1960년대의 많은 신좌파 급진주의자들은 급진적 사회 변혁이라는 희망이 가까운 미래에 달성될 수 없는 비현실적인 꿈이라는 사실을 깨닫게 됐다. 그리고 이런 변혁을 추진하려면 자본주의 사회의 구조와 기능을 제대로 파악해야 한다고 생각했다. 또한 효율적으로 조직된 운동도 필요했다.

이런 필요성을 인식한 첫 결과는 마르크스와 지난 100년 동안의 마르크스주의 이론가들을 연구하는 경향이 확산되는 흐름으로 이어졌다. 1960년대의 급진적 학생들은 1970년대에 급진적 교수가 됐다. 급진정치경제학연합 같은 조직들은 미국 자본주의에 관한 급진적 이해를 장려하고 전파하는 데 몰두했다. 급진정치경제학연합은 현재 회원을 2000여 명 확보하고 있으며, 자본주의의 성격과 기능에 관한 급진주의자들의 이해를 증진하려는 목적을 띤 연구와 더불어 현대 미국의 경제적 흐름과 정치적 추세에 관한 분석도 제시하고 있다. 이런 연구와 분석은 《급진 정치경제 평론》과 《달러스 앤 센스Dollars and Sense》라는 두 저널과 회보 하나를 통해 정기적으로 발표된다. 또한 미국 곳곳에서 비공식 연구 집단이 속속 생겨나고 있다. 몇몇 대학에는 현재 급진적인 교수들이 역사학과 사회과학에 관한 마르크스주의의 견해를 정규 수업으로 가르치는 학과가 있다.

더 나은 조직이 필요하다는 폭넓은 공감대는 신좌파의 구성원들에게 다양한 방식으로 영향을 미쳤다. 많은 이들이 전국 규모의 만족스러운 사회주의 조직이 없다는 현실을 절감했고, 따라서 지역 차원의 조직화에 노력을 집중했다. 또 다른 주요 분파는 다양한 구좌파 조직들과 손잡았다. 1970년대 동안 몇몇 마오주의 조직(마오쩌둥과 중국 공산주의자들의 저술에 크게 의존하는 정치 조직), 공산당, 사회주의노동자당, 진보노동당Progressive Labor Party, 국제사회주의자International Socialists, 사회당, 그밖의 구좌파 조직은 2차 대전 이래 어느 때보다도 더욱 빠르게 성장했다.

'민주사회를 위한 학생연합'의 많은 옛 구성원들뿐 아니라 다른 신좌파의 구성원들 역시 구좌파 조직들에게 여전히 불만을 느꼈지만, 그래도 전국적인 기반 위에서 운동을 재조직하고 싶어했다. 이 집단에서 생겨난 가장 중요한 조직은 1973년에 미국 전역의 여러 도시에서 50개에 이르는 지부를 거느리고 출범한 신미국운동New American Movement(NAM)이다. 신미국운동은 미국에서 인종주의, 성차별주의, 제국주의, 그밖의 모든 형태의 인간 억압을 뿌리 뽑는 민주적이고 사회주의적인 사회를 건설하는 것을 목표로 삼았다. 이 단체는 구좌파 사회주의 조직들은 이미 그릇된 사고와 케케묵은 태도에 철저히 물들어 있어서 미국에서 인간적이고 도덕적인 사회를 창조하는 데 필요한 경제적, 사회적, 정치적 변화를 앞당기는 효과적인 수단이 될 수 없다고 생각했다.

1970년대 초반, 사회당은 여러 차례 내부 갈등을 겪으면서 세 개의 분파로 쪼개졌다. 한 집단은 여전히 사회당을 유지했다. 민주사회주의조직위원회Democratic Socialist Organizing Committee를 결성한 또 다른 집단은 셋 중 규모가 가장 컸다. 1982년에 이 위원회는 신미국운동과 통합해 미국민주사회주의연합Democratic Socialists of America(DSA)을 결성했다. 1994년에 이르러 미국민주사회주의연합은 1930년대 이래 미국 최대의 사회주의 단체로 올라섰다. 사회당은 비록 소수에 머물렀지만 미국 역사상 가장 위대한 사회주의자인 유진 V. 뎁스Eugene V. Debs의 전통을 계속 이어가고 있다.

1980년이 되자 민권 운동이나 흑인 운동은 이제 독자적인 운동으로 거의 남아 있지 않았다. 민권 운동에서 내세우던 조금은 온건한 경제 개혁의 요구는 대부분 민주당 자유주의 분파의 차지가 됐다. 인간 평등을 달성하는 수단으로 사회, 정치, 경제의 제도를 근본적으로 변혁해야 한다는 민권 운동의 급진적인 요구는 대다수 사회주의 조직들이 이어받았다(사회주의 조직들은 언제나 인종 평등을 위해 싸웠다). 흑인만의 독자적인 국가를 건설하자는 주장을 내건 1960년대의 흑인 분리주의 운동은 사실상 사라진 것으로 보인다.

여성 운동 역시 1970년대와 1980년대에 변화를 겪었다. 여성 분리주의 운동은 흑인 분리주의 운동의 전철을 따르고 있는 것처럼 보인다. 1960년대에 '민주사회를 위한 학생연합'의 구성원들이 그런 것처럼, 여성 분리주의 운동의 구성원들도 거의 모든 조직 형태를 혐오했고, 따라서 전국적인 조직을 만들지 못했다. 일반적으로 권위 자체를 혐오한 이 여성들이 만든 정치 조직은 비효율적일 수밖에 없다.

전국여성기구는 자본주의의 사회, 정치, 경제 구조를 근본적으로 바꿔야 한다는 주장을 거의 하지 않는다. 따라서 대규모의 효율적인 전국 조직을 갖고 있기는 하지만 사회주의적인 성격은 전혀 아니다. 그렇지만 최근에는 여러 중요한 쟁점에 관해 매우 급진적인 견해를 드러내고 있다.

마르크스주의 페미니즘 운동은 몇몇 사회주의 조직에 상당한 영향을 미쳤다. 여성 운동의 일부를 형성하는 이 집단은 여성만으로 구성된 효율적인 전국 조직도 없고, 페미니즘 문제에만 전념하지도 않는다. 그러나 마르크스주의 페미니스트들은 미국민주사회주의연합의 꽤 큰 부분을 차지하며(연합의 지도부는 줄곧 50퍼센트 이상이 여성이었다), 연합의 강령과 활동에서도 페미니즘 문제가 무척 두드러진다.

미국의 사회주의 운동은 대다수 선진 자본주의 국가에 견줘 무척 초라하고 인상적이지 못하다. 서유럽의 몇몇 나라에서는 공산당과 사회당의 연합이 전국 선거에서 줄곧 과반수에 가까운 표를 얻는다. 이 나라들의 사회당과 공산당은 수백만 명에 이르는 당원을 자랑한다. 미국은 자본주의 국가 중에서 가장 강력하기 때문에 미국의 사회주의 운동이 가장 허약한 것도 이상한 일은 아니다.

지금까지 살펴본 것처럼, 사회주의 사상과 운동은 산업혁명과 더불어 태어났으며, 사회주의자들은 자본주의가 가져오는 최악의 결과를 근절하기 위해 줄곧 싸웠다. 사회주의자들은 또한 자본주의를 완전히 철폐하고 민주적인 사회주의 사회를 세우려고 줄곧 싸웠으며, 앞으로도 그 싸움을 계속할 것이다. 자본주의가 빈곤, 불평등, 제국주의, 실업, 경제 위기, 환경 오염, 인종주의, 성차별주의, 소외 등을 동반하는 한, 사회주의자들은 언제까지나 더 나은 사회를 창조하려고 끊임없이 노력하면서 발언하고, 글을 쓰며, 조직하고, 행동할 것이다.

동유럽의 공산주의 정부들이 붕괴하면서 많은 사람들이 사회주의 역시 생명을 다했다고 생각한다. 그러나 현실에 기반해 평가하자면, 사회주의는 이제 사실상 사회주의 사상과 거리가 멀던 정부들과 한데 묶이는 오명을 벗어던지게 됐으며, 20세기의 대부분에 유지하던 것보다 더욱 밝은 장기적 전망을 갖게 됐다고 볼 수 있다.

요약

1950년대 말부터 1970년대 초까지 민권 운동과 여성 운동, 반전 운동을 거치면서 미국 자본주의를 향한 급진적 비판이 되살아났다. 급진주의자들은 불평등, 차별, 소외, 환경 파괴, 군국주의, 불합리한 자원 사용, 불안정, 인플레이션, 제국주의 등이 모두 자본주의 경제에 없어서는 안 될 필수적인 부분이라고 주장한다. 이런 해악은 우연적인 것이며 체제를 통해 개혁될 수 있다고 믿는 자유주의자들하고 다르게, 급진주의자들은 자본주의의 기본 구조를 근본적으로 바꾸지 않는 한 이 해악들을 극복할 수는 없다고 주장한다.

이런 개혁의 성취를 가로막는 주된 장애물은 정치권력이 경제 권력에서 나온다는 사실이다. 급진주의자들은 자본주의적 정부를 민주주의의 가짜 겉

모습 뒤에 숨은 금권 정치 체제라고 본다. 민주당과 공화당 모두 선거 때마다 수백만 달러를 쏟아붓기 때문이다. 그 결과 양대 정당 모두 대부분의 수익 자산을 소유한 최고 부유층 2퍼센트에 거의 완벽하게 장악돼 있다(Domhoff 1967, 1970을 보라). 이런 상황에서 부유한 엘리트 집단이 부와 특권과 권력의 토대를 위협하는 정부를 지지할 것이라고 기대할 수는 없는 노릇이다. 그러므로 개혁 운동이 부유층에 맞서 독립적인 권력 기반을 확립하지 않는 한 근본적인 개혁은 불가능한 것 같다. 1960년대에 급진적 집회가 열리는 곳에서는 어디서나 "민중에게 권력을!"이라는 구호를 들을 수 있었다. 이 엘리트 집단의 수중에서 보통 사람들의 민주적인 통제 아래로 권력을 평화적이고 합법적으로 이양하기 위한 전략적인 계획은 여전히 좌파의 가장 어려운 과제로 남아 있다.

더 읽어볼 책

Baran, Paul A. 1962. *The Political Economy of Growth*. New York: Monthly Review Press.

Baran, Paul A., and Paul M. Sweezy. 1966. *Monopoly Capital*. New York: Monthly Review Press(P. A. 바란 외 지음, 최희선 옮김, 《독점자본》, 한울, 1984).

Belfrage, Cedric. 1973. *The American Inquisition*, 1945~1960. New York: Bobbs Merrill.

Bidwell, Percy W. 1958. *Raw Materials*. New York: Harper and Row.

Catalyst Magazine. 2000. *2000 Catalyst Census of Women Corporate Officers and Top Earners*. Atlanta, GA: Leader Publishing.

Cook, Fred J. 1971. *The Nightmare Decade: The Life and Times of Senator Joe McCarthy*. New York: Random House.

D'Arge, R.C.; A.V. Knnese; and R.V. Ayres. 1970. *Economics of the Environment: A Materials Balance Approach*. Baltimore: Johns Hopkins University Press.

Domhoff, C. William. 1970. *The Higher Circles: The Governing Class in America*. New York: Random House.

_____. 1967. *Who Rules America?* Englewood Cliffs, NJ: Prentice-Hall.

Fromm, Erich. 1965. *The Sane Society*. New York: Fawcett World Library, Premier Books(에리히 프롬 지음, 김병익 옮김, 《건전한 사회》, 범우사, 1990).

Gellen, Martin. 1971. "The Making of a Pollution-Industrial Complex." In *Problems in Political Economy: An Urban Perspective*, ed. David M. Gordon, pp. 143~157. Lexington, MA: Raytheon/Heath.

Herman, Edward S. 1982. *The Real Terror Network: Terrorism in Fact and Propaganda*. Boston: South End Press.

Higgins, Benjamin. 1959. *Economic Development*. New York: Norton.

Horwitz, David. ed. 1969. *Corporations and the Cold War*. New York: Monthly Review Press.

Huberman, Leo, and Paul A. Sweezy. 1965. "The Road to Ruin." *Monthly Review* (April).

Landes, David S. 1961. "The Nature of Economic Imperialism." *Journal of Economic History* (December): 344~360.

Magdoff, Harry. 1969. *The Age of Imperialism: The Economics of U.S. Foreign Policy*. New York: Monthly Review Press, Modern Reader Paperbacks(Harry Magdoff 지음, 김기정 옮김, 《제국주의의 시대》, 풀빛, 1990).

Piven, Frances Fox, and Richard A. Cloward. 1988. *Why Americans Don't Vote*. New York: Pantheon Books.

Reich, Michael. 1971. "The Economics of Racism." In *Problems in Political Economy: An Urban Perspective*, pp. 97~120. Lexington, MA: Raytheon/Heath.

Reynolds, Lloyd C.; Stanley H. Masters; and Colletta H. Moser. 1991. *Labor Economics and Labor Relations*. 10th ed. Englewood Cliffs, NJ: Prentice-Hall.

Snider, Delbert A. 1963. *Introduction to International Economics*. Homewood, IL: Irwin.

Stern, Philip M. 1988. *The Best Congress Money Can Buy*. New York: Pantheon Books.

U.S. Department of Commerce. 1993. *Economic Report of the President*. Washington, DC: Government Printing Office.

옮기고 나서

17세기 무렵 서유럽에서 처음 자본주의 시장경제 체제가 확립된 이래 자본주의가 지구 전체를 뒤덮은 오늘날에 이르기까지 무수히 많은 경제 이론이 등장했다. 때로는 '가치', '노동가치'처럼 직관적으로 언뜻 이해되지 않는 개념 때문에, 때로는 '한계', '균형', '최적' 같은 난해한 개념과 복잡한 수학적 설명 때문에 경제 이론은 접근하기가 쉽지 않으며, 하물며 그 흐름을 일목요연하게 파악하려는 엄두도 잘 나지 않는다. 게다가 일반적인 경제학 교과서는 자본주의의 실제 현실이나 역사적 흐름에는 거리를 둔 채, 첫머리부터 수요와 공급을 통해 가격이 결정된다는 추상화된 논의에만 몰두한다. 또한 경제학 개론서는 대개 신고전파 경제학을 기본 틀로 삼은 미시 경제학과 거시 경제학만을 서술하고 케인스주의와 후생경제학 등의 이단 이론을 부록처럼 소개할 뿐이며, 마르크스 경제학은 아예 도외시한다. 아마 주류 경제학처럼 학문의 과거 역사에 관한 성찰에 눈 감는 학문도 찾기 힘들 것이다.

이런 점에서 《자본주의에 불만 있는 이들을 위한 경제사 강의》의 장점이 도드라진다. 경제사나 경제사상사를 다루는 책들이 대개 어느 한쪽에만 초점을 맞추거나 유명한 경제학자들의 일생을 중심으로 시대 배경을 간략히 소개하고 각 학자의 이론을 요약해서 설명하는 반면, 이 책에서는 봉건 사회의 껍데기를 깨고서 자본주의가 등장한 이래 시장 제도와 축적 방식이 변화하는 과정을 추적하면서 각 시대의 새로운 경제 현실을 설명하기 위해 나타난 각종 경제 이론을 소개한다. 이 책에서는 경제사와 경제사상사가 씨줄과 날줄처럼 서로 교차하는 한편, 기존 체제를 옹호하는 갖가지 지적 도구를 창조한 보수주의 경제학과 체제의 모순에 주목하면서 변호론적 경제 이론의 허구성을 비판한 급진주의 경제학이 대결을 벌인다. 독자 여러분은 이 책을 통해 근대 이후 경제사와 경제 사상의 전체 흐름을 파악할 뿐만 아니라 여러 경제 이론의 전반적인 핵심 내용을 정리할 수 있을 것이다.

한 가지 아쉬운 점은 서구 경제사나 서구 경제 사상사라고 제목을 붙여야 할 정도로 서유럽과 미국의 역사와 경제 사상만을 담고 있다는 점이다. 물론 애초에 자본주의가 등장한 무대가 서유럽이고, 그 뒤 20세기에 미국을 중심으로 자본주의와 자본주의 경제 이론이 발달한 게 사실이지만, 자칫 서구의 자본주의를 이념형으로 삼고 서구 경제 이론을 준거점으로 여기는 잘못을 경계해야 할 것이다.

또한 이 책에는 금융자본주의가 등장한 뒤 대두된 신자유주의와 주주 자본주의, 이해관계자 자본주의 같은 최근의 경제 이념과 이론이 제대로 소개돼 있지 않다. 아쉬운 대로 신자유주의의 뿌리를 형성하는 고전적 자유주의와 주주 자본주의의 전임자인 관리 자본주의에 관한 설명으로 만족할 수밖에 없겠다.

2003년에 출간된 개정 7판을 번역한 이 책은 1979년에 《소유의 역사》(최완규 옮김, 새밭)라는 제목으로 초판 번역본이 출간된 적이 있다. 그러나 그때는 아직 박정희 군부 독재가 서슬 퍼런 권력을 휘두르며 사상과 표현의 자유를 탄압하던 때라 책이 기형적으로 나올 수밖에 없었다. 예를 들어 마르크스의 경제 사상을 서술한 이 책의 6강과 7강 부분은 한 페이지도 안 되는 분량으로 축약돼 5강 말미에 삽입됐고, 제국주의와 혁명적 사회주의를 다룬 11

강은 내용이 대폭 축소된 채 10강과 어색하게 합쳐졌다. 'imperialism'이라는 단어는 '제국주의'가 아니라 '경제적 팽창주의'라는 생소한 표현으로 소개됐다. 그때는 책에서 가장 많은 비중을 차지하는 마르크스의 이론을 제대로 소개하지도 못하고, '제국주의'를 '제국주의'라 부르지도 못하던 시대였다. 새롭게 개정된 내용까지 포함해서 온전한 모습의 책을 내놓을 수 있어서 다행이고, 또 1970년대 말보다도 더욱 오른쪽으로 치우친 경제 이론이 득세하는 때에 오래돼서 오히려 새로운 급진적 시각을 소개하게 돼 영광이다. 이 책은 1972년에 미국에서 처음 출간된 이래 여러 차례 쇄를 거듭하고 개정되면서 꾸준히 독자의 관심을 받았다. 40년 전에 세상에 나온 책이지만 생명력을 잃지 않고 고전 대접을 받는 까닭은 명쾌하면서도 흥미진진한 서술과 방대한 내용을 압축적으로 설명하면서도 강렬한 인상을 남기는 대가다운 솜씨 덕분이다.

찾아보기